전산회계운용사

2급 필기

요점정리
+
모의고사
+
기출문제

김갑수, 이민주 저

멘토르스쿨

독일의 시인 괴테는
「**회계는 사람이 만들어 낸 최고의 발명이다.**」라고 말했다.
괴테가 감탄한 것도 무리는 아니다. 회계의 구조는 참으로 훌륭한 것이기 때문이다.
이 회계는 거대한 기업의 이익도 정확하게 계산할 뿐만 아니라
그 자세한 내용까지도 사진으로 찍은 것처럼 확실하게 표시해 준다.
회계에 조금이라도 관심이 있다면 이 책을 열심히 공부 해 보라.

본서는 전산회계운용사 2급 필기 검정을 준비하는 분들을 위하여 다음과 같이 구성하였습니다.

• 재무회계와 원가회계의 이론을 단원별로 요점정리를 수록하였습니다.
• 대한상공회의소시행 기출문제들을 현재 적용되고 있는 출제기준과
  한국채택국제회계기준(K-IFRS)에 맞게 재편집 수정하였습니다.
• 새롭게 시작되는 출제기준에 맞춘 모의고사를 9회분 수록하였습니다.
• 기출문제 수록과 문제에 대한 정답과 명쾌한 해설을 수록하였습니다.

본서가 대한상공회의소에서 시행되는 전산회계운용사 2급 필기 검정과, 전문계고 학생들의 필수과목인 재무회계와 선택과목인 원가회계에서 높은 점수를 희망하는 여러분께 좋은 지침서가 될 것을 확신하며 대학생들에게는 학점인정이 현재 18학점이나 인정해 주기 때문에 날로 그 수요가 증가할 것으로 봅니다. 아무쪼록 수험생여러분의 앞날에 합격의 영광이 있기를 기원합니다.

학습하는데 어려움이 없도록 구성하였으며 오류가 없도록 최선을 다했습니다만, 미처 발견하지 못한 오류나 오타는 정오표를 작성하여 http://www.mtrschool.co.kr[정오표]에 올려놓겠습니다. 부족한 부분은 수험생 여러분의 격려와 충고를 통해 계속하여 보완해 나갈 것을 약속드립니다.

끝으로 본 서적이 나올 수 있도록 많은 협조를 해주신 관계자 여러분께 감사드립니다.

김갑수, 이민주 씀

Contents

전산회계운용사 시험안내

1. 종목소개

컴퓨터의 발달로 대기업은 물론 중소기업의 전산화가 빠르게 진행되면서 ERP회계 프로그램을 이용한 회계처리가 일반화되고 있음. 〈전산회계운용사〉 검정시험은 ERP회계 정보시스템을 이용하여 각종 회계정보를 운용할 수 있는 능력을 평가하는 국가기술자격 시험임.

2. 응시자격

제한없음

3. 시험과목별 문제수 및 제한시간

등급	검정방법	시 험 과 목	문제수(항)	제한시간(분)	출제방법
1급	필기시험	▶ 재무회계 ▶ 원가회계 ▶ 세무회계	20 20 20	80	객관식
	실기시험	▶ 회계프로그램의 운용	5문제이내	100	작업형
2급	필기시험	▶ 재무회계 ▶ 원가회계	20 20	60	객관식
	실기시험	▶ 회계프로그램의 운용	5문제이내	80	작업형
3급	필기시험	▶ 회계원리	25	40	객관식
	실기시험	▶ 회계프로그램의 운용	5문제이내	60	작업형

4. 합격결정기준

(1) 필기 : 매과목 100점 만점에 과목당 40점 이상, 평균 60점 이상

　　　　(전산회계운용사2급은 총 40문제 중 24문제 이상 맞추면 합격입니다)

(2) 실기 : 100점 만점에 70점 이상

5. 원서접수와 합격자 발표

인터넷 대한상공회의소 자격평가사업단(http://day.passon.co.kr/)에서 합니다.
– 사진(3cm × 4cm)

6. 전산회계운용사 검정일정표

인터넷 대한상공회의소 자격평가사업단(http://day.passon.co.kr/)에서 확인합니다.

7. 시험 입실시간과 시험시간

– 준비물 : 신분증(주민등록증, 학생증, 청소년증), 컴퓨터용 사인펜
– 반드시 입실시간(시험시작시간)을 준수하여야 하며, 입실시간(시험시작시간) 이후에는 입실이 불가능합니다.
　(단, 실기시험의 경우에는 수험표의 시험시작시간을 참고하여 주시기 바랍니다.)

필기시험	입실시간	시험시간
1급	14 : 00	14 : 15 ~ 15 : 35 (80분)
2급	15 : 30	15 : 45 ~ 16 : 45 (60분)
3급	14 : 00	14 : 15 ~ 14 : 55 (40분)

8. 자격증 교부신청

인터넷 대한상공회의소 자격평가사업단(http://day.passon.co.kr/)과 각 지역상공회의소에 직접 방문하여 신청 가능합니다.

제1장 재무보고를 위한 개념 체계

1-1 개념체계의 목적과 위상

1. 개념체계의 위상

이 개념체계는 외부 이용자를 위한 재무보고의 기초가 되는 개념을 정립한다. 이 개념체계는 한국채택국제회계기준이 아니므로 특정한 측정과 공시 문제에 관한 기준을 정하지 아니하며, 이 개념체계는 어떠한 특정 한국채택국제회계기준에 우선하지 아니한다.

2. 개념체계의 목적

① 한국회계기준위원회(이하 '회계기준위원회'라 한다)가 향후 새로운 한국채택국제회계기준을 제정하고 기존의 한국채택국제회계기준의 개정을 검토할 때에 도움을 준다.

② 한국채택국제회계기준에서 허용하고 있는 대체적인 회계처리방법의 수를 축소하기 위한 근거를 제공하여 회계기준위원회가 재무제표의 표시와 관련되는 법규, 회계기준 및 절차의 조화를 촉진시킬 수 있도록 도움을 준다.

③ 재무제표의 작성자가 한국채택국제회계기준을 적용하고 한국채택국제회계기준이 미비한 주제에 대한 회계처리를 하는 데 도움을 준다.

④ 재무제표가 한국채택국제회계기준을 따르고 있는지에 대해 감사인이 의견을 형성하는 데 도움을 준다.

⑤ 한국채택국제회계기준에 따라 작성된 재무제표에 포함된 정보를 재무제표의 이용자가 해석하는 데 도움을 준다.

⑥ 회계기준위원회의 업무활동에 관심 있는 이해관계자에게 한국채택국제회계기준을 제정하는 데 사용한 접근방법에 대한 정보를 제공한다.

1-2 일반목적 재무보고의 목적

목적은 현재 및 잠재적 투자자, 대여자 및 기타 채권자가 기업에 자원을 제공하는 것에 대한 의사결정을 할 때 유용한 보고기업 재무정보를 제공하는 것이다.

[기본문제 1] 다음은 재무회계의 개념체계에 대한 설명이다.
옳은 것은 (○)표, 틀린 것은 (×)를 하시오.
(1) 개념체계는 재무제표의 표시와 관련되는 법규, 회계기준 및 절차를 조화시킬 수 있도록 도움을 제공한다. (   )
(2) 개념체계는 한국채택국제회계기준을 제정하거나 개정을 검토할 때에 도움을 제공한다. (   )
(3) 개념체계는 어떤 경우에도 특정 한국채택국제회계기준에 우선한다.(   )

1-3 유용한 재무정보의 질적 특성

1. 근본적 질적 특성

(1) 목적적합성 : 목적적합한 재무정보는 정보이용자의 의사결정에 차이가 나도록 할 수 있다. 재무정보에 예측가치, 확인가치 또는 이 둘 모두가 있다면 의사결정에 차이가 나도록 할 수 있다.

① 예측가치와 확인가치 : 정보이용자들이 미래 결과를 예측하기 위해 사용하는 절차의 투입요소로 재무정보가 사용될 수 있다면, 그 재무정보는 예측가치를 갖는다. 재무정보가 과거 평가에 대해 피드백을 제공한다면 (과거 평가를 확인하거나 변경시킨다면) 확인가치를 갖는다. 재무정보의 예측가치와 확인가치는 상호 연관되어 있다. 예측가치를 갖는 정보는 확인가치도 갖는 경우가 많다.

② 중요성 : 정보가 누락되거나 잘못 기재된 경우 특정 보고기업의 재무정보에 근거한 정보이용자의 의사결정에 영향을 줄 수 있다면 그 정보는 중요한 것이다.

(2) 충실한 표현 : 재무정보가 유용하기 위해서는 나타내고자 하는 현상을 충실하게 표현하여야 한다. 완벽하게 충실한 표현을 하기 위해서 서술은 완전하고, 중립적이며, 오류가 없어야 할 것이다.

① 완전한 서술 : 필요한 기술과 설명을 포함하여 정보이용자가 서술되는 현상을 이해하는 데 필요한 모든 정보를 포함하는 것이다.

② 중립적 서술 : 재무정보의 선택이나 표시에 편의가 없는 것이다.

③ 오류가 없는 서술 : 충실한 표현은 모든 면에서 정확한 것을 의미하지는 않는다. 오류가 없다는 것은 현상의 기술에 오류나 누락이 없고, 보고 정보를 생산하는 데 사용되는 절차의 선택과 적용 시 절차 상 오류가 없음을 의미한다. 이 맥락에서 오류가 없다는 것은 모든 면에서 완벽하게 정확하다는 것을 의미하지는 않는다.

■ 목적적합성과 충실한 표현의 상충관계		
구 분	목적적합성	충실한 표현
자산의 측정기준	현행가치(공정가치)	역사적원가
인식기준	발생주의	현금주의
공사수익의 인식	진행기준	완성기준
투자주식	지분법	원가법
재무보고	중간보고(반기재무제표)	연차보고(결산재무제표)

2. 보강적 질적 특성

보강적 질적 특성은 만일 어떤 두 가지 방법이 현상을 동일하게 목적적합하고 충실하게 표현하는 것이라면 이 두 가지 방법 가운데 어느 방법을 현상의 서술에 사용해야 할지를 결정하는 데에도 도움을 줄 수 있다.

(1) 비교가능성 : 정보이용자가 항목 간의 유사점과 차이점을 식별하고 이해할 수 있게 하는 질적 특성이다.

(2) 검증가능성 : 합리적인 판단력이 있고 독립적인 서로 다른 관찰자가 어떤 서술이 충실한 표현이라는 데 대체로 의견이 일치할 수 있다는 것을 의미한다.

(3) 적시성 : 의사결정에 영향을 미칠 수 있도록 의사결정자가 정보를 제때에 이용가능하게 하는 것을 의미한다.

(4) 이해가능성 : 정보를 명확하고 간결하게 분류하고, 특징지으며, 표시하면 이해가능하게 된다.

3. 유용한 재무보고에 대한 원가 제약

원가는 재무보고로 제공될 수 있는 정보에 대한 포괄적 제약요인이다. 재무정보의 보고에는 원가가 소요되고, 해당 정보 보고의 효익이 그 원가를 정당화한다는 것이 중요하다.

[기본문제 2] 다음은 재무정보의 질적 특성이다. ( )안에 알맞은 말을 써 넣으시오.

(1) 근본적 질적특성 : ① (   ) ② (   )
(2) 목적적합성   : ① 예측가치 ② (   ) ③ (   )
(3) 충실한 표현   : ① (   ) ② (   ) ③ 오류가 없는 서술
(4) 보강적 질적특성 : ① 비교가능성 ② (   )
                      ③ 적시성   ④ (   )

[기본문제 3] 목적적합성과 충실한 표현의 상충관계를 완성하시오.

구 분	목적적합성	충실한 표현
자산의 측정기준	현행가치(공정가치)	① ( )
인 식 기 준	② ( )	현금주의
공사수익의 인식	진행기준	③ ( )
투 자 주 식	④ ( )	원가법
재 무 보 고	중간보고(반기재무제표)	연차보고(결산재무제표)

1-4 재무제표 요소의 인식

인식은 재무제표 요소의 정의에 부합하고, 다음 기준을 모두 충족한다면 재무제표에 인식되어야 한다. 그 항목과 관련된 미래경제적효익이 기업에 유입되거나 기업으로부터 유출될 가능성이 높고, 그 항목의 원가 또는 가치를 신뢰성 있게 측정할 수 있다.

1. 자산의 인식

자산은 미래경제적효익이 기업에 유입될 가능성이 높고 해당 항목의 원가 또는 가치를 신뢰성 있게 측정할 수 있을 때 재무상태표에 인식한다.

2. 부채의 인식

부채는 현재 의무의 이행에 따라 경제적효익을 갖는 자원의 유출 가능성이 높고 결제될 금액에 대해 신뢰성 있게 측정할 수 있을 때 재무상태표에 인식한다.

3. 수익의 인식

수익은 자산의 증가나 부채의 감소와 관련하여 미래경제적효익이 증가하고 이를 신뢰성 있게 측정할 수 있을 때 포괄손익계산서에 인식한다.

4. 비용의 인식

비용은 자산의 감소나 부채의 증가와 관련하여 미래경제적 효익이 감소하고 이를 신뢰성 있게 측정할 수 있을 때 포괄손익계산서에 인식한다.

1-5 재무제표 요소의 측정

요소의 측정. 측정은 재무상태표와 포괄손익계산서에 인식되고 평가되어야 할 재무제표 요소의 화폐금액을 결정하는 과정이다. 측정기준의 예는 다음과 같다.

1. 역사적 원가

자산은 취득의 대가로 취득 당시에 지급한 현금 또는 현금성자산이나 그 밖의 대가의 공정가치로 기록한다. 부채는 부담하는 의무의 대가로 수취한 금액으로 기록한다.

2. 현행원가

자산은 동일하거나 또는 동등한 자산을 현재시점에서 취득할 경우에 그 대가로 지불하여야 할 현금이나 현금성자산의 금액으로 평가한다. 부채는 현재시점에서 그 의무를 이행하는 데 필요한 현금이나 현금성자산의 할인하지 아니한 금액으로 평가한다.

3. 실현가능(이행)가치

자산은 정상적으로 처분하는 경우 수취할 것으로 예상되는 현금이나 현금성자산의 금액으로 평가한다. 부채는 이행가치로 평가하는 데 이는 정상적인 영업과정에서 부채를 상환하기 위해 지급될 것으로 예상되는 현금이나 현금성자산의 할인하지 아니한 금액으로 평가한다.

4. 현재가치

자산은 정상적인 영업과정에서 그 자산이 창출할 것으로 기대되는 미래 순현금유입액의 현재할인가치로 평가한다. 부채는 정상적인 영업과정에서 그 부채를 상환할 때 필요할 것으로 예상되는 미래 순현금유출액의 현재할인가치로 평가한다.

1-6 재무보고의 기본가정

재무제표를 작성·공시하는데 있어 기초가 되는 것으로 기업실체를 둘러싼 환경으로부터 도출된 것으로 계속기업의 가정을 유일한 기본가정으로 규정하고 있다.

1. 계속기업

재무제표는 일반적으로 기업이 계속기업이며 예상 가능한 기간 동안 영업을 계속할 것이라는 가정 하에 작성된다. 따라서 기업은 그 경영활동을 청산하거나 중요하게 축소할 의도나 필요성을 갖고 있지 않다는 가정을 적용하며, 만약 이러한 의도나 필요성이 있다면 재무제표는 계속기업을 가정한 기준과는 다른 기준을 적용하여 작성하는 것이 타당할 수 있으며 이때 적용한 기준은 별도로 공시하여야 한다.

[기본문제 4] 다음 (   )안에 알맞은 용어를 써 넣으시오.

(1) 재무보고의 유일한 기본가정은 (   )의 가정 이다.
(2) 자산은 취득의 대가로 취득 당시에 지급한 현금 또는 현금성자산이나 그 밖의 대가의 공정가치로 기록하는 것은 (   )로 측정한 것이다.
(3) 부채는 현재시점에서 그 의무를 이행하는 데 필요한 현금이나 현금성자산의 할인하지 아니한 금액으로 평가하는 것은 (   )로 측정한 것이다.

1-7 우발자산과 우발부채, 충당부채(K-IFRS 제1037호)

1. 우발자산

우발자산은 과거사건이나 거래의 결과로 발생할 가능성이 있으며, 기업이 전적으로 통제 할 수 없는 하나 또는 그 이상의 불확실한 미래의 발생 여부에 의하여서만 그 존재가 확인되는 잠재적 자산을 말한다.

우발자산은 자산으로 인식하지 아니하고 자원의 유입가능성이 매우 높은 경우에만 주석으로 기재한다. 우발자산은 미래에 확정되기까지 자산으로 인식할 수 없다.

2. 우발부채

우발부채는 다음의 ① 또는 ②에 해당하는 잠재적인 부채를 말하며, 부채로 인식하지 아니한다.

① 과거사건은 발생하였으나 기업이 전적으로 통제할 수 없는 하나 또는 그 이상의 불확실한 미래사건의 발생 여부에 의하여서만 그 존재 여부가 확인되는 잠재적인 의무

② 과거사건이나 거래의 결과로 발생한 현재의무이지만 그 의무를 이행하기 위하여 자원이 유출될 가능성이 매우 높지가 않거나 또는 그 가능성은 매우 높으나 당해의무를 이행하여야 할 금액을 신뢰성 있게 추정할 수 없는 경우

3. 충당부채

충당부채는 과거사건이나 거래의 결과에 의한 현재의무로서 지출의 시기 또는 금액이 불확실한 부채를 말하며 다음의 인식요건을 모두 충족하는 경우에 인식한다. 충당부채에는 제품보증충당부채(건설업의 경우는 하자보수충당부채), 경품충당부채, 손해보상충당부채 등이 있다.

① 과거사건이나 거래의 결과로 현재의무가 존재한다.
② 당해 의무를 이행하기 위하여 자원이 유출될 가능성이 매우 높다.
③ 그 의무의 이행에 소요되는 금액을 신뢰성있게 추정할 수 있다.

[기본문제 5] 다음의 내용이 맞으면 (O) 틀리면 (X) 하시오.
(1) 우발자산은 자산으로 인식 할 수 없다. (   )
(2) 우발부채는 부채로 인식 할 수 있다. (   )
(3) 충당부채는 인식요건에 모두 충족한 경우 부채로 인식 한다.(   )

제2장 거래의 기장

2-1 현금 및 현금성자산

1. 현금 및 현금성자산

(1) 현금

① 통　　　화 : 지폐, 주화

② 통화대용증권 : 타인(동점)발행수표, 자기앞수표, 여행자수표,
가계수표, 송금수표, 우편환증서, 전신환증서,
소액환증서, 배당금영수증, 공·사채만기이자표,
국고송금통지서, 일람출급어음, 대체예금환급증서

(2) 당좌예금, 보통예금

(3) 현금성자산

취득당시 만기가 3개월이내인 유가증권이나 단기금융상품

> ▣ 소액현금제도 : 금액이 적은 잡다한 비용의 지출을 원활하게 한다.

(4) 은행계정조정표

은행측 장부잔액과 회사측 장부잔액이 일치하지 않는 원인을 규명하기 위하여 작성한다.

은행계정조정표

은행잔액증명서 잔액	×××	회사 당좌예금계정 잔액	×××
은 행 미 기 입 예 금	(+) ××	어음추심입금 미통지	(+) ××
발 행 수 표 미 지 급 액	(−) ××	예 입 미 통 지	(+) ××
은 행 장 부 오 기	(±) ××	미통지된 은행수수료	(−) ××
		회 사 장 부 오 기	(±) ××
조 정 후 잔 액	×××	조 정 후 잔 액	×××

① 은행계정조정표는 미기장한곳이나 오기한측에서 기장한다.
② 분개는 회사측 미기장이나 오기한것만 한다.

[기본문제 6] (　　)안에 알맞은 말을 써 넣으시오.
(1) 현금 및 현금성자산이란 (　　), (　　), (　　), (　　)을 통합한 계정이다.
(2) 현금에는 (　　)인 지폐와 주화가 있고, (　　)에는 타인발행수표, 자기앞수표, 여행자수표, 가계수표, 배당금영수증, 국고송금통지서 등이 있다.
(3) 취득당시 만기가 3개월 이내인 유가증권이나 금융상품을 (　　)이라 한다.
(4) 당점발행 당좌수표는 (　　)계정으로, 동점발행 당좌수표는 (　　)계정으로 한다.

[기본문제 7] 은행계정조정표에 관한 내용이다. (　　)안에 알맞은 말을 써 넣으시오.
(1) 당좌예금의 잔액이 시간적 차이로 은행측과 회사측 잔액이 일치하지 않는 원인을 규명하기 위하여 작성하는 것을 (　　　　　　)라 한다.
(2) 발행수표 미지급액은 은행에서 (　　　　　　)한다.
(3) 은행에서 미기입한 예금은 (　　　　　　)에서 가산한다.
(4) 어음추심이나, 외상대금회수 미통지는 회사에서 (　　　　　　)한다.
(5) 미통지된 은행수수료는 (　　　　　　)에서 차감한다.

> ▣ 금융자산의 분류

현금 및 현금성자산		현금, 당좌예금, 보통예금, 현금성자산
매출채권 및 기타채권	매 출 채 권	외상매출금, 받을어음
	기 타 채 권	대여금, 미수금
기 타 금 융 자 산	단 기 금 융 상 품	정기예금, 정기적금, 기타 정형화된 금융상품
	당기손익−공정가치측정금융자산	
	기타포괄손익−공정가치측정금융자산	
	상각후원가측정금융자산	

2-2 기타금융자산

기타금융자산은 기업이 여유자금을 활용할 목적으로 보유하는 단기금융상품, 당기손익−공정가치측정금융자산, 기타포괄손익−공정가치측정금·자산과 상각후원가측정금융자산 등의 자산을 포함한다.

1. 단기금융상품

(1) 정기예금·정기적금 : 만기가 결산일로부터 1년 이내에 도래하는 것

(2) 사용이 제한되어 있는 예금 : 감채기금(만기가 결산일로부터 1년 이내에 도래하는 것)

(3) 기타 정형화된 금융상품

① 양도성예금증서(CD)	② 환매조건부채권(RP)
③ 어음관리구좌(CMA)	④ 머니마켓펀드(MMF)
⑤ 기업어음(CP)	⑥ 표지어음

2. 당기손익−공정가치측정금융자산

(1) 당기손익−공정가치측정금융자산의 뜻

당기손익−공정가치측정금융자산은 주로 단기간 내의 매매차익을 목적으로 취득한 유가증권(국채, 사채, 공채, 주식)으로서 매수와 매도가 적극적이고 빈번하게 이루어지는 것을 말한다.

(2) 당기손익금융자산의 구입과 처분(끝수이자, 단수이자, 경과이자)

구 분	차 변		대 변	
구 입 시	당기손익금융자산	20,000	현　　　　　금	20,500
	미 수 이 자	500		
처 분 시 (처분가액>장부금액)	현　　　　　금	22,600	당 기 손 익 금 융 자 산	20,000
			당기손익금융자산처분이익	2,000
			미 수 이 자	500
			이 자 수 익	100
처 분 시 (처분가액<장부금액)	현　　　　　금	18,600	당 기 손 익 금 융 자 산	20,000
	당기손익금융자산처분손실	2,000	미 수 이 자	500
			이 자 수 익	100

> ▣ 구입시 제비용(매입수수료 증권거래세 등)이 있으면 수수료비용으로 하고, 처분시 제비용은 처분가액에서 직접 차감하여 기록한다.

(3) 당기손익금융자산의 평가

주식과 채권의 평가는 총평균법 또는 이동평균법으로 하며 채권에 한하여 개별법적용이 가능하고 공정가치(시가)를 재무상태표 금액으로 한다.

구 분	차 변	대 변
증가시 (장부금액<공정가치)	당기손익금융자산 ××	당기손익금융자산평가이익 ××
감소시 (장부금액>공정가치)	당기손익금융자산평가손실 ××	당기손익금융자산 ××

(4) 유가증권(국채, 사채, 공채, 주식)의 분류

① 당기손익-공정가치측정금융자산 : 매수와 매도가 적극적이고, 빈번하게 이루어져야한다. 지분증권, 채무증권

② 상각후원가측정금융자산 : 만기까지 보유할 적극적인의도와 능력이 있는 경우, 채무증권

③ 기타포괄손익-공정가치측정금융자산 : 당기손익-공정가치측정금융자산이나 상각후원가측정금융자산으로 분류되지 아니하는 유가증권

④ 관계기업투자 : 중대한 영향력 행사(지배, 통제)목적, 지분증권

3. 단기대여금

단기대여금은 차용증서나 어음 등을 받고 금전을 결산일로부터 1년 이내로 빌려 준 것

◈ 결산일(보고기간종료일)로부터 대여(차입)기간이 1년 이내이면 단기대여금 (단기차입금)으로 한다.

[기본문제 8] ( )안에 알맞은 말을 써 넣으시오.
(1) 기타금융자산에는 단기금융상품, ( ),
( ), ( )등의 자산을 포함한다.
(2) 회계상 유가증권은 ( ), ( ),
( ), 관계기업투자 등으로 분류 한다.

2-3 매출채권(외상매출금, 받을어음)과 매입채무(외상매입금, 지급어음)

1. 외상매출금 계정

외상매출금	
전기이월(기초잔액)	회수액
	환입 및 매출에누리·매출할인
외상매출액	대손발생액
	차기이월(기말잔액)

2. 외상매입금 계정

외상매입금	
지급액	전기이월(기초잔액)
환출 및 매입에누리·매입할인	
차기이월(기말잔액)	외상매입액

3. 매출할인과 매입할인

구 분	차 변	대 변
외상매출금을 약정기일 이전회수(매출할인)	매 출 ××× 현 금 ×××	외상매출금 ×××
외상매입금을 약정기일 이전지급(매입할인)	외상매입금 ×××	매 입 ××× 현 금 ×××

---

4. 외상매출금의 양도(팩토링)

구 분	차 변	대 변
외상매출금을 양도하면 (매각거래인 경우)	매출채권처분손실 1,000 현 금 49,000	외상매출금 50,000

5. 받을어음과 지급어음

(1) 약속어음

구 분	차 변	대 변
약속어음을 수취하면	받을어음 ××	매출(외상매출금) ××
약속어음을 발행하면	매입(외상매입금) ××	지급어음 ××

(2) 환어음

구 분	차 변	대 변
수 취 인	받을어음 ××	매출(외상매출금) ××
발 행 인	매입(외상매입금) ××	외상매출금 ××
지명인(인수인, 지급인)	외상매입금 ××	지급어음 ××

◈ 환어음의 발행인은 어음상 채권·채무가 발생하지 않는다.

(3) 어음의 배서

① 어음의 추심위임 배서

구 분	차 변	대 변
추심위임배서양도 추심료지급	수수료비용 ××	현 금 ××
추심완료시	당좌예금 ××	받을어음 ××
어음대금지급시	지급어음 ××	당좌예금 ××

② 대금결제을 위한 배서양도

소지어음 배서양도시	(차) 매입(외상매입금) ××	(대) 받을어음 ××

③ 어음의 할인을 위한 배서양도

$$할인료 = 액면금액 \times 연이율 \times \frac{할인일수}{365(또는366)}$$

소지어음 할인시 (매각거래인 경우)	(차) 당좌예금 ×× 매출채권처분손실 ××	(대) 받을어음 ××
소지어음 할인시 (차입거래인 경우)	(차) 당좌예금 ×× 이자비용 ××	(대) 단기차입금 ××

(4) 소지어음의 부도

어음의 소지인이 어음 만기일에 어음 금액의 지급을 지급장소에서 청구하였으나 지급이 거절된 경우 지급거절증서 작성비용을 합하여 부도어음이라 한다.

소지어음 부도시	(차) 부도어음 ××	(대) 받을어음 ×× 현금(청구비용) ××

(5) 어음의 개서

어음의 지급인이 어음의 만기일에 지급할 능력이 없어 어음의 소지인에게 지급일의 연기를 요청하고, 소지인이 이를 승낙하여 새로운 어음을 발행하여 구어음과 교환하는 것을 말한다. 이때 지급인은 연기일수에 해당하는 이자를 지급해야 한다.

받을어음의 개서시(수취인)	(차) 받을어음(신어음) ×× 현 금 ××	(대) 받을어음(구어음) ×× 이자수익 ××
지급어음의 개서시(지급인)	(차) 지급어음(구어음) ×× 이자비용 ××	(대) 지급어음(신어음) ×× 현 금 ××

(6) 금융어음(기타어음)

일반적 상거래에서 발생한 어음이 아니면 회계상 어음으로 인정하지 않는다.

현금을 대여하고 약속어음을 수취하면	(차) 단기대여금 ××	(대) 현　　금 ××
현금을 차입하고 약속어음을 발행하면	(차) 현　　금 ××	(대) 단기차입금 ××
토지을 처분하고 약속어음을 수취하면	(차) 미 수 금 ××	(대) 토　　지 ××
토지를 취득하고 약속어음을 발행하면	(차) 토　　지 ××	(대) 미 지 급 금 ××

(7) 받을어음과 지급어음계정

① 받을어음계정

받을어음	
전기이월(기초잔액)	어음대금추심(회수)액
약속어음수취 환어음수취	어음의 배서양도 어음의 할인 어음의 부도
	차기이월(기말잔액)

② 지급어음계정

받을어음	
어음대금 지급액 당점발행어음의 수취	전기이월(기초잔액)
차기이월(기말잔액)	약속어음 발행 환어음 인수

[기본문제 9] 다음 거래를 분개하시오.

(1) "2/10, n/30"의 매출할인 조건으로 상품 ₩100,000을 고객에게 외상 판매하고, 7일 후에 외상대금을 현금으로 회수하였다.

(차) (　　　　　　) (대) (　　　　　　)
　　(　　　　　　) 　　(　　　　　　)

(2) "3/10, 2/15, n/30"의 신용조건으로 상품 ₩100,000을 외상 매입하고 10일 후에 매입대금을 현금으로 지급하였다.

(차) (　　　　　　) (대) (　　　　　　)
　　(　　　　　　) 　　(　　　　　　)

(3) 소지하고 있던 약속어음 ₩200,000을 거래은행에 추심의뢰하고, 수수료 ₩4,000을 현금으로 지급하다.

(차) (　　　　　　) (대) (　　　　　　)

(4) 상품대금으로 받은 동점발행 약속어음 ₩200,000을 거래은행에 할인하고, 할인료 ₩5,000을 차감한 실수금을 당좌예금하다. (단, 이 약속어음의 할인은 매각거래에 해당된다.)

(차) (　　　　　　) (대) (　　　　　　)
　　(　　　　　　)

2-4 대손(손상)

1. 대손의 뜻

대손(또는 손상)이란 매출채권(외상매출금, 받을어음), 기타채권(단기대여금, 미수금)이 거래처의 파산이나 폐업 등으로 회수불가능하게 되는 경우를 말한다.

2. 대손의 회계처리

기말 결산 시점에 매출채권 및 기타채권에 대하여 손상발생을 검토하고 최초 유효이자율로 할인한 추정미래현금의 현재가치와 채권의 장부금액의 차이를 대손상각비로 계상하고 채권에서 직접차감하거나 대손충당금을 설정한다.

---

(1) 직접상각법

직접상각법이란 손상차손금액을 매출채권에서 직접차감하는 방법을 말한다.

구 분	차 변	대 변
손상 발생(설정)시	대 손 상 각 비 ××	외 상 매 출 금 ××
전기 손상 회복시	현　　금 ××	금융자산손상차손환입 ××
당기 손상 회복시	현　　금 ××	대 손 상 각 비 ××

(2) 충당금 설정법

충당금설정법이란 대손충당금계정을 사용하여 손상차손금액을 매출채권에서 차감하는 방법을 말한다.

① 대손(손상)을 예상(설정)하다.〈결산시〉

기말결산시 매출채권에 대하여 손상발생을 검토하여 대손충당금잔액이 부족하면 대손상각비로 대손충당금 잔액이 초과하면 대손충당금환입계정으로 처리한다.

대손계산공식	매출채권 × 대손율 − 대손충당금잔액 = ×× (외상매출금+받을어음)

구 분	차 변	대 변
대손충당금 부족시	대 손 상 각 비 ××	대 손 충 당 금 ××
대손충당금 과잉시	대 손 충 당 금 ××	대손충당금환입 ××

◈ 대손상각비(비용), 대손충당금환입(기타(영업외)수익), 대손충당금(차감적 평가계정)

② 대손(손상) 발생시

특정 채권이 회수가 불가능하다고 판단될 경우, 즉, 손상사건이 발생한 경우 손상차손금액을 대손충당금과 상계하고 대손충당금이 부족한 경우 대손상각비로 인식한다.

구 분	차 변	대 변
대손충당금 있다.	대 손 충 당 금 ××	외 상 매 출 금 ××
대손충당금 없다.	대 손 상 각 비 ××	외 상 매 출 금 ××

3. 대손(손상)된 것 회수시

이미 대손처리 하였던 채권을 다시 회수할 때에 대손충당금으로 처리한다.

구 분	차 변	대 변
전기 손상된 것 회수시	현　　금 ××	대 손 충 당 금 ××
당기 손상된 것 회수시	현　　금 ××	대 손 충 당 금 ×× (대 손 상 각 비 ××)

4. 대손충당금 계정

대손충당금	
대손 발생액 대손충당금환입액	**전기이월**(기초잔액)
차기이월(기말잔액)	대손추가 설정액 대손된 것 회수액

[기본문제 10] 다음 거래를 분개하시오. (충당금 설정법)
(1) 외상매출금 ₩500,000에 대하여 1%의 대손충당금을 설정하다.
　(단, 대손충당금 잔액이 ₩3,000있다.)
　(차) (　　　　　　　　　) (대) (　　　　　　　　　)
(2) 받을어음 ₩200,000에 대하여 2%의 대손충당금을 설정하다.
　(단, 대손충당금 잔액이 ₩5,000있다.)
　(차) (　　　　　　　　　) (대) (　　　　　　　　　)
(3) 거래처 파산으로 외상매출금 ₩50,000이 회수 불가능한 것으로 판명되어
　대손처리 하다. (단, 대손충당금 ₩30,000설정되어 있다.)
　(차) (　　　　　　　　　) (대) (　　　　　　　　　)
　　 (　　　　　　　　　)
(4) 전기에 대손 처리한 외상매출금 ₩250,000을 현금으로 받다.
　(단, 대손처리시 대손충당금 잔액 ₩200,000이 있었다.)
　(차) (　　　　　　　　　) (대) (　　　　　　　　　)
(5) 당기에 대손 처리한 외상매출금 ₩50,000을 현금으로 받다.
　(단, 대손 처리시 대손충당금 잔액 ₩30,000이 있었다.)
　(차) (　　　　　　　　　) (대) (　　　　　　　　　)
　　　　　　　　　　　　　　　　 (　　　　　　　　　)

2-5 기타채권, 채무에 관한 거래

1. 단기대여금(자산)과 단기차입금(부채)

구 분	차 변	대 변
현금을 빌려주면	단 기 대 여 금　50,000	현　　　　금　50,000
단기대여금과 이자를 회수시	현　　　　금　52,000	단 기 대 여 금　50,000 이 자 수 익　2,000
현금을 빌려 오면	현　　　　금　50,000	단 기 차 입 금　50,000
단기차입금과 이자를 지급시	단 기 차 입 금　50,000 이 자 비 용　2,000	현　　　　금　52,000

2. 미수금(자산)과 미지급금(부채)

구 분	차 변	대 변
비품 외상 처분시	미 수 금　100,000	비　　　품　100,000
비품 외상 구입시	비　　　품　100,000	미 지 급 금　100,000

3. 선급금(자산)과 선수금(부채)

구 분	차 변	대 변
상품 계약금 지급시	선 급 금　10,000	현　　　　금　10,000
상품 인수시	매　　　입　100,000	선 급 금　10,000 외 상 매 입 금　90,000
상품 계약금 수입시	현　　　　금　10,000	선 수 금　10,000
상품 인도시	선 수 금　10,000 외 상 매 출 금　90,000	매　　　출　100,000

4. 가지급금과 가수금

구 분	차 변	대 변
여비 개산액 지급시	가 지 급 금　200,000	현　　　金　200,000
출장비 정산하면	여 비 교 통 비　180,000 현　　　　금　20,000	가 지 급 금　200,000
출장사원의 송금시	보 통 예 금　600,000	가 수 금　600,000
가수금 내용 판명시	가 수 금　600,000	외 상 매 출 금　600,000

5. 예수금(부채), 상품권선수금(부채)

구 분	차 변	대 변
급여 지급시	급　　　여 1,500,000	단 기 대 여 금　30,000 소득세예수금　30,000 건강보험료예수금　10,000 현　　　금 1,430,000
해당기관에 납부시	소득세예수금　30,000 건강보험료예수금　10,000	현　　　금　40,000

구 분	차 변	대 변
상품권 액면발행시	현　　　금　50,000	상품권선수금　50,000
상품 인도시	상품권선수금　50,000	매　　　출　50,000
상품권 할인발행시	상품권할인액　5,000 현　　　금　45,000	상품권선수금　50,000
상품 인도시	상품권선수금　50,000 매　　　출　5,000	매　　　출　50,000 상품권할인액　5,000

> ▣ 상품권의 유효기간이 경과하고 상법상 소멸시효가 완성된 경우에는 소멸시효의 완성시점에서 잔액을 전부 기타 수익(잡이익)으로 인식한다.

6. 미결산

거래가 발생하였으나 그 결과가 아직 확정되지 않아 일시적으로 사용하는 가계정이다.

구 분	차 변	대 변
화재발생 보험금 청구시	감가상각누계액　200,000 미 결 산　300,000	건　　　물　500,000
보험금 확정시 (보상금 < 미결산)	미 수 금　280,000 재 해 손 실　20,000	미 결 산　300,000
보험금 확정시 (보상금 > 미결산)	미 수 금　320,000	미 결 산　300,000 보 험 차 익　20,000
소송, 손해배상청구시	미 결 산　500,000	단 기 대 여 금　500,000 (외상매출금)

7. 장기채무의 유동성대체

구 분	차 변	대 변
장기차입금의 지급기일이 1년 이내로 도래한 경우	장 기 차 입 금　500,000	유동성장기부채　500,000

[기본문제 11] 다음 거래를 분개하시오.
(1) 아라리오백화점은 상품권 2매 @₩100,000에 판매하고 대금은 현금으로 받다.
　(차) (　　　　　　　　　) (대) (　　　　　　　　　)
(2) 아라리오백화점은 상품 ₩300,000을 판매하고, 자사가 발행한 상품권
　₩200,000과 현금 ₩100,000을 받았다.
　(차) (　　　　　　　　　) (대) (　　　　　　　　　)
　　 (　　　　　　　　　)
(3) 화재로 인하여 취득원가 ₩10,000(감가상각누계액 ₩4,000)인 건물이
　전소하여 보험회사에 보험금을 청구하였다.
　(차) (　　　　　　　　　) (대) (　　　　　　　　　)
　　 (　　　　　　　　　)
(4) 화재로 인하여 취득원가 ₩10,000(감가상각누계액 ₩4,000)인 건물이
　전소하였다. 본 건물에 대하여 보험회사로부터 ₩5,000의 보험금을 받아
　당좌예입 하였다.
　(차) (　　　　　　　　　) (대) (　　　　　　　　　)
　　 (　　　　　　　　　)

2-6 재고자산(K-IFRS 제1002호)

1. 재고자산의 정의

재고자산이란 기업의 정상적인 영업활동과정에서 판매목적(상품, 제품)으로 소유하고 있거나, 판매할 제품의 생산을 위하여 소유하고 있는 저장품, 원재료와 생산중에 있는 재공품등을 말한다. 또한 재고자산의 수익인식(매출)시점은 상품 또는 제품을 인도한날 인식하게 되어있다.

2. 재고자산의 종류

재고자산	뜻
① 상품	판매를 목적으로 구입한 상품
② 저장품	소모품·소모공구기구비품·수선용부분품 및 기타저장품
③ 원재료	제품제조를 위하여 매입한 원료와 재료
④ 재공품	제품 또는 반제품의 제조를 위하여 제조과정에 있는 것
⑤ 제품	판매를 목적으로 제조한 생산품·부산물
⑥ 반제품	자가 제조한 중간제품과 부분품

3. 재고자산의 취득원가

재고자산의 취득원가에는 매입가격과 매입부대비용을 포함하고, 매입환출 및 에누리와 매입할인을 차감하여 계산한다.

4. 상품공식

① 총매입액 − 환출 및 매입에누리·매입할인 = 순매입액

② 총매출액 − 환입 및 매출에누리·매출할인 = 순매출액

③ 기초재고액 + 순매입액 − 기말재고액 = 매출원가

④ 순매출액 − 매출원가 = 매출총이익

5. 재고자산의 평가방법

(1) 재고자산의 수량결정방법

① 계속기록법

기초재고수량 + 당기매입수량 − 당기매출수량 = 기말재고(장부)수량

② 실지재고조사법

기초재고수량 + 당기매입수량 − 기말재고(실제)수량 = 당기매출수량

▣ 재고자산감모손실은 계속기록법과 실지재고조사법을 병행해야 파악 할 수 있다.

(2) 재고자산 매출단가 결정방법

① 개별법 : 재고자산의 원가를 개별적으로 파악하여 매출원가와 기말재고액을 결정하는 방법이다.

특 징 ㉠ 주로 고가품이나 귀중품에 적용이 가능하다.
　　　 ㉡ 실제물량흐름과 일치하고 이론적으로 가장이상적인 방법이다.
　　　 ㉢ 수익과 비용이 정확하게 대응되어 정확한 이익을 측정 할 수 있다.

② 선입선출법(FIFO) : 먼저 매입한 상품을 먼저 인도하는 형식으로 인도단가를 결정하는 방법이다.

특 징 ㉠ 과거 매입액이 매출원가가 된다.
　　　 ㉡ 최근 매입액이 기말상품재고액이 된다.
　　　 ㉢ 물가상승시 매출원가가 적고 매출이익은 크게 표현된다.
　　　 ㉣ 일반적 물량흐름과 일치한다.

③ 후입선출법(LIFO) : 최근에 매입한 상품을 먼저 인도하는 형식으로 인도단가를 결정하는 방법이다. (단, K- IFRS에서는 후입선출법을 허용하지 않는다.)

특징 ㉠ 최근 매입액이 매출원가가 된다.
　　 ㉡ 과거 매입액이 기말재고액이 된다.
　　 ㉢ 물가상승시 매출원가가 크고 매출이익은 적게 표현된다.

④ 이동평균법(MAM) : 상품 매입시 마다 평균단가를 구하여 인도단가로 결정 하는 방법이다.

$$이동평균단가 = \frac{매입직전의재고액 + 금번의매입액}{매입직전의재고수량 + 금번의매입수량}$$

특징 : 실제재고조사법에서는 사용불가

⑤ 총평균법(TAM) : 기초재고액과 일정기간에 대한 순매입액의 합계액을 기초수량과 순매입수량을 합산한 수량으로 나누어서 총평균법단가를 구하고 이를 인도단가로 결정하는 방법이다.

$$총평균단가 = \frac{기초재고액 + 당기매입액}{기초재고수량 + 당기매입수량}$$

특징 : 장부마감시 일정기간의 말일까지 기다려야 된다.

▣ ① 물가상승시 기말재고액과 매출총이익의 크기
　　 선입선출법 〉 이동평균법 〉 총평균법 〉 후입선출법
　② 물가상승시 매출원가의 크기
　　 선입선출법 〈 이동평균법 〈 총평균법 〈 후입선출법

6. 재고자산감모손실과 재고자산평가손실

(1) 재고자산감모손실 : 실제재고수량이 장부재고수량보다 부족한 경우

장부재고액 − 실제재고액 = 재고자산감모손실
(장부재고수량 − 실제재고수량) × 단위당원가 = 재고자산감모손실

① 발생한 기간에 비용으로 인식한다.
② 감모손실 계상시
　(차) 재고자산감모손실 ×× (대) 이　월　상　품　××

(2) 재고자산평가손실 : 순실현가능가치(시가)가 장부가액보다 하락한 경우

원가에 의한 실제재고액 − 순실현가능가치(추정판매가치−추정판매비)
= 재고자산평가손실

(단위당원가 − 단위당순실현가능가치) × 실제재고수량
= 재고자산평가손실

① 발생한 기간에 비용으로 인식한다.
② 평가손실계상시
　(차) 재고자산평가손실 ×× (대) 재고자산평가충당금　××
③ 가격회복시
　(차) 재고자산평가충당금 ×× (대) 재고자산평가충당금환입　××

▣ 시가가 회복되면 재고자산의 최초 취득원가 한도까지만 재고자산평가충당금을 환입하며, 재고자산평가충당금은 재고자산에 대한 차감적평가계정이다.

2-7 특수매매

1. 미착상품 : 화물대표증권(화물상환증, 선화증권)

구 분	차 변		대 변	
화물대표증권 매입시	미 착 상 품	5,000	외 상 매 입 금	5,000
상품이 도착하면	매　　입	5,000	미 착 상 품	5,000
화물대표증권 매출시	매　　입	5,000	미 착 상 품	5,000
	외 상 매 출 금	6,000	미착상품매출	6,000

2. 위탁판매(판매를 부탁하는 것)

구 분	차 변		대 변	
위탁판매 적송시	적 송 품	5,300	매　　입	5,000
			현금(적송제비용)	300
적송이 판매되어 매출계산서가 도착하면	매　　입	5,300	적 송 품	5,300
	판 매 수 수 료	200	적 송 품 매 출	6,000
	외 상 매 출 금	5,800		

3. 수탁판매(판매를 부탁받은것)

구 분	차 변		대 변	
수탁품을 인수하고 인수비용을 지급하면	수 탁 판 매	200	현　　금	200
	※ 수탁품은 위탁자소유라 분개하지 않는다.			
수탁품이 판매되면	현　　금	8,000	수 탁 판 매	8,000
매출계산서 송부	수 탁 판 매	300	보 관 료 (등)	100
			수 수 료 수 익	200
실수금 송금	수 탁 판 매	7,500	현　　금	7,500

4. 위탁매입(매입을 부탁 하는것)

구 분	차 변		대 변	
계약금(착수금)지급시	선 급 금	500	현　　금	500
위탁매입품 도착	매　　입	6,000	선 급 금	500
			외 상 매 입 금	5,500

5. 수탁매입(매입을 부탁 받은것)

구 분	차 변		대 변	
계약금(착수금)수입시	현　　금	500	수 탁 매 입	500
수탁품 매입시	수 탁 매 입	5,000	외 상 매 입 금	5,000
매입계산서 송부	수 탁 매 입	1,000	보 험 료 (등)	300
			수 수 료 수 익	700
대신지급금 수입	현　　금	5,500	수 탁 매 입	5,500

6. K-IFRS상 수익인식시점(매출인식시점)

(1) 일반적 매출 : 상품을 인도한날

(2) 할부매출 　 : 상품을 인도한날

(3) 위탁매출 　 : 수탁자가 위탁품을 판매한 날

(4) 시용매출 　 : 매입자가 구매의사 표시한 날

(5) 예약매출 　 : 진행기준에 따라 실현 되는 것으로 한다.

(6) 용역매출 　 : 진행기준에 따라 실현 되는 것으로 한다.

(7) 상품권 매출 : 물품 등을 제공하고 상품권을 회수한때에 인식한다.

2-8 비유동자산

장기적인 투자수익을 얻을 목적이나 장기간 영업활동에 사용할 목적으로 보유하고 있는 자산으로 대여금 및 수취채권, 기타금융자산, 투자부동산, 유형자산, 무형자산, 기타자산으로 분류한다.

1. 비유동자산의 분류

(1) 대여금 및 수취채권 : 장기대여금, 장기미수금

(2) 기타금융자산 : 기타포괄손익-공정가치측정금융자산, 상각후원가측정금융자산

(3) 투자부동산

(4) 유형자산 : 토지, 건물, 구축물, 기계장치, 비품, 차량운반구, 건설중인자산, 선박, 공구기구

(5) 무형자산 : 영업권, 산업재산권(특허권, 실용신안권, 디자인권, 상표권), 광업권, 어업권, 차지권, 저작권, 개발비, 라이선스와프랜차이즈, 컴퓨터소프트웨어, 임차권리금

(6) 기타비유동자산 : 임차보증금, 장기선급금

2. 유형자산 (K-IFRS 제1016호)

(1) 유형자산의 뜻

유형자산은 재화의 생산이나 용역의 제공, 타인에 대한 임대, 또는 자체적으로 사용할 목적으로 보유하고 있으며, 물리적 형태가 있는 비화폐성자산으로 토지, 건물, 기계장치, 구축물, 건설중인자산, 비품, 차량운반구 등을 포함한다.

(2) 유형자산의 구입

구 분	차 변		대 변	
영업용 건물구입	건　　물	××	당 좌 예 금	××

■ 취득원가 = 구입가액 + 취득세등록세 + 설치비 + 기타구입제비용

(3) 유형자산의 처분

구 분	차 변		대 변	
처분가액 > 장부금액	감가상각누계액	20,000	건 물	50,000
	미 수 금	40,000	유형자산처분이익	10,000
처분가액 < 장부금액	감가상각누계액	20,000	건 물	50,000
	미 수 금	20,000		
	유형자산처분손실	10,000		

▣ 처분시 제비용은 처분가액에서 직접 차감하여 기록한다.

(4) 유형자산의 감가상각

유형자산은 사용에 의한 소모, 시간의 경과와 기술의 변화에 따른 진부화 등에 의해 경제적 효익이 감소된다. 단, 토지와 건설중인자산은 감가상각을 하지 않는다.

① 감가상각비 계산

ⓖ 정액법 (직선법) : 취득원가에서 잔존가액을 차감한 금액을 내용연수로 나누어서 매기균등하게 감가상각비를 계산하는 방법

$$\frac{취득원가 - 잔존가액}{내용연수} = 감가상각비$$

ⓛ 정률법 (체감법) : 미상각잔액(취득원가 − 감가상각누계액)에 매기 일정률의 상각률을 곱하여 해당 연도의 감가상각비를 계산하는 방법

$$(취득원가 - 감가상각누계액) \times 정률 = 감가상각비$$
$$정률 = 1 - \sqrt[n]{\frac{잔존가액}{취득원가}} \ (n=내용연수)$$

ⓒ 생산량비례법 : 특정기간 동안에 실제 생산된 수량 또는 작업시간을 기준으로 매기 감가상각비를 계산하는 방법

$$(취득원가 - 잔존가액) \times \frac{당기실제생산량}{총추정생산량} = 감가상각비$$

ⓔ 연수합계법 : 내용 연수의 합계를 분모로 하고, 잔여 내용연수를 분자로 하는 상각률을 감가상각 대상액에 곱해 감가상각액을 산출한다.

$$(취득원가 - 잔존가액) \times \frac{잔여내용연수}{내용연수의합계} = 감가상각비$$

② 기장방법

구 분	차 변		대 변	
ⓖ 직 접 법	감 가 상 각 비	××	(건 물)	××
ⓛ 간 접 법	감 가 상 각 비	××	감가상각누계액	××

▣ 감가상각비(비용), 감가상각누계액(차감적 평가계정)
▣ 감가상각의 3요소 : 내용년수, 취득원가, 잔존가액

재 무 상 태 표				
자 산	금 액		부채·자본	금 액
건 물	500,000			
감가상각누계액	200,000	300,000		

(5) 자산적지출과 비용적지출

① 자산적 지출 (자산) : 내용년수 증가, 가치증가, 구조변경, 능률향상, 생산능력향상, 증축, 사용전수리비

② 비용적 지출 (비용) : 현상유지, 능률유지, 도색, 파손된유리와 소모품 대체

구 분	차 변		대 변	
자산적 지출	건 물	××	현 금	××
비용적 지출	수 선 비	××	현 금	××

(6) 건설중인자산

건물을 신축하는 경우 공사착수금이나 중도금을 지급하면 건설중인자산으로 하였다가 건물이 완공되면 건물계정에 대체한다. 또한 건물 등을 취득하기 위하여 지급된 계약금도 선급금계정이 아닌 건설중인자산으로 처리 한다.

구 분	차 변		대 변	
건물 완공전 지급	건설중인 자산	××	당 좌 예 금	××
건물 완공시	건 물	××	건설중인 자산	××
	(사업확장적립금	××)	당 좌 예 금	××
			(별 도 적 립 금	××)

3. 무형자산(K-IFRS 제1038호)

(1) 무형자산의 특성과 분류

① 무형자산의 특성은 다음과 같다

ⓖ 무형자산은 기업이 통제하고 있으며 미래경제적효익이 기업에 유입되리라고 기대되는 자산이다.
ⓛ 무형자산은 물리적 형체가 없다.
ⓒ 무형자산은 식별가능하다.

② 무형자산은 기업의 영업활동에서 유사한 성격과 용도를 가진 자산끼리 묶어서 분류한다. 이러한 종류의 예는 다음과 같다.

ⓖ 브랜드명
ⓛ 제호와 출판표제
ⓒ 컴퓨터소프트웨어
ⓔ 라이선스와 프랜차이즈
ⓜ 저작권, 특허권, 기타 산업재산권, 용역운영권
ⓗ 기법, 방식, 모형, 설계 및 시제품
ⓢ 개발 중인 무형자산 등을 포함한다.

③ 무형자산의 종류

산업재산권(특허권, 실용신안권, 디자인권, 상표권), 개발비 등과 사업결합에서 발생한 영업권, 기타무형자산(라이선스와 프랜차이즈, 저작권, 컴퓨터소프트웨어, 임차권리금, 광업권, 어업권) 등을 포함한다.

(2) 무형자산의 상각

① 원가모형과 재평가모형 중 요건충족시 선택적용할 수 있고, 사용가능 때부터 시작한다.

② 내용연수가 유한한 무형자산과 비한정적인 무형자산으로 구분하고, 비한정적인 무형자산은 상각하지 않되 매년 손상검사한다.

③ 상각방법에는 정액법, 체감잔액법과 생산량비례법이 있고 자산의 경제적 효익이 소비되는 형태를 반영한 방법이어야 한다. 다만, 소비되는 형태를 신뢰성 있게 결정할 수 없는 경우에는 정액법을 사용한다.

④ 영업권은 상각하지 않고, 매년 손상검사 그리고 손상징후가 나타 날 때마다 손상검사하되 손상차손환입은 인식하지 않는다.

⑤ 내용연수가 유한한 무형자산의 잔존가치는 특별한 경우를 제외하고 영(0)으로 본다.

(3) 연구비와 개발비의 회계처리

① 자산인식요건을 충족한 경우 :
연구단계 ⇒ 판매비(물류원가)와 관리비(연구비)
개발단계 ⇒ 무형자산(개발비)

② 자산인식요건을 충족하지 못한 경우 :
연구단계 ⇒ 판매비(물류원가)와 관리비(연구비)
개발단계 ⇒ 제조원가 또는 (경상개발비) 판매비(물류원가)와 관리비

[기본문제 14] ( )안을 채우시오.

(1) 사용중이던 영업용 화물차 (취득원가 ₩750,000, 감가상각누계액 ₩350,000)를 현대상사에 500,000에 매각하고, 대금은 2주일 후에 받기로 하다. 의 분개를 하시오.

(차) ( ) (대) ( )
( ) ( )

(2) 취득원가 ₩2,000,000이고, 잔존가치 ₩0이며 내용연수 5년인 건물을 정액법으로 감가상각하면 감가상각비는 얼마인가?
(₩)

(3) 취득원가 ₩1,000,000인 기계장치를 정률법(정률 40%)로 감가상각을 계산하면 3차년도 감가상각비는 얼마인가? (결산 연1회)
(₩)

(4) 취득원가 ₩160,000, 잔존가액은 ₩10,000의 기계장치를 추정 제품 생산가능수량은 20,000개이다. 1년 동안 2,000개의 제품을 생산한 경우 생산량비례법에 따라 1년간 감가상각비를 계산하면 얼마인가?
(₩)

(5) 취득원가 ₩700,000, 잔존가치 ₩100,000, 내용연수는 3년으로 추정되는 트럭을 연수합계법으로 감가상각비를 계산하면 취득 첫해의 감가상각비는 얼마인가?
(₩)

2-9 사채

구 분	차 변	대 변
사채 발행시	당 좌 예 금 ×× 사채할인발행차금 ××	사 채 ××
사채 이자지급시	이 자 비 용 ××	미 지 급 이 자 ×× 사채할인발행차금 ××
사채 매입상환시	사 채 ××	당 좌 예 금 ×× 사채할인발행차금 ×× 사 채 상 환 이 익 ××

> ▣ 발행시점에서 사채의 현재가치를 계산하는 방법
> ⇒ 만기가액의 현재가치 + 이자지급액의 현재가치

[기본문제 15] 다음 거래를 분개하시오.

(1) 1월 1일 액면금액 ₩1,000,000, 사채액면이자율 연 10%, 유효이자율 12% 이자지급 연1회, 상환기간 5년의 사채를 ₩970,000에 발행하고, 납입금은 전액 당좌예금하다. (이자지급과 결산은 연1회, 12월 31일 이다.)

(차) ( ) (대) ( )
( )

(2) 12월 31일 위 사채이자를 현금으로 지급하다.(유효이자율법)

(차) ( ) (대) ( )
( )

(3) 액면 ₩25,000의 사채(표시이자율 5%, 상환기간이 4년, 이자는 연말에 연1회 지급)를 ₩24,100에 현금으로 매입상환하였다. (단, 현재 사채할인발행차금 잔액이 ₩400있다.)

(차) ( ) (대) ( )
( )
( )

2-10 퇴직급여

퇴직급여란, 종업원이 퇴직할 때 또는 퇴직 이후에 지급되는 일시불이나 퇴직연금과 같은 퇴직급여를 말한다. 퇴직급여제도는 제도의 주요 규약에서 도출되는 경제적 실질에 따라 두가로 분류된다.

(1) 확정기여제도(defined contribution plans ; DC)

기업이 별개의 실체(기금, 보험회사 등)에 사전에 확정된 고정 기여금을 납부하는 것으로 기업의 의무가 종결되는 제도를 말한다. 따라서 그 기금이 종업원의 퇴직급여를 지급할 만큼 충분하지 못하더라도 기업에게는 추가로 기여금을 납부해야 하는 법적 의무가 없다.

구 분	차 변	대 변
퇴직급여기여금 납부시	퇴 직 급 여 ××	현 금 ××

(2) 확정급여제도(defined benefit plans ; DB)

기업이 퇴직급여에 관한 모든 의무를 부담하기 때문에 기금이 부족한 경우에는 기업이 추가적으로 기여금을 납부해야할 의무가 있는 경우가 이에 해당한다.

구 분	차 변	대 변
결산시 퇴직급여부채을 설정하면	퇴 직 급 여 ××	퇴 직 급 여 부 채 ××
퇴직금을 지급하면	퇴 직 급 여 부 채 ××	현 금 ××

[기본문제 16] 다음 거래를 분개하시오.

(1) 결산을 맞이하여 퇴직급여부채 ₩500,000을 설정하다.

(차) ( ) (대) ( )

(2) 사원이 퇴직하게 되어 퇴직금 ₩300,000을 보통예금에서 이체 지급하였다. (단, 퇴직급여부채 ₩500,000있음)

(차) ( ) (대) ( )

제3장 자본에 관한 회계와 기타회계

3-1 주식의 종류

1. 보통주

주식 중에서 가장기본이 되는 주식으로 의결권을 행사 할 수 있고, 이익배당청구권, 잔여재산 청구권, 신주인수권 등이 있는 주식이다.

2. 우선주

보통주 보다 이익분배와 잔여재산 청구권을 우선하여 행사 할 수 있는 권리가 주어진 주식을 말한다.

(1) 누적적우선주

특정연도의 이익배당액이 소정의 우선배당률에 미달할 때는 그 부족액을 다음 연도의 이익에서 배당을 청구할 수 있는 우선주

(2) 참가적우선주

우선 일정한 배당을 받고 보통주에 배당하고 남은 이익에 대하여 보통주와 동일한 배당률이 되게 추가적으로 배당을 받을 수 있는 권리가 부여된 우선주

(3) 전환우선주

우선주 주주의 의사에 의하여 보통주로 전환 할 수 있는 권리가 부여된 우선주

(4) 상환우선주

일정기간이 지나서 특정시점에 약정된 금액으로 상환하거나 우선권을 해제할 수 있는 우선주

3-2 증자와 감자

구 분	차 변	대 변
주식 발행시(증자)	당 좌 예 금 ××	보 통 주 자 본 금 ×× 주식발행초과금 ××
감자	보 통 주 자 본 금 ××	미 처 리 결 손 금 ×× 감 자 차 익 ××

[기본문제 17] 다음 거래를 분개하시오.

(1) 동해산업(주)은 사업확장을 위하여 신주 10,000주를 주당 ₩1,200(액면 @₩1,000)에 발행하여 납입금은 당좌예금하다.
  (차) (   ) (대) (   )
                               (   )

(2) 서해산업(주)는 사업 규모를 축소하기 위해 발행 주식 1,000주를 1주당 ₩3,000(액면 @₩5,000)에 수표발행하여 매입소각 하다. (단, 미처리결손금이 ₩500,000이 있다.)
  (차) (   ) (대) (   )
                               (   )
                               (   )

3-3 미처분이익잉여금과 미처리결손금

1. 당기순이익 발생시

구 분	차 변	대 변
당기순이익 발생시	손 익 ××	미처분이익잉여금 ××
임의적립금이입시	○○○적립급 ××	미처분이익잉여금 ××
이익잉여금처분시	미처분이익잉여금 ××	이 익 준 비 금 ×× 주식할인발행차금 ×× 미 지 급 배 당 금 ×× 미교부주식배당금 ×× 임 의 적 립 금 ××

2. 당기순손실 발생시

구 분	차 변	대 변
당기순손실 발생시	미 처 리 결 손 금 ××	손 익 ××
미처리결손금 처리시	임 의 적 립 금 ×× 이 익 준 비 금 ×× 자 본 잉 여 금 ××	미 처 리 결 손 금 ××

미처분이익잉여금	
중간배당	전기이월
이익준비금, ○○적립금 배당금	당기순이익
차기이월	임의적립금이입액

[기본문제 18] 다음 자료에 의하여 당기 말 미처분 이익잉여금과 차기이월 미처분이익잉여금을 각각 구하면 얼마인가?

전기이월 미처분이익잉여금	₩ 200,000
당 기 순 이 익	60,000
이 익 준 비 금 적 립 액	20,000
배당금(다음기초에 지급)	40,000

(1) 당기말 미처분이익잉여금   (₩   )
(2) 차기이월 미처분이익잉여금   (₩   )

3-4 이익준비금

이익준비금은 매 결산기의 금전에 의한 이익배당액의 1/10이상의 금액을 회사 자본금의 1/2이 될 때까지 적립하여야 하고, 상법에 의해 결손보전과 자본전입 이외에는 사용할 수 없다.

3-5 자기주식

자기주식은 회사 자신이 발행한 주식은 원칙적으로 그 취득을 금지하고 있으나 소각, 합병, 또는 다른 회사의 영업 전부의 양수, 주주가 매수청구권을 행사하는 경우 등에 한해서 일시적으로 취득이 가능하다. 이때, 취득한 주식을 자기주식이라 하고 자본조정 항목으로 자본에서 차감하도록 하고 있다. 자기주식을 취득원가보다 초과하여 처분하면 자기주식처분이익 (자본잉여금 중 기타자본잉여금), 미달하면 자기주식처분손실(자본조정)이 발생한다.

3-6 이익잉여금처분계산서(또는 결손금처리계산서)

이익잉여금처분계산서 (또는 결손금처리계산서는) 이익잉여금의 처분사항(또는 결손금의 처리사항)을 명확히 보고하기 위한 보고서이다.

이익잉여금처분계산서

회사명 　제×기 20××년 ×월 ×일 ~ 20××년 ×월 ×일까지　(단위 : 원)
처분예정일 20××년 ×월 ×일

과　　목	당　기	
	금　액	
미처분이익잉여금		×××
전기이월미처분이익잉여금	××	
회계정책변경누적효과	(±)××	
중간배당액	(-)××	
당기순이익	××	
임의적립금이입액		×××
×××적립금	××	
합　　계		×××
이익잉여금처분액		×××
이익준비금	××	
주식할인발행차금상각액	××	
배당금	××	
현금배당	(××)	
주식배당	(××)	
사업확장적립금	××	
차기이월미처분이익잉여금		×××

3-6 부가가치세

구　분	차　변		대　변	
상품 매입시	매　　　　입 부가가치세대급금	10,000 1,000	외 상 매 입 금	11,000
상품 매출시	외 상 매 출 금	14,300	매　　　　출 부가가치세예수금	13,000 1,300
부가세 납부시	부가가치세예수금	1,300	부가가치세대급금 현　　　　금	1,000 300
부가세 정리시	부가가치세예수금	1,000	부가가치세대급금	1,000

■ 부가가치세 과세기간 : 제1기(1/1 ~ 6/30), 제2기(7/1 ~ 12/31)

[기본문제 19] 다음 거래를 분개하시오.
(1) 상품 ₩450,000을 외상매입하고, 부가가치세 10%를 현금으로 지급하다.
　(차) (　　　　　　　　　) (대) (　　　　　　　　　)
(2) 상품을 ₩600,000에 외상매출하고, 부가가치세 10%를 현금으로 받다.
　(차) (　　　　　　　　　) (대) (　　　　　　　　　)
　　 (　　　　　　　　　) 　　(　　　　　　　　　)
(3) 제1기 동안에 기록된 부가가치세대급금계정의 잔액이 ₩45,000이고, 부가가치세예수금계정의 잔액이 ₩60,000일때 7월 25일 부가가치세 확정신고와 함께 부가가치세를 현금으로 납부하였다.
　(차) (　　　　　　　　　) (대) (　　　　　　　　　)
　　 　　　　　　　　　　　　　(　　　　　　　　　)
(4) 12월 31일 결산시 부가가치세대급금, ₩25,000과 부가가치세예수금 ₩30,000을 정리하다.
　(차) (　　　　　　　　　) (대) (　　　　　　　　　)

3-7 수익·비용계정

1. 비용

기업실체의 경영활동과 관련된 재화의 판매, 용역의 제공 등에 따라 발생하는 자산의 유출이나 사용 또는 부채의 증가로 결과적으로 자본의 감소를 가져오는 것

비　　　용	
전기선급액(기초)	전기미지급액(기초)
지급액	손익(당기분)
당기미지급액(기말)	당기선급액(기말)

2. 수익

주요 경영활동으로서의 재화의 생산판매, 용역의 제공 등에 따른 경제적 효익의 유입으로서, 자산의 증가 또는 부채의 감소 및 그 결과에 따른 자본의 증가로 나타나는 것

수　　　익	
전기미수액(기초)	전기선수액(기초)
손익(당기분)	수입액
당기선수액(기말)	당기미수액(기말)

3-8 손익의 정리

구　분	차　변		대　변	
비용의 선급액(미경과액)	선 급 비 용	××	(비　용)	××
수익의 선수액(미경과액)	(수　익)	××	선 수 수 익	××
수익의 미수액(경과액)	미 수 수 익	××	(수　익)	××
비용의 미지급액(경과액)	(비　용)	××	미 지 급 비 용	××

◈ 소모품비(비용) → 사용액　소모품 (자산) → 미사용액

3-9 기본공식

① 기초자산 - 기초부채 = 기초자본
② 기말자산 - 기말부채 = 기말자본
③ 총수익 - 총비용 = 순손익
④ 기말자본 - (기초자본 + 추가출자 - 인출액) = 순손익

[기본문제 20] (　　　)안에 알맞은 말을 써 넣으시오.
(1) 기 초 자 산 - (　　　　　　　) = (　　　　　　　)
(2) (　　　　　　　) - 기 말 부 채 = (　　　　　　　)
(3) 총 　수 　익 - (　　　　　　　) = (　　　　　　　)
(4) (　　　) - {(　　　) +(　　　) - (　　　)} = (　　　)

제4장 결산과 재무제표

4-1 재무제표 작성과 표시의 일반목적

1. 공정한 표시와 한국채택국제회계기준의 준수

(1) 재무제표는 기업의 재무상태, 재무성과 및 현금흐름을 공정하게 표시해야 한다.

(2) 한국채택국제회계기준을 준수하여 재무제표를 작성하는 기업은 그러한 준수 사실을 주석에 명시적이고 제한없이 기재한다.

(3) 한국채택국제회계기준을 준수하여 작성된 재무제표는 국제회계기준을 준수하여 작성된 재무제표임을 주석으로 공시할 수 있다.

2. 계속기업

경영진은 재무제표를 작성할 때 계속기업으로서의 존속가능성을 평가해야 한다.

3. 발생기준 회계

기업은 현금흐름 정보를 제외하고는 발생기준 회계를 사용하여 재무제표를 작성한다.

4. 중요성과 통합표시

유사한 항목은 중요성 분류에 따라 재무제표에 구분하여 표시한다. 상이한 성격이나 기능을 가진 항목은 구분하여 표시한다. 다만 중요하지 않은 항목은 성격이나 기능이 유사한 항목과 통합하여 표시할 수 있다.

5. 상계

한국채택국제회계기준에서 요구하거나 허용하지 않는 한 자산과 부채 그리고 수익과 비용은 상계하지 아니한다.

6. 보고빈도

전체 재무제표(비교정보를 포함)는 적어도 1년마다 작성한다.

7. 비교정보

한국채택국제회계기준이 달리 허용하거나 요구하는 경우를 제외하고는 당기 재무제표에 보고되는 모든 금액에 대해 전기 비교정보를 공시한다.

8. 표시의 계속성

재무제표 항목의 표시와 분류는 매기 동일하여야 한다.

9. 재무제표의 식별

(1) 재무제표는 동일한 문서에 포함되어 함께 공표되는 그 밖의 정보와 명확하게 구분되고 식별되어야 한다.

(2) 각 재무제표와 주석은 명확하게 식별되어야 한다.

▣ 재무제표의 명칭과 함께 기재하는 내용
 ① 회사명
 ② 보고기간종료일 또는 회계기간
 ③ 보고통화 및 금액단위

[기본문제 21] (   )안에 알맞은 말을 보기에서 골라 넣으시오.

보기 : ① 발생기준 ② 경영진
  ③ 상계 ④ 1년
  ⑤ 실현기준 ⑥ 2년
  ⑦ 계속기업 ⑧ 중단기업

(1) 경영진은 재무제표를 작성할 때 (   )으로서의 존속가능성을 평가해야 한다.

(2) 전체 재무제표(비교정보를 포함)는 적어도 (   )마다 작성한다.

(3) 기업은 현금흐름 정보를 제외하고는 (   ) 회계를 사용하여 재무제표를 작성한다.

(4) 한국채택국제회계기준에서 요구하거나 허용하지 않는 한 자산과 부채 그리고 수익과 비용은 (   )하지 아니한다.

4-2 재무제표의 종류

1. 재무상태표

(1) 재무상태표의 뜻

재무상태표는 일정시점 현재 기업이 보유하고 있는 경제적 자원인 자산과 경제적의무인 부채, 그리고 자본에 대한 정보를 제공하는 재무보고서로서, 정보이용자들이 기업의 유동성, 재무적 탄력성, 수익성과 위험 등을 평가하는데 유용한 정보를 제공한다.

(2) 자산·부채·자본의 분류

[자 산]

유동자산	• 현금 및 현금성자산 : 현금, 당좌예금, 보통예금, 현금성자산 • 매출채권 및 기타채권 : 외상매출금, 받을어음, 단기대여금, 미수금 • 기타단기금융자산 : 단기금융상품, 당기손익-공정가치측정금융자산 • 재고자산 : 상품, 저장품(소모품), 원재료, 재공품, 반제품, 제품 • 기타유동자산 : 선급금, 선급비용, 미수수익
비유동자산	• 대여금 및 수취채권 : 장기대여금, 장기미수금 • 기타장기금융자산 : 기타포괄손익-공정가치측정금융자산, 상각후원가측정금융자산 • 투자부동산 • 유형자산 : 토지, 건물, 구축물, 기계장치, 비품, 차량운반구, 건설중인자산, 선박, 공구기구 • 무형자산 : 영업권, 산업재산권(특허권, 실용신안권, 디자인권, 상표권), 광업권, 어업권, 차지권, 저작권, 개발비, 라이선스와프랜차이즈, 컴퓨터소프트웨어, 임차권리금 • 기타비유동자산 : 임차보증금, 장기선급금

[부 채]

유동부채	• 매입채무 : 외상매입금, 지급어음 • 기타단기금융부채 : 단기차입금, 미지급금, 예수금, 미지급법인세 • 충당부채 : 제품보증충당부채, 경품충당부채 • 기타유동부채 : 선수금, 미지급비용, 선수수익
비유동부채	• 장기금융부채 : 장기차입금, 장기미지급금, 사채 • 퇴직급여부채 • 기타비유동부채 : 장기선수금, 임대보증금

[자 본]

•자 본 금 : 보통주자본금, 우선주자본금
•자본잉여금 : 주식발행초과금, 감자차익, 자기주식처분이익
•자 본 조 정 : 주식할인발행차금, 감자차손 및 자기주식처분손실, 자기주식,
　　　　　　　신주청약증거금, 주식매수선택권, 출자전환채무
•기타포괄손익누계액 : 기타포괄손익－공정가치측정금융자산평가손익,
　　　　　　　　　　　해외사업환산손익,
　　　　　　　　　　　재평가잉여금, 현금흐름위험회피 파생상품평가손익
•이익잉여금　　　　 : 법정적립금(이익준비금)

　　　　　: 임의적립금 ┌ 적극적적립금 : 사업확장적립금, 감채적립금
　　　　　　　　　　　 └ 소극적적립금 : 배당평균적립금, 퇴직급여적립금,
　　　　　　　　　　　　　　　　　　　결손보존적립금, 별도적립금
　　　　　: 미처분이익잉여금(전기이월미처분이익잉여금, 당기순이익)

■ 재무상태표의 자본표시
① 납입자본 : 자본금, 주식발행초과금
② 이익잉여금 : 법정적립금, 임의적립금, 미처분이익잉여금
③ 기타자본구성요소 : 기타자본잉여금, 자본조정, 기타포괄손익누계액

■ 평가계정
재고자산평가충당금, 감가상각누계액, 손상차손누계액, 상품권할인액,
사채할인발행차금, 사채할증발행차금

---

2. 포괄손익계산서

(1) 포괄손익계산서 뜻

포괄손익계산서는 일정 기간 동안 기업의 경영성과에 대한 정보를 제공하는 재무보고서이다. 포괄손익계산서는 당해 회계기간의 경영성과를 나타낼 뿐만 아니라 기업의 미래현금흐름과 수익창출능력 등의 예측에 유용한 정보를 제공한다.

(2) 수익과 비용의 분류

[수 익]

•매 출 액 : 매출
•기타수익 : 수수료수익, 로열티수익, 보험차익, 외환차익,
　　　　　　당기손익금융자산처분이익, 당기손익금융자산평가이익,
　　　　　　유형자산처분이익, 사채상환이익, 외화환산이익, 자산수증이익,
　　　　　　채무면제이익, 잡이익, 임대료, 대손충당금환입
•금융수익 : 이자수익, 배당금수익

[비 용]

① 기능별 분류
　매출원가, 물류원가, 관리비, 기타비용, 금융원가, 법인세비용

② 성격별 분류
　상품의변동, 상품매입액, 종업원급여비용, 감가상각비와 기타상각비,
•기타비용
　㉠ 매출원가 : 기초상품재고액 + 당기매입액 － 기말상품재고액
　㉡ 판매비(물류원가)와 관리비 : 운반비, 보관료, 광고선전비, 급여, 퇴직급여,
　　　통신비, 접대비, 연구비, 소모품비, 여비교통비, 수도광열비,
　　　복리후생비, 차량유지비, 도서인쇄비, 경상개발비,
　　　감가상각비, 대손상각비, 무형자산상각비, 세금과공과,
　　　임차료, 보험료, 명예퇴직금
　㉢ 기타비용 : 수수료비용, 외환차손, 외화환산손실,
　　　당기손익금융자산처분손실, 당기손익금융자산평가손실,
　　　유형자산처분손실, 재고자산감모손실, 재고자산평가손실,
　　　사채상환손실, 재해손실, 잡손실, 기부금
　㉣ 금융원가 : 이자비용
　㉤ 법인세비용 : 법인세

---

(3) 포괄손익계산서 구조(중단사업손익이 없을 경우)

1) 기능별 분류(매출원가법)에 의한 포괄손익계산서

포 괄 손 익 계 산 서

회사명　제×기 20×2년 1월 1일부터 20×2년 12월 31일까지
　　　　제×기 20×1년 1월 1일부터 20×1년 1월 12일까지　　(단위 : 원)

과　　목	20×2년	20×1년
수　　익 (매 출 액)	×××	×××
매　 출　 원　 가	(×××)	(×××)
매　 출　 총　 이　 익	×××	×××
판 매 비 와 관 리 비	(×××)	(×××)
영　 업　 이　 익	×××	×××
기　 타　 수　 익	×××	×××
기　 타　 비　 용	(×××)	(×××)
금　 융　 수　 익	×××	×××
금　 융　 원　 가	(×××)	(×××)
법인세비용차감전순이익	×××	×××
법　 인　 세　 비　 용	(×××)	(×××)
당　 기　 순　 이　 익	×××	×××
주　 당　 이　 익	×××	×××

2) 성격별 분류에 의한 포괄손익계산서

포 괄 손 익 계 산 서

회사명　제×기 20×2년 1월 1일부터 20×2년 12월 31일까지
　　　　제×기 20×1년 1월 1일부터 20×1년 12월 31일까지　　(단위 : 원)

과　　목	20×2년	20×1년
수　　익 (매 출 액)	×××	×××
상　 품　 의　 변　 동	(×××)	(×××)
상　 품　 매　 입　 액	(×××)	(×××)
종　 업　 원　 급　 여	(×××)	(×××)
감 가 상 각 비 와 기 타 상 각 비	(×××)	(×××)
기 타 의　 영 업 비 용	(×××)	(×××)
영　 업　 이　 익	×××	×××
기　 타　 수　 익	×××	×××
기　 타　 비　 용	(×××)	(×××)
금　 융　 수　 익	×××	×××
금　 융　 원　 가	(×××)	(×××)
법인세비용차감전순이익	×××	×××
법　 인　 세　 비　 용	(×××)	(×××)
당　 기　 순　 이　 익	×××	×××
주　 당　 이　 익	×××	×××

---

4. 현금흐름표

(1) 현금흐름표 뜻

일정기간의 영업활동, 투자활동, 재무활동에 의한 현금의 증감 내역을 나타내는 보고서이다.

(2) 현금흐름의 구분

Ⅰ. 영업활동 : 매입, 급여지급, 이자지급, 법인세비용지급,
　　　　　　　매출, 이자수익, 배당금수입,
　　　　　　　당기손익－공정가치측정금융자산 취득과 처분

Ⅱ. 투자활동 : 현금의 대여와 회수
　　　　　　　투자부동산, 유형자산, 무형자산의 취득과 처분

Ⅲ. 재무활동 : 현금의 차입과 상환
　　　　　　　어음, 사채, 주식발행
　　　　　　　배당금지급

 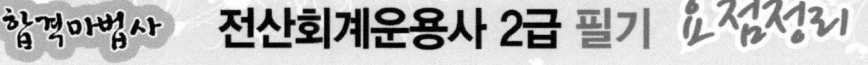 

(3) 영업활동으로 인한 현금의 흐름(간접법)

> Ⅰ. 영업 활동으로 인한 현금 흐름
>
> 1. 당기순이익   ×××
>
> 2. 현금의 유출이 없는 비용 등의 가산   (+) ×××
>   (감가상각비, 대손상각비, 퇴직급여, 당기손익금융자산평가손실,
>   당기손익금융자산처분손실)
>
> 3. 현금의 유입이 없는 수익 등의 차감   (−) ×××
>   (당기손익금융자산평가이익, 당기손익금융자산처분이익)
>
> 4. 영업 활동으로 인한 자산·부채의 변동
>   (1) 영업활동과 관련된 자산의 증가   (−) ×××
>   (매출채권, 재고자산, 선급금, 선급비용, 미수수익)
>   (2) 영업활동과 관련된 자산의 감소   (+) ×××
>   (매출채권, 재고자산, 선급금, 선급비용, 미수수익)
>   (3) 영업활동과 관련된 부채의 증가   (+) ×××
>   (매입채무, 선수금, 선수수익, 미지급법인세)
>   (4) 영업활동과 관련된 부채의 감소   (−) ×××
>   (매입채무, 선수금, 선수수익, 미지급법인세)

5. 자본변동표

자본변동표는 자본의 크기와 그 변동에 관한 정보를 제공하는 재무보고서로서, 자본을 구성하고 있는 자본금, 자본잉여금, 자본조정, 기타포괄손익누계액, 이익잉여금(또는 결손금)의 변동에 대한 포괄적인 정보를 소유주의 투자와 소유주에 대한 분배라는 기본요소로 제공된다.

6. 주석

재무제표 작성기준 및 중요한 거래와 회계사건의 회계처리에 적용한 회계정책, K-IFRS에서 주석공시를 요구한 사항, 재무상태표, 포괄손익계산서, 현금흐름표 및 자본변동표의 본문에 표시되지 않는 사항으로서 재무제표를 이해하는데 필요한 추가정보을 제공한다.

[기본문제 22] (   )안에 알맞은 말을 써 넣으시오.
(1) K-IFRS에서는 재무제표의 종류를 ① (   ), ② (   ),
   ③ (   ) ④ (   )에 ⑤ (   )을 포함 한다.
(2) 재무상태표의 기본구성 요소는 자산, (   ), (   )이다.
(3) 포괄손익계산서의 기본구성 요소는 (   ), (   ), 순손익이다.
(4) 현금흐름표의 기본구성 요소는 (   ), 투자활동, (   )으로
   구분한다.
(5) 자본변동표의 기본구성요소는 소유주의 (   )와
   소유주에 대한 (   )라는 요소로 제공된다.

▣ 재무보고
(1) 다양한 이해관계자에게 경제적 의사결정을 위한 재무적정보를 제공하는 것이다.
(2) 재무제표를 포괄하는 광범위한 개념으로 사업계획서를 포함한다.
(3) 비재무적정보로 주석이외의 공지사항, 경영진의 예측 등을 포함한다.
(4) 재무보고는 법적으로 강제하고 있다.

제2과목 → 원가회계

제1장 원가 회계의 기초

1-1 원가회계의 의의

원가회계(cost accounting)란 재무회계와 관리회계에서 필요로 하는 원가정보를 제공하기 위해 영업활동과 제조활동에 관한 원가자료를 확인, 분류, 집계하는 회계분야이다.

1-2 원가회계의 특징

1. 원가회계의 특징

(1) 원가계산기간은 보통 1개월이다.
(2) 계정과목수가 많다.(재료비, 노무비, 제조경비)
(3) 집합계정수가 많다.(재공품, 제조간접비)
(4) 계정간의 대체기입이 많다.(제조간접비→재공품→제품→매출원가)
(5) 제조과정에서 발생한 가치의 소비액을 원가로 한다.

2. 원가의 특징

(1) 원가는 급부창출 과정에서 발생하는 경제적 가치의 소비액이다.
(2) 원가는 정상적인 경영활동을 전제로 한다.
(3) 원가는 제품생산을 위하여 소비된 것이다.
(4) 원가는 과거뿐만 아니라 미래를 대상으로도 계산할 수 있다.

1-3 원가회계의 목적

1. 원가회계의 목적

(1) 원가관리와 통제의 목적
(2) 재무제표작성에 필요한 정보 제공(제품원가의 계산, 재고자산평가, 매출원가의 계산)
(3) 경영의사결정에 필요한 정보 제공(성과의 측정과 평가)

2. 관리회계의 목적

(1) 기업내부 의사결정
(2) 예산의 수립과 집행
(3) 기업내 여러 부문의 평가

1-4 원가계산의 절차(원가계산의 3단계)

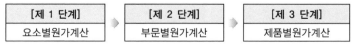

[제 1 단계]	[제 2 단계]	[제 3 단계]
요소별원가계산	부문별원가계산	제품별원가계산

1-5 원가의 종류

1. 발생형태에 따른 원가의 분류 (원가의 3요소)

(1) 재 료 비 : 제품을 제조하는 데 사용된 재료의 가액
(2) 노 무 비 : 제품을 제조하는 데 투입된 인간의 노동력에 대한 대가
(3) 제조경비 : 재료비와 노무비를 제외한 모든 제조 원가 요소

2. 추적가능성에 따른 원가의 분류

(1) 직접비 : 특정제품 제조를 위해 소비된 원가
(2) 간접비 : 여러제품 제조를 위해 소비된 원가

3. 조업도에 따른 원가의 분류

(1) 고정비 : 원가는 고정, 단위당원가는 변동(임차료, 감가상각비)
(2) 변동비 : 원가는 변동, 단위당원가는 고정(직접재료비, 직접노무비)
(3) 혼합원가 : 고정비 + 변동비(전화요금, 전력비)

4. 경제적 효익의 소멸여부에 따른 분류

(1) 미소멸원가 : 자산 (원재료의 미사용액)
(2) 소멸원가 : 비용(원가), 손실 (원재료의 사용액)

5. 제조활동 관련성에 따른 원가 분류

(1) 제조원가 : 제품생산을 위해 정상적으로 소비된 경제적가치의 소비액이다.(공장, 제조부)

①	재 료 비	직 접 재 료 비	주요재료비, 부품비
		간 접 재 료 비	보조재료비, 소모공구기구비품비
②	노 무 비	직 접 노 무 비	직접공임금
		간 접 노 무 비	공장장 또는 감독자의 급료
③	제조경비	직접제조경비	외주가공비, 특허권사용료, 설계비
		간접제조경비	감가상각비, 전력비, 수선비

(2) 비제조원가 : 제품생산과 직접관련없이 발생한 판매비와관리비(광고선전비, 대손상각비) 또는 비정상적 현상에 의해 발생된원가(천재지변, 도난, 파업, 기계고장)를 말한다.(본사, 영업부)

6. 제조형태에 따른 원가의 분류

(1) 개별원가계산 : 주문생산형태의 조선업, 건설업, 항공기제작업, 주문가구 및 기계제작업등에서 사용되는 방법
(2) 종합원가계산 : 연속대량생하는 기업에서 사용되는 방법

7. 기본원가(직접원가)와 전환원가(가공비)

	직 접 재 료 비	
기본원가(직접원가)	직 접 노 무 비	
	직 접 제 조 경 비	전환원가(가공비)
	제 조 간 접 비	

8. 원가계산 시점에 따른 분류

(1) 실제원가계산(사후원가계산) : 제품의 제조가 끝난 뒤에 실제로 발생한 원가를 이용하여 제품의 원가를 계산하는 방법으로 외부 보고용 재무제표 작성시 주로 이용된다.
(2) 예정원가계산 : 추산원가계산, 표준원가계산

- 기발생원가(매몰원가) : 의사결정시점 이전에 이미 발생된 원가로서 비관련원가이다.
- 변동원가계산 : 직접재료비, 직접노무비, 변동제조간접비만을 집계하여 제품원가를 계산하고 고정제조간접비는 기간비용으로 처리하는 원가계산
- 기회비용 : 차선의 대안으로부터 얻을 수 있는 순현금유입액이다.

1-6 원가의구성도

			이 익	
		판매비와관리비		
	제조간접비			
직접재료비	직접원가		판매원가	
직접노무비	(제조직접비)	제조원가	(총원가)	판매가격
직접제조경비	(기본원가)			

■ 제조간접비 = 간접재료비 + 간접노무비 + 간접제조경비

1-7 제조기업의 경영활동

구매과정 (외부거래)	→	제조과정 (내부거래)	→	판매과정 (외부거래)
•원재료 구입(환출) •노동력 구입 •전력비 지급 •가스수도비 지급		•원재료 출고(환입) •노무비 소비 •제조경비 소비 •제품의 완성		•제품의 매출 (환입)

[기본문제 1] 원가의 구성도( )안에 알맞은 말을 써 넣으시오.

			( )	
		( )		
	( )		( )	( )
( )	( )	( )		
( )				
직접제조경비				

제2장 원가의 흐름

2-1 원가의 흐름

1. 재료 → 재료비 ┬ 재공품(직접재료비)
　　　　　　　　└ 제조간접비(간접재료비)

2. 임금 → 노무비 ┬ 재공품(직접노무비)
　　　　　　　　└ 제조간접비(간접노무비)

3. 각종경비 ┬ 제조경비 ┬ 재공품(직접제조경비)
　　　　　　│　　　　　└ 제조간접비(간접제조경비)
　　　　　　└ 판매비와 관리비

4. 제조간접비 → 재공품 → 제품 → 매출원가

5. 매출, 매출원가, 판매비와 관리비 → 월차손익

2-2 계정

재 료

전월이월(월초재료재고액) 당월재료매입액	당월소비액(출고액) 차월이월(월말재료재고액)

재 공 품

전 월 이 월(월초재공품재고액) 재 료 비 ┐ 노 무 비 ├ (당기총제조비용) 제조간접비 ┘	제 품(당월제품(완성품)제조원가) 차월이월(월말재공품재고액)

제 품

전 월 이 월(월초제품재고액) 재 공 품	매출원가 차월이월(월말제품재고액)

노무비·제조경비

전월선급액 지 급 액 당월미지급액	전월미지급액 소 비 액 당월선급액

(1) 제조간접비를 제품제조에 배부 분개

　(차) 재 공 품 　　×× 　(대) 제 조 간 접 비 　　××

(2) 완성품원가 분개

　(차) 제 　 품 　　×× 　(대) 재 공 품 　　××

(3) 제품매출시 분개

　(차) 외 상 매 출 금 　×× 　(대) 매 　　 출 ××(매가)
　　　 매 출 원 가 　×× 　　　 제 　　 품 ××(원가)

[기본문제 2] 다음 자료에 의하여 아래 물음에 답하시오.
[자료 1] 재고액

비 목	월초재고액	월말재고액
원재료	14,000	15,000
재공품	15,000	20,000
제 품	25,000	35,000

[자료 2]당월 발생 거래내역
　(1) 원재료 매입액 ₩40,000
　(2) 전월 노무비 미지급액 ₩10,000
　　　당월 노무비 미지급액 ₩12,000
　　　당월의 노무비 지급액 ₩78,000
　(3) 간접제조비용 발생액 ₩70,000

[물음]
　(1) 원재료 소비액은 얼마인가? 　　　　(₩ 　　　　　)
　(2) 노무비 당월 발생액은 얼마인가? 　(₩ 　　　　　)
　(3) 당월총제조비용은 얼마인가? 　　　(₩ 　　　　　)
　(4) 당월제품제조원가는 얼마인가? 　　(₩ 　　　　　)
　(5) 당월의 매출원가는 얼마인가? 　　　(₩ 　　　　　)

제3장 요소별 원가 계산

3-1 재료비

1. 재료비의 분류

(1) 사용형태에 따른 분류

　① 주요재료비 : 제품의 주요 부분을 구성하는 재료를 소비함으로써 발생하는 원가요소(가구제조회사의 목재, 자동차제조회사의 철판)

　② 보조재료비 : 제품의 제조과정에서 보조적으로 사용되는 재료를 소비함으로써 발생하는 원가요소(가구제조회사의 못, 의복제조회사의 실)

③ 부품비 : 부품을 소비함으로써 발생하는 원가요소(자동차제조회사의 타이어)

④ 소모 공구 기구 비품비 : 망치, 드라이버 등 소모 공구 기구 비품을 사용함으로써 발생하는 원가요소

(2) 추적가능성(제품관련성) 따른 분류

① 직접재료비 : 특정제품제조에 소비된 주요재료비와 부품비

② 간접재료비 : 여러제품 제조에 공통적으로 소비된 보조재료비와 소모공구기구비품비

2. 재료의 매입과 소비 분개

구 분	차 변	대 변
재료 매입시	재　　　　료　××	외 상 매 입 금　××
재료 출고시	재　 료　비　××	재　　　　료　××
재료 소비시	재 공 품 제 조 간 접 비　××	재　 료　비　××

3. 재료감모손실의 회계처리

구 분	차 변	대 변
재료감모손실 발생시	재료감모손실　××	재　　　　료　××
재료감모손실 처리시(정상적)	제 조 간 접 비　××	재료감모손실　××
재료감모손실 처리시(비정상적)	손　　　　익 (기 타 비 용)　××	재료감모손실　××

4. 재료비계산

재료비 = 재료의 소비량 × 재료의 소비단가

(1) 재료소비량의 결정

① 계속기록법

기초재고수량+당기매입수량-당기소비수량=기말재고(장부)수량

② 실지재고조사법

기초재고수량+당기매입수량-기말재고(실지)수량=당기소비수량

(2) 재료소비단가의 결정

개별법, 선입선출법, 후입선출법, 이동평균법, 총평균법

3-2 노무비

1. 노무비의 분류

(1) 지급형태에 따른 분류

① 임금 : 작업현장에 직접 종사하는 생산직 종업원에게 지급하는 보수

② 급료 : 공장장, 제조부문의 감독자나 공장사무원에게 지급하는 보수

③ 잡급 : 임시로 고용된 공장 노무자에게 지급하는 보수

④ 종업원상여수당 : 공장 종업원에게 정규적으로 지급되는 상여금과 수당

(2) 추적가능성(제품관련성) 따른 분류

① 직접노무비 : 개별제품에 대하여 추적이 가능한 노무비
(생산라인 근로자의 임금)

② 간접노무비 : 여러제품 제조에 소비되어 추적이 불가능한 노무비
(공장장 또는 감독자의 급여)

2. 노무비의 계산

개인별임금총액 = 기본급 + 할증급 + 각종수당

(1) 시간급제에 의한 노무비 계산

① 노무비 = 작업 시간 수 × 작업 시간당 임률

② 평균임률 = $\dfrac{1개월의 \ 총임금지급액}{1개월간의 \ 총작업시간수}$

(2) 성과급제에 의한 노무비 계산

① 노무비 = 제품 생산량 × 제품 1 단위당 임률

② 평균임률 = $\dfrac{1개월의 \ 총임금지급액}{1개월간의 \ 총생산량}$

3. 임금 지급과 소비 분개

구 분	차 변	대 변
임금 지급시	급　　여(임금)　××	소 득 세 예 수 금　×× 현　　　　금　××
임금 소비(발생)시	노　 무　비　××	급　　여(임금)　××
노무비 소비시	재　 공　품　×× 제 조 간 접 비　××	노　 무　비　××

3-3 경 비

1. 각종경비항목

```
┌ 제조경비(제조부, 공장) ┌ 재공품(외주가공비, 특허권사용료, 설계비),
│                      └ 제조간접비
└ 판매비와 관리비(영업부, 본사)
```

경 비	경 비 종 류	소비액
월할제조경비	보험료, 임차료, 감가상각비, 세금과공과, 특허권사용료	÷ 기간
측정제조경비	전력비, 가스수도료	측정액
지급제조경비	수선비, 운반비, 잡비, 외주가공비	계정
발생제조경비	재료감모손실, 반품차손비	발생액

▣ 월할제조경비는 고정비이다.

[기본문제 5] (   )안에 알맞은 말을 써 넣으시오.
(1) 직접제조경비에는 (   ), (   ), 설계비 등이 있다.
(2) 다음 제조경비를 원가의 산입방법에 따라 분류하시오.

① 임차료	② 전력비	③ 특허권사용료
④ 수선비	⑤ 가스수도비	⑥ 복리후생비
⑦ 보험료	⑧ 외주가공비	⑨ 재료감모손실
⑩ 재산세	⑪ 감가상각비	⑫ 차량유지비

월할제조경비	
측정제조경비	
지급제조경비	
발생제조경비	

3-4 제조간접비

1. 가액법 ① 직접재료비법 ② 직접노무비법 ③ 직접원가법

2. 시간법 ① 직접노동시간법 ② 기계작업시간법

① 제조간접비 배부율 = 1개월간 제조간접비총액 ÷ 동기간의 배부기준총액
② 제조간접비 배부액 = 제조간접비 배부율 × 특정제품배부기준

▣ 제조간접비총액 × $\dfrac{특정제품배부기준}{배부기준총액}$ = 특정제품제조간접비 배부액

3. 예정배부법

구 분	차 변	대 변
제조간접비 예정배부시	재 공 품 ××	제 조 간 접 비 ××
제조간접비 실제발생액	제 조 간 접 비 ××	재 료 비 ×× 노 무 비 ×× 제 조 경 비 ××
차이 (실제 〉 예정)	제조간접비배부차이 ××	제 조 간 접 비 ××
차이 (실제 〈 예정)	제 조 간 접 비 ××	제조간접비배부차이 ××

① 제조간접비 예정배부율 = 제조간접비연간예상액 ÷ 배부기준의 연간예상액
② 제조간접비 예정배부액 = 제조간접비예정배부율 × 제품별배부기준의 실제발생액

▣ 예정 ÷ 예정 × 실제(시간) = 제조간접비예정배부액

[기본문제 6] (   )안에 알맞은 말을 써 넣으시오.
(1) 제조간접비 배부방법 중 가액법에는 (   ), (   ), (   ) 등이 있다.
(2) 제조간접비 배부방법 중 시간법에는 (   ), (   ) 등이 있다.
(3) 다음 거래 내용을 분개 하시오.
　① 당월 제조간접비 예정배부액은 ₩10,000이다.
　　(차) (   ) (대) (   )
　② 당월 말에 밝혀진 제조간접비 실제 발생액은 다음과 같다.
　　간접재료비　　₩6,000　　간접노무비　　₩3,000
　　간접제조경비　₩2,000
　　(차) (   ) (대) (   )
　　　　　　　　　　　　　(   )
　　　　　　　　　　　　　(   )
　③ 제조간접비 과소 배부액을 제조간접비배부차이 계정에 대체하다.
　　(차) (   ) (대) (   )

제4장 부문별원가계산

4-1 부문별원가계산의 뜻

　부문별원가계산이란, 제조간접비를 일정한 배부기준에 따라 각 부문별로 분류, 집계하는 절차이다.

4-2 원가부문의 설정

(1) 제조부문 : 제품제조활동을 직접 담당하는 부문
　　　　　　　(예: 절단부문, 조립부문, 선반부문, 주조부문)
(2) 보조부문 : 제조부문의 제조활동을 돕기 위하여 여러 가지 용역을 제공하는 부문(예 : 동력부문, 수선부문)

4-3 부문별원가계산의 단계

(1) 1단계 : 부문개별비를 각 부문에 부과
(2) 2단계 : 부문공통비를 각 부문에 배부
(3) 3단계 : 보조부문비를 제조부문에 배부
(4) 4단계 : 제조부문비를 각 제품에 배부

4-4 부문비배부표(제조간접비 → 각부문)

① 부문직접비(부과)
② 부문간접비(배부)

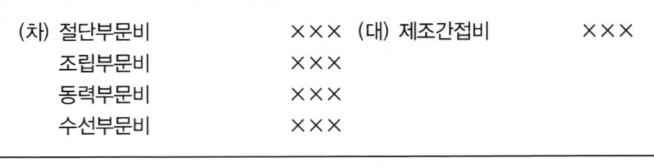

(차) 절단부문비	×××	(대) 제조간접비	×××
조립부문비	×××		
동력부문비	×××		
수선부문비	×××		

4-5 보조부문비배부표 (보조부문 → 제조부문)

① 직접배부법 : 보조부문 상호간의 용역수수를 완전히 무시하는 방법으로 가장 간단한 반면 원가배부는 가장부정확하다.

② 단계배부법 : 배부순서를 결정하여야 하고, 보조부문의 일부만 제조부문에 반영하므로 직접배부법과 상호배부법의 절충형이다.

③ 상호배부법 : 보조부문 상호간의 용역수수를 완전하게 고려하여 제조부문제 배부하는 방법으로 가장복잡한 반면 원가배부는 가장 정확하다.

(차) 절단부문비	×××	(대) 동력부문비	×××
조립부문비	×××	수선부문비	×××

- 부과 → 직접비, 개별비
  배부 → 간접비, 공통비
- 부문별 제조간접비 배부는 공장전체 제조간접비 배부보다 정확하다.

4-6 보조부문비 배부기준

보 조 부 문	배 부 기 준
간 접 재 료 비	각 부문의 직접재료비
간 접 노 무 비	각 부문의 직접노무비, 종업원수, 직접노동시간
구 매 부 문	주문회수
창 고 부 문	취급품목수 및 청구건수
복 리 후 생 비	부문의 인원수
전력비(동력부분비)	각 부문의 전력사용량, 마력 × 운전시간
건 물 관 리 부 문	점유면적
수 선 유 지 부 문	작업시간
감 가 상 각 비 (기계)	각 부문의 기계사용시간
감 가 상 각 비 (건물)	각 부문이 차지하는 면적

[기본문제 7] (   )안에 알맞은 말을 써 넣으시오.
(1) 부문별 원가계산의 대상은 (   )이다.
(2) 부문개별비는 각 부문에 (   )하는 것이고, 부문 공통비는 각 부문에 합리적인 배부기준에 따라 (   ) 하는 것이다.
(3) 보조부문비 배부표 중 작성방법이 간단한 것부터 복잡한 순서로 나열하시오.
(   ) → 단계배부법 → (   )
(4) 보조부문비 배부표 중 정확도가 낮은 것부터 높은 순으로 나열 하시오.
(   ) → 단계배부법 → (   )
(5) 단계배부법에는 (   )가 있다.
(6) 모든 보조부문비를 제조부문에만 배부하는 방법은 (   )이다.
(7) 보조부문비를 제조부문 뿐만 아니라 보조부문 상호간에도 전부반영 하는 배부방법을 (   )이라 한다.

제5장 개별원가계산

5-1 개별원가계산의 뜻

개별원가계산이란, 개별작업별로 원가를 집계하여 제품 제조 원가를 계산하는 방법이다. 이 방법은 성능, 규격, 품질 등이 서로 다른 여러 종류의 제품을 주로 고객의 주문에 의하여 소량씩 개별적으로 생산하는 건축업, 토목업, 조선업, 항공기제조업, 주문에 의한 가구 및 기계제조업, 출판업, 영화제작업, 법률상담, 세무상담등에서 주로 사용되며 제조간접비 배부를 매우 중요시 한다.

5-2 원가계산표와 재공품계정

원 가 계 산 표

비 목	제조지시서#1	제조지시서#2	제조지시서#3
월초 재공품	100	100	–
직접 재료비	200	200	100
직접 노무비	300	100	200
제조 간접비	150	50	100
합 계	750	450	400

재 공 품

전 월 이 월	200	제 품	1,200	← 완성
재 료 비	500	차 월 이 월	400	← 미완성
노 무 비	600			
제 조 간 접 비	300			

- 본 예문은 직접노무비의 50%를 제조간접비로 배부하고, 제조지시서 #1, #2는 완성되고, 제조지시서#3은 미완성된 경우를 예로 한 것이다.

[기본문제 8] (   )안에 알맞은 말을 써 넣으시오.
(1) 개별원가계산은 (   )하는 건축업, 토목업, 조선업, 항공기제조업 등에서 주로 사용된다.
(2) 개별원가계산에서 가장 중요시 다루는 원가는 (   )이다.

제6장 종합원가계산

6-1 종합원가계산의 기초

1. 종합원가계산의 뜻

종합원가계산은 성능, 규격 등이 서로 동일 종류 또는 다른 종류의 제품을 연속적으로 대량생산하는 기업 예를 들어 정유업, 제분업, 화학공업 등에서 주로 사용하며 월말재공품평가를 매우 중요시 한다.

2. 개별원가계산과 종합원가계산의 비교

구 분	개별원가계산	종합원가계산
① 생산형태	개별제품 주문생산	동종제품 연속대량생산
② 제조간접비의 배부	필요	원칙적으로 불필요
③ 제품의 종류	제품별로 종류, 모양, 크기 등이 서로 다름	단일 내지 동일종류의 제품
④ 기말재공품의 평가	자동적으로 계산됨	특별히 배분계산함
⑤ 생산 수량	수주수량에 따라 결정됨	생산계획에 따라 연속생산
⑥ 원가의 구분	직접비, 간접비	직접재료비, 가공비
⑦ 제조지시서	특정 제품별 제조지시서	계속제조지시서
⑧ 원가의 집계	제조지시서별 집계	원가계산 기간별 집계

3. 월말재공품평가

[완성도]
공정에 투입되어 현재 생산중에 있는 가공 대상물이 어느 정도 진척되었는가를 나타내는 척도
① 직접재료비 ┌ 제조착수 소비 100%
         └ 제조진행 소비 ( )%
② 가 공 비 → 언제나 제조진행 소비 ( )%
③ 전공 정비 → 언제나 제조착수 소비 100%

(1) 평균법

① 완성품 환산량 = 완성품수량 + 월말재공품환산수량

② 완성품 환산량 단위당 원가 = (월초재공품원가 + 당월투입원가) ÷ 완성품 환산량

③ 월말재공품원가 = 월말재공품환산수량 × 완성품환산량단위당원가

▣ 월말재공품 환산수량 = 수량 × 진척도(완성도)

$$월말재공품환산수량 \times \frac{(월초재공품원가+당월투입원가)}{(완성품수량+월말재공품환산수량)} = \times\times$$

(2) 선입선출법

① 완성품 환산량 = 완성품수량 + 월말재공품환산수량 − 월초재공품환산수량

② 완성품 환산량 단위당 원가 = (당월투입원가) ÷ 완성품 환산량

③ 월말재공품원가 = 월말재공품환산수량 × 완성품환산량단위당원가

$$월말재공품환산수량 \times \frac{당월투입원가}{(완성품수량+월말재공품환산수량-월초재공품환산수량)} = \times\times$$

▣ 월초(월말)재공품원가가 없는 경우는 평균법과 선입선출법의 월말재공품원가는 동일하게 계산된다.

[기본문제 9] 다음 자료에 의하여 아래 물음에 답하시오. (단, 월말재공품 원가를 평균법, 직접재료비는 제조착수시점에 전부 투입되고, 가공비는 공정이 진행됨에 따라 발생한다.)

(1) 월초재공품 수량 1,500개 (완성도 20%)
  월초재공품원가 ₩60,600(재료비 ₩48,000 가공비 ₩12,600)

(2) 당월소비액 : 재료비 ₩180,000 가공비 ₩306,000

(3) 당월착수수량 4,500개 당월완성품수량 (   )개

(4) 월말재공품수량 1,000개 (완성도 40%)

[물음]

(1) 당월완성품 수량은 몇 개인가?   (개)

(2) 당월재료비 완성품환산량은 몇 개인가?   (개)

(3) 당월가공비 완성품환산량은 몇 개인가?   (개)

(4) 당월재료비 완성품환산량 단위당원가는?   (@₩   )

(5) 당월가공비 완성품환산량 단위당원가는?   (@₩   )

(6) 월말재공품 재료비 원가는 얼마인가?   (₩   )

(7) 월말재공품 가공비 원가는 얼마인가?   (₩   )

(8) 월말재공품원가는 얼마인가?   (₩   )

(9) 당월제품제조원가는 얼마인가?   (₩   )

[기본문제 10] 다음 자료에 의하여 아래 물음에 답하시오. (단, 월말재공품 평가는 선입선출법에 의한다.)

(1) 월초재공품 수량 100개
  월초재공품원가 재료비 ₩25,000 진척도 60%
          가공비 ₩20,000 진척도 40%

(2) 당월 총제조비용 : 재료비 ₩400,000 가공비 ₩256,000

(3) 당월착수수량 700개 당월완성품수량 600개

(4) 월말재공품수량 (   )개
  재료비 진척도 50%   가공비 진척도 40%

[물음]

(1) 월말재공품 수량은 몇 개인가?   (개)

(2) 당월재료비 완성품환산량은 몇 개인가?   (개)

(3) 당월가공비 완성품환산량은 몇 개인가?   (개)

(4) 당월재료비 완성품환산량 단위당원가는?   (@₩   )

(5) 당월가공비 완성품환산량 단위당원가는?   (@₩   )

(6) 월말재공품 재료비 원가는 얼마인가?   (₩   )

(7) 월말재공품 가공비 원가는 얼마인가?   (₩   )

(8) 월말재공품원가는 얼마인가?   (₩   )

(9) 당월제품제조원가는 얼마인가?   (₩   )

6-2 단일 종합원가계산

한 종류의 제품을 한 공정에서 대량으로 제조하는 경우의 원가계산으로 생수회사, 얼음제조업, 소금제조업, 기와·벽돌공장에서 사용하는 원가계산방법이다.

6-3 공정별 종합원가계산

1. 공정별 종합원가계산의 뜻

(1) 2개 이상의 제조공정을 거쳐 제품을 연속 대량생산하는 생산형태에서 적용한다.

(2) 전공정에서 다음 공정으로 대체되는 제조원가는 전공정대체원가로 하여 다음 공정의 제조원가에 가산한다.

(3) 재료가 최초 공정에 전량 투입되고 다음 공정 이후에는 단순히 가공비만이 발생하는 경우 완성품총원가는 각 공정별로 가공비를 집계하고 여기에 재료비를 가산하여 계산할 수 있다.

(4) 화학공업, 제지업, 제당업에서 이용된다.

2. 공정별종합원가계산의 계정흐름

(1) 제1공정 완성품이 전부 제2공정(최종공정)에 대체되는 경우

구 분	차 변		대 변	
제1공정 완성품분개	제2공정재공품	××	제1공정재공품	××
제2공정 완성품분개	제　　품	××	제2공정재공품	××

(2) 제1공정 완성품이 일부만 제2공정(최종공정)에 대체되는 경우

구 분	차 변		대 변	
제1공정 완성품분개	제1공정반제품	××	제1공정재공품	××
제1공정 반제품분개	제2공정재공품	××	제1공정반제품	××
제2공정 완성품분개	제　　품	××	제2공정재공품	××

6-4 조별 종합원가계산

종류가 다른 제품을 연속적으로 대량 생산하는 제과업, 통조림제조업, 식품제조업, 직물업, 완구업 등에서 사용하는 원가계산 방법으로 조별로 원가를 집계한 다음 조직접는 각 조에 직접 부담시키고, 조간접비는 일정한 배부기준에 따라 각 조에 배분한다.

6-5 등급별 원가계산

동일한 공정에서 동일한 재료를 사용하여 계속적으로 생산되는 동일한 종류의 제품으로 품질, 모양, 크기, 순도 등이 서로 다른 제품을 말하며 제분업, 제화업, 양조업, 화학약품제조업에서 사용하는 원가계산 방법이다.

6-6 결합원가계산(연산품 원가계산)

1. 결합 원가계산의 개념

동일한 공정에서 동일한 재료를 사용하여 두 종류 이상의 다른 제품을 생산하는 경우의 원가계산으로서 주산물과 부산물을 명확히 구분하기 곤란한 경우에 적용한다.

(1) 낙농업 : 생우유 → 버터, 치즈, 생크림, 탈지유

(2) 정육업 : 돼지 → 베이컨, 햄, 돼지갈비(고기, 가죽, 뼈)

(3) 정유업 : 원유 → 휘발유, 등유, 경유, 중유

(4) 제련업 : 광석 → 구리, 은, 납

2. 결합원가계산 용어

(1) 분리점 : 일정생산단계에 도달하여 개별제품으로 구분할 수 있는 단계

(2) 결합원가 : 분리점 이전에 발생하는 제조원가

(3) 분리원가(추가가공비) : 분리점 이후에 발생하는 제조원가

분리점(개별제품식별가능)

결합원가 ← ▲ → 분리원가(추가가공비)

▣ 결합원가계산의 목적 : 연산품원가를 결정하여 재고자산을 평가하는 것이다.

3. 결합원가의 배분방법

(1) 물량기준법 : 분리점에서 각 개별 제품의 수량, 무게, 부피, 면적 등과 같은 물량을 기준으로 결합원가를 배분하는 방법

(2) 판매가치법 : 분리점에서의 각 개별 제품의 판매가치를 기준으로 결합원가를 배분하는 방법

6-7 공손·감손·작업폐물·부산물

(1) 공손

공손이란 생산과정에서 재료의 불량, 작업기술의 미숙, 기계공구의 정비 불량 등의 원인에 의하여 표준규격 및 품질에 미치지 못하는 불합격품이 발생한 경우이며, 정상공손은 합격품의 원가에 가산하고 비정상공손인 경우는 기타비용으로 한다.

(2) 감손

제조과정에서 유실, 증발 등으로 산출물이 되지 못한 투입물로서 특별한 검사시점이 있는 것이 아니고, 공정이 진행되면서 평균적으로 줄어드는 것으로 구체적으로 눈에 보이지 않는다.

(3) 작업폐물

작업폐물이란 제품제조과정에서 발생한 원재료의 부스러기를 말한다.(가구제조업에서의 나무토막이나 톱밥, 기계제조업에서의 쇳가루)

(4) 부산물

부산물이란 생산물의 생산과정에서 발생하면서 이용가치나 매각가치가 있는 제2차적인 생산물(비누공장에서의 글리세린)을 말한다. 동일한 제조작업에서 동일한 원재료를 사용하여 두 종류 이상의 제품을 생산하는 경우, 중요도가 높은 제품을 주산물이라 하고 상대적으로 중요도가 낮은 제품을 부산물이라 하며 중요도의 순위가 분명하지 않으면 연산품이라 한다.

▣ 주산물과 부산물은 제품별 총판매가치(각 제품별 상대적판매가치)로 구분하는 것이 합리적이다.

[기본문제 11] (   )안에 알맞은 말을 써 넣으시오.
(1) (   ) 종합원가계산 : 얼음, 소금, 기와, 벽돌공장에서 사용
(2) 공정별종합원가계산 : (   ), (   ), (   )
(3) 종합원가계산 : 식료품제조업, 제과업, 통조림제조업
(4) 등급별 원가계산 : (   ), (   ), (   )
(5) 연산품 원가계산 : (   ), (   ), (   )
(6) 연산품원가계산이다. (   )안에 알맞은 용어를 써 넣으시오.

(   )(개별제품식별가능)

(   ) ← ▲ → (   )(추가가공비)

제7장 제조원가명세서와 포괄손익계산서

1. 제조원가명세서

제조원가명세서

과　　　　　　　　목	금　액	
Ⅰ. 재　　료　　비		
1. 기 초 재 료 재 고 액	××	
2. 당 기 재 료 매 입 액	(+)××	
계	××	
3. 기 말 재 료 재 고 액	(−)××	×××
Ⅱ. 노　　무　　비		
1. 급　　　　　여	××	
2. 퇴　직　급　여	(+)××	×××
Ⅲ. 경　　　　　비		
1. 전　　력　　비	××	
2. 가 스 수 도 비	××	
3. 감 가 상 각 비	××	
4. 수　　선　　비	××	
5. 소　모　품　비	(+)××	(+)×××
Ⅳ. 당 기 총 제 조 비 용		×××
Ⅴ. 기 초 재 공 품 원 가		(+)×××
Ⅵ. 합　　　　　계		×××
Ⅶ. 기 말 재 공 품 원 가		(−)×××
Ⅷ. 당 기 제 품 제 조 원 가		×××

▣ 제조원가명세서는 포괄손익계산서의 부속명세서이다.

2. 포괄손익계산서

포괄손익계산서(보고식) 중단사업손익이 없을 경우

과　　　　　　　　목	금　액	
매　　출　　액		×××
매　출　원　가		
기 초 제 품 재 고 액	××	
당 기 제 품 제 조 원 가	××	
기 말 제 품 재 고 액	(××)	(−)×××
매　출　총　이　익		×××
기　타　수　익		(+)×××
물　류　원　가		(−)×××
관　　리　　비		(−)×××
기　타　비　용		(−)×××
금　융　원　가		(−)×××
법 인 세 차 감 전 순 이 익		×××
법　인　세　비　용		(−)×××
당　기　순　이　익		×××
주　당　이　익		××× 원

▣ 제조와 관련된 재고자산에는 원재료, 재공품, 반제품, 제품 등이 있다.

[기본문제 12] (   )안에 알맞은 말을 써 넣으시오.
(1) 제조원가명세서는 재무제표의 (   )이다.
(2) 제조원가명세서는 (   )계정의 내용을 상세하게 기록한 장부이다.
(3) 기초제품재고액 + (   ) − 기말제품재고액 = (   )
(4) 매출액 − 매출원가 = (   )

※ 무 단 전 재 금 함	형별	**A형**	제한 시간	**60분**	수험번호	성 명

※ 다음 문제를 읽고 알맞은 것을 골라 답안카드의 답란(①, ②, ③, ④)
에 표기하시오.

제1과목 → **재무회계**

01 회계정보의 근본적 질적특성에 대한 설명으로 옳은 것은?

① 재무정보의 근본적인 질적특성은 목적적합성, 표현충실
성, 비교가능성, 적시성 등이 있다.

② 비교가능성은 근본적 질적특성의 하나로 정보이용자가
항목간의 유사점과 차이점을 식별하고 이해할 수 있게
하는 질적특성이다.

③ 재무정보에 예측가치, 확인가치 또는 이 둘 모두가 있다면
그 재무정보는 의사결정에 차이가 나도록 할 수 있다.

④ 적시성은 의사결정에 영향을 미칠 수 있도록 의사결정자에
게 제때에 이용가능하게 하는 근본적 질적 특성을 말한다.

02 다음은 회계순환과정 중 결산에 대한 내용이다. 옳지 않은 것은?

① 한 회계기간 동안의 재무성과와 재무상태를 파악하기 위하
여 장부의 기록을 계산, 정리하여 마감하는 절차를 결산이
라 한다.

② 결산의 절차는 예비절차, 본절차, 결산보고서 작성 절차
순으로 진행된다.

③ 포괄손익계산서는 현금주의 회계에 따라 작성되어 보고
된다.

④ 결산수정분개 이전에 수정전 시산표를 작성하고 결산수정
분개 및 전기 이후에는 수정 후 시산표를 작성한다.

**03 다음 중 현금흐름표 작성시 영업활동에 의한 현금흐름에 속하
지 않는 것은?**

① 이자수취

② 당기손익-공정가치측정금융자산의 처분

③ 유형자산의 처분

④ 매출채권의 현금회수액

**04 다음은 ㈜상공의 임대료에 관한 거래이다. 기말 결산일(12/31)
정리분개로 옳은 것은?**

03/01	소유하고 있던 오피스텔을 하늘상사에 임대(보증 금 ₩10,000,000 월세 ₩100,000)하고 임대료 ₩600,000을 현금으로 받아 즉시 보통예금에 예 입하다
12/31	임대료 미수분을 계상하다.

① (차변) 미수수익 400,000 (대변) 임 대 료 400,000

② (차변) 임 대 료 400,000 (대변) 미수수익 400,000

③ (차변) 임 대 료 600,000 (대변) 미수수익 400,000

④ (차변) 미수수익 600,000 (대변) 임 대 료 600,000

**05 전기 말에 상품재고액 ₩560,000을 ₩650,000으로 잘못 계상
한 경우, 당기의 매출원가와 당기순이익에 미치는 영향으로 옳
은 것은? (단, 재고자산 평가는 실지재고조사법을 적용 한다.)**

	매출원가	당기순이익
①	과대	과소
②	과대	과대
③	과소	과소
④	과소	과대

**06 다음 결산수정분개 항목 중 당기순손익에 직접 영향을 주지 않
는 것은?**

① 감가상각비 계상

② 선급보험료 계상

③ 소모품의 미사용액 계상

④ 기타포괄손익-공정가치측정금융자산평가이익 계상

**07 다음 중 포괄손익계산서에 표시되는 판매비와관리비에 해당하
는 계정과목으로 옳지 않은 것은?**

① 접대비 ② 퇴직급여

③ 무형자산상각비 ④ 기타의 대손상각비

08 다음 자료를 이용하여 (주)상공의 당기순이익과 총포괄이익을 계산한 것으로 옳은 것은?

가. 매출총이익	₩ 530,000
나. 물류원가	₩ 150,000
다. 기타수익	₩ 90,000
라. 기타포괄손익-공정가치측정금융자산평가손실	₩ 20,000
마. 금융원가	₩ 25,000
바. 토지재평가잉여금	₩ 60,000
사. 법인세비용	₩ 70,000

	당기순이익	총포괄손익
①	₩355,000	₩390,000
②	₩355,000	₩415,000
③	₩375,000	₩435,000
④	₩375,000	₩415,000

09 다음은 포괄손익계산서의 표시방법에 대한 내용이다. 옳지 않은 것은?

① 비용을 포괄손익계산서에 성격별로 분류할 것인지, 기능별로 분류할 것인지 선택할 수 있다.

② 당기순이익이란 수익에서 비용을 차감한 금액 (기타포괄손익의 항목 제외)을 말한다.

③ 수익과 비용을 포괄손익계산서에 표시할 때는 순액으로 표시하는 것을 원칙으로 한다.

④ 당기순손익을 포괄손익계산서 본문에 반드시 표시하여야 한다.

10 다음 중 현금흐름표와 관련된 설명으로 옳지 않은 것은?

① 현금흐름표는 회계기간 동안 발생한 현금흐름을 영업활동, 투자활동 및 재무활동으로 분류하여 보고한다.

② 영업활동은 기업의 주요 수익창출활동, 그리고 투자활동이나 재무활동이 아닌 기타의 활동을 말한다.

③ 투자활동은 장기성 자산과 현금성자산에 속하지 않는 기타 투자자산의 취득과 처분을 말한다.

④ 재무활동은 기업의 금융자산의 크기 및 구성내용에 변동을 가져오는 활동을 말한다.

11 다음 자산 내역에서 금융자산의 합계액으로 옳은 것은?

• 통화	₩ 50,000
• 자기앞수표	₩ 100,000
• 선급금	₩ 50,000
• 타인발행수표	₩ 300,000
• 3개월 후 만기의 타인발행 약속어음 (상거래채권)	₩ 500,000

① ₩450,000 ② ₩500,000
③ ₩950,000 ④ ₩1,000,000

12 금융부채와 지분상품의 분류에 대한 설명으로 옳지 않은 것은?

① 사채를 발행한 회사는 발행한 사채를 금융부채로 분류한다.

② 충당부채, 선수금, 선수수익, 퇴직급여부채는 금융부채로 분류한다.

③ 자금 조달 목적으로 발행한 금융상품(주식)은 지분상품으로 분류한다.

④ 거래 상대방에게 일정한 현금 등을 지급하기로 한 계약상의 의무는 금융부채로 분류한다.

13 (주)상공은 상품매매기업이다. 다음 중 직불카드 및 신용카드의 사용에 대한 내용으로 옳지 않은 것은? (단, 직불카드 및 신용카드 결제계좌는 보통예금이다.)

① 직불카드 및 신용카드는 대금결제수단이다.

② 상품 매출 대금을 신용카드로 결제한 경우 외상매출금으로 처리한다.

③ 상품이 아닌 재화의 매입대금을 신용카드로 결제한 경우 외상매입금으로 처리한다.

④ 상품을 매입하고 직불카드로 결제한 경우 보통예금으로 처리한다.

14 경영진이 의도하는 방식으로 자산을 가동하고자 필요한 장소와 상태에 이르게 하는데 직접 관련되는 원가의 예로 옳은 것은?

① 설치원가 및 조립원가

② 새로운 상품과 서비스를 소개하는 데 소요되는 원가

③ 관리 및 기타 일반간접원가

④ 새로운 기술을 개발하는데 소요되는 원가

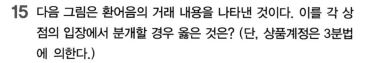
15 다음 그림은 환어음의 거래 내용을 나타낸 것이다. 이를 각 상점의 입장에서 분개할 경우 옳은 것은? (단, 상품계정은 3분법에 의한다.)

① 상공상점 (차) 받 을 어 음 ××× (대) 매　　　출 ×××
② 상공상점 (차) 매　　　입 ××× (대) 지 급 어 음 ×××
③ 인천상점 (차) 외상매입금 ××× (대) 지 급 어 음 ×××
④ 대한상점 (차) 매　　　입 ××× (대) 외상매출금 ×××

16 다음 거래에 대한 ㈜상공의 회계처리로 옳은 것은? (단, 받을어음의 배서양도는 매각거래로 한다.)

> (주)상공은 외상매입금 ₩500,000을 지급하기 위하여 (주)대한으로부터 받아 보관중인 약속어음을 배서 양도하였다.

① (차) 받 을 어 음 500,000 (대) 외상매입금 500,000
② (차) 지 급 어 음 500,000 (대) 외상매입금 500,000
③ (차) 외상매입금 500,000 (대) 지 급 어 음 500,000
④ (차) 외상매입금 500,000 (대) 받 을 어 음 500,000

17 다음 거래의 결합관계로 옳은 것은?

> 단기차입금 ₩1,000,000을 현금으로 상환하고 동시에 관련 이자 ₩30,000을 현금으로 지급하였다.

① (차변) 자산의 증가 　　(대변) 부채의 증가
　　　　　　　　　　　　　(대변) 수익의 발생
② (차변) 자산의 증가 　　(대변) 자산의 감소
　　　　　　　　　　　　　(대변) 수익의 발생
③ (차변) 자산의 증가 　　(대변) 자산의 감소
　　(차변) 비용의 발생
④ (차변) 부채의 감소 　　(대변) 자산의 감소
　　(차변) 비용의 발생

18 다음은 중고자동차매매업을 하는 ㈜상공의 판매용 승용차를 구입한 내역이다. 회계처리로 옳은 것은? (단, 상품계정은 3분법에 의한다.)

> • 매입가격 : ₩8,000,000
> • 취득 시 수리비용 : ₩500,000
> • 대금지급수단 : 현금

① (차변) 매　　　입 8,000,000 (대변) 현금 8,500,000
　　(차변) 차량유지비　500,000
② (차변) 매　　　입 8,500,000 (대변) 현금 8,500,000
③ (차변) 차량운반구 8,000,000 (대변) 현금 8,500,000
　　(차변) 차량유지비　500,000
④ (차변) 차량운반구 8,500,000 (대변) 현금 8,500,000

19 다음과 같이 (주)상공은 2017년 1월 1일에 사채를 발행하고 대금은 현금으로 받았다. 2017년 12월 31일 포괄손익계산서에 표시될 이자비용은 얼마인가? (단, 유효이자율법을 적용한다.)

> 가. 액면금액　　：₩1,000,000
> 나. 액면이자율 : 연 8%
> 다. 발행금액　　：₩950,000
> 라. 유효이자율 : 연 10%
> 마. 상환기한　　： 5년
> 바. 이자지급일 : 매년 12월 31일

① ₩76,000　　　　　　② ₩80,000
③ ₩95,000　　　　　　④ ₩100,000

20 기업이 주당이익을 공시하는 경우 표시되는 재무제표의 종류를 [보기]에서 고른 것은?

> [보기]
> ㄱ. 재무상태표　　　　ㄴ. 포괄손익계산서
> ㄷ. 주석　　　　　　　ㄹ. 현금흐름표

① ㄱ, ㄴ　　　　　　　② ㄱ, ㄷ
③ ㄴ, ㄷ　　　　　　　④ ㄷ, ㄹ

제2과목 → 원가회계

21 제조기업의 제조원가명세서에 대한 설명으로 옳지 않은 것은?

① 당기총제조원가는 직접재료비, 직접노무비, 제조간접비의 합계액을 의미한다.
② 당기의 제품 제조 원가의 내용을 상세히 알기 위해 작성하는 명세서를 말한다.
③ 재무상태표에 표시되는 재료, 재공품, 제품 등의 재고자산 가격을 결정하기 위한 원가정보를 제공한다.
④ 당기총제조원가는 기능별포괄손익계산서의 매출원가를 산정하는데 필요한 당기제품제조원가와 항상 일치한다.

22 다음 재공품 계정을 자료로 알 수 있는 당월총제조원가는 얼마인가?

재 공 품

전 월 이 월	200,000	제 품	900,000
재 료 비	400,000	차 월 이 월	300,000
노 무 비	300,000		
제 조 경 비	100,000		
제 조 간 접 비	200,000		
	1,200,000		1,200,000

① ₩800,000
② ₩900,000
③ ₩1,000,000
④ ₩1,200,000

23 다음 중 비제조원가에 해당하는 항목으로 옳은 것은?

① 외주가공비
② 주요재료비
③ 공장근로자임금
④ 대손상각비

24 재료의 출고 때 개별작업 또는 제품의 직접재료비가 추적 가능한 경우에는 어떤 계정에 대체하는가?

① 재공품
② 제조간접비
③ 보조재료비
④ 간접재료비

25 다음은 (주)상공의 2017년 제조원가 자료이다. 직접노무비를 계산하면 얼마인가?

가. 직접재료비	₩400,000
나. 제조간접비	
－ 변동비	₩ 80,000
－ 고정비	₩ 50,000
다. 기본원가	₩900,000
라. 가공원가	₩630,000

① ₩130,000
② ₩270,000
③ ₩500,000
④ ₩530,000

26 다음은 부문별 원가계산 자료이다. 보조부문비를 단계배부법으로 배부할 때의 내용으로 옳지 않은 것은?

부문 비목	제조부문		보조부문		합계
	A부문	B부문	C부문	D부문	
자가부문 발생액	₩200,000	₩100,000	₩120,000	₩70,000	₩490,000
제공용역					
C부문	50%	30%	－	20%	100%
D부문	40%	30%	30%	－	100%

① 보조부문 중에서 가장 많은 수의 부문에 용역을 제공하는 순서대로 보조부문비를 배부하여 단계적으로 보조부문비의 배부가 완결되도록 하는 방법이다.
② 가장 많은 수의 부문에 용역을 제공하는 보조부문의 배열을 우 → 좌로 설정하여야 한다.
③ 보조부문의 배부순서에 따라 배부액이 달라질 수 있다.
④ D부문부터 배부한 경우 모든 보조부문비를 배부 후의 B제조부문 합계액은 ₩152,875이다.

27 다음 중 재무회계와 관리회계의 차이점에 대한 설명으로 옳지 않은 것은?

① 재무회계는 목적적합성을 강조하고, 관리회계는 검증가능성을 강조한다.
② 재무회계는 외부보고 목적을 강조한 반면, 관리회계는 내부보고 목적을 강조한다.
③ 재무회계는 기업 전반에 초점을 맞춘 반면, 관리회계는 조직의 부문에 초점을 둔다.
④ 재무회계는 과거지향적이며, 관리회계는 미래지향적이다.

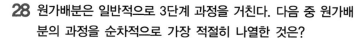
28 원가배분은 일반적으로 3단계 과정을 거친다. 다음 중 원가배분의 과정을 순차적으로 가장 적절히 나열한 것은?

> (가) 간접원가를 제품에 배분
> (나) 직접원가를 원가대상에 추적
> (다) 한 원가대상(부문)에서 다른 원가대상 (부문)으로 원가를 배분 또는 재배분

① (나) → (다) → (가) ② (가) → (나) → (다)
③ (다) → (나) → (가) ④ (나) → (가) → (다)

29 제조부문비 제품별 배부액 총액 ₩42,000을 직접원가법으로 계산할 때, A제품에 배부되는 제조부문비 총액은 얼마인가?

> • 제조부문비 : 절단부문비 ₩28,000 조립부문비 ₩14,000
> • 직접재료비 : ₩50,000(A제품 ₩20,000, B제품 ₩30,000)
> • 직접노무비 : ₩20,000(A제품 ₩9,000, B제품 ₩11,000)

① ₩8,200 ② ₩11,600
③ ₩17,400 ④ ₩42,000

30 다음 ㈜대한공업의 5월말 재공품원가를 계산한 것으로 옳은 것은? (단, 제조지시서 #1은 완성되었다.)

> 가. 연간 제조간접비 예상 총액 : ₩900,000
> 나. 동 기간 동안 직접노동 예상 시간 총수 : 3,000시간
> 다. 5월 중 원가 자료

원가	제조지시서 #1	제조지시서 #2	합계
직접 재료비	₩350,000	₩500,000	₩850,000
직접 노무비	₩200,000	₩300,000	₩500,000
직접 노동시간	500시간	700시간	1,200시간

> 라. 제조간접비 예정배부는 직접노동시간법에 의한다.

① ₩700,000 ② ₩800,000
③ ₩1,010,000 ④ ₩1,710,000

31 다음은 부문별 원가계산에 관한 설명이다. 적절하지 않은 것은?

① 직접배부법은 보조부문 상호간의 용역수수를 완전히 무시하는 방법이다.
② 부문별 제조간접비배부는 공장전체 제조간접비배부보다 정확하다.
③ 단계배부법은 보조부문 상호간의 용역수수를 완전하게 고려한다.
④ 제조부문은 부문의 특성에 따라 배부기준을 달리할 수 있다.

32 다음 중 개별원가계산에 대한 설명으로 옳지 않은 것은?

① 각 제품의 제조지시서별로 원가를 집계하여 제품별로 원가계산을 하는 방법이다.
② 주문에 의하여 소량으로 생산하는 기계제조업, 항공기제조업 등에 사용하는 방법이다.
③ 제품의 제조과정에서 발생하는 직접재료비, 직접노무비, 제조간접비를 구분하여 원가를 계산한다.
④ 원가의 기간별 배부가 중요하며 작업의 진척도에 따라 배부하는 원가를 다르게 계산하는 방법이다.

33 다음은 개별원가계산 제도를 채택하고 있는 (주)상공의 원가자료이다. 6월 제품제조원가를 계산한 금액으로 옳은 것은?

> 제조지시서 No.11은 5월에 생산을 시작하여 6월에 완성되었고, No.12와 No.13은 6월에 제조가 착수되었으며, 그 중 No.13은 6월 말 현재 미완성이다.
>
> 〈미완성품 원가 자료〉

	5월 31일(No.11)	6월 30일(No.13)
직접재료비	₩2,000	₩11,000
직접노무비	₩6,000	₩27,000
제조간접비	₩3,000	₩19,000
계	₩11,000	₩57,000

> 6월 중 직접재료비 ₩37,000, 직접노무비 ₩97,000, 제조간접비 ₩67,000이 투입되었다.

① ₩68,000 ② ₩98,000
③ ₩144,000 ④ ₩155,000

34 (주)상공화학은 동일공정에서 결합제품 A와 B를 생산하고 있다. 다음 자료에 의하여 연산품 A의 단위당 제조원가를 계산한 금액으로 옳은 것은? (단, 결합제품 A와 B에 투입된 결합원가는 ₩24,000이며 결합원가는 상대적 순실현가치를 기준으로 배부하고 있다.)

제품	생산 수량	분리점에서의 판매가치	분리점 이후 추가 가공비	분리점 이후 최종 판매가치
A	100	₩15,000	₩2,000	₩20,000
B	200	₩22,000		₩42,000

① ₩82 ② ₩84
③ ₩92 ④ ₩95

35 다음 중 종합원가계산의 개념에 대한 설명으로 옳지 않은 것은?

① 제조간접비의 배부가 필요 없다.
② 일반적으로 원가를 가공비와 재료비로 구분하여 계산한다.
③ 수주 수량에 따라 생산 수량이 결정 된다.
④ 한 종류의 제품을 연속적으로 대량생산하는 기업에서 사용한다.

36 종합원가계산의 종류에 대한 설명으로 옳지 않은 것은?

① 공정별원가계산은 제조공정이 2개 이상의 연속되는 공정으로 구분되고 각 공정별로 당해 공정제품의 제조원가를 계산할 경우에 적용한다.
② 조별원가계산은 동일 종류의 제품을 조별로 연속하여 생산하는 생산형태에 적용한다.
③ 등급별원가계산은 동일 종류의 제품이 동일공정에서 연속적으로 생산되나 그 제품의 품질 등이 다른 경우에 적용한다.
④ 연산품원가계산은 동일재료로 동일공정에서 생산되는 다른 종류의 제품으로서 주산물과 부산물을 명확히 구분하기 곤란한 경우에 적용한다.

37 다음은 종합원가계산에서 원가를 기말재공품과 완성품에 배부하기 위한 절차이다. 순서를 올바르게 나열한 것은?

가. 완성품환산량 단위당 원가의 계산
나. 배부될 원가의 요약
다. 완성품과 기말재공품으로 원가 배분
라. 물량흐름의 파악
마. 완성품환산량의 계산

① 가 – 나 – 다 – 라 – 마
② 라 – 마 – 나 – 가 – 다
③ 가 – 나 – 라 – 마 – 다
④ 나 – 라 – 마 – 가 – 다

38 다음 자료를 기초로 평균법에 의한 공정별종합원가계산에서 재료비와 가공비의 완성품환산량을 계산한 것으로 옳은 것은? (단, 재료비는 공정초기에 전량 투입되고, 가공비는 공정전반에 걸쳐 균등하게 투입된다. (단, 기말재공품의 완성도는 40%이다.)

기초재공품 수량	0개
당기 착수 수량	600개
당기 완성품 수량	500개
기말재공품 수량	100개

① 재료비 600개, 가공비 600개
② 재료비 600개, 가공비 540개
③ 재료비 540개, 가공비 600개
④ 재료비 540개, 가공비 540개

39 다음 중 공정별종합원가계산에 대한 설명으로 옳지 않은 것은?

① 원가요소를 공정개별비·공정공통비로 구분하여, 공정공통비는 각 공정에 직접 배부하지만 공정개별비는 합리적인 배부기준에 의하여 인위적으로 배부한다.
② 연속 공정하에서는 제1공정의 완성품 수량과 제2공정의 당기착수량은 항상 일치한다.
③ 전 공정의 완성품을 다음 공정에 대체시켜 사용하는 경우에는 다음 공정에서 전 공정의 완성품원가를 재료비로 간주한다.
④ 각 공정마다 단일 종합원가계산의 방식에 의하여 완성품의 제조원가를 산출한다.

40 완성품 환산량에 대한 전반적인 내용이다. 옳지 않은 것은?

① 평균법은 기초의 재공품원가와 당기의 제조비용이 평균적으로 완성품과 기말재공품에 분산되어 있다는 것을 전제로 한다. 따라서 재공품의 평가도 평균적인 개념으로 수행하여야 한다.
② 제품의 제조개시 시점에서 직접재료의 전량을 투입한다고 한다면, 직접재료비에 대한 완성품 환산비율은 항상 100%를 적용시켜야 한다.
③ 평균법은 기초재공품원가와 당기총제조비용을 구분하여 계산하므로 계산과정이 선입선출법보다 복잡하지만, 전기의 작업능률과 당기의 작업능률이 명확히 구분되기 때문에 원가통제상 유용한 정보를 제공한다.
④ 선입선출법을 이용하여 종합원가계산을 수행하는 회사에서 기초재공품의 완성도를 실제보다 과소평가할 경우 당연히 기초재공품의 원가는 과소평가되고 완성품 환산량 단위당 원가가 과소평가되므로 기말재공품의 원가는 과소평가되고 완성품 환산량은 과대평가된다.

※ 무 단 전 재 금 함	형별	**A형**	제한시간	**60분**	수험번호	성 명

※ 다음 문제를 읽고 알맞은 것을 골라 답안카드의 답란(①, ②, ③, ④)에 표기하시오.

제1과목 ➔ 재무회계

01 수정분개 전 당기순이익이 ₩600,000이고 기말수정사항이 다음과 같을 때 수정분개 후 정확한 당기순이익은 얼마인가?

가. 대여금 이자미수액	₩30,000
나. 수수료 선수액	₩55,000
다. 임차료 선급액	₩20,000
라. 종업원급여 미지급액	₩40,000

① ₩455,000
② ₩515,000
③ ₩555,000
④ ₩665,000

02 제조업을 영위하는 (주)상공이 결산 시 이자비용 미지급분에 대한 거래를 누락하였을 경우 재무제표에 미치는 영향으로 옳은 것은?

① 매출총이익이 과소계상된다.
② 영업이익이 과대계상된다.
③ 비유동부채가 과소계상된다.
④ 당기순이익이 과대계상된다.

03 다음의 기말 결산 시 작성한 수정전 시산표에 대한 설명으로 옳지 않은 것은?

잔 액 시 산 표

차변	계정과목	대변
	현금	
(가)	외상매출금	
(나)	개발비	
	외상매입금	(다)
	자본금	(라)
	매출	(마)
(바)	매입	
(사)	여비교통비	
(아)		(자)

① '라' 는 기초자본금이다.
② '마' 는 순매출액이다.
③ '바' 는 매출원가이다.
④ 분개와 전기상의 오류가 없다면 '야' 와 '쟈' 의 금액은 일치한다.

04 다음은 포괄손익계산서에 기입된 자료의 일부이다. 당기순이익을 추정한 금액으로 옳은 것은?

매출총이익	₩1,500,000
기타수익	₩ 500,000
기타포괄이익	₩ 300,000
총포괄이익	₩ 900,000

① ₩600,000　　② ₩800,000
③ ₩1,200,000　　④ ₩2,000,000

05 다음의 포괄손익계산서를 토대로 영업활동으로 인한 현금흐름액을 계산하면 얼마인가?

포 괄 손 익 계 산 서

매　출　액	₩100,000
매 출 원 가	₩70,000
매 출 총 이 익	₩30,000
급　　　여	₩10,000
감 가 상 각 비	₩5,000
당 기 순 이 익	₩15,000

① ₩10,000　　　　② ₩15,000
③ ₩20,000　　　　④ ₩30,000

06 (주)상공의 자료를 이용하여 포괄손익계산서에 표시되는 당기순이익을 계산한 것으로 옳은 것은?

가.	수익(매출액)	₩1,000,000
나.	매출원가	₩ 700,000
다.	물류원가	₩ 100,000
라.	관리비	₩ 50,000
마.	금융원가	₩ 30,000
바.	기타포괄손익-공정가치측정금융자산평가손실	₩ 20,000

① ₩100,000
② ₩120,000
③ ₩170,000
④ ₩200,000

07 액면가액 ₩100,000의 전환사채가 ₩100,000의 보통주로 전환되는 기업활동이 현금흐름표에 표시되는 방법으로 옳은 것은?

① 비현금거래로서 현금흐름표의 보충적 주석정보로 보고한다.
② ₩100,000의 재무활동 현금흐름의 유출 및 ₩100,000의 재무 활동 현금흐름의 유입
③ ₩100,000의 재무활동 현금흐름의 유출 및 ₩100,000의 투자 활동 현금흐름의 유입
④ ₩100,000의 영업활동 현금흐름의 유출 및 ₩100,000의 투자 활동 현금흐름의 유입

08 현금및현금성자산에 대한 설명으로 옳지 않은 것은?

① 현금성자산은 단기의 현금수요를 충족하기 위한 목적으로 보유한다.
② 현금성자산으로 분류되기 위해서는 확정된 금액이 현금으로의 전환이 용이하고, 가치변동의 위험이 경미하여야 한다.
③ 취득당시 장기로 분류되었던 국공채 중 결산일 현재 만기일이 3개월 이내인 국·공채를 현금성자산으로 분류한다.
④ 상환일이 정해져 있고 취득일로부터 상환일까지 기간이 3개월 이내인 우선주의 경우 현금성자산으로 처리한다.

09 금융자산과 금융부채에 속하는 항목으로 바르게 나타낸 것은?

	금융자산	금융부채
①	선급금	미지급비용
②	미수금	선수금
③	단기대여금	장기차입금
④	재고자산	선수수익

10 금융자산에 대한 설명으로 옳지 않은 것은?

① 통화 및 통화대용증권은 금융자산에 속한다.
② 당기손익-공정가치측정금융자산의 평가손익은 당기손익으로 인식한다.
③ 당기손익-공정가치측정금융자산의 취득에 따른 제 비용은 취득원가에 포함한다.
④ 거래 상대방에게 현금 등을 수취할 계약상의 권리는 금융자산에 속한다.

11 다음 거래 내용 중 회계처리 결과가 재무제표의 매출채권을 증가시키는 것끼리 짝지어진 것은?

① 타인발행 약속어음 수취, 어음의 부도
② 외상매출금의 실제 대손, 약속어음 배서양도
③ 약속어음 대금의 회수, 약속어음의 할인양도
④ 재화의 외상 판매, 약속어음의 수취

12 다음 자료에서 외상매입금의 전기이월액으로 옳은 것은? (단, 부가세는 고려하지 않는다.)

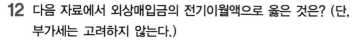

외상매입금

		1/1 전기이월	( )
: :			
4,000,000		4,000,000	

3월 1일	외상대금 중 ₩1,000,000을 현금으로 결제하다.
6월 5일	상품 ₩2,000,000을 외상으로 구입하고, 운송비 ₩20,000은 현금으로 지급하다.

① ₩1,000,000 ② ₩2,000,000
③ ₩2,020,000 ④ ₩2,040,000

13 (주)상공기업은 대한상점에 상품 ₩1,000,000을 매출하고 대금은 신용카드로 결제 받았다. 이에 대한 분개로 옳은 것은? (단, 상품 거래는 3분법으로 처리한다.)

① (차) 외상매출금 1,000,000 (대) 매 출 1,000,000
② (차) 받 을 어 음 1,000,000 (대) 매 출 1,000,000
③ (차) 가 수 금 1,000,000 (대) 매 출 1,000,000
④ (차) 미 수 금 1,000,000 (대) 매 출 1,000,000

14 (주)상공은 20×1년 1월 1일에 보유하고 있는 투자부동산인 토지 (장부금액 : ₩300,000)를 ₩500,000에 처분하였다. 처분대가 중 ₩200,000은 20×1년 1월 1일에 받았으며, 나머지 금액은 20×1년부터 매년 12월 31일에 ₩100,000씩 3회 분할하여 받기로 하였다. 20×1년 말 장기미수금의 장부금액은 얼마인가? (단, 토지 처분일 현재 유효이자율은 연 10%이고 기간 3, 10%, 연금현가계수는 2.4868이다. 답은 가장 근사치를 선택하라.)

① ₩148,680 ② ₩156,680
③ ₩173,550 ④ ₩200,000

15 ㈜상공은 공장건물을 신축하기로 하고, A건설사와 ₩7,000,000에 도급계약을 체결하였다. 신축 기간 중 차입금과 관련하여 자본화될 차입원가는 ₩500,000이며, 건물의 취득세로 납부한 금액은 ₩250,000일 때, 공장건물의 취득원가는 얼마인가?

① ₩7,000,000 ② ₩7,250,000
③ ₩7,500,000 ④ ₩7,750,000

16 다음은 (주)상공기업의 6월 중 A상품의 매입과 관련된 거래 내용이다. 6월 중 A상품의 순매입액은 얼마인가?

가.	6월 10일 A상품 ₩100,000(100개 @₩1,000)을 외상 매입하고 운임 ₩10,000은 현금으로 지급하였다.
나.	6월 12일 A상품에 대한 외상대금을 현금으로 지급하면서 ₩5,000을 할인받았다.

① ₩95,000 ② ₩100,000
③ ₩105,000 ④ ₩110,000

17 결산일은 12월 말이다. 사채권면의 발행일이 20×1년 초인 사채를 20×1년 3월초에 발행하였다. 발행일의 시장이자율은 연 7% 이며 사채발행비용을 포함한 유효이자율은 연 8%이다. 이 사채는 액면이자율 연 6%, 액면금액 ₩100,000, 매년 말 이자지급, 만기 2년의 조건으로 발행된다. 20×1년 3월의 사채발행금액은 얼마인가? (2년, 8% : 현가 0.8573 연금현가 1.7833) (단, 가장 근사치를 정답으로 한다.)

① ₩96,430 ② ₩96,716
③ ₩97,716 ④ ₩100,000

18 사채발행에 대한 설명 중 옳지 않은 것은?

① 사채발행가액 = 만기사채원금의 현재가치 + 표시이자액의 현재가치
② 할인발행 : 표시이자합계 > 유효이자합계
③ 할증발행 : 표시이자율 > 시장이자율
④ 할인발행 : 액면가액 > 발행가액

19 금융자산에 대한 전반적인 내용이다. 옳지 않은 것은?

① 금융자산은 금융상품의 계약당사자가 되는 때에만 재무상태표에 인식한다.
② 금융자산의 정형화된 매입이나 매도는 매매일 또는 결제일에 인식하거나 제거한다.
③ 「금융자산의 현금흐름에 대한 계약상 권리가 소멸한 경우」 또는 「금융자산을 양도하며 그 양도가 제거의 조건을 충족하는 경우」 중 하나에 해당하는 경우에만 금융자산을 제거한다.
④ 상각후원가측정금융자산의 취득과 직접 관련되는 거래원가는 발생 시점에서 당기손익으로 인식한다.

20 다음은 주당이익에 대한 내용이다. 옳지 않은 것은?

① 기본주당이익은 회계기중 실제 발행된 보통주식수를 기준으로 산출한 것이며, 희석주당이익은 실제 발행된 보통주뿐만 아니라 보통주로 전환될 수 있는 잠재적보통주까지 감안하여 산출한 것으로 이는 기본주당이익에 비해 낮은 금액이 된다.

② 가중평균유통보통주식수는 기초의 유통보통주식수에 회계기간 중 취득된 자기주식수 또는 신규 발행된 보통주식수를 각각의 유통기간에 따른 가중치를 고려하여 조정한 보통주식수이다.

③ 희석주당이익을 계산하기 위해서는 모든 희석효과가 있는 잠재적보통주의 영향을 고려하여 지배기업의 보통주에 귀속되는 당기순손익 및 가중평균유통보통주식수를 조정한다.

④ 기본주당이익과 희석주당이익은 제시되는 모든 기간에 대하여 동등한 비중으로 제시하며, 기본주당이익과 희석주당이익이 부(−)의 금액(즉 주당손실)의 경우에는 표시하지 아니한다.

제2과목 ➡ 원가회계

21 다음의 재공품 계정을 토대로 알 수 있는 당월 제품제조원가는 얼마인가?

재 공 품

전 월 이 월	100,000	제 품	800,000
재 료 비	400,000	차 월 이 월	200,000
노 무 비	200,000		
제 조 간 접 비	300,000		
	1,000,000		1,000,000

① ₩600,000 ② ₩800,000
③ ₩900,000 ④ ₩1,000,000

22 통제가능원가와 통제불가능원가에 대한 설명으로 옳지 않은 것은?

① 통제가능하다고 하는 것은 경영자가 원가 발생액을 통제할 수 있는 재량권을 갖고 있음을 의미한다.

② 관리계층에 따라 동일한 원가에 대한 통제가능성이 달라지지는 않는다.

③ 특정 과거에 이루어진 의사결정에 의해서 발생하는 감가상각비와 같은 비용은 이미 정해져 있거나, 이미 발생한 원가로서 경영자가 이를 통제할 수 없으므로 통제 불가능한 원가이다.

④ 통제가능원가의 경우 특정 부문 경영자의 성과를 평가하는 데 활용한다.

23 공장전체 제조간접비 배부에 대한 내용이다. 옳지 않은 것은?

① 공장전체 제조간접비 배부율을 사용한다면, 제조부문과 보조 부문에서 발생한 총제조간접비를 단일 배부기준에 의하여 개별 제품에 배부하게 된다.

② 공장전체 제조간접비 배부율을 사용한다면, 보조부문의 제조간접비를 제조부문에 배부하는 문제가 발생한다.

③ 보조부문비를 직접배부법, 단계배부법, 상호배부법 중 어떤 배부방법에 의하여 제조부문에 배부하여도 공장전체의 제조간접비는 변함이 없다.

④ 공장전체 제조간접비 배부총액과 부문별 제조간접비 배부총액은 일치하나, 공장전체 제조간접비 배부보다 부문별 제조간접비 배부가 더 정확하다.

24 다음은 ㈜상공의 원가계산표이다. 이에 대한 설명으로 옳지 않은 것은? (단, 제조지시서 #1과 제조지시서 #2는 완성되었다.)

지시서 비목	제조 지시서 #1	제조 지시서 #2	제조 지시서 #3	합계
월초재공품	①	②	③	④
직접재료비	⑤	⑥	⑦	⑧
직접노무비	⑨	⑩	⑪	⑫
제조간접비	⑬	⑭	⑮	⑯
합계	⑰	⑱	⑲	⑳

① ① + ② = 월초재공품재고액
② ⑧ + ⑫ + ⑯ = 당월총제조비용
③ ⑰ + ⑱ = 당월제품제조원가
④ ⑲ = 월말재공품재고액

25 (주)한빛전자는 전화기를 제조하는 기업이며 서울에는 관리부, 영업부, 연구소가 있으며, 수원에는 제조공장이 있다. 다음 자료에 의하면 제조간접비 총액은 얼마인가? (단위 : 원)

	관리부	영업부	연구소	공 장
급여(임금)	400,000	700,000	500,000	1,120,000
접대비	20,000	50,000	10,000	200,000
지급수수료	1,000,000	500,000	50,000	100,000
외주용역비	101,000	250,000	180,000	2,000,000
소모품비	120,000	105,000	50,000	750,000
수도광열비	90,000	50,000	350,000	850,000
감가상각비	210,000	105,000	75,000	2,500,000

① ₩3,900,000 ② ₩6,200,000
③ ₩6,400,000 ④ ₩7,520,000

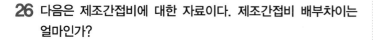

26 다음은 제조간접비에 대한 자료이다. 제조간접비 배부차이는 얼마인가?

| 가. 예상 제조간접비 : ₩360,000 |
| 나. 예상 직접노동시간 : 7,200시간 |
| 다. 실제 제조간접비 : ₩27,000 |
| 라. 실제 직접노동시간 : 600시간 |

① ₩3,000 과대배부   ② ₩3,000 과소배부
③ ₩9,000 과대배부   ④ ₩9,000 과소배부

27 다음은 제조경비에 대한 설명이다. (가)와 (나)에 들어갈 용어로 옳은 것은?

제조과정에 제조경비가 어느 곳에 투입되었는가를 추적 하여 특정 제품의 생산 과정에서 직접적으로 추적할 수 있으면 (가)(으)로, 특정 제품의 생산과 직접적인 관계가 없는 둘 이상의 제품의 제조에 공통으로 소비된 경비는 (나)(으)로 분류한다.

① (가) 직접제조경비 (나) 간접제조경비
② (가) 간접제조경비 (나) 직접제조경비
③ (가) 제조경비 (나) 소비비용
④ (가) 소비비용 (나) 제조경비

28 (주)상공의 다음 자료에 의하면 당기에 구매처에서 구입한 원재료는 얼마인가?

| 가. 원재료 : 기초재고 ₩40,000, 기말재고 ₩50,000 |
| 나. 재공품 : 기초재고 ₩85,000, 기말재고 ₩65,000 |
| 다. 당기제품제조원가 ₩210,000 |
| 라. 직접노무비 ₩25,000 |
| 마. 제조간접비 ₩100,000 |

① ₩65,000   ② ₩75,000
③ ₩190,000   ④ ₩210,000

29 다음에서 설명하는 보조부문비 배부 방법으로 옳은 것은?

보조부문 상호간의 용역 수수관계를 완전히 고려하여 보조 부문 원가를 다른 보조부문과 제조부문에 배부하는 방법으로 복잡하지만 가장 정확하다.

① 단계배부법   ② 상호배부법
③ 간접배부법   ④ 직접배부법

30 연산품 종합원가계산에 대한 설명으로 옳지 않은 것은?

① 연산품 종합원가계산은 동일 재료로 동일 공정에서 생산되는 다른 종류의 제품으로서 주산물과 부산물을 명확히 구분하기 곤란한 경우에 적용한다.
② 연산품이 개별적으로 식별 가능한 시점을 분리점이라 하며, 분리점 이전에 발생한 제조원가를 결합원가라 한다.
③ 분리원가(즉 추가가공원가)는 개별 제품과 직접 관련하여 발생하므로 원가발생액을 각 제품별로 추적할 수 있기 때문에 원가회계상 별다른 문제를 일으키지 않는다.
④ 연산품의 제조원가는 결합원가의 배분원가에서 분리후의 추가가공원가를 차감한 잔액으로 계산된다.

31 다음 종합원가계산에 대한 설명 중 옳지 않은 것은?

① 종합원가계산에서 사용되는 원가계산표는 개별원가계산의 경우와는 달리 제품의 종류마다 작성할 필요가 없으며, 각 원가계산기간마다 1부를 작성하고 여기에다 그 기간에 발생한 모든 원가를 집계하면 된다.
② 종합원가계산은 표준규격 제품을 대량으로 연속생산하는 업종에 적합하다.
③ 종합원가계산은 경우(예: 조별)에 따라서 제조공정(부문)에 대한 직접비와 간접비의 구분이 필요하다.
④ 종합원가계산에서는 미완성된 특정 제품의 제조지시서별 원가계산표에 집계되어 있는 금액이 기말재공품이 된다.

32 다음은 원가관리회계의 특성과 관련된 설명들이다. 이 중에서 옳지 않은 것은?

① 원가관리회계는 기업의 경영자나 관리자에게 의사결정에 필요한 원가나 세부부문의 재무정보를 제공한다.
② 원가관리회계는 원가측정 및 계산을 주로 다루는 원가회계와 원가정보를 의사결정에 사용하는 기법을 다루는 관리회계로 세분하기도 한다.
③ 원가관리회계의 정보는 외부에 보고하는 재무회계의 정보와 아무런 관련성이 없다.
④ 원가관리회계는 각종 업무활동을 위해 원가를 측정/관리/분석하는 분야이므로 기업의 기획/구매/판매/생산/설계 등 모든 분야의 경영관리자에게 필수적인 지식이다.

33 다음 중 개별원가계산에 대한 회계처리로서 옳은 것은?

① 재료구입 시 (차)재공품××× (대)재　　료×××
② 노무비지급 시 (차)재공품××× (대)노 무 비×××
③ 제조간접비배부 시 (차)재공품××× (대)제조간접비×××
④ 생산완료 시 (차)재공품××× (대)제　　품×××

34 제조간접비는 직접노무비 실제발생액을 기준으로 제품에 배부하며, 제조간접비 실제발생 총액은 ₩8,400이다. 작업지시서 No.1의 제조원가는 얼마인가?

	직접재료비	직접노무비
작업지시서 No.1	₩4,000	₩8,000
작업지시서 No.2	₩2,000	₩6,000
계	₩6,000	₩14,000

① ₩4,800
② ₩12,000
③ ₩16,800
④ ₩20,400

35 다음 중 종합원가계산에 대한 설명으로 옳지 않은 것은?

① 평균법이 비교적 간단하므로 원가통제에 항상 유리하다.
② 선입선출법에 따른 완성품 환산량은 평균법보다 항상 적거나 같다.
③ 평균법에 의할 경우에는 기초재공품원가와 당기발생원가를 동일하게 취급한다.
④ 가격이나 재고수준이 안정적일 경우 평균법이나 선입선출법 중 어떤 방법으로 원가계산을 하여도 그 차이가 크지 않다.

36 다음 중 선입선출법에 의한 종합원가계산에서 완성품환산량 단위당 원가는 어느 원가를 사용하여 계산하는가?

① 당기투입원가
② 당기투입원가 + 기초재공품원가
③ 당기투입원가 − 기말재공품원가
④ 당기투입원가 + 기초재공품원가 − 기말재공품원가

37 원가회계의 주요 목적으로 옳지 않은 것은?

① 내부 의사결정
② 예산의 편성 및 통제
③ 기업내 여러 부문의 평가
④ 원가정보를 기업 외부의 회계정보 이용자에게 공시

38 다음은 원가에 대한 설명이다. 옳지 않은 것은?

① 기간비용은 특정제품과의 직접대응관계를 측정하는 것이 불가능하기 때문에 발생과 동시에 비용으로 계상된다.
② 직접원가는 컴퓨터의 하드디스크(Hard Disk), 선박의 엔진등과 같이 특정 원가대상에 직접관련 시킬 수 있는 원가이다.
③ 제조와 관련된 기계장치, 공구와 기구는 소멸되지 않으므로 원가로 구성될 수 없다.
④ 원가의 분류상 기초원가(기본원가)에도 포함되고 전환원가 (가공원가)에도 포함되는 원가는 직접노무비이다.

39 다음 계정의 기입 내용에 대한 설명으로 옳은 것은?

부문비 배부차이

조립부문비	30,000	절단부문비	70,000

① 절단부문비는 예정배부액보다 실제발생액이 더 많았다.
② 조립부문비는 실제발생액보다 예정배부액이 과대 배부되었다.
③ 안분(비례배분)법은 재공품, 제품, 매출원가의 금액에 비례 하여 부문비배부차이를 안분하는 방법이다.
④ 매출원가조정법에 의할 경우 (차)부문비배부차이 40,000 (대)매출원가 40,000으로 대체분개하여 마감한다.

40 (주)상공의 2017년 원가자료는 아래와 같다. (주)상공은 평균법으로 종합원가계산을 하고 있다. 원재료는 공정초에 모두 투입되고 가공비는 전공정에 걸쳐 균등하게 계산된다. 재료비와 가공비의 완성품 환산량 합계는 얼마인가?

가. 기초재공품 : 900단위 (완성도30%)
나. 당기착수량 : 4,100단위
다. 기말재공품 : 2,000단위 (완성도70%)

① 6,000
② 7,400
③ 9,400
④ 10,000

※ 무 단 전 재 금 함	형별	**A형**	제한 시간	**60분**	수험번호	성 명

※ 다음 문제를 읽고 알맞은 것을 골라 답안카드의 답란(①, ②, ③, ④)에 표기하시오.

제1과목 → 재무회계

01 다음은 ㈜상공의 자료에 의한 (가), (다)의 금액으로 옳은 것은? 단, 당기순손익 외에는 자본의 변동이 없다고 가정한다.

회계연도	기초자본	기말자본	총수익	총비용
20×3	3,200,000	(가)	2,500,000	2,200,000
20×4	(나)	3,000,000	(다)	2,700,000

	가	다
①	3,500,000	2,200,000
②	2,900,000	2,800,000
③	3,500,000	3,200,000
④	2,900,000	2,600,000

02 다음 손익거래 중 발생기준에 의한 회계처리로 옳지 않은 것은?

① 기말에 보험료 미경과액을 계상하다.
② 매출채권에 대한 대손충당금을 설정하다.
③ 기말에 미지급된 급여를 당기 비용으로 계상하다.
④ 상품을 판매하기로 하고 수취한 계약금을 매출수익으로 계상하다.

03 다음은 (주)상공의 결산정리사항이다. 결산전 당기순이익이 ₩350,000일 경우 결산정리사항 반영 후의 정확한 당기순이익은 얼마인가? 단, 대손충당금 잔액은 ₩20,000 이다.

가. 임차료 미지급액 ₩70,000
나. 매출채권 대손 예상액 ₩20,000
다. 단기대여금에 대한 이자 미수액 ₩80,000

① ₩180,000　　　　② ₩200,000
③ ₩340,000　　　　④ ₩360,000

04 다음의 현금계정에 기입된 일자별 거래 내용을 추정한 것으로 옳지 않은 것은?

현　금

1/01	자 본 금	1,000,000	1/20	외상매입금	200,000
1/23	보통예금	500,000	1/30	복리후생비	300,000

① 1/01 현금 ₩1,000,000을 출자하여 영업을 개시하다.
② 1/20 상품의 외상대금 ₩200,000을 현금으로 지급하다.
③ 1/23 현금 ₩500,000을 보통예금계좌에 예입하다.
④ 1/30 직원 회식비 ₩300,000을 자기앞수표로 지급하다.

05 다음 거래를 분개와 전기한 내용 중 시산표 작성을 통해 발견할 수 있는 오류로 옳은 것은?

상품 ₩30,000을 외상으로 매입하다

① 매입 ₩30,000 / 외상매출금 ₩30,000으로 분개
② 매입 ₩20,000 / 외상매입금 ₩20,000으로 분개
③ 매입계정 차변과 외상매입금 계정 차변에 전기
④ 매입계정 대변과 외상매입금 계정 차변에 전기

06 (주)상공은 20x1년 12월 31일에 다음과 같은 결산수정분개를 하였다. 20x1년도 중 임차료 ₩280,000을 현금지급 하였으며, 전기말에 미지급임차료 ₩30,000이 계상되어 있다. 포괄손익계산서에 당기 비용으로 표시되는 임차료는 얼마인가?

(차변) 임 차 료 60,000　　(대변) 미지급임차료 60,000

① ₩280,000　　　　② ₩310,000
③ ₩340,000　　　　④ ₩370,000

07 (주)상공의 다음 자료를 이용하여 전기이월미처분이익잉여금을 계산한 것으로 옳은 것은?

가. 차기이월미처분이익잉여금	₩1,000,000
나. 중간배당액(현금)	₩100,000
다. 당기순이익	₩1,000,000
라. 임의적립금이입액	₩200,000
마. 현금 배당금	₩500,000
바. 이익준비금은 법정최소금액 적립하였음	

① ₩ 460,000　　　　② ₩ 510,000
③ ₩ 700,000　　　　④ ₩ 900,000

08 ㈜상공의 다음 자료만을 이용하여 결산 시 대체분개로 옳은 것은?

> – 임대료 계정 잔액 ₩50,000을 대체하다.
> – 복리후생비 계정 잔액 ₩20,000을 대체하다.
> – 손익계정을 대체하다.

① (차) 손익 50,000 (대) 임대료 50,000
② (차) 복리후생비 20,000 (대) 손익 20,000
③ (차) 손익 30,000 (대) 미처분이익잉여금 30,000
④ (차) 미처리결손금 20,000 (대) 손익 20,000

09 수정 전 잔액시산표의 차변 합계액은 ₩1,000,000이다. 보험료미경과액 ₩30,000과 이자수익 미수액 ₩20,000을 계상한 후의수정 후 잔액시산표 차변 합계액은 얼마인가?

① ₩970,000
② ₩990,000
③ ₩1,020,000
④ ₩1,050,000

10 다음 중 기타포괄손익에 포함되지 않는 것은?

① 기타포괄손익–공정가치측정금융자산평가손익
② 해외사업환산손익
③ 재평가잉여금
④ 자기주식처분이익

11 총포괄손익, 기타포괄손익, 당기순손익에 대한 내용이다. 옳지 않은 것은?

① 기타포괄손익 부분은 당해 기간의 기타포괄손익의 금액을 표시하는 항목을 성격별로 분류하고, 다른 한국채택국제회계기준서에 따라 후속적으로 당기손익으로 재분류되지 않는 항목과 특정 조건을 충족하는 때에 후속적으로 당기손익으로 재분류되는 항목으로 구분하여 표시하여야 한다.
② 당기손익과 기타포괄손익은 단일의 포괄손익계산서에 두 부분으로 나누어 표시한다.
③ 포괄손익계산서에 당기손익 부분과 기타포괄손익 부분에 추가하여 당기순손익, 기타포괄손익, 당기손익과 기타포괄손익을 합한 총포괄손익을 표시한다.
④ 수익과 비용의 어느 항목은 당기손익과 기타포괄손익을 표시하는 보고서 또는 주석에 특별손익 항목으로 표시할 수 있다.

12 현금흐름표에 대한 설명으로 옳지 않은 것은?

① 현금흐름표상 현금흐름의 유형은 영업활동, 투자활동, 재무활동으로 구분된다.
② 매출채권 회수, 종업원 관련 현금 유출, 자금의 차입 등은 영업활동이다.
③ 자금의 대여 및 대여금 회수, 유형자산의 취득과 처분 등은 투자활동이다.
④ 주식 및 사채의 발행을 통한 자금조달은 재무활동이다.

13 (주)상공의 다음 자료에 의하여 기능별 포괄손익계산서상의 영업이익을 계산한 금액으로 옳은 것은?

• 기초상품재고액	₩250,000	• 당기 순매입액	₩500,000
• 말상품재고액	₩100,000	• 당기 순매출액	₩1,000,000
• 광고선전비	₩50,000	• 이자비용	₩30,000
• 기부금	₩10,000	• 임차료	₩40,000
• 통신비	₩70,000	• 세금과공과	₩50,000
• 수도광열비	₩20,000	• 유형자산처분손실	₩30,000

① ₩90,000
② ₩100,000
③ ₩110,000
④ ₩120,000

14 (주)상공은 5월 1일 우리은행에서 3개월 만기 정기예금(₩5,000,000)에 가입하였다. 7월 31일 정기예금이 만기가 되어 원금과 이자 ₩45,000을 함께 현금으로 받아 즉시 보통예금에 입금하였다. 7월 31일 (주)상공의 회계처리로 옳은 것은?

① (차) 현 금 5,045,000 (대) 정 기 예 금 5,000,000
  　　　　　　　　　　　　이 자 수 익 45,000
② (차) 보통예금 5,045,000 (대) 정 기 예 금 5,000,000
  　　　　　　　　　　　　이 자 수 익 45,000
③ (차) 보통예금 5,045,000 (대) 현금성자산 5,000,000
  　　　　　　　　　　　　이 자 수 익 45,000
④ (차) 현 금 5,045,000 (대) 현금성자산 5,045,000

15 한국채택국제회계기준에 따른 금융상품 인식과 측정에 대한 설명 중 옳지 않은 것은?

① 당기손익인식금융자산의 취득과 관련되는 제비용은 취득원가에 포함한다.
② 공정가치를 신뢰성 있게 측정할 수 없는 지분상품은 당기손익인식항목으로 지정할 수 없다.
③ 보유자가 중도 상환을 요구할 수 있는 금융자산은 상각후원가측정 금융자산으로 분류할 수 없다.
④ 후속적으로 원가나 상각후원가로 측정하는 자산에 대하여 결제일 회계 처리를 적용하는 경우 당해 자산은 최초인식시 매매일의 공정가치로 인식한다.

16 다음은 (주)상공기업의 약속어음 할인과 관련된 거래이다. 이에 대한 분개로 옳은 것은? 단, 회계 처리는 매각거래로 한다.

1개월 전에 (주)대한기업으로부터 받은 약속어음 ₩1,000,000 (만기 3개월)을 은행에서 할인받고 할인료 ₩20,000을 차감한 잔액은 당좌예금하다.

① (차)당 좌 예 금 980,000 (대)받 을 어 음 1,000,000
　　 이 자 비 용 20,000
② (차)당 좌 예 금 980,000 (대)받 을 어 음 1,000,000
　　 매출채권처분손실 20,000
③ (차)당 좌 예 금 980,000 (대)단기차입금 1,000,000
　　 이 자 비 용 20,000
④ (차)당 좌 예 금 980,000 (대)단기차입금 1,000,000
　　 수 수 료 비 용 20,000

17 다음은 (주)상공기업의 받을어음 계정이다. 기중 받을어음 대금 회수액은 얼마인가?

받 을 어 음

전 기 이 월	250,000	당 좌 예 금	500,000
매 출	450,000	외 상 매 입 금	100,000
외 상 매 출 금	300,000	차 기 이 월	400,000
	1,000,000		1,000,000

① ₩400,000　　　　② ₩450,000
③ ₩500,000　　　　④ ₩600,000

18 다음은 (주)상공의 거래이다. 이에 대한 회계처리의 결과 재무제표에 미치는 영향으로 옳지 않은 것은?

3년 후 상환조건으로 대출받았던 원금 ₩10,000,000이 만기가 되어 그 이자 ₩500,000과 함께 현금으로 지급 하다.

① 유동자산이 감소　　　　② 부채가 감소
③ 이익잉여금이 감소　　　　④ 판매비와 관리비가 증가

19 다음은 (주)상공의 기계장치와 (주)서울의 건물과의 교환 내역이다. 이 거래와 관련하여 (주)상공의 유형자산처분손실 금액으로 옳은 것은? 단, (주)상공은 공정가치의 차액 ₩100,000을 현금으로 지급하였다.

회사	(주)상공	(주)서울
유형자산	기계장치	건물
취득원가	₩2,000,000	₩4,000,000
감가상각누계액	₩800,000	₩3,100,000
공정가치	₩1,000,000	₩1,100,000

① ₩100,000　　　　② ₩200,000
③ ₩300,000　　　　④ ₩400,000

20 2017년 7월초에 (주)상공은 자사가 발행한 사채(자기사채)를 취득시점까지의 발생이자를 포함하여 ₩950,000에 취득하였다. 동사채의 액면금액은 ₩1,000,000이고 액면이자율은 연 7%이며 이자는 매년말에 지급한다. 한편, 동 사채의 발행시 유효이자율은 연 10%이다. 상각후원가로 측정하고 있는 동 사채에 대한 (주)상공의 2017년 6월말의 장부금액이 ₩930,000이라면, 2017년 7월초에 자기사채의 취득과 관련하여 인식할 사채상환손익은 얼마인가? 결산일은 12월 31일이다. 단, 이자는 월수로 계산한다.

① ₩15,000 상환이익　　　　② ₩20,000 상환이익
③ ₩20,000 상환손실　　　　④ ₩35,000 상환손실

제2과목 ➔ 원가회계

21 다음 중 단기적인 관점에서 통제가능원가에 해당하는 것으로 옳은 것은?

① 직접재료비
② 공장건물 임차료
③ 기계장치 감가상각비
④ 공장건물 화재보험료

22 다음 중 제조원가에 해당하는 항목은?

가. 비정상 공손원가	나. 외주가공비
다. 광고선전비	라. 공장건물 감가상각비

① 가, 나　　　　② 가, 다
③ 나, 라　　　　④ 다, 라

 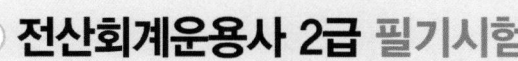
23 '완성된 제품의 제조원가가 ₩100,000이다.' 라는 거래를 분개한 것으로 옳은 것은?

① (차) 제   품 100,000 (대) 재 공 품 100,000
② (차) 재 공 품 100,000 (대) 제   품 100,000
③ (차) 매 출 원 가 100,000 (대) 제   품 100,000
④ (차) 매 출 원 가 100,000 (대) 재 공 품 100,000

24 원가는 발생시점에 따라 역사적 원가와 예정원가로 분류한다. 다음 중 옳은 것은?

① 역사적 원가가 예정원가보다 원가관리에 있어 더 적시성 있는 정보를 제공한다.
② 역사적 원가와 예정원가는 발생시점에 따라 구분되지만, 두 원가는 특정한 회계시스템 내에 동시에 존재하기도 한다.
③ 예정원가는 과거에 발생한 사건에 근거해서 결정되기 때문에 객관적이며 검증가능하다.
④ 역사적 원가는 특정 사상이 발생하기 전에 분석과 예측을 통하여 결정되는 원가로서, 이미 발생한 사건이 아니라 미래에 발생할 것으로 예상되는 사건에 의해 결정되는 원가이다.

25 (주)상공의 20X1년 부문별 제조원가예산은 아래와 같다.

	금형부문	조립부문	합계
직접재료원가	₩230,000	₩180,000	₩410,000
직접노무원가	₩80,000	₩120,000	₩200,000
제조간접원가	₩20,000	₩330,000	₩350,000
	₩330,000	₩630,000	₩960,000

20X1년 결산시점 작업지시서 #7000 에 집계된 원가자료가 다음과 같을 때 제조간접원가를 공장전체배부율로 배부한다면 #7000의 총 제조원가는 얼마인가? 단, (주)상공은 직접노무원가를 기준으로 제조간접원가를 배부하고 있다.

	금형부문	조립부문	합계
직접재료원가	₩220,000	₩185,000	₩405,000
직접노무원가	₩85,000	₩110,000	₩195,000

① ₩323,750
② ₩341,250
③ ₩923,750
④ ₩941,250

26 다음 중 보조부문원가 배부기준으로 가장 옳지 않은 것은?

① 전력부문 : 각 제조부문의 종업원 수
② 수선부문 : 수선유지횟수 또는 수선작업시간
③ 품질검사 : 검사수량, 검사인원 또는 검사시간
④ 공장건물관리부문 : 각 제조부문이 차지하고 있는 점유면적

27 (주)상공은 20X1년 다음과 같이 작업지시서 #1052에 원가가 집계되었다.

작 업 지 시 서
#1052

직접재료비	₩11,000
직접노무비	₩4,000
제조간접비	₩6,000
	₩21,000

제조과정에서 작업지시서 #1052 와 관련하여 품질불량으로 인하여 재작업원가(직접재료비 ₩500, 직접노무비 ₩2,000)가 투입되었던 것을 알게 되었다. 작업 #1052의 총제조원가는 얼마인가? 단, 회사는 제조간접비를 직접노무비의 150%를 배부한다.

① ₩17,500
② ₩21,000
③ ₩23,500
④ ₩26,500

28 다음의 자료를 이용하여 재공품계정의 차기이월 금액을 계산한 것으로 옳은 것은? 단, 제조간접비는 직접재료비를 기준으로 배부하며, 제조지시서#1은 완성되었다.

지시서 비목	제조지시서 #1	제조지시서#2	합계
직접재료비	₩3,000	₩2,000	₩5,000
직접노무비	₩1,000	₩1,000	₩2,000
제조간접비	( )	( )	₩10,000

① ₩3,000
② ₩4,000
③ ₩7,000
④ ₩10,000

29 다음 중 부문별 제조간접비 배부에 대한 내용으로 옳지 않은 것은?

① 보조부문비를 제조부문별로 배부하는 문제는 공장전체 제조간접비 배부율을 사용할 경우에 한해서 고려될 수 있다.
② 보조부문비를 직접배부법, 단계배부법, 상호배부법 중 어떤 배부방법에 의하여 배부하느냐에 따라 각 제조부문에 집계된 제조간접비가 달라지게 된다.
③ 부문별 제조간접비 배부율을 사용한다면, 각 제조부문별로 서로 다른 제조간접비 배부기준을 적용하게 된다.
④ 공장전체 제조간접비 배부총액과 부문별 제조간접비 배부총액은 일치하나, 공장전체 제조간접비 배부보다 부문별 제조간접비 배부가 더 정확할 수 있다.

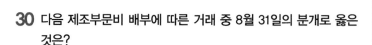

30 다음 제조부문비 배부에 따른 거래 중 8월 31일의 분개로 옳은 것은?

> 8월 5일 절단부문비 ₩5,000을 예정배부하다.
> 8월 31일 월말에 집계된 절단부문비 실제발생액은 ₩4,500 이다.

	(차변)		(대변)	
①	절단부문비	500	부문비 배부차이	500
②	절단부문비	4,500	부문비 배부차이	4,500
③	부문비 배부차이	500	절단부문비	500
④	부문비 배부차이	4,500	절단부문비	4,500

31 제조부문비(총액 ₩42,000) 제품별 배부액을 직접재료비를 기준 으로 계산할 때, 절단부문비와 조립부문비의 배부율은 각각 얼마인가?

> 제조부문비 : 절단부문비 ₩28,000 조립부문비 ₩14,000
> 직접재료비 : ₩50,000(A제품 ₩20,000, B제품 ₩30,000)
> 직접노무비 : ₩20,000(A제품 ₩9,000, B제품 ₩11,000)

① 절단부문 배부율 : ₩0.4 조립부문 배부율 : ₩0.2
② 절단부문 배부율 : ₩0.56 조립부문 배부율 : ₩0.28
③ 절단부문 배부율 : ₩0.4 조립부문 배부율 : ₩0.28
④ 절단부문 배부율 : ₩0.56 조립부문 배부율 : ₩0.2

32 (주)대한은 가공팀과 조립팀을 통해서 A제품과 B제품을 생산한다. 가공팀의 원가는 기계작업시간을 기준으로 배부하며, 조립팀의 원가는 인원수를 기준으로 배부한다. 다음 중 제조간접비를 A제품과 B제품에 배부한 것으로 옳은 것은?

구분	제조부문		제품	
	가공팀	조립팀	A제품	B제품
제조간접비	200,000원	100,000원		
인원수	10명	25명	2	3
기계작업시간	200시간	100시간	10	20

① A제품 12,000원, B제품 10,000원
② A제품 10,000원, B제품 12,000원
③ A제품 32,000원, B제품 18,000원
④ A제품 18,000원, B제품 32,000원

33 다음은 부문별 원가계산 자료이다. 보조부문비를 직접배부법으로 배부한다. 옳지 않은 것은?

비목＼부문	제조보문		보조부문		합계
	A부문	B부문	C부문	D부문	
자가부문 발생액	₩200,000	₩100,000	₩120,000	₩70,000	₩490,000
제공용역					
C부문	50%	30%	–	20%	100%
D부문	40%	30%	30%	–	100%

① 보조부문 상호간에 이루어지는 용역의 수수 관계를 전혀 무시하고 보조부문비를 직접 제조부문에만 배부하는 방법이다.
② 보조부문 상호간의 용역수수 관계가 없거나 그 다지 중요하지 않은 경우에는 적절한 배부방법이다.
③ 보조부문 상호간의 용역수수 관계가 많은 경우에 사용하게 되면 배부액의 부정확성이 크다는 단점이 있다.
④ 모든 보조부문비를 배부 후에, A제조부문 합계액은 ₩275,000이다.

34 직접원가를 기준으로 제조간접비 총액 ₩30,000을 배부한다. 이때 제품A의 제조간접비 배부액은 얼마인가?

> 가. 직접재료비 총액 : ₩20,000
> 나. 제품A의 직접재료비 : ₩4,000
> 다. 직접노무비 총액 : ₩40,000
> 라. 제품A의 직접노무비 : ₩6,000

① ₩4,500 ② ₩5,000
③ ₩6,000 ④ ₩15,000

35 발생 제조경비에 대한 내용이다. 옳지 않은 것은?
① 재료감모손실과 같이 현금의 지출을 수반하지 않는 내부거래에서 발생하는 비용으로서, 그 발생액을 원가계산기간의 소비액으로 삼는다.
② 재료감모손실은 재료의 장부금액과 실제 재고액의 차액이다.
③ 정상적인 재료감모손실은 제조간접비계정의 차변에 대체하여 제조원가에 산입한다.
④ 장부상의 재료재고액은 ₩5,000이었다. 실제 재료재고액과의 차액(부족액) 중 60%인 ₩600은 원가성이 있는 감모손실로 판단되었다. 따라서 월말에 파악된 실제 재료재고액이 ₩5,600임을 알 수 있다.

36 다음의 재료 계정을 토대로 알 수 있는 당월 재료 소비액은 얼마인가?

재　　료

전기이월	150,000	( )	450,000
( )	500,000	차기이월	**200,000**
	650,000		650,000

① ₩200,000　　　　② ₩450,000
③ ₩500,000　　　　④ ₩650,000

37 종합원가계산에 대한 설명 중 완성품원가와 기말재공품원가의 계산에 대한 설명으로 옳지 않은 것은?

① 평균법과 선입선출법은 기초재공품이 있는 경우에만 필요한 가정이므로 각 방법의 차이는 기초재공품에서 나타난다. 즉 기초재공품이 없다면 평균법과 선입선출법의 결과는 동일하다.
② 기말재공품의 평가에서 만일 원가요소별로 완성도가 서로 다른 경우에는, 원가요소별로 완성품 환산량을 별도로 계산 하고 평균법, 선입선출법 등의 방법 중 어느 한 가지 방법을 적용시켜야 한다.
③ 선입선출법은 기초재공품원가와 당기총제조비용을 구분하여 계산하므로 계산과정이 평균법보다 복잡하지만, 전기의 작업능률과 당기의 작업능률이 명확히 구분되기 때문에 원가통제상 유용한 정보를 제공한다.
④ 평균법을 이용하여 종합원가계산을 수행하는 회사에서 기말 재공품의 완성도를 실제보다 과대평가할 경우 완성품 환산량이 과대평가되고, 완성품 환산량이 과대평가되면 투입된 원가는 일정하므로 완성품 환산량 단위당 원가가 과대평가된다.

38 (주)상공은 국내 소비자 동향 변화에 따라 정육업과 와인 사업을 신규 사업 분야로 확장하기로 했다. 새로운 생산 라인을 증설할 경우 각 사업 분야별로 고려해야 할 원가계산 방법으로 바르게 구성된 것은?

① 연산품원가계산, 등급별원가계산
② 조별원가계산, 공정별원가계산
③ 공정별원가계산, 연산품원가계산
④ 조별원가계산, 등급별원가계산

39 다음은 종합원가계산 자료이다. 평균법에 의하여 계산한 재료원가와 가공원가의 완성품환산량으로 옳은 것은? 단, 기초재공품 수량은 없다.

- 당기 착수 수량 800개 중 60% 완성
- 기말재공품(완성도 40%)
- 재료원가는 공정 초기에 전량 투입
- 가공원가는 공정 전반에 걸쳐 균등하게 투입

① 재료원가 800개, 가공원가 640개
② 재료원가 800개, 가공원가 608개
③ 재료원가 480개, 가공원가 320개
④ 재료원가 480개, 가공원가 128개

40 다음 자료에서 설명하고 있는 종합원가계산 방법은?

가. 제과업에서 크기가 다른 식빵 생산
나. 제분업에서 품질이 다른 밀가루 생산
다. 제화업에서 모양이나 크기 등이 다른 구두생산

① 단일종합원가계산
② 조별종합원가계산
③ 공정별종합원가계산
④ 등급별종합원가계산

※ 무 단 전 재 금 함	형별	**A형**	제한시간	**60분**	수험번호	성 명

※ 다음 문제를 읽고 알맞은 것을 골라 답안카드의 답란(①, ②, ③, ④)에 표기하시오.

제1과목 ➡ 재무회계

01 다음 중 계정잔액이 대변에 남는 항목으로 옳지 않은 것은?

① 자본금
② 차입금
③ 임대료
④ 자기주식

02 다음 중 시산표에서 발견할 수 있는 오류로 옳은 것은?

① 이중으로 전기한 경우
② 분개를 누락한 경우
③ 분개시 차변과 대변 계정과목이 바뀐 경우
④ 전기시 차변 계정과목의 금액을 틀리게 기입한 경우

03 (주)대한은 20X1년에 상품 ₩1,000,000을 전액 외상매출하였다. 매출채권의 기초 잔액과 기말 잔액은 각각 ₩100,000과 ₩200,000이다. 매출로 인한 현금유입액은 얼마인가?

① ₩800,000
② ₩900,000
③ ₩1,100,000
④ ₩1,200,000

04 한국채택국제회계기준(K-IFRS)에서 재무제표 표시에 적용되는 일반사항으로 옳지 않은 것은?

① 재무제표는 기업의 재무상태, 재무성과 및 현금흐름을 공정하게 표시해야 한다.
② 재무보고를 할 때 기간별 비교가 가능하도록 전기와 당기를 비교하는 형식으로 보고하여야 한다.
③ 재무상태표, 포괄손익계산서, 자본변동표, 현금흐름표의 모든 재무제표는 발생주의회계를 사용하여 작성해야 한다.
④ 중요성에 따라 상이한 성격이나 기능을 가진 항목은 구분하여 표시하되 중요하지 않은 항목은 통합하여 표시할 수 있다.

05 다음은 (주)상공기업의 장부상 당좌예금 잔액과 은행의 당좌예금잔액과의 차이를 나타낸 것이다. 12월 31일 은행계정조정표 작성 후 조정된 당좌예금 잔액은 얼마인가?

잔 액	가. 12월 31일 장부상 당좌예금 잔액 ₩500,000 나. 12월 31일 은행 당좌예금계좌 잔액 ₩600,000
불일치원인	다. 12월 29일 발행한 당좌수표 ₩100,000이 아직 은행에서 인출되지 않음

① ₩400,000
② ₩500,000
③ ₩600,000
④ ₩700,000

06 다음은 상공기업의 5월 중 현금 관련 거래 내용이다. 5월 말 현금 잔액으로 옳은 것은?

> 1일 : 전월이월액 ₩300,000
> 8일 : A상회에서 사무용 비품 ₩50,000을 구입하고, 대금은 현금으로 지급하다.
> 12일 : B상회에서 상품 ₩100,000을 매입하고, 대금 중 ₩50,000은 자기앞수표로 지급하고 잔액은 외상으로 하다.
> 17일 : C상회에 상품 ₩150,000을 매출하고, 대금은 C상사가 발행한 갑은행앞 수표로 받다.
> 28일 : 당월분 종업원급여 ₩30,000을 현금으로 지급하다.

① ₩170,000
② ₩320,000
③ ₩350,000
④ ₩370,000

07 다음 중 금융상품에 대한 설명으로 옳지 않은 것은?

① 금융상품은 거래당사자 일방에게 금융자산을 발생시키고 동시에 다른 거래상대방에게 금융부채나 지분상품을 발생시키는 모든 계약을 말한다.
② 금융자산 중 보고기간말로부터 1년 이후에 만기가 도래하는 금융자산은 비유동자산으로 분류한다.
③ 매출채권과 미수금은 금융자산에 포함한다.
④ 미지급비용 및 선수금은 금융부채에 포함한다.

08 한국채택국제회계기준(K-IFRS)하에서 금융자산으로 분류되지 않는 것은?

① 단기매매 목적 투자주식
② 관계기업주식
③ 매출채권
④ 외화예금자산

09 투자부동산 계정으로 회계 처리하는 예로 옳지 않은 것은?

① 관리 목적에 사용하기 위한 자가사용부동산
② 장기간 보유하면서 시세차익을 얻기 위한 토지
③ 미래의 사용목적이 결정되지 않은 상태에서 보유하는 토지
④ 미래에 투자부동산으로 사용할 목적으로 건설중이거나 또는 개발 중인 부동산

10 20X1년 초에 운용리스로 제공할 목적으로 건물을 취득하였다. 건물의 취득원가는 ₩10,000이며, 잔존가치는 ₩0, 내용연수는 10년으로 추정된다. 동 건물에 대하여 공정가치모형을 적용하기로 한다. 20X1년 말 현재 공정가치가 ₩11,000이라면, 20X1년도의 포괄손익계산서에 계상되는 동 건물에 대한 감가상각비와 투자부동산평가손익은 각각 얼마인가? 단, 법인세효과는 없다.

① 감가상각비 ₩1,000   투자부동산평가이익 ₩2,000
② 감가상각비 ₩1,000   투자부동산평가이익 ₩1,000
③ 감가상각비 ₩0   투자부동산평가이익 ₩2,000
④ 감가상각비 ₩0   투자부동산평가이익 ₩1,000

11 20X1년 1월 1일부터 6월 30일까지 ₩100,000(부가가치세를 제외한 금액)의 매출과 ₩110,000(부가가치세를 제외한 금액)의 매입이 있었다. 매출과 매입이 모두 부가가치세 과세거래일 때, 20X1년 제1기분 부가가치세 확정신고시 해야 할 분개는? 단, 예정신고는 없었으며, 부가가치세 신고시 납부할 세액이 있으면 즉시 납부하고, 환급받을 세액이 있으면 신고 즉시 환급받는다고 가정한다.

① (차) 부가가치세예수금 10,000 (대) 부가가치세대급금 10,000
② (차) 부가가치세예수금 10,000 (대) 부가가치세대급금 11,000
　　　　　　현　　　금 1,000
③ (차) 부가가치세예수금 11,000 (대) 부가가치세대급금 10,000
　　　　　　　　　　　　　　　　　　현　　　금 1,000
④ (차) 부가가치세예수금 11,000 (대) 부가가치세대급금 11,000

12 다음 거래의 분개로 옳은 것은? (차입거래로 처리한다.)

> 5/ 1 상품매출대금으로 수취한 약속어음 ₩1,000,000을 할인하고 할인료 ₩30,00을 차감한 잔액을 현금으로 받았다.
> 5/31 약속어음의 만기일에 정상적으로 대금 결제가 이루어졌다.

① 5/ 1
　(차) 현금　　　　　　970,000　(대) 받을어음　1,000,000
　　　매출채권처분손실　30,000
　5/31 분개없음
② 5/ 1
　(차) 현금　　　　　970,000　(대) 단기차입금　1,000,000
　　　이자비용　　　 30,000
　5/31 단기차입금　1,000,000　　　받을어음　1,000,000
③ 5/ 1
　(차) 현금　　　　　970,000　(대) 받을어음　1,000,000
　　　이자비용　　　 30,000
　5/31 분개없음
④ 5/ 1
　(차) 현금　　　　　　970,000　(대) 단기차입금　1,000,000
　　　매출채권처분손실　30,000
　5/31 단기차입금　1,000,000　　　받을어음　1,000,000

13 다음은 갑상품에 대한 매입·매출 관련 자료이다. 재고자산을 이동평균법으로 평가할 때, 10월 중 매출원가는 얼마인가?

> 10월　1일 기초재고 20개 @₩1,200 ₩24,000
> 　　　5일 매　　입 60개 @₩1,600 ₩96,000
> 　　 10일 매　　출 40개 @₩2,000 ₩80,000
> 　　 17일 매　　입 50개 @₩1,860 ₩93,000
> 　　 25일 매　　출 30개 @₩2,300 ₩69,000

① ₩104,000　　　　　② ₩111,000
③ ₩114,600　　　　　④ ₩125,000

14 다음 거래에 대한 회계 처리 방법으로 옳은 것은?

① 상품을 매출하고 신용카드로 결제받은 경우 차변에 미수금 계정으로 처리한다.
② 사무용 소모품을 구입하고 신용카드로 결제한 경우 대변에 미지급금 계정으로 기입한다.
③ 업무용 비품을 구입하고 직불카드로 결제한 경우 대변에 외상매입금 계정으로 처리한다.
④ 상품을 매입하고 신용카드로 결제한 경우 대변에 미지급금 계정으로 처리한다.

15 A회사는 공정가치가 ₩30,000이고 장부금액이 ₩25,000인 토지 를, B회사의 공정가치가 ₩50,000인 토지와 교환하면서 추가로 현금 ₩15,000을 지급하였다. 이 거래가 상업적 실질이 있다면, A회사의 포괄손익계산서에 영향을 미치는 이익은 얼마인가? 단, 취득한 자산과 제공된 자산의 공정가치는 신뢰성 있게 결정할수 있으며, 취득한 자산의 공정가치가 제공된 자산의 공정가치 보다 더 명백하지는 않다.

① ₩5,000   ② ₩10,000
③ ₩15,000   ④ ₩20,000

16 다음 중 무형자산이 아닌 것은?

① 산업재산권
② 내부창출 영업권
③ 광업권
④ 라이선스

17 금융부채에 관한 설명으로 옳지 않은 것은?

① 유동부채에 속하는 항목은 모두 금융부채에 속한다.
② 금융부채란 거래상대방에게 현금 등 금융자산을 인도하기로한 계약상의 의무를 말한다.
③ 자기지분상품으로 결제되거나 결제될 수 있는 주식수가 변동가능한 비파생상품도 금융부채이다.
④ 공정가치 측정 금융부채는 공정가치로 평가함에 따른 평가손익을 모두 당기손익에 반영한다.

18 다음 (주)상공기업의 제5기 자료를 통해 알 수 있는 기본주당이 익은 얼마인가? 단, 우선주는 발행하지 않았으며, 기중에 자본 금의 변동도 없었다.

가. 포괄손익계산서상 매출총이익	₩ 1,500,000
나. 포괄손익계산서상 당기순이익	₩ 1,200,000
다. 보통주자본금(@₩5,000, 100주)	₩ 500,000

① ₩5,000   ② ₩12,000
③ ₩15,000   ④ ₩27,000

19 다음 중 당기손익에 반영되는 항목이 아닌 것은?

① 소모품비
② 감가상각비
③ 종업원급여
④ 자기주식처분손실

20 다음은 확정기여제도와 확정급여제도에 관한 각각의 특성이다. 옳지 않은 것은?

① 확정기여제도에서 기업의 법적의무나 의제의무는 기업이 기금에 출연하기로 약정한 금액으로 한정된다. 종업원이 받을 퇴직급여액은 기업과 종업원이 퇴직급여제도나 보험회사에 출연하는 기여금과 그 기여금에서 발생하는 투자수익에 따라 결정된다.
② 확정기여제도에서 보험수리적위험(실제급여액이 기대급여액에 미치지 못할 위험)과 투자위험(기여금을 재원으로 투자한 자산이 기대급여액을 지급하는 데 충분하지 못하게 될위험)은 기업이 부담한다.
③ 확정급여제도에서 기업의 의무는 약정한 급여를 전·현직종업 원에게 지급하는 것이다.
④ 확정급여제도에서 기업이 보험수리적위험과 투자위험을 실질적으로 부담한다. 보험수리적 실적이나 투자실적이 예상 보다 저조하다면 기업의 의무는 증가할 수 있다.

제2과목 → **원가회계**

21 원가와 의사결정과의 관련성에 대한 설명으로 적절하지 않은 것은?

① 과거에 발생한 원가도 미래의 의사결정과정에 고려할 필요가 있다.
② 매몰원가는 과거의 의사결정으로 인하여 발생한 원가로서 대안간의 차이가 발생하지 않는 원가를 말한다.
③ 기회원가는 자원을 현재의 용도에 사용함으로써 얻을 수 있는 순현금유입과 차선의 대체안에 사용할 때 얻을 수 있는 순현금유입의 차액이 아니라, 차선의 대체안으로부터의 순현금유입 그 자체이다.
④ 관련원가에는 여러 가지 대체안들과 실제 선택된 의사결정 대안 간에서 발생하는 원가의 차이인 차액원가가 있다.

 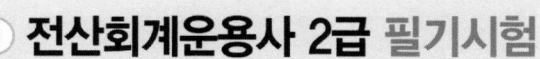

22 (주)대한공업의 다음 자료에 의하여 가공원가와 판매가격을 계산한 것으로 옳은 것은?

> 가. 직접재료원가 ₩200,000
> 나. 직접노무원가 ₩500,000
> 다. 제조간접원가 : 변동 제조간접원가 ₩250,000
>   고정 제조간접원가 ₩100,000
> 라. 본사 건물 임차료 ₩50,000
> 마. 기대 이익은 판매원가의 30%이다.

	가공원가	판매가격
①	₩700,000	₩1,235,000
②	₩850,000	₩1,365,000
③	₩850,000	₩1,430,000
④	₩950,000	₩1,430,000

23 다음 중 원가의 특성이라고 볼 수 없는 것은?

① 제조과정에서 소비된 것 중 경제적 가치가 있는 요소만이 원가가 될 수 있다.
② 경영 목적인 제품의 제조 및 판매와 직접 관련되어 발생한 것이어야 원가가 될 수 있다.
③ 제조과정에서 정상적으로 발생한 재료 감모손실이나 공장 경비원의 급여 등도 원가에 포함된다.
④ 기업의 수익획득 활동에 필요한 공장용 토지나 서비스를 단순히 구입하는 것만으로 원가가 된다.

24 제조원가에 대한 설명으로 옳지 않은 것은?

① 제조원가는 제품의 생산과 관련하여 소비된 경제적 자원의 가치만을 포함하며, 비정상적으로 발생한 경제적 자원의 소비는 제조원가에 포함하지 아니한다.
② 제조원가요소는 재료비, 노무비 및 경비로 분류하거나, 회사가 채택하고 있는 원가계산방법에 따라 직접재료비, 직접 노무비 및 제조간접비 등으로 분류할 수 있다.
③ 제조원가요소와 판매관리비요소는 구분하여 집계한다. 다만, 그 구분이 명확하지 아니한 경우에는 발생원가를 비목별로 집계한 후, 일정한 기준에 따라 제조원가와 판매관리비로 구분하여 배부할 수 있다.
④ 제품제조와 관련된 제조간접원가는 원가발생시점에 비용화 하며, 제품제조와 관련 없는 판매관리비는 제품판매시점에 비용화한다.

25 정상원가계산을 사용하는 (주)대한의 실제제조간접원가는 ₩1,000,000이었으며 배부액은 ₩900,000이었다. 제조간접비 배부차이를 매출원가에서 조정하기로 하였을 때 올바른 분개는? 단, (주)대한은 제조간접비의 실제발생이나 예정배부의 계정과 목을 제조간접원가로 통일하기로 하였다.

① (차) 매 출 원 가 100,000 (대) 제조간접원가 100,000
② (차) 매   출 100,000 (대) 매 출 원 가 100,000
③ (차) 매 출 원 가 100,000 (대) 매   출 100,000
④ (차) 제조간접원가 100,000 (대) 매 출 원 가 100,000

26 다음은 (주)대한의 원재료와 관련된 내용들이다. (주)대한은 원재료의 구입이나 원재료 외상대금에 대한 결제를 현금으로만 지급하며, 약속어음은 발행하지 않는다. 기말에 재고자산을 보유하지 않는 정책을 취하고 있다고 할 때 제품에 포함될 재료원가는 얼마인가?

> 가. 원재료에 대한 외상매입금의 기초 잔액은 ₩5,000,000, 기말잔액은 ₩7,000,000이다.
> 나. 당기 원재료에 대한 현금지급액은 ₩50,000,000이다.

① ₩48,000,000   ② ₩50,000,000
③ ₩52,000,000   ④ ₩54,000,000

27 원가배분에 대한 전반적인 내용이다. 옳지 않은 것은?

① 원가배분기준의 선택은 원칙적으로 인과관계기준을 바탕으로 하되, 인과관계가 명확하지 않은 경우에는 부담능력기준 이나 수혜기준 등을 고려하여 결정하여야 한다.
② 원가를 추적하고 집계할 원가대상을 설정하는데, 원가대상은 경영자의 의사결정에 목적적합하도록 설정한다.
③ 원가집합별로 원가대상과 원가집합의 인과관계를 가장 잘 반영시켜 주는 원가배부기준을 결정하여 원가집합에 집계된 공통비를 원가대상에 배부한다.
④ 제조부문에서 발생한 직접재료비와 직접노무비를 포함한 모든 제조원가는 제조간접비로 분류되며, 제조부문의 제조 활동을 보조하기 위하여 보조부문에서 발생한 원가도 또한 제조간접비이다.

28 다음은 (주)상공의 9월의 원가계산 관련 자료와 제품계정이다. 9월의 매출원가를 계산한 금액으로 옳은 것은?

원 가 항 목	제조지시서 #1 (완성품)	제조지시서 #2 (미완성품)
전 월 이 월	₩200,000	₩300,000
직 접 재 료 비	₩400,000	₩500,000
직 접 노 무 비	₩300,000	₩400,000
제조간접비배부액	₩100,000	₩200,000

제 품	
전월이월　　500,000	(?)
(?)	차월이월　　300,000

① ₩800,000
② ₩1,000,000
③ ₩1,200,000
④ ₩1,300,000

29 다음은 부문공통비의 각 부문 배부기준이다. 가장 적절하지 않은 것은?

① 건물에 대한 보험료 – 각 부문이 차지하는 면적
② 운반비 – 운반 횟수 및 운반거리
③ 전력비 – 부문의 종업원 수
④ 복리후생비 – 각 부문의 인원수

30 개별원가계산의 특징에 대한 설명으로 옳지 않은 것은?

① 선박 및 항공기 등의 제품을 생산할 때 사용하는 원가계산 방법이다.
② 직접원가와 간접원가를 구분하는 것이 중요하다.
③ 인위적인 월말재공품의 평가문제가 발생한다.
④ 특정제조지시서에 따라 원가계산표가 작성된다.

31 제조간접비를 예정배부하는 경우, 다음의 제조간접비배부차이 계정에 대한 설명으로 옳은 것은?

제조간접비배부차이	
매출원가　　10,000	

① 제조간접비 실제발생액 ₩10,000을 매출원가계정에 대체하다.
② 제조간접비 예정배부액 ₩10,000을 매출원가계정에 대체하다.
③ 제조간접비 과대배부차액 ₩10,000을 매출원가계정에 대체하다.
④ 제조간접비 과소배부차액 ₩10,000을 매출원가계정에 대체하다.

32 일반적인 개별원가계산의 절차를 올바르게 나열한 것은?

> ㉠ 직접원가를 계산하여 개별작업에 직접 부과한다.
> ㉡ 간접원가를 배부율을 계산하여 개별작업에 배부한다.
> ㉢ 공장별 혹은 부서별로 간접원가를 집계한다.
> ㉣ 원가집적대상이 되는 개별작업을 파악한다.
> ㉤ 간접원가의 배부기준을 설정한다.

① ㉣-㉤-㉢-㉡-㉠
② ㉤-㉣-㉠-㉢-㉡
③ ㉤-㉢-㉡-㉣-㉠
④ ㉣-㉠-㉢-㉤-㉡

33 (주)한빛전자는 보조부문원가를 다른 보조부문에 배분하지 않고 제조부문에만 배분한다. 20X1년 자료는 다음과 같다.

	보조부문	
	수선부문	품질부문
제조간접비 발생액	₩240,000	₩360,000
용 역 제 공 비 율		
수 선 부 문		5%
품 질 부 문	20%	
A 조 립 제 조 부 문	40%	35%
B 조 립 제 조 부 문	40%	60%
합계	100%	100%

20X1년 B 조립 제조부문에 배분할 수선부문원가는 얼마인가?

① ₩96,000
② ₩120,000
③ ₩216,000
④ ₩240,000

34 보조부문원가배부에 대한 설명으로 옳지 않은 것은?

① 직접배부법은 보조부문 상호간의 용역수수를 무시하나 상호 배분법은 보조부문 상호간의 용역수수관계를 완전히 고려한다.
② 직접배부법과 단계배부법은 상호간의 용역수수관계를 일부만 고려함으로 이중배부율을 사용하지 못한다.
③ 보조부문의 원가배분은 기업의 이해관계자인 주주나 채권자 에게 보고되는 재무보고에 의한 의사결정에도 영향을 미친다.
④ 보조부문원가 배부에서 자기부문이 생산한 용역을 자기부문이 사용하는 자기부문원가는 고려하지 않는다.

35 조별 종합원가계산의 의의, 절차 및 기장방법에 대한 내용이다. 옳지 않은 것은?

① 제품의 종류마다 조를 설정하고, 각 조별로 재료비·노무비·경비의 각 원가요소의 소비액을 집계한다. 이때 각 원가요소를 특정 조에서만 고유하게 발생하는 조직접비와 여러 조에서 공통적으로 발생하는 조간접비로 나눈다.

② 조간접비는 각 원가요소계정에 직접 각 조별 제조계정으로 대체 기입하지만, 조직접비는 조별 배부를 위하여 일시적으로 집계하고, 적절한 배부기준에 의하여 배부된 금액을 조별 제조계정으로 대체한다.

③ 각 조별로 단순 종합원가계산방법(완성품원가= 기초재공품 원가 + 당기총제조비용 − 기말재공품원가)을 이용하여 완성품의 제조원가를 산출한다.

④ 완성품의 제조원가를 완성품 수량으로 나누어 조별 제품의 단위당 원가를 산출한다.

36 완성품 환산량에 대한 내용이다. 옳지 않은 것은?

① 기초재공품원가와 당기총제조원가를 완성품과 기말재공품으로 배부하기 위해서는 완성품과 기말재공품을 동질화시켜줄 공통분모가 필요한데, 이를 완성품 환산량이라 한다.

② 완성품 환산량은 물량단위에 완성도를 반영한 가상적인 수량단위이다. 이때 완성도는 원가의 투입정도(발생시점)가 아니라 물리적인 완성도를 의미한다.

③ 대부분의 경우 직접재료원가와 가공원가는 원가의 투입시점을 달리하므로, 완성품 환산량도 각각 구해야 한다.

④ 기말재공품의 가공비에 대한 완성도가 60%라면 기말재공품 100개의 가공비에 대한 완성품 환산량은 60개가 될 것이다.

37 다음은 평균법을 사용하고 있는 종합원가계산 자료의 일부이다. 기초재공품원가는 얼마인가?

기초재공품(150개, 완성도 60%)
기말재공품(100개, 완성도 50%) ₩1,600
당기투입원가 ₩12,200 완성품(400개)
단, 모든 원가는 진척도에 비례해서 발생한다.

① ₩2,200
② ₩2,000
③ ₩2,600
④ ₩1,800

38 결합원가를 상대적 판매가치법에 의해 배부할 경우, 다음 자료에 의해서 휘발유에 배부될 결합원가를 계산하면 얼마인가?

가. 분리시점까지의 결합원가 ₩8,000,000
나. 휘발유 : 생산량 2,500ℓ , ℓ 당 판매가격 ₩3,000
다. 등 유 : 생산량 2,500ℓ , ℓ 당 판매가격 ₩2,000

① ₩4,800,000
② ₩4,000,000
③ ₩3,200,000
④ ₩2,800,000

39 종합원가계산에서 기말재공품의 원가를 평가하는 방법에 대한 설명으로 옳지 않은 것은?

① 평균법에 의한 원가계산시 기초재공품의 완성도는 불필요하다.

② 평균법으로 당기의 완성품 환산량 단위당 원가를 계산하고자 할 때 기초재공품원가는 불필요하다.

③ 선입선출법에 의한 원가계산시 기말재공품원가는 당기발생 원가로만 구성된다.

④ 선입선출법은 전기의 작업능률과 당기의 작업능률을 구분하므로 원가통제상 유용한 정보를 제공한다.

40 조별 종합원가계산제도를 채택하고 있는 (주)상공의 다음 자료에 의하여 A조 및 B조의 완성품에 대한 단위당 원가를 계산한 것으로 옳은 것은?

가. 조 직접비

원가	A조	B조	합계
직접재료비	₩400,000	₩300,000	₩700,000
가 공 비	₩500,000	₩400,000	₩900,000

나. 조 간접비 ₩560,000이며 직접재료비법으로 배부
다. 월초 재공품: A조 ₩200,000, B조 ₩120,000
라. 월말 재공품: A조 ₩300,000, B조 ₩420,000
마. 완성품 수량: A조 500개, B조 400개

	A조	B조
①	@₩2,100	@₩1,450
②	@₩2,140	@₩1,500
③	@₩2,220	@₩1,550
④	@₩2,240	@₩1,600

※ 다음 문제를 읽고 알맞은 것을 골라 답안카드의 답란(①, ②, ③, ④)에 표기하시오.

제1과목 → 재무회계

01 개인 기업인 대한상점은 6월 초에 현금 ₩1,000,000을 출자하여 6월중 발생한 영업 활동 거래 내용이다. 다음 중 옳지 않은 것은?

> [6월 중 거래 내역]
> 6월 5일 상품 ₩500,000을 외상으로 매입하다.
> 6월 10일 상품 ₩400,000을 ₩600,000에 매출하고, 대금은 외상으로 하다.
> 6월 16일 1년 후에 갚기로 하고 은행에서 현금 ₩300,000 을 차입하다.
> 6월 30일 통신비 ₩50,000과 임차료 ₩50,000을 현금으로 지급하다

① 6월 말의 자산은 6월초보다 ₩800,000이 증가하였다.
② 6월말 부채 총계는 ₩800,000이다.
③ 6월 한달 동안의 순이익은 ₩100,000이다.
④ 6월 말의 자본은 6월초보다 ₩100,000이 증가하였다.

02 다음 중 현금흐름표상의 재무활동 현금흐름으로 분류되는 항목 으로 옳지 않은 것은?

① 주식이나 기타 지분증권의 발행에 따른 현금 유입
② 유형자산, 무형자산 및 기타 장기성 자산의 처분에 따른 현금 유입
③ 어음 및 사채의 발행에 따른 현금유입
④ 장·단기 차입금 상환에 따른 현금 유출

03 자산의 정의와 측정기준에 대한 설명이다. 옳지 않은 것은?

① 특정 실체에 영향을 미치는 거래나 사건이 자산으로 분류되기 위해서는 미래 경제적 효익이 있어야 한다.
② 자산은 반드시 물리적 형태를 가지고 있으며 미래에 현금 유입을 창출할 것으로 기대되는 자원을 말한다.
③ 현재가치란 자산을 정상적인 영업과정에서 그 자산이 창출할 것으로 기대되는 미래 순현금유입액의 현재할인가치로 평가하는 것을 말한다.
④ 기업의 자산은 과거의 거래나 그 밖의 사건에서 창출된다.

04 재무보고의 주된 목적과 관련된 설명으로 옳지 않은 것은?

① 미래 현금 흐름 예측
② 투자 및 신용의사결정
③ 비재무적 정보의 계량화
④ 경영자의 수탁책임 이행 평가

05 다음은 기말(12월 31일) 현재 현금과부족 계정 내역이다. 결산 당일에 현금의 보유액이 장부 잔액 보다 ₩10,000 부족함을 추가로 발견하고 실시한 결산 정리 분개로 옳은 것은? (단, 현금 과부족의 원인을 알 수 없음.)

현금과부족			
12/21 현 금	30,000	12/24 소모품비	20,000

① (차) 잡손실 10,000 (대) 현금과부족 10,000
② (차) 잡손실 20,000 (대) 현금과부족 10,000
　　　　　　　　　　　　　　현금 10,000
③ (차) 현금과부족 10,000 (대) 잡이익 10,000
④ (차) 현금과부족 20,000 (대) 잡이익 10,000
　　　　　　　　　　　　　　현금 10,000

06 다음은 (주)상공의 당좌예금과 관련된 자료이다. 당사의 정확한 당좌예금잔액은 얼마인가?

> 가. 회사장부 잔액 ₩100,000
> 나. 은행잔액증명서 잔액 ₩120,000
> 다. 기발행 은행미인출수표 ₩10,000
> 라. 외상매출금 입금 중 회사의 미기록액 ₩15,000
> 마. 당좌차월이자 인출액 중 회사의 미기록액 ₩5,000

① ₩100,000
② ₩105,000
③ ₩110,000
④ ₩120,000

07 다음 중 금융자산에 대한 설명으로 옳은 것은?

① 선급비용과 같이 미래 경제적 효익이 재화나 용역의 수취인 자산
② 잠재적으로 불리한 조건으로 거래상대방과 금융자산이나 금융부채를 교환하기로 한 계약상 처리
③ 재고자산이나 유형자산 및 리스자산 등과 같이 현금 등 금융자산이 유입될 기회를 제공하는 자산
④ 계약상 현금 흐름의 수취 목적으로 보유하는 상각후원가 측정금융자산

08 다음 자료에서 2018년 결산시 ㈜상공의 보유 자산에 대한 투자 부동산평가이익 인식 금액으로 옳은 것은? (단, 유형자산으로 분류된 건물에 대하여 정액법을 적용하여 감가상각한다.)

> [(주) 상공 보유 자산 자료]
> ○ 2018년 1월 1일 임대목적의 건물 ₩1,000,000 취득
> ○ 투자부동산으로 분류(공정가치모형 적용)
> ○ 내용연수 10년, 잔존가치 ₩0
> ○ 2018년 12월 31일 결산 시 공정가치 ₩1,200,000

① ₩0   ② ₩200,000
③ ₩250,000   ④ ₩300,000

09 다음 중 투자부동산에 해당되지 않는 것은?

① 장기 시세차익을 얻기 위하여 보유하고 있는 토지
② 자가사용부동산
③ 장래 사용 목적을 결정하지 못한 채로 보유하고 있는 토지
④ 운용리스로 제공하기 위하여 보유하고 있는 미사용 건물

10 (주)상공의 2018년 중 매출채권과 관련된 다음 자료에 의하여 2018년 12월 31일 결산 시 분개로 옳은 것은?

> 1월 1일 : 기초 매출채권에 대한 대손충당금 계정 잔액은 ₩4,500이다.
> 3월 15일 : 거래처의 파산으로 ₩3,200의 매출채권이 대손 처리 되었다.
> 11월 12일 : 전기에 대손 처리한 매출채권 ₩2,000이 현금으로 회수되었다.
> 12월 31일 : 결산 시 매출채권 잔액 ₩500,000에 대하여 2%의 대손을 예상하다.

① (차) 대손상각비 6,700 (대) 대손충당금   6,700
② (차) 대손상각비 8,700 (대) 대손충당금   8,700
③ (차) 대손상각비 10,000 (대) 대손충당금   10,000
④ (차) 대손충당금 10,000 (대) 대손충당금환입   10,000

11 자본에 대한 설명으로 옳지 않은 것은?

① 자본은 납입자본, 이익잉여금, 기타자본요소로 분류할 수 있다.
② 자본금은 발행주식수와 주당 발행금액의 곱으로 산출된다.
③ 주식할인발행차금은 기타자본요소로 분류된다.
④ 기타포괄손익누계액은 당기순손익에 포함되지 않고 자본으로 분류, 표시한다.

12 다음은 종업원급여 지급과 관련된 거래이다. 8월 10일 분개로 옳은 것은?

> 가. 7월 25일 7월분 종업원급여 ₩1,000,000 중 소득세 ₩40,000, 국민건강보험료 ₩30,000을 원천징수하고 잔액은 현금으로 지급하다.
> 나. 8월 10일 7월분 종업원급여 지급 시 차감한 소득세와 국민건강보험료(회사 부담금 ₩30,000 포함)와 함께 현금으로 납부하다.

① (차) 예수금   70,000   (대) 현금   100,000
         보험료   30,000
② (차) 예수금   70,000   (대) 현금   100,000
         복리후생비 30,000
③ (차) 예수금   40,000   (대) 현금   100,000
         복리후생비 60,000
④ (차) 세금과공과 100,000 (대) 현금   100,000

13 다음은 (주)상공기업의 5월 중 갑상품 관련 거래 내역이다. 이를 통해 5월의 기말상품 재고액이 가장 높게 나타나는 재고자산 평가방법과 회계처리 결과에 대한 설명으로 옳은 것은?

> 가. 5월 1일 전월이월 100개 @₩1,000
> 나. 5월 10일 매   입 100개 @₩1,200
> 다. 5월 15일 매   출 100개 @₩1,500
> 라. 5월 20일 매   입 100개 @₩1,300

① 총평균법이며 매출총이익은 ₩50,000이다.
② 선입선출법이며 기말상품재고액은 ₩250,000이다.
③ 이동평균법이며 매출원가는 ₩110,000이다.
④ 후입선출법이며 매출원가는 ₩120,000이다.

14 다음은 ㈜상공상사의 2018년 기타포괄손익-공정가치측정금융자산 (비유동)에 대한 거래 내용이다. 12월 31일 결산시에 포괄손익 계산서에 계상될 기타포괄손익-공정가치측정금융자산의 처분 손익으로 옳은 것은? 단, 결산은 연 2회(6월 30일, 12월 31일)

> 2월 5일 ㈜대한상사 발행 주식 1,000주(액면 @₩5,000) 를 @₩7,000에 취득하고 대금은 현금으로 지급하다.
> 6월 30일 결산시 보유 주식에 대하여 1주당 ₩8,000으로 평가되다.
> 10월 10일 ㈜대한상사 발행 주식 1,000주 전부를 1주당 @₩5,500에 처분하고 처분수수료 ₩25,000을 제외한 잔액은 현금으로 회수하다.

① ₩500,000(이익)   ② ₩1,525,000(손실)
③ ₩2,500,000(손실)   ④ ₩1,525,000(이익)

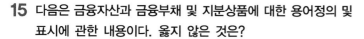

15 다음은 금융자산과 금융부채 및 지분상품에 대한 용어정의 및 표시에 관한 내용이다. 옳지 않은 것은?

① 미래경제적효익이 현금 등 금융자산을 수취할 권리가 아니라 재화나 용역의 수취인 자산은 금융자산이 아니다.
② 선수수익은 현금 등 금융자산을 지급할 계약상 의무가 아니라 재화나 용역의 인도를 통하여 경제적효익이 유출될 것이므로 금융부채이다.
③ 계약에 의하지 않은 부채나 자산은 금융부채나 금융자산이 아니다.
④ 의제의무도 계약에서 발생한 것이 아니며, 금융부채가 아니다.

16 다음 중 사채에 대한 설명으로 옳지 않은 것은?

① 액면이자율이 시장이자율과 같으면 사채는 액면발행 된다.
② 사채가 할증발행된 경우 유효이자율법에 따라 이자비용으로 인식되는 금액은 매년 감소한다.
③ 사채가 할인발행된 경우 유효이자율법에 따른 사채할인발행 차금 상각액은 매년 증가한다.
④ 사채가 할인발행된 경우 손익계산서에 이자비용으로 인식되는 금액은 현금으로 지급하는 이자(표시이자)보다 작다.

17 다음 자료에 의하여 결산일 현재 재무상태표에 나타난 자본 총액을 계산하면 얼마인가?

가. 보통주 자본금	₩200,000
나. 우선주 자본금	₩300,000
다. 주식발행초과금	₩90,000
라. 자기주식	₩50,000

① ₩640,000   ② ₩590,000
③ ₩550,000   ④ ₩540,000

18 다음은 수익의 인식에 대한 설명이다. 옳지 않은 것은?

① 시용판매는 고객이 매입의사표시를 한 시점에서 수익을 인식한다.
② 상품권발행과 관련된 수익은 상품권 판매 시점에 수익을 인식한다.
③ 할부판매는 원칙적으로 상품이나 제품을 인도한 시점에서 수익을 인식한다.
④ 위탁판매는 수탁자가 적송품을 제 3자에게 판매한 시점에 수익을 인식한다.

19 다음은 (주)대한의 법인세 관련 거래이다. 법인세가 확정되어 납부할 때 분개로 옳은 것은? 단, 이연법인세자산과 이연법인세 부채는 없는 것으로 가정한다.

> 가. 중간예납 시 법인세 ₩300,000을 현금으로 지급하다.
> 나. 결산 시 법인세비용이 ₩650,000으로 추산되다.
> 다. 법인세비용이 ₩650,000으로 확정되어 당좌수표를 발행하여 납부하다.

① (차) 선급법인세 350,000 (대) 당좌예금 350,000
② (차) 미지급법인세 350,000 (대) 당좌예금 350,000
③ (차) 법인세비용 650,000 (대) 미지급법인세 300,000
　　　　　　　　　　　　　　　　　 당좌예금 350,000
④ (차) 법인세비용 650,000 (대) 선급법인세 300,000
　　　　　　　　　　　　　　　　　 당좌예금 350,000

20 (주)상공은 3전표제를 적용하여 회계처리를 하고 있다. 다음 거래시 작성되는 전표의 종류는?

> 상품 ₩2,000,000을 매출하고 대금 중 ₩1,000,000은 현금으로 받고, 잔액은 우리은행 발행 자기앞수표로 받다.

① 출금전표
② 입금전표
③ 대체전표
④ 입금전표, 대체전표

제2과목 → 원가회계

21 노후화된 기계장치를 처분하고 새로운 기계장치를 구입하려고 한다. 새로운 기계장치를 사용하면 품질이 향상되어 현재 년매출보다 10% 증가할 것을 예상한다. 다음 자료에 의하면 매몰원가는 얼마인가?

> 가. 기계장치의 취득원가 ₩8,000,000
> 나. 노후화된 기계장치의 매각수익 ₩1,000,000
> 다. 년 매출액 ₩100,000,000
> 라. 새로운 기계의 취득가액 ₩15,000,000

① ₩1,000,000   ② ₩8,000,000
③ ₩10,000,000   ④ ₩15,000,000

22 다음과 같이 원가를 파악할 수 있는 계정과목으로 옳은 것은?

> - 당월에 완성된 제품의 제조원가와 월말재공품원가를 파악할 수 있는 계정이다.
> - 월초재공품원가와 당월 재료비, 노무비, 경비를 파악할 수 있는 계정이다.

① 재료비계정   ② 노무비계정
③ 경비계정   ④ 재공품계정

23 당기에 발생한 제조원가의 내역은 직접재료비 ₩25,000, 직접노무비 ₩50,000, 제조간접비 ₩40,000이다. 기초재공품원가가 ₩20,000이고, 당기제품제조원가가 ₩80,000이라면 기말재공품 원가는 얼마인가?

① ₩55,000   ② ₩50,000
③ ₩40,000   ④ ₩30,000

24 원가에 관한 설명이다. 그 내용이 옳지 않은 것은?

① 관련원가(relevant cost)는 고려 중인 대체안 간에 차이가 있는 미래의 원가로서 특정 의사결정과 관련된 원가를 의미한다.
② 비관련원가(irrelevant cost)는 대체안 간에 차이가 없는 원가이거나 과거의 원가로서 특정 의사결정과 관련이 없는 원가를 의미한다.
③ 기회원가(opportunity cost)는 자원을 현재 사용하는 용도가 아닌 대체적인 다른 용도에 사용하였을 때 실현할 수 있는 최대금액 또는 차선의 대체안을 포기함으로써 상실한 효익을 의미한다.
④ 매몰원가(sunk cost)는 기발생원가라고도 하며 과거 의사결정의 결과 이미 발생한 원가로 미래의 의사결정과 밀접하게 관련되는 원가이다.

25 다음은 (주)상공기업의 공장 전력료 사용 내역이다. 당월 전력비 소비액은 얼마인가?

> 가. 전월 검침량 400kwh
> 나. 당월 검침량 600kwh
> 다. kwh당 가격 ₩1,000

① ₩200,000   ② ₩400,000
③ ₩500,000   ④ ₩600,000

26 (주)상공은 보조부문(X, Y)과 제조부문(A, B)을 이용하여 제품을 생산하고 있으며, 보조부문과 제조부문에 관련된 자료는 아래와 같다. 보조부문 X와 Y에 집계된 부문원가는 각각 ₩600,000, ₩800,000이다. 다음 설명 중 옳지 않은 것은?

제공부문	보조부문		제조부문		합계
	X	Y	A	B	
X	–	400단위	400단위	200단위	1,000단위
Y	200단위	–	400단위	400단위	1,000단위

① 직접배부법은 보조부문 상호간의 용역수수를 고려하지 않는 방법이다.
② 단계배부법은 보조부문 상호간의 용역수수를 일부 고려한다.
③ 상호배부법은 보조부문 상호간의 용역수수를 전부 고려한다.
④ 직접배부법에 의할 경우 제조부문 A에는 ₩560,000의 보조부문의 제조간접비가 집계된다.

27 다음 자료에 의하여 제조간접비 배부차이를 계산하면 얼마인가?

> 가. 당월 제조간접비 예정배부액 ₩500,000
> 나. 당월 제조간접비 실제 발생액
>   - 재료비 ₩200,000
>   - 노무비 ₩250,000
>   - 제조경비 ₩100,000

① 과다 배부 ₩50,000
② 과소 배부 ₩50,000
③ 과다 배부 ₩150,000
④ 과소 배부 ₩150,000

28 개별원가계산에 대한 설명으로 옳지 않은 것은?

① 여러 가지 제품을 주문에 의해 생산하거나 동종의 제품을 일정 간격을 두고 비반복적으로 생산하는 업종에 적합한 원가계산제도이다.
② 조선업, 기계제작업 등과 같이 수요자의 주문에 기초하여 제품을 생산하는 업종에서 주로 사용한다.
③ 종합원가계산에 비해 각 제품별로 원가를 집계하기 때문에 직접원가와 간접원가의 구분이 보다 중요한 의미를 갖는다.
④ 개별원가계산은 제조간접원가의 배부절차가 필요 없다.

29 (주)상공은 2개의 제조부문과 2개의 보조부문이 있으며, 각부문에서 발생한 원가와 보조부문이 제공한 용역수수관계는 다음과 같다. 단계배부(수선부문비를 먼저 배부)법을 사용하여 조립부문에 배부될 보조부문의 원가총액은 얼마인가? 단, 동력 부문비는 동력공급량을, 수선부문비는 수선공급시간을 배부기준 으로 사용한다.

구분	제조부문		보조부문	
	조립부문	선반부문	동력부문	수선부문
발생원가	300,000	250,000	80,000	60,000
수선공급(시간)	30	20	10	–
동력공급(kwh)	200	100	–	50

① ₩50,000   ② ₩80,000
③ ₩90,000   ④ ₩100,000

30 다음 중 개별원가계산에 대한 설명으로 옳은 것은?

① 제조원가를 재료원가와 가공원가로 구분하여 계산한다.
② 제조지시서별로 원가계산표를 작성하여 원가 계산을 한다.
③ 연속 대량 생산하는 작업에 적용하는 원가 계산 방법이다.
④ 완성품 원가를 계산하기 위해서는 기말재공품을 평가하여야 한다.

31 다음은 대한공업사의 제품 생산과 관련하여 당월에 발생한 원가 자료이다. A제품의 당월 총 제조원가를 계산한 것으로 옳은 것은? 단, 제조간접비는 직접노무비법을 기준으로 배부한다.

원가자료			
원가항목	A제품	B제품	합계
직접재료비	₩100,000	₩200,000	₩300,000
직접노무비	₩600,000	₩400,000	₩1,000,000
제조간접비			₩2,000,000

① ₩700,000   ② ₩1,000,000
③ ₩1,700,000   ④ ₩1,900,000

32 A, B, C의 등급품을 취급하고 있는 (주)상공의 다음 자료에 의하여 등급별 종합원가계산을 할 경우, 완성된 A급품의 단위당 원가를 계산한 것으로 옳은 것은? 단, 판매가치법에 의하며, 등급품의 총 제조원가(결합원가)는 ₩2,500,000이다.

등급품	생산량	판매단가
A급품	500개	@₩6,000
B급품	300개	@₩4,000
C급품	400개	@₩2,000

① @₩1,000   ② @₩2,000
③ @₩2,500   ④ @₩3,000

33 종합원가계산에 대한 설명으로 옳지 않은 것은?

① 종합원가계산에서는 직접비와 간접비의 구분이 불필요하고 특정 원가계산기간 중에 정상적으로 소비된 모든 경제적 가치를 동 원가계산기간에 제조한 완성품(즉 당기제품제조원가)과 기말재공품에 배분하는 계산이 중요시된다.
② 종합원가계산이란 단일 종류의 제품을 연속적으로 대량생산 하는 경우에 적용되는 원가계산형태로서, 원가계산기간에 발생한 총제조원가를 동 기간에 완성한 제품의 총수량으로 나누어서 제품 단위당의 평균원가를 산출하는 방법이다.
③ 종합원가계산에서 발행되는 제조지시서는 특정 제조지시서로 이는 특정 제품의 제조를 위하여 개별적으로 발행하는 것으로서, 지시된 제품의 생산이 완료되면 그 제조지시서는 효력이 상실된다.
④ 종합원가계산에서 기초재공품원가와 당기총제조비용을 완성 품과 기말재공품에 배분할 때 완성품 환산량을 기준으로 배분한다.

34 종합원가계산에 대한 설명 중 옳지 않은 것은?

① 공정별 종합원가계산 : 여러 단계의 제조공정을 거쳐 연속 대량생산하는 기업에서 행하는 종합원가계산을 말한다.
② 조별 종합원가계산 : 종류가 다른 제품을 연속적으로 대량 생산하는 기업에서 제품의 종류별로 원가를 계산하는 방법을 말한다.
③ 등급별 종합원가계산 : 동일한 공정에서 동일한 재료를 사용하여 계속적으로 생산되는 동일한 종류의 제품으로 품질, 모양, 크기, 무게 등이 서로 다른 제품을 생산하는 기업의 종합원가계산방법을 말한다.
④ 결합원가계산 : 2개 이상의 공정에서 동일한 재료를 사용하여 동일한 제품을 생산하는 경우의 종합원가계산을 말한다.

35 원가계산방법 중 정육업과 같이 동일재료, 동일공정에서 서로 다른 제품을 생산하는 방식에 적합한 것으로 적절한 것은?

① 개별원가계산
② 단일종합원가계산
③ 연산품 종합원가계산
④ 공정별 종합원가계산

36 (주)상공은 종합원가계산제도를 채택하고 있다. 재료원가는 공정초에 전량투입되며, 가공원가는 공정전반에 걸쳐 균등하게 발생한다. 물량흐름이 다음과 같을 때 옳은 것은?

기초재공품 100개 (완성도 30%)	당기완성품 700개
당기착수량 800개	기말재공품 200개 (완성도 40%)

① 평균법에 의한 재료원가의 완성품 환산량은 800개 이다.
② 선입선출법에 의한 재료원가의 완성품 환산량은 750개 이다.
③ 평균법에 의한 가공원가의 완성품 환산량은 780개 이다.
④ 선입선출법에 의한 가공원가의 완성품 환산량은 900개 이다.

37 (주)상공은 한 가지 종류의 고추장을 생산한다. 모든 재료는 공정의 초기단계에 100% 투입되며 가공원가는 공정의 진행에 따라 균일한 비율로 발생한다. 기초 재공품의 완성도가 50% 였으며, 기말 재공품의 완성도가 30%라고 한다. 이 회사가 종합원가계산에 의해 제품의 원가를 계산한다고 할 때 기말 재공품의 원가는 얼마인가? 단, 원가흐름에 대한 가정으로 선입선출법(FIFO)을 사용하고 있으며, 공손은 발생하지 않았다고 가정한다.

	단위	재료원가	가공원가
기초재공품	10,000	₩60,000	₩50,000
당기착수	50,000	₩200,000	₩410,000
기말재공품	20,000	–	–

① ₩120,000
② ₩140,000
③ ₩160,000
④ ₩180,000

38 다음 중 종합원가계산과 관련된 설명으로 옳지 않은 것은?

① 기말재공품의 완성도가 50%인데 이를 30%로 잘못 파악하여 종합원가계산을 수행하면 기말재공품의 원가가 과소계상 된다.
② 평균법에 의해 원가계산 할 때 기초재공품의 완성도는 계산상 영향을 미치지 않는다.
③ 평균법에서는 기초재공품도 당기에 착수하여 생산한 것처럼 가정한다.
④ 평균법을 사용하면 선입선출법에 비해 당기의 성과와 이전의 성과를 보다 명확하게 구분하여 평가할 수 있다.

39 다음은 등급별 종합원가계산의 절차를 요약한 것이다. (가)에 해당하는 내용으로 옳은 것은?

> 1단계 : 완성품 전체의 제조원가를 계산한다.
> 2단계 : (가) 를 결정한다.
> 3단계 : 완성품환산량을 계산하여 (가) 를 곱한다.
> 4단계 : 각 등급품의 제조원가를 계산한다.
> 5단계 : 각 등급품의 단위당 제조원가를 계산한다.

① 등가계수
② 결합원가
③ 간접원가
④ 요소별원가

40 다음은 제조경비에 대한 설명이다. (가)와 (나)에 들어갈 용어로 옳은 것은?

> 제조과정에 제조경비가 어느 곳에 투입되었는가를 추적 하여 특정 제품의 생산 과정에서 직접적으로 추적할 수있으면 (가)(으)로, 특정 제품의 생산과 직접적인 관계가 없는 둘 이상의 제품의 제조에 공통으로 소비된 경비는 (나) (으)로 분류한다.

① (가) 직접제조경비 (나) 간접제조경비
② (가) 간접제조경비 (나) 직접제조경비
③ (가) 제조경비 (나) 소비비용
④ (가) 소비비용 (나) 제조경비

※ 다음 문제를 읽고 알맞은 것을 골라 답안카드의 답란(①, ②, ③, ④)에 표기하시오.

제1과목 ➡ 재무회계

01 다음 중 회계정보이용자별 이용 목적으로 옳지 않은 것은?

① 경영자는 회계정보를 이용하여 예산과 실적 차이를 분석하고 성과를 파악함으로써 합리적인 기업경영을 할 수 있다.
② 투자자는 자신이 투자한 자본에 대하여 미래에 발생할 수 있는 배당수익에 대한 기대와 그 위험을 예측할 수 있다.
③ 채권자는 대여한 대여금의 원금회수 가능성과 그 이자수취 가능성을 예측할 수 있다.
④ 종업원은 경영층과 노동계약 및 근로조건에 대한 협상을 통하여 기업경영 계획수립에 직접 참여할 수 있다.

02 다음은 (주)상공의 2018년도 보험료 관련 자료이다. 당기의 포괄 손익계산서에 기입되는 보험료 금액으로 옳은 것은? 단, 보험료 지급시 비용으로 처리한다.

[2018년도 자료]

과목	1월 1일	12월 31일
선급보험료	₩30,000	₩37,500

4/1 건물 화재보험료 1년분 ₩150,000을 현금으로 지급하다.

① ₩142,500
② ₩150,000
③ ₩157,500
④ ₩180,000

03 다음 포괄손익계산서의 기본요소 중 제조기업의 주된 영업활동에서 발생하는 비용에 해당하는 것은?

① 이자비용
② 감가상각비
③ 유형자산처분손실
④ 당기손익-공정가치측정 금융자산평가손실

04 다음 중 간접법에 의한 현금흐름표 작성에서 현금흐름의 구분과 사례에 대한 설명으로 옳지 않은 것은?

① 투자활동으로 인한 토지의 처분
② 재무활동으로 인한 단기차입금의 차입
③ 영업활동으로 인한 유형자산의 매입
④ 영업활동으로 인한 단기매매목적 금융상품평가이익

05 다음 중 자본변동표에 대한 설명으로 옳지 않은 것은?

① 자본의 구성요소는 각 분류별 납입자본, 각 분류별 기타포괄손익의 누계액과 이익잉여금의 누계액 등을 포함한다.
② 자본의 각 구성요소별로 장부금액의 각 변동액을 공시한 기초시점과 기말시점의 장부금액 조정내역을 표시한다.
③ 자본의 각 구성요소에 대하여 자본변동표에 기타포괄손익의 항목별 분석 내용을 표시하나, 주석에는 표시하지 않는다.
④ 자본변동표란 납입자본, 기타자본구성요소, 이익잉여금의 각 항목별로 기초 잔액, 당기 변동사항, 기말 잔액을 일목요연하게 나타낸 재무보고서이다.

06 다음은 (주)상공이 당기손익-공정가치측정 금융자산을 취득하고 처분한 내역이다. 처분이익을 계산한 것으로 옳은 것은?

2017년
10월 1일 (주)서울의 주식 100주를 1주당 @₩5,000에 취득하고 수수료 ₩10,000과 함께 현금으로 지급하다.
12월 31일 결산일 위 주식의 공정 가치는 @₩6,000이다.

2018년
8월 31일 위 주식 전부를 @₩8,000에 처분하고 수수료 ₩20,000을 차감한 실수금을 현금으로 받다.

① ₩180,000
② ₩200,000
③ ₩280,000
④ ₩300,000

07 다음 중 투자부동산에 대한 설명으로 옳지 않은 것은?

① 투자부동산은 최초 인식시점에 원가로 측정한다.
② 외부 구입한 투자부동산의 원가는 구입금액과 구입에 직접 관련이 있는 지출로 구성된다.
③ 자가 건설한 투자부동산의 원가는 건설 또는 개발이 완료된 시점까지의 투입원가이다.
④ 운용리스에서 리스이용자가 보유하는 부동산에 대한 권리를 투자부동산으로 분류하는 경우에는 모든 투자부동산에 대하여 원가모형을 적용하여 평가한다.

08 다음 중 밑줄 친 통합계정의 금액과 동일한 금액이 나타날 수 있는 재무제표는?

재무상태표	
자산 Ⅰ.유동자산 현금및현금성자산 ××× :	부채 Ⅰ.유동부채 :

① 현금흐름표
② 포괄손익계산서
③ 자본변동표
④ 이익잉여금처분계산서

09 회계기말 현재 수정 전 매출채권은 ₩350,000이고 대손충당금 잔액은 ₩5,000이다. 기말 현재 대손추정액은 ₩6,000으로 산출 되었다. 기말 수정분개시 대손상각비를 얼마로 계상하여야 할 것인가? 또한 수정사항 반영 후의 재무상태표에 표시될 매출채권의 장부금액(순액)은 얼마인가?

	대손상각비	매출채권(순액)
①	₩1,000	₩344,000
②	₩2,000	₩344,000
③	₩3,000	₩350,000
④	₩5,000	₩350,000

10 다음 중 받을어음 계정의 기입 내용을 토대로 거래를 추정한 것으로 옳지 않은 것은?

받을어음			
1/1 전 월 이 월	500,000	2/18 매 입	300,000
1/15 매 출	300,000	3/19 외상매입금	500,000
4/20 외상매출금	600,000		

① 1월 15일 거래처에 상품 ₩300,000을 매출하고, 대금은 동점 발행 약속어음으로 받다.
② 2월 18일 상품 ₩300,000을 매입하고, 대금은 소지하고 있던 약속어음을 배서양도 후 매각 거래로 회계 처리한다.
③ 3월 19일 거래처의 외상매입금 ₩500,000에 대해 약속어음을 발행하여 지급하다.
④ 4월 20일 거래처의 외상매출금 ₩600,000을 동점 발행, 당점 수취의 환어음으로 회수하다.

11 다음은 (주)상공의 6월 중 매출처 원장이다. 이를 통해 알 수 있는 내용으로 옳은 것은? 단, 제시된 자료 외에는 고려하지 않는다.

매출처 원장			
○○상점			
6/1 전월이월	30,000	6/13 매 출	50,000
6/11 매 출	370,000	6/24 현 금	340,000
6/25 매 출	60,000	6/30 차월이월	70,000
	460,000		460,000
△△상점			
6/1 전월이월	20,000	6/17 현 금	250,000
6/15 매 출	300,000	6/28 매 출	60,000
6/20 매 출	400,000	6/29 당좌예금	330,000
		6/30 차월이월	80,000
	720,000		720,000

① 6월 중 외상매출 총액은 ₩1,180,000이다.
② 6월 중 외상매출금 회수액은 ₩1,030,000이다.
③ 6월 말 외상매출금 미회수액은 ₩50,000이다.
④ 6월 중 매출환입 및 매출에누리액은 ₩110,000이다.

12 (주)상공은 제조업 및 도·소매업을 영위하고 있다. 다음 중 선급금으로 회계 처리할 수 없는 것은?

① 미리 지급한 상품 대금의 일부 금액
② 건물 신축을 위해 지급한 계약금
③ 제품의 외주가공처에 미리 지급한 가공비
④ 원재료를 구입하고 계약금으로 지급한 금액

13 (주)상공은 사용 중이던 기계장치(취득금액 ₩5,000,000, 감가 상각누계액 ₩1,500,000)를 새로운 기계장치와 교환하면서 현금 ₩1,000,000을 지급하였다. 새 기계장치의 공정가치가 ₩5,000,000 일 때, 다음 중 기계장치 교환 분개로 옳은 것은? 단, 동 교환 거래는 상업적 실질이 없다고 가정한다.

	[차 변]		[대 변]	
①	기 계 장 치	4,500,000	기계장치	5,000,000
	감가상각누계액	1,500,000	현금	1,000,000
②	기 계 장 치	5,000,000	기계장치	5,000,000
	감가상각누계액	1,500,000	현금	1,000,000
			유형자산처분이익	500,000
③	기 계 장 치	6,000,000	기계장치	3,500,000
	현 금	1,000,000	유형자산처분이익	1,500,000
④	기 계 장 치	5,500,000	기계장치	5,000,000
	유형자산처분손실	500,000	현금	1,000,000

14 다음은 (주)상공기업의 토지 취득과 관련된 거래이다. 토지의 취득원가는 얼마인가?

> (주)상공기업은 건물 신축을 위한 토지를 ₩10,000,000에 구입하고 대금은 보통예금 계좌에서 이체하여 지급하고, 취득세 ₩500,000, 부동산 중개수수료 ₩700,000은 현금으로 지급하였다.

① ₩10,000,000   ② ₩10,500,000
③ ₩10,700,000   ④ ₩11,200,000

15 다음 중 무형자산의 설명으로 옳지 않은 것은?

① 비한정내용연수를 가진 무형자산은 상각한다.
② 기업의 경영성과를 높일 수 있는 자산이다.
③ 무형자산은 물리적인 실체가 없다.
④ 무형자산은 특성상 미래경제적 효익의 창출에 기여할 수 있다.

16 다음 중 금융부채에 해당하는 것은?

① 다른 기업의 지분상품
② 거래상대방으로부터 현금 등 금융자산을 수취할 계약상 권리
③ 거래상대방에게 현금 등 금융자산을 인도하기로 한 계약상 의무
④ 자기지분상품을 미래에 수취하거나 인도하기 위한 계약인 금융상품

17 다음 중 확정기여형 및 확정급여형 퇴직연금제도에 대한 설명으로 옳지 않은 것은?

① 퇴직급여제도는 제도의 주요 규약에서 도출되는 경제적 실질에 따라 확정기여제도 또는 확정급여제도로 분류된다.
② 확정기여제도에서는 기업이 별개의 실체(기금, 보험회사)에 사전에 확정된 기여금을 납부하는 것으로 기업의 의무가 종결된다.
③ 확정급여제도에서는 기업이 퇴직급여에 관한 모든 의무를 부담한다.
④ 확정기여제도에서는 보험수리적위험과 투자위험을 기업이 실질적으로 부담한다.

18 다음 중 진행기준에 따라 수익을 인식하는 것으로 옳은 것은?

① 무형자산의 제공에 의한 로열티수익
② 소유 건물의 임대에 의한 임대료수익
③ 용역의 제공에 의한 건설형 공사계약
④ 재화의 판매대금 분할회수에 의한 할부판매

19 다음은 유통업을 영위하는 (주)대한의 2018년도 경영성과에 대한 회계 자료이다. 기능별 포괄손익계산서상에 기입될 당기 매출 원가, 당기순손익과 총포괄손익을 계산한 것으로 옳은 것은? (단, 매출총이익률은 30%이며, 법인세 비용은 고려하지 않는다.)

> 가. 당기매출액 ₩1,000,000   나. 이자수익 ₩20,000
> 다. 상품 매출 운임 ₩10,000   라. 판매원 급여 ₩350,000
> 마. 감가상각비 ₩20,000   바. 통신비 ₩10,000
> 사. 수도광열비 ₩20,000   아. 임대수익 ₩100,000
> 자. 기타포괄손익-공정가치측정 금융자산평가이익 ₩100,000

	매출원가	당기순손익	총포괄손익
①	₩700,000	₩10,000	₩90,000
②	₩300,000	₩90,000	₩10,000
③	₩700,000	₩10,000	₩110,000
④	₩700,000	₩90,000	₩100,000

20 회사는 100명의 종업원에게 1년에 5일의 근무일수에 해당하는 유급휴가를 제공하고 있으며, 미사용 유급휴가는 다음 1년 동안 이월하여 사용할 수 있다. 유급휴가의 사용에 관해서는 당기에 부여된 권리가 먼저 사용된 후에 전기에서 이월된 권리가 사용 되는 것으로 본다. 과거의 경험에 비추어서 2018년 12월 31일 현재 추정한 결과 2019년도 중에 종업원 90명이 사용할 유급 휴가일수는 5일 이하, 나머지 10명이 사용할 유급휴가일수는 평균 7일이 될 것으로 예상된다. 회사의 2018년말 유급휴가와 관련된 회계처리에서 부채로 인식할 금액은 얼마인가? 단, 유급 휴가 1일당 지급할 급여는 ₩100,000이라고 가정한다.

① ₩2,000,000
② ₩3,000,000
③ ₩5,000,000
④ ₩6,000,000

제2과목 ➡ 원가회계

21 다음 중 경영자가 조직의 희소한 자원을 효율적으로 활용하기 위하여 계획수립, 집행, 감독, 통제 등의 기능을 수행하는데 필요한 정보를 제공하고 있는 회계분야는?

① 회계원리
② 세무회계
③ 관리회계
④ 재무회계

22 다음은 (주)상공의 12월 원가자료와 12월 거래내용이다. 이를 토대로 (주)상공의 매출원가를 구하면 얼마인가?

가. 재고자산

구분	2018년 12월 1일	2018년 12월 31일
재공품	₩60,000	₩40,000
제품	₩70,000	₩50,000

나. 기중 거래(2018.12.1. ~ 2018.12.31.)
 - 직접재료원가 소비액 ₩180,000
 - 직접노무원가 발생액 ₩240,000
 - 제조간접원가는 전환원가(가공원가)의 40%임

① ₩600,000
② ₩620,000
③ ₩640,000
④ ₩670,000

23 다음은 (주)상공의 9월 중 원가자료이다. 판매금액을 계산한 것으로 옳은 것은?

가. 직접재료비 ₩400,000
나. 직접노무비 ₩500,000
다. 본사 건물 임차료 ₩200,000
라. 기대이익 : 판매원가의 20%
마. 제조간접비
 (변동제조간접비 ₩300,000, 고정제조간접비 ₩200,000)

① ₩1,480,000
② ₩1,640,000
③ ₩1,880,000
④ ₩1,920,000

24 다음 중 보조부문비의 배부와 관련된 설명으로 옳지 않은 것은?

① 생산부문에서 발생한 원가를 생산 지원(보조)부문에 배부한 후 최종적으로 제품에 배부하는 방법을 일반적으로 부문별 원가계산이라고 한다.
② 생산부문에서는 부품생산, 조립, 가공처리 등을 수행하면서 제품생산에 직접관여한다.
③ 지원(보조)부문에서는 재료의 보관, 생산설비 점검과 보수, 시설관리와 청소, 경비 등을 담당한다.
④ 제조간접비를 보다 더 정확하게 배부하기 위해 부문별 원가의 발생과 흐름을 추적하는 것이다.

25 (주)상공은 개별원가계산으로 원가계산을 하며 제조간접원가는 직접노무원가 기준으로 배부한다. 당기에 착수하여 완성된 #1001 작업별 원가자료는 다음과 같다. (주)상공의 #1001에 집계된 총제조원가는 얼마인가?

	조립부문	포장부문
직 접 재 료 원 가	₩30,000	₩8,000
직 접 노 무 원 가	₩40,000	₩15,000
제 조 간 접 원 가	?	?
제조간접원가배부율	200%	50%

① ₩93,000
② ₩142,500
③ ₩148,000
④ ₩180,500

26 다음 중 보조부문비를 배분하는 목적으로 옳지 않은 것은?

① 부문 상호간에 원가통제를 위해
② 제조직접비를 각 부문별로 집계하기 위해
③ 외부보고를 위한 재고자산 및 이익 측정을 위해
④ 경제적 의사결정을 위한 최적의 자원 배분을 위해

27 (주)대한은 제조간접비를 직접노동시간을 기준으로 배부하고 있다. 다음 자료에 의하여 제조간접비 예정배부율을 계산하면 얼마인가?

> 가. 제조간접비 예정총액 ₩330,000
> 나. 제조간접비 실제발생액 ₩350,000
> 다. 직접노동 예정시간 수 100,000시간

① ₩3.0
② ₩3.2
③ ₩3.3
④ ₩3.5

28 (주)대한의 기초원재료재고액은 ₩5,000이고 당기의 원재료 매입액은 ₩15,000이며, 기말원재료재고액이 ₩3,000인 경우 당기 원재료 소비액은 얼마인가?

① ₩7,000
② ₩13,000
③ ₩17,000
④ ₩23,000

29 다음 중 지급임률과 소비임률과의 차이를 설명한 것으로 옳지 않은 것은?

① 소비임률은 주로 기본임금액을 계산하기 위한 임률이지만, 지급임률은 기본임률에 가지급금, 제수당 등이 포함되어 계산된 임률이다.
② 지급임률은 일상업무와 잔업의 구별에 따라 달리 책정되는 것이 일반적이며, 소비임률은 항상 그들을 평균한 개념이 된다.
③ 지급임률은 각 종업원의 실제작업시간에 곱해져서 지급액이 계산되지만, 소비임률은 각 종업원이 특정한 제조작업에 직접 종사한 노동시간에 곱해져서 임금액이 산출된다.
④ 지급임률은 각 종업원의 성별, 연령, 능력, 근속년수 등에 따라 차이가 있으나, 소비임률은 그들을 전혀 고려하지 않고 평균적인 개념으로서 사용된다.

30 다음 중 종합원가계산에 대한 설명으로 옳지 않은 것은?

① 종합원가계산은 기간별 공정별 평균화 과정으로 인한 제품 원가계산 방법이다.
② 종합원가계산에서의 완성품환산량 계산은 완성품뿐만 아니라 기말재공품에 대한 작업량도 포함된다.
③ 조별종합원가계산은 단일제품을 복수의 공정을 통하여 최종 완성품이 생산되는 업종에 적합하다.
④ 얼음, 소금과 같이 단일제품을 단일공정으로 생산하는 업종에는 단일종합원가계산을 사용한다.

31 다음 중 개별원가계산과 종합원가계산에 대한 설명 중 옳지 않은 것은?

① 개별원가계산은 완성품환산량 계산이 핵심과제이고, 종합원가계산은 제조간접비 배분이 핵심과제이다.
② 개별원가계산은 직접재료비, 직접노무비, 제조간접비로 원가분류를 하고, 종합원가계산은 직접재료비와 가공비로 원가분류를 한다.
③ 개별원가계산은 인쇄, 건설, 조선 등의 업종에 적합한 원가계산방법이고, 종합원가계산은 제지, 제분, 시멘트 업종에 적합한 원가계산방법이다.
④ 개별원가계산방법과 종합원가계산방법 모두 표준원가계산을 함께 사용할 수 있다.

32 다음 중 단순(단일) 종합원가계산의 의의, 절차 및 기장방법에 대한 설명으로 옳지 않은 것은?

① 단순 종합원가계산이란 제빙업 · 광산업 · 양조업 · 제유업 등과 같이 단일 제품을 단일 공정을 통하여 연속적으로 생산하는 경영에서 사용되는 원가계산방법이다.
② 원가계산기간에 소비된 제조원가의 총계에서 기초재공품원가를 차감한 후, 여기에서 기말시점의 재공품원가 및부산물 · 공손품 등의 평가액을 가산한다.
③ 완성품 제조원가를 그 기간에 완성된 제품의 총수량으로 나누어서 제품 단위당의 원가를 산출한다.
④ 당기제품제조원가는 완성된 제품의 원가이기 때문에 원가계산기간 말에 제품계정으로 대체시킨다.

33 다음 자료를 이용하여 평균법으로 당월제품제조원가를 계산한 것으로 옳은 것은? 단, 재료는 제조 착수시에 전부 투입되고 가공비는 제조 진행에 따라 균등하게 소비된다.

> 가. 월초 재공품 : 재료비 ₩40,000, 가공비 ₩70,000
>   수량 300개(완성도 : 50%)
> 나. 당월 소비액 : 재료비 ₩380,000, 가공비 ₩254,000
> 다. 당월 완성품 수량 : 2,500개
> 라. 월말 재공품 수량 : 500개(완성도 : 40%)

① ₩500,000
② ₩550,000
③ ₩650,000
④ ₩700,000

34 (주)대한은 종합원가계산제도를 택하고 있다. 원재료는 공정의 초기에 모두 투입되고, 가공원가는 공정의 전반에 걸쳐 균등하게 발생한다. 재료원가의 경우 선입선출법에 의해 완성품환산량을 계산하면 80,000단위이고 평균법에 의해 완성품환산량을 계산하면 100,000단위이다. 가공원가의 경우 선입선출법에 의해 완성환산량을 계산하면 62,000단위이고 평균법에 의해 완성품 환산량을 계산하면 70,000단위이다. 이 경우 (주)대한의 기초 재공품의 완성도는 얼마인가?

① 30%
② 40%
③ 50%
④ 60%

35 다음 중 연산품의 원가계산에 있어서 결합원가만이 이익을 창출 하고 분리점 이후의 분리원가는 아무런 이익을 창출하지 못 한 다고 가정한 배분방법은?

① 수량기준법(물량기준법)
② 매가기준법(상대적 판매가치법)
③ 순실현가치기준법
④ 균등이익률법

36 종합원가계산제도를 적용함에 있어 선입선출법과 평균법에 대 한 설명으로 옳지 않은 것은?

① 기초재공품이 없다고 하더라도 평균법과 선입선출법의 완 성품 환산량 단위당 원가를 계산하는 방법이 상이하기 때문 에 두방법의 결과는 달라지게 된다.
② 평균법은 완성품환산량을 계산할 때 기초재공품을 당기에 착수한 것으로 간주한다.
③ 원재료의 단가를 산정할 때 선입선출법을 사용하는 기업이 라 할지라도 종합원가계산제도 적용시 평균법을 사용할 수 있다.
④ 평균법 적용하의 완성품환산량은 선입선출법 적용하의 완 성품 환산량보다 크거나 같다.

37 다음 중 연산품 종합원가계산에 대한 설명으로 옳지 않은 것은?

① 연산품이란 동일한 종류의 원재료를 투입하여 동시에 생산 되는 서로 다른 2종 이상의 제품을 말한다.
② 연산품은 분리점에 도달할 때까지 각각의 제품으로 구별 되지 않기 때문에 그 때까지 발생한 결합원가를 일정한 기준에 따라 배분하여야 한다.
③ 결합원가를 연산품에 배분하는 방법에는 물량기준법, 판매 가치법 등이 있다.
④ 연산품을 분리점에서 판매할 것인지 아니면 추가가공하여 판매할 것인지에 대한 의사결정시 고려하여야 할 원가에는 결합원가도 포함된다.

38 다음 자료에 의하여 당월 노무비 소비액을 계산하면 얼마인가?

임금 전월 미지급액	₩200,000
임금 당월 지급액	₩1,200,000
임금 당월 미지급액	₩300,000

① ₩1,000,000
② ₩1,200,000
③ ₩1,300,000
④ ₩1,700,000

39 다음은 (주)상공의 9월 제품 제조와 관련된 자료이다. 9월에 완성한 제품의 제조원가를 계산한 것으로 옳은 것은? 단, 기말 재공품의 평가는 평균법이다. 재료비와 가공비는 제조 진행에 따라 균등하게 소비된다.

> 가. 기초재공품 (재료비 ₩2,400, 가공비 ₩1,800)
>   - 수량 600개 (완성도 : 재료비 40%, 가공비 30%)
> 나. 당기착수량 : 3,000개
>   - 재료비 ₩39,960
>   - 가공비 ₩44,220
> 다. 기말재공품수량 : 100개 (완성도: 재료비 30%, 가공비 40%)

① ₩84,780
② ₩85,980
③ ₩87,500
④ ₩88,380

40 (주)대한은 단일제품을 생산, 판매하고 있다. 원재료는 공정의 초기에 모두 투입되며, 가공비는 공정의 전반에 걸쳐 균등하게 발생한다. 8월 생산자료는 기초재공품 1,000단위(완성도 60%), 당기착수량 12,000단위, 당기완성수량 11,000단위, 그 리고 기말 재공품 2,000단위(완성도 40%)이다. 선입선출법에 의한 가공비 완성품 환산량은 얼마인가?

① 11,000단위
② 11,200단위
③ 11,800단위
④ 13,000단위

※ 다음 문제를 읽고 알맞은 것을 골라 답안카드의 답란(①, ②, ③, ④)에 표기하시오.

제1과목 → 재무회계

01 5전표제를 채택하고 있는 (주)상공기업이 상품 ₩100,000을 매입 하고 대금은 현금으로 지급하였다. 발행해야 할 전표를 모두 나열한 것으로 옳은 것은?

① 출금전표
② 대체전표
③ 대체전표, 매입전표
④ 출금전표, 매입전표

02 간접법에 의한 현금흐름표를 작성할 때 영업활동으로 인한 현금 흐름에 가산할 항목으로 분류되는 것으로 옳은 것은?

가. 매출채권의 감소	나. 유형자산의 처분
다. 재고자산의 감소	라. 단기차입금의 차입

① 가, 나
② 가, 다
③ 나, 다
④ 다, 라

03 다음 자료를 이용하여 유통업을 영위하는 (주)상공의 영업활동으로 인한 현금흐름을 계산하면 얼마인가?

가. 당기순이익 ₩10,000,000

나. 감가상각비 ₩500,000

다. 유형자산(장부금액 ₩900,000)의 처분금액 ₩1,000,000

라. 은행차입금의 상환 ₩2,000,000

마. 무형자산상각비 ₩300,000

바. 퇴직급여부채의 증가 ₩200,000

① ₩10,800,000
② ₩10,900,000
③ ₩11,000,000
④ ₩11,800,000

04 다음 자료에 의하여 (주)상공의 결산시 수정분개로 옳은 것은?

결산 시점 현금과부족 계정 대변 잔액은 ₩80,000이다. 그 원인을 파악한 결과 종업원식대 ₩36,000을 현금으로 지급한 분개가 이중기입 되었음을 확인하고, 나머지는 원인을알 수 없어 이를 정리하다.

① (차) 복리후생비 36,000 (대) 현금과부족 80,000
　　　　잡손실 44,000
② (차) 현금과부족 80,000 (대) 복리후생비 36,000
　　　　　　　　　　　　　　잡이익 44,000
③ (차) 현금과부족 80,000 (대) 접대비 36,000
　　　　　　　　　　　　　　잡이익 44,000
④ (차) 현금과부족 80,000 (대) 복리후생비 36,000
　　　　　　　　　　　　　　현금 44,000

05 다음은 (주)상공의 20X1년도 말 자산 내역 중 일부이다. 현금 및 현금성자산에 해당하는 금액은 얼마인가?

가. 지폐와 동전 ₩40,000

나. 양도성예금증서(180일 만기) ₩50,000

다. 타인발행 당좌수표 ₩120,000

라. 배당금지급통지표 ₩30,000

마. 일반 상거래상의 약속어음 ₩100,000
　　(만기:20X3년 2월 28일)

바. 만기가 1년 후인 정기예금 ₩150,000

사. 만기가 2개월 이내인 채권 ₩200,000
　　(20X1년 12월 20일 취득)

① ₩470,000
② ₩420,000
③ ₩390,000
④ ₩320,000

  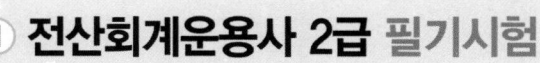

06 다음 중 금융자산에 대한 설명으로 옳지 않은 것은?

① 금융자산의 정형화된 매입 또는 매도는 매매일이나 결제일에 인식하거나 제거한다.

② 금융자산을 재분류하는 경우에 그 재분류를 최초 취득일로부터 소급법을 적용한다.

③ 당기손익-공정가치측정 금융자산의 취득시 거래원가는 지출 시점에 비용으로 인식한다.

④ 금융자산을 관리하는 사업모형을 변경하는 경우에는 이로 인해 영향 받는 모든 금융자산을 재분류해야 한다.

07 전자제품 매매업을 하는 상공상사가 본사확장이전을 목적으로 건물구입계약을 체결하고 계약금을 지급한 경우 회계처리 해야 할 계정과목으로 옳은 것은?

① 투자부동산
② 건물
③ 건설중인자산
④ 구축물

08 투자부동산으로 분류해야 하는 것으로 옳은 것은?

① 자가 사용 부동산
② 제품 생산에 사용하는 부동산
③ 장기 시세 차익을 얻기 위하여 보유하는 부동산
④ 정상적인 영업활동 과정에서 판매를 목적으로 보유하는 부동산

09 ㈜상공의 매출처원장에 대한 설명으로 옳지 않은 것은?

〈매출처원장〉

대한상점

| 1/1 전기이월 300,000 | 10/11 현　　　금 200,000 |
| 9/10 매　　출 500,000 | |

민국상점

| 1/1 전기이월 200,000 | 11/25 현　　　금 500,000 |
| 8/10 매　　출 400,000 | |

① 9월 10일 현재 외상매출금 계정의 잔액은 ₩1,400,000이다.
② 10월 11일 대한상점의 외상매출금 회수액은 ₩200,000이다.
③ 11월 25일 현재 외상매출금 계정의 잔액은 ₩100,000이다.
④ 8월 10일 민국상점의 외상매출금 미회수액은 ₩600,000이다.

10 ㈜상공의 (가)~(다) 거래를 분개할 경우, 대변 계정과목으로 옳은 것은?

> (가) 삼양식당에서 경리부 직원의 야근 식비 ₩100,000을 법인신용카드로 결제하다.
> (나) 삼양식당에서 단기차입한 ₩1,000,000을 3개월 만기 어음으로 발행하여 상환하다.
> (다) 삼양식당이 토지 ₩20,000,000을 매입하고 2개월 후에 지급하기로 하다.

① 외상매입금
② 미지급금
③ 복리후생비
④ 단기차입금

11 대여금과 차입금, 미수금과 미지급금에 대한 설명이다. 옳지 않은 것은?

① 기업이 상품 이외의 자산을 외상으로 처분한 경우에 발생한 채권은 미수금계정의 차변에 기입한다.

② 기업이 종업원이나 거래처 등으로부터 차용증서를 받고 1년 이내에 회수하는 조건으로 현금 등을 빌려 준 경우 단기 대여금계정의 대변에 기입한다.

③ 기업이 자금 융통을 위하여 차용증서를 써주고 거래처나 은행 등으로부터 현금을 차입하고, 1년 이내에 갚기로 한 경우 단기차입금계정의 대변에 기입한다.

④ 기업이 상품 이외의 자산을 외상으로 매입한 경우에 발생한 채무는 미지급금계정의 대변에 기입한다.

12 ㈜대망은 20X1년 8월 5일에 발생한 화재로 인하여 모든 재고 자산이 소실되었다. 20X1년 1월 1일부터 8월 5일까지의 확인된 자료는 다음과 같다. 매출총이익률이 30%라면 화재로 인해 소실된 재고자산은 얼마인가?

> 가. 1월 1일 기초재고자산 ₩300,000
> 나. 8월 5일까지의 순매출액 ₩2,000,000
> 다. 8월 5일까지의 총매입액 ₩1,500,000
> 라. 8월 5일까지의 매입환출액 ₩20,000

① ₩200,000
② ₩280,000
③ ₩300,000
④ ₩380,000

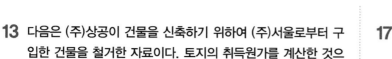
13 다음은 (주)상공이 건물을 신축하기 위하여 (주)서울로부터 구입한 건물을 철거한 자료이다. 토지의 취득원가를 계산한 것으로 옳은 것은?

> 가. 구입금액 : 구건물 ₩50,000,000, 토지 ₩30,000,000
> 나. 소유권이전 제비용 : ₩500,000
> 다. 건물철거비용 : ₩1,000,000
> 라. 구건물 철거부수입 : ₩500,000
> 마. 신건물 설계비 : ₩800,000

① ₩30,000,000   ② ₩31,000,000

③ ₩80,000,000   ④ ₩81,000,000

14 무형자산의 취득원가에 대한 설명으로 옳지 않은 것은?

① 구입가격에 자산을 의도한 목적에 사용할 수 있도록 준비하는데 직접 관련되는 원가를 가산한다.
② 무형자산과 기타자산을 일괄취득한 경우, 자산의 공정가치에 비례하여 배분한 금액을 취득원가로 한다.
③ 정부보조금에 의해 무형자산을 무상 또는 공정가치보다 낮은 대가로 취득한 경우, 취득원가를 공정가치로 할 수 있다.
④ 무형자산을 취득한 후에 이를 사용하거나 재배치하는데 발생하는 원가는 취득원가에 포함한다.

15 (주)상공은 주주총회에서 미처분이익잉여금을 아래와 같이 처분 하기로 의결하였다. 배당금과 이익준비금을 계산한 것으로 옳은 것은?

> 가. 자본금은 ₩10,000,000이다.
> 나. 현금배당 5%
> 다. 이익준비금은 법정 최소금액을 적립한다.
> 라. 당기순이익이 ₩1,000,000이다.

	배당금	이익준비금		배당금	이익준비금
①	₩10,000	₩100,000	②	₩50,000	₩500,000
③	₩100,000	₩10,000	④	₩500,000	₩50,000

16 비용의 인식에 대한 설명으로 옳지 않은 것은?

① 자산의 경제적 효익의 감소, 소멸이 명백할 때 비용으로 인식한다.
② 비용은 수익을 창출하는 과정에서 희생된 자원으로서 순자산의 감소를 초래한다.
③ 수익과 비용을 대응시키는 방법에는 직접대응, 체계적이고 합리적인 배분 및 즉시 비용화가 있다.
④ 미래 경제적 효익이 기대되지 않는 지출은 비용으로 인식할 수 없다.

17 재무제표 분석 기법 중 추세분석에 대한 설명으로 옳은 것은?

① 수직적분석이라고도 한다.
② 기업 간의 회계처리 방법에 차이가 있어도 추세분석을 통해 비교가능하다.
③ 연속되는 몇 회계기간의 자료를 비교함으로써 기업의 상태를 파악하는 것이다.
④ 한 기간의 재무제표를 구성하는 각 재무제표항목의 상대적인 크기를 백분율로 표시하여 비교 분석하는 것이다.

18 수익은 기업이 고객에게 약속한 재화나 용역의 이전을 나타내도록 해당 재화나 용역의 대가로 받을 권리를 갖게 될 것으로 예상 하는 대가를 반영한 금액으로 인식해야 한다. 수익을 인식하기 위한 올바른 순서는?

> 가. 고객과의 계약을 식별
> 나. 수행의무를 식별
> 다. 거래가격을 산정
> 라. 거래가격을 계약 내 수행의무에 배분
> 마. 수행의무를 이행할 때 수익을 인식

① 가, 나, 다, 라, 마   ② 가, 다, 라, 나, 마
③ 나, 가, 다, 라, 마   ④ 나, 다, 라, 가, 마

19 다음은 상공(주)가 매출채권의 대손 추정을 위해 확보한 자료이다. 결산수정분개 시 차변에 기입될 대손상각비 금액으로 옳은 것은?

> 〈결산수정분개 반영전 시산표 자료〉
> ○ 매출채권 총액: ₩570,000
> ○ 대손충당금 잔액: ₩5,000
>
> 〈연령분석법에 의한 대손 추정 자료〉

매출채권	대손추정율(%)
₩500,000	0.5
₩50,000	5
₩10,000	10
₩10,000	20

① ₩1,000   ② ₩2,500

③ ₩3,000   ④ ₩5,500

20 다음 중 주식수의 변동과 관련된 설명으로 옳은 것은?

① 회계기간 중의 주식분할은 희석주당순이익의 크기에 영향을 주지 못한다.
② 회계기간 중의 주식분할은 납입자본의 증가를 초래한다.
③ 회계기간 중의 주식배당은 총주식수의 변동을 초래한다.
④ 회계기간 중의 주식배당은 1주당 액면금액을 변동시킨다.

제2과목 ➔ 원가회계

21 원가에 대한 설명으로 옳지 않은 것은?

① 경제적 가치가 없는 재화나 용역의 소비(예: 공기 등) 또는 경제적 가치가 있다 하더라도 화폐적 가치를 지니고 있지 않은 재화나 용역의 소비는 원가가 될 수 없다.
② 경영과정에서 소비되는 모든 재화나 용역의 경제적 가치가 원가로 되는 것은 아니다.
③ 원가는 정상적인 경영과정에서 발생된 가치의 소비를 말한다.
④ 비정상적 또는 우발적으로 발생한 가치의 감소 및 과다소비는 원가에 포함한다.

22 다음은 원가를 행태(cost behavior)에 따라 분류하여 설명한 것이다. 설명하는 원가로 옳은 것은?

> 조업도의 변화에 따라 그 총액이 변동하는 원가를 말한다. 즉, 단위당 원가는 조업도가 변화하더라도 항상 일정하다.

① 준변동원가
② 준고정원가
③ 변동원가
④ 고정원가

23 원가에 관련된 설명으로 옳지 않은 것은?

① 원가대상(cost object)이란 원가를 부담하는 목적물을 의미하는 것으로 특정 제품이나 부문 등이 그 예이다.
② 특정 원가대상에 추적가능한 원가를 직접원가라고 한다.
③ 다양한 제품을 만드는 공장의 공장건물 감가상각비는 직접원가의 예이다.
④ 최근에는 활동(activities)이 중요한 원가대상이 되고 있다.

24 다음은 ㈜상공의 개별원가계산에 의한 제품 생산 원가자료이다. 20X1년 초 제품재고액이 ₩1,000,000, 20X1년 말 제품재고액이 ₩1,300,000일 때 20X1년도 손익계산서에 계상될 매출원가는 얼마인가? 단, 당기에 작업지시서 #102는 완성되었으나, 작업 지시서 #101은 아직 완성되지 않았다.

	작업지시서#101	작업지시서#102
기초재공품		₩500,000
직접재료원가	₩300,000	₩200,000
직접노무원가	₩400,000	₩100,000
제조간접원가	₩200,000	₩200,000

① ₩200,000
② ₩600,000
③ ₩700,000
④ ₩1,000,000

25 부문별원가계산의 순서를 바르게 나열한 것은?

> (ㄱ) 부문 공통비를 각 부문에 배부한다.
> (ㄴ) 부문 개별비를 각 부문에 부과한다.
> (ㄷ) 보조 부문비를 제조 부문에 배부한다.
> (ㄹ) 제조 부문비를 각 제품에 배부한다.

① (ㄱ)→(ㄴ)→(ㄷ)→(ㄹ)
② (ㄴ)→(ㄱ)→(ㄷ)→(ㄹ)
③ (ㄷ)→(ㄴ)→(ㄱ)→(ㄹ)
④ (ㄹ)→(ㄴ)→(ㄱ)→(ㄷ)

26 원가배부의 일반적인 목적에 대한 설명으로 옳지 않은 것은?

① 재고자산 평가와 이익측정을 위한 매출원가를 계산하기 위해 관련된 원가를 재고자산과 매출원가에 배부하여야 한다.
② 개별 제품과 직접적인 인과관계가 없는 원가는 제품에 배부하면 안 된다.
③ 부문경영자나 종업원들이 합리적인 행동을 하도록 하기 위해 서는 각 부문이나 활동별로 원가를 배부한다.
④ 제품의 가격결정, 부품의 자가제조 또는 외부구입과 같은 의사결정에 필요한 정보를 제공할 수 있어야 한다.

27 복리후생비를 부문별로 배부할 경우 동력부문으로의 배부액은 얼마인가?

> 가. 공통부문비 : 복리후생비 총 발생액 ₩700,000
> 나. 배부기준 : 종업원수

항목	제조부문		보조부문	
	A부문	B부문	동력부문	수선부문
종업원수	25명	20명	15명	10명

① ₩100,000
② ₩150,000
③ ₩200,000
④ ₩250,000

28 (주)상공의 제조경비 내역이다. 당월의 제조경비 소비액은 얼마인가? (단, 원가계산기간은 1개월이며, 회계기간은 1년이다.)

> 가. 공장건물 화재보험료 1년분 ₩600,000
> 나. 공장건물 임차료 당월 미지급분 ₩100,000
> 다. 기계장치에 대한 당기 분 감가상각비 ₩1,200,000

① ₩100,000   ② ₩150,000

③ ₩200,000   ④ ₩250,000

29 (주)상공식품은 제조간접원가를 기계시간 기준으로 배부한다. 제11기 제조간접원가 배부율과 제빵에 배부될 제조간접원가는 얼마인가?

<11기 원가자료>

	합계	제빵
원가자료		
직접재료원가	3,000,000원	1,200,000원
직접노무원가	2,500,000원	1,050,000원
제조간접원가	1,800,000원	?
배부기준		
직접노동시간	10,000시간	4,500시간
기계시간	6,000시간	3,000시간

① 제조간접원가 배부율 @₩0.72 제조간접원가 ₩756,000

② 제조간접원가 배부율 @₩0.60 제조간접원가 ₩720,000

③ 제조간접원가 배부율 @₩180 제조간접원가 ₩810,000

④ 제조간접원가 배부율 @₩300 제조간접원가 ₩900,000

30 (주)한국의 A부문은 종합원가계산에 선입선출법을 적용한다. 다음은 20X1년 6월 한 달 동안 원가관련 자료이다. 직접재료원가는 공정초기에 전량투입되며, 가공원가는 완성도에 따라 비례하여 발생한다. 기초재공품의 완성도는 50%이고 기말재공품의 완성도는 50%이다. 20X1년 6월 한 달 동안의 가공원가의 완성품환산량은 얼마인가?

	조립수량	직접재료원가	가공원가
기초재공품(6월 1일)	8	₩4,933,600	₩910,400
20X1년 6월 착수량	50		
20X1년 6월 완성량	46		
기말재공품(6월30일)	12		
20X1년 6월 투입원가		₩32,200,000	₩13,920,000

① 38단위   ② 41단위

③ 43단위   ④ 48단위

31 다음은 공정별 종합원가계산에 대한 설명이다. 옳지 않은 것은?

① 전공정원가의 완성도는 제조진행의 정도에 따라 계산한다.

② 제1공정에서 제2공정으로 대체되는 원가를 전공정원가라고 한다.

③ 전공정 완성품이 다음 공정으로 대체되지 않을 경우에는 반제품 계정에 대체한다.

④ 2개 이상의 제조공정을 거쳐 연속 대량생산하는 기업에서 사용하는 원가계산 방법이다.

32 개별원가계산과 종합원가계산에 대한 설명으로 옳지 않은 것은?

① 종합원가계산의 단위당 원가는 발생한 모든 원가요소를 집계한 당기총제조원가에 기말재공품원가를 가산한 후 그 합계액을 완성품과 기초재공품에 안분계산함으로써 완성품 총원가를 계산하고, 이를 제품단위에 배분하여 산정한다.

② 개별원가계산은 다른 종류의 제품을 개별적으로 생산하는 생산형태에 적용하며, 각 제조지시서별로 원가를 산정한다.

③ 원가의 제품별 계산은 원가요소를 제품단위에 집계하여 단위 제품의 제조원가를 산정하는 절차를 말하며, 이는 생산형태에 따라 개별원가계산방식과 종합원가계산방식 등으로 분류한다.

④ 종합원가계산의 기말재공품의 완성품 환산량은 재료의 투입 정도 또는 가공정도 등을 고려하여 직접재료원가와 가공원가로 구분하여 산정할 수 있다.

33 원가는 경제적 효익의 소멸 여부에 따라 소멸원가와 미소멸원가로 분류한다. 옳지 않은 것은?

① 원가는 재무보고로 제공될 수 있는 정보에 대한 포괄적 제약 요인으로서, 원가란 재화나 용역을 얻기 위해서 희생된 경제적 효익을 말한다.

② 자산은 미래 경제적 효익이 기업에 유입될 가능성이 높고 해당 항목의 원가 또는 가치를 신뢰성 있게 측정할 수 있을 때 재무상태표에 인식한다.

③ 비용은 발생된 원가와 특정 수익 항목간의 가득 간에 존재하는 직접적인 관련성을 기준으로 포괄손익계산서에 인식한다.

④ 어떤 희생을 치름으로써 미래 경제적 효익을 획득할 수 있을 것으로 예상되는 경우, 그 희생을 미래로 이연하는 원가를 소멸원가라 하며 재무상태표에 자산으로 계상한다.

 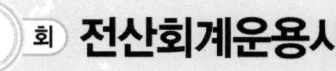

34 제조간접원가 배부차이의 회계처리에 관한 설명이다. ( )안에 들어갈 말을 순서대로 나열한 것은?

> 제조간접원가는 예정배부액을 기준으로 원가 계산을 하므로 실제 발생한 제조간접원가와 차이가 난다. 이때 예정배부한 제조간접원가보다 실제발생한 제조간접 원가가 더 많다면 제조간접원가는 ( ) 배부한 것이고, 실제발생한 제조간접 원가가 더 적다면 제조간접 원가는 ( ) 배부한 것이다.

① 과대, 과소
② 과대, 과대
③ 과소, 과대
④ 과소, 과소

35 (주)상공은 제조간접원가를 작업지시별로 배부할 때 조립부문은 직접노무원가에 근거한 예정배부율을 사용하고 있다. 조립부문의 제조간접원가 과대(또는 과소)배부액으로 옳은 것은?

조립부문의 원가

구분	예정	실제
직접노무원가	₩600,000	₩800,000
제조간접비원가	₩1,200,000	₩1,800,000
직접노동시간	30,000시간	32,500시간

① 과대배부 ₩300,000
② 과소배부 ₩300,000
③ 과대배부 ₩200,000
④ 과소배부 ₩200,000

36 제조기업의 재고자산에 해당하는 계정을 <보기>에서 고른 것은?

> <보기>
> ㄱ. 원재료 ㄴ. 재공품 ㄷ. 노무비 ㄹ. 제조간접비

① ㄱ, ㄴ
② ㄱ, ㄷ
③ ㄴ, ㄹ
④ ㄷ, ㄹ

37 (주)상공은 20X1년 11월에 발생한 제조간접원가를 집계한 후 원가 계산을 위하여 재공품계정으로 대체 하였다. 옳은 회계처리는?

① 재공품 ××× / 제조간접원가 ×××
② 제조간접원가 ××× / 재공품 ×××
③ 제조간접원가 ××× / 제품 ×××
④ 매출원가 ××× / 제조간접원가 ×××

38 (주)상공은 임대공장에서 제조하고 있으며 제조 품목은 의료기와 건강보조기이다. 각 제품에 공장 임차료를 배부하기 위한 원가 배부기준으로 가장 옳지 않은 것은?

① 원가대상인 각 제품과의 특정활동과 관련되는 인과관계에 비례하여 배부하였다.
② 원가대상인 각 제품의 수익성(이익)에 의하여 배부하였다.
③ 원가대상인 각 제품매출액의 크기에 비례하여 배부하였다.
④ 원가대상인 각 제품 크기에 따라 비례하여 배부하였다.

39 다음 자료는 (주)대한의 생산공장에서 발생한 원가이다. (주)대한의 제조간접비는 얼마인가? 단, 외주가공비는 제품별로 추적가능하다.

직접재료비	₩100,000	간접재료비	₩50,000
직접노무비	₩200,000	간접노무비	₩100,000
수선유지비	₩50,000	외주가공비	₩20,000
수도광열비	₩30,000		

① ₩150,000
② ₩200,000
③ ₩230,000
④ ₩250,000

40 다음은 대한공업사의 제조경비에 관한 자료이다. 제조원가에 산입하는 방법에 따른 분류 중 당월에 발생한 지급 제조경비의 소비액을 계산한 것으로 옳은 것은?

> 가. 기계수선비 : 전월 선급액 ₩25,000
> 　　　　　　　　당월 지급액 ₩240,000
> 　　　　　　　　당월 말 선급액 ₩45,000
> 나. 외주가공비 : 전월 미지급액 ₩50,000
> 　　　　　　　　당월 지급액 ₩500,000
> 　　　　　　　　당월 미지급액 ₩80,000

① ₩420,000
② ₩475,000
③ ₩615,000
④ ₩750,000

※ 무 단 전 재 금 함	형별	**A형**	제한 시간	**60분**	수험번호	성 명

※ 다음 문제를 읽고 알맞은 것을 골라 답안카드의 답란(①, ②, ③, ④)에 표기하시오.

제1과목 → 재무회계

01 다음 중 회계에 대한 설명으로 옳지 않은 것은?

① 회계의 목적은 기업의 주요 이해관계자인 투자자, 종업원, 거래처, 채권자 등에게 기업과 관련된 합리적 의사결정에 필요한 유용한 재무정보를 제공하는 것이다.

② 회계는 회계정보시스템에서 산출되는 정보를 이용하는 주된 회계정보이용자의 회계정보 이용목적에 따라 재무회계, 관리회계, 세무회계로 구분한다.

③ 회계가 적용되는 조직의 영리성 유무에 따라 영리회계와 비영리회계로 분류한다.

④ 일정한 원칙에 따라 재화의 증감은 물론, 손익의 발생을 원인별로 계산하는 완전한 기입방법이 단식회계(단식부기)이다. 오늘날 대부분의 기업회계, 정부회계 등은 이러한 단식회계제도를 도입하고 있다.

02 결산 결과 당기순이익이 ₩300,000이 계상되었으나, 다음과 같은 결산정리사항이 누락되었다. 이를 반영한 후의 정확한 당기 순이익으로 옳은 것은? (단, 보험료는 지급할 때 비용 계정으로, 임대료는 받을 때 수익 계정으로 처리하였다.)

가. 보험료 선급분 ₩5,000 나. 임대료 선수분 ₩20,000 다. 이자 미수분 ₩15,000 라. 급여 미지급분 ₩30,000

① ₩270,000
② ₩290,000
③ ₩300,000
④ ₩330,000

03 다음은 재무상태표 작성 시의 통합 과목 중 하나에 대한 설명이다. 해당 과목의 금액에 있어서 변화를 초래하는 거래로 옳은 것은?

보유하고 있는 현금과 요구불예금 및 유동성이 매우 높은 단기투자자산으로서 확정된 금액의 현금으로 전환이 용이 하고 가치 변동의 위험이 경미한 자산

① 상품 ₩100,000을 외상으로 구입하다.
② 비품 ₩100,000을 매각하고 대금은 월말에 받기로 하다.
③ 보통예금 ₩1,000,000을 인출하여 1년 만기 정기예금하다.
④ 자기앞수표 ₩100,000을 ₩10,000권 지폐 10매로 교환해 오다.

04 다음 중 자본변동표를 통해 변동 내용을 알 수 없는 회계정보는?

① 납입자본
② 이익잉여금
③ 비유동자산
④ 기타자본요소

05 다음 중 현금및현금성자산에 관한 설명으로 옳지 않은 것은?

① 현금및현금성자산에는 은행에 예탁한 현금인 보통예금과 당좌예금도 포함된다.

② 현금성자산은 큰 거래비용없이 현금으로 전환이 용이하고, 이자율변동에 따른 가치변동의 위험이 중요하지 않으며, 취득 당시 만기 또는 상환일이 3개월 이내에 도래하는 금융상품을 말한다.

③ 현금에는 자기앞수표, 송금수표, 우편환증서 등과 같은 통화 대용증권도 포함된다.

④ 금융자산 중 현금성자산의 요건을 충족하지 못하는 경우에는 6개월을 기준으로 단기금융자산으로 분류된다.

06 다음 중 투자부동산에 해당하는 자산으로 적합하지 않은 것은?

① 임대 수익을 목적으로 보유하고 있는 건물
② 장기 시세차익 목적으로 보유하고 있는 토지
③ 자가 사용 목적으로 건설 또는 개발 중인 부동산
④ 운용리스로 제공하기 위하여 보유하는 미사용건물

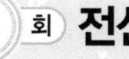 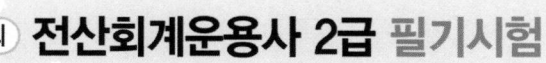

07 ㈜대한은 20X1년 초에 장기 임대수익을 얻을 목적으로 건물을 ₩200,000에 구입하였다. 20X1년 12월 31일과 20X2년 12월 31일 현재의 공정가치는 각각 ₩360,000과 ₩300,000이다. 동 건물에 대하여 공정가치모형을 적용할 경우 20X2년도 당기손익에 영향을 미치는 금액은 얼마인가? (단, 감가상각이 필요할 경우에는 건물의 내용연수 10년, 잔존가치는 없으며, 정액법으로 처리한다.)

① ₩120,000   ② ₩100,000
③ ₩80,000   ④ ₩60,000

08 다음 중 기업의 주된 영업활동인 재화의 판매나 용역의 제공 이외의 거래에서 발생하는 채권채무로만 구성된 것은 어느 것인가?

① 미수금, 미지급금   ② 매출채권, 미지급금
③ 미수금, 매입채무   ④ 매출채권, 매입채무

09 다음 거래에서 어음상의 채권이 소멸되는 거래를 모두 고른 것은? (단, 어음의 배서양도 및 할인 거래는 모두 매각 거래로 처리한다.)

> 가. 거래처에서 상품 ₩200,000을 매입하고, 대금은 1개월후 만기의 약속어음을 발행하여 지급하다.
> 나. 거래처로부터 받은 약속어음 ₩300,000이 만기일에 회수되어 당좌예금에 입금 되었다는 통지를 받다.
> 다. 거래처에 상품 ₩500,000을 매출하고, 대금은 동점발행 상공상점 인수의 환어음으로 받다.
> 라. 거래처에서 받은 약속어음 ₩400,000을 거래 은행에서 할인받고, 할인료 ₩20,000을 차감한 실수금은 당좌 예입하다.

① 가, 다   ② 가, 라
③ 나, 다   ④ 나, 라

10 다음 받을어음과 지급어음에 대한 내용으로 옳지 않은 것은?

① 상품을 매출하고 그 대금으로 약속어음 또는 환어음을 받아 어음상의 채권이 발생하면 받을어음계정의 차변에 기입하고, 만기일에 어음대금을 회수하거나 어음의 배서양도, 어음의 할인 등으로 어음상의 채권이 소멸하면 받을어음계정의 대변에 기입한다.
② 법적 구분에도 불구하고 약속어음이든 환어음이든 수취인은 교부받은 어음금액을 지급어음(매입채무)으로, 발행인(약속 어음의 경우)이나 지급인(환어음의 경우)은 발행된 어음 금액을 받을어음(매출채권)으로 회계처리한다.

③ 환어음이란 발행인이 일정한 금액을 만기일에 어음 수취인에게 지급하도록 지명인에게 의뢰한 증서로 거래관계자는 발행인, 수취인, 지명인(지급인) 3인이다.
④ 상품매입대금으로 약속어음을 발행하여 지급하거나, 매입처가 발행한 환어음을 인수한 경우에는 지급어음계정의 대변에 기입하고, 나중에 어음대금을 지급하면 지급어음계정의 차변에 기입한다.

11 다음은 ㈜상공의 20X1년 9월 상품 매매 내역이다. 이를 기초로 매출총이익을 계산하면 얼마인가? (단, 원가흐름가정은 이동 평균법을 가정한다.)

> 상품 매매 내역
> ○ 9월 1일 전월이월 200개 @₩100
> ○ 9월 10일 매 입 200개 @₩200
> ○ 9월 22일 매 출 250개 @₩300

① ₩20,000   ② ₩37,500
③ ₩45,000   ④ ₩75,000

12 다음 중 유형자산의 취득원가에 포함되는 항목으로 옳은 것만을 〈보기〉에서 있는 대로 고른 것은?

> 〈 보 기 〉
> ㄱ. 유형자산의 건설과 직접적으로 관련되어 발생한 종업원 급여
> ㄴ. 설치장소 준비 원가
> ㄷ. 유형자산이 정상적으로 작동되는지 여부를 시험하는 과정 에서 발생하는 원가
> ㄹ. 유형자산과 관련된 산출물에 대한 수요가 형성되는 과정 에서 발생하는 가동손실
> ㅁ. 유형자산 설치 관련 전문가에게 지급하는 수수료

① ㄱ, ㄷ, ㄹ   ② ㄱ, ㄴ, ㄷ, ㅁ
③ ㄱ, ㄴ, ㄹ   ④ ㄴ, ㄷ, ㄹ, ㅁ

13 ㈜상공은 신약 개발과 관련하여 발생한 개발비 ₩300,000이 무형자산의 요건을 충족하여 20X1년 1월 1일부터 개발비로 기록한후 정액법(내용연수: 5년)으로 상각해오고 있는 중에 20X3년 1월 1일에 이 신약 제조기술에 대해서 성공적으로 특허권을 취득하고, 그 비용으로 ₩700,000을 지출하였다. 특허권의 취득 원가로 기록할 금액은 얼마인가?

① ₩180,000   ② ₩700,000
③ ₩820,000   ④ ₩1,000,000

14 다음은 금융자산과 금융부채 및 지분상품에 대한 용어정의 및 표시에 관한 내용이다. 옳지 않은 것은?

① 미래에 현금을 수취할 계약상 권리에 해당하는 금융자산과 이에 대응하여 미래에 현금을 지급할 계약상 의무에 해당하는 금융부채의 일반적인 예는 매출채권과 매입채무, 받을어음과 지급어음, 대여금과 차입금, 투자사채와 사채 등이 있다.

② 금융상품의 다른 유형으로는 수취하거나 포기하여야 할 경제적효익이 현금 외의 금융자산으로 이루어지는 경우이다. 이러한 예로는 국채지급어음을 들 수 있다. 국채는 발행자인 정부가 현금을 지급할 의무를 나타내므로 금융자산이다. 따라서 당해 어음은 보유자와 발행자에게 각각 금융자산과 금융부채이다.

③ 실물자산(예 : 재고자산, 유형자산), 리스자산과 무형자산(예 : 특허권, 상표권)은 금융자산이다.

④ 자기지분상품은 취득한 이유에 관계없이 금융자산으로 인식할 수 없다. 기업이 취득한 자기지분상품은 자본에서 차감 하도록 하고 있다.

15 다음 중 사채에 표시된 액면이자율이 시장이자율보다 낮을 때의 사채발행방법으로 옳은 것은? (단, 사채발행비는 없다고 가정 한다.)

① 할인발행
② 할증발행
③ 액면발행
④ 시차발행

16 다음은 (주)상공기업의 종업원 퇴직금에 대한 내용이다. 이에 대한 분개로 옳은 것은?

> 확정급여제도를 채택하고 있는 ㈜상공은 A종업원에 대한 퇴직금 ₩1,000,000을 사외적립자산을 활용하여 지급하였다.

① 분개 없음
② (차) 퇴직급여 1,000,000 (대) 사외적립자산 1,000,000
③ (차) 확정급여채무1,000,000 (대) 임의적립금 1,000,000
④ (차) 확정급여채무1,000,000 (대) 사외적립자산 1,000,000

17 음 중 거래형태별 수익인식 시점에 대한 설명으로 옳은 것은?

① 이자수익은 현금을 수취하는 시점
② 재화의 판매는 대금이 회수되는 시점
③ 상품권을 이용한 판매의 수익은 상품권을 판매하는 시점
④ 배당금수익은 받을 권리가 확정되는 시점

18 다음은 (주)상공의 상품매매와 관련된 거래이다. 이를 회계처리한후 나타나는 재무상태표 계정의 변화에 대한 설명으로 옳은 것은?

> 가. 거래처에 상품 ₩100,000을 매출하고 대금은 신용카드로 결재하다.
> 나. 판매용 책상 ₩100,000을 구입하고 대금은 신용카드로 결재하다.

① 비품 ₩100,000 증가
② 미수금 ₩100,000 증가
③ 미지급금 ₩100,000 증가
④ 외상매출금 ₩100,000 증가

19 (주)상공의 거래를 분개할 때 현금계정이 나타나지 않는 것은?

① 임대료 ₩50,000을 거래처발행 당좌수표로 받다.
② 비품 ₩50,000을 구입하고 자기앞수표로 지급하다.
③ 상품 ₩50,000을 매출하고 당점발행 당좌수표로 받다.
④ 결산일에 현금의 장부금액보다 현금의 실제액이 ₩50,000 부족함을 발견하다.

20 특수매매의 회계처리에 대한 설명으로 옳은 것은?

① 상품권 판매의 경우 상품권을 발행한 날 매출계정으로 처리한다.
② 시용판매의 경우 상품을 고객에게 인도한 날 매출계정으로 처리한다.
③ 위탁판매의 경우 수탁자에게 상품을 발송한 날 매출계정으로 처리한다.
④ 단기 할부 판매의 경우 상품을 인도한 날 매출계정으로 처리한다.

제2과목 → 원가회계

21 제조원가에 속하는 원가 항목으로 옳지 않은 것은?

① 공장 청소사원의 노무비와 식대
② 제조를 위한 기계장치의 감가상각비, 수리비
③ 생산부서의 시간외 야근수당, 야근식대
④ 영업부서의 급여, 인센티브

22 다음 중 원가(cost)에 대한 설명으로 옳지 않은 것은?

① 원가란 목적을 위한 수단으로서 상이한 목적에 따라 상이한 원가를 적용할 수 있다.

② 원가 중 기업의 수익획득에 기여하지 못하고 소멸된 부분은 비용으로, 수익획득에 기여하고 소멸된 부분은 손실로 처리 한다.

③ 원가 중 기업의 수익획득에 아직 사용되지 않은 부분은 자산 즉 미소멸원가이다.

④ 원가란 특정 재화 및 용역을 얻거나 생산하기 위하여 치른 경제적자원의 희생을 화폐단위로 측정한 것이다.

23 다음 중 제조간접비에 관한 설명으로 옳은 것은?

① 기초원가 또는 기본원가라고 한다.

② 모든 공장 노무비를 포함한다.

③ 변동비가 될 수도 있고 고정비가 될 수도 있다.

④ 특정 제품에 소비된 원가를 추적할 수 있기 때문에 직접 부과한다.

24 다음은 공통원가배분의 전형적인 기준에 대한 설명이다. 이중 성격이 다른 것은?

① 인과관계기준   ② 수혜기준

③ 부담능력기준   ④ 원가행태기준

25 (주)대한공업사의 9월 중 A주요재료에 관한 자료는 다음과 같다. 9월 말 재료 감모 손실액을 회계 처리한 결과로 옳은 것은? (단, 감모량 중 6개는 정상분이고 나머지는 비정상분으로 발생한 것이다.)

```
가. 월초 재고 수량 250개
나. 당월 매입 수량 1,250개
다. 월말 장부 재고량 300개
라. 월말 실제 재고량 280개
    (단, 장부상의 단위당 원가는 @₩500이다.)
```

① (차) 재 공 품 3,000   (대) 재료감모손실 10,000
    손   익 7,000

② (차) 제조간접비 3,000   (대) 재료감모손실 10,000
    손   익 7,000

③ (차) 제조간접비 10,000   (대) 재료감모손실 10,000

④ (차) 손   익 10,000   (대) 재료감모손실 10,000

26 (주)상공의 당월 중에 제조부문비 예정배부액은 ₩55,000 이고, 당월 말에 제조부분비 실제배부액은 ₩50,000인 것으로 밝혀졌다. 이 차이를 조절하기 위한 적절한 분개로 옳은 것은?

① (차) 보조부문비 5,000 (대) 제조부문비 5,000

② (차) 제조부문비 5,000 (대) 부문비배부차이 5,000

③ (차) 제조부문비 5,000 (대) 보조부문비 5,000

④ (차) 부문비배부차이 5,000 (대) 제조부문비 5,000

27 두 개의 제조부문(제1부문과 제2부문)을 이용하여 제품을 생산하고 있는데, 직접노동시간을 기준으로 제조간접비를 배부하고 있다. 공장전체배부율을 사용하는 경우와 부문별배부율을 사용 하는 경우 각각에 대하여 제품A의 제조간접비 배부액을 계산 하면 얼마인가?

	제1부문	제2부문	합 계
부문비	₩12,000	₩16,000	₩28,000
직접노동시간	600시간	400시간	1,000시간
제품A	45시간	55시간	100시간

	공장전체배부율 사용	부문별배부율 사용
①	₩3,400	₩3,100
②	₩3,100	₩3,320
③	₩2,800	₩3,100
④	₩2,800	₩3,080

28 다음 원가배부의 기준 중 공장에서 발생하는 제조간접비를 각 제품생산에 소요된 직접노동시간을 기준으로 배부하는 경우에 해당하는 것으로 옳은 것은? (단, 제조간접비는 직접노동시간과 비례관계에 있다.)

① 효익수혜기준   ② 공정성과 형평성기준

③ 부담능력기준   ④ 인과관계기준

29 부문비 내역과 용역수수관계는 다음과 같다. 직접배부법에 의하는 경우 제조부문2에 배분될 보조부문의 부문비 총액을 계산하면 얼마인가?

사용 제공	제조부문		보조부문	
	제조부문1	제조부문2	동력	용수
발생원가	₩100,000	₩30,000	₩75,000	₩60,000
동력	50%	25%	–	25%
용수	40%	40%	20%	–

① ₩55,000   ② ₩60,000

③ ₩75,000   ④ ₩80,000

30 개별원가계산에 대한 설명으로 옳지 않은 것은?

① 직접원가는 작업별로 직접 추적하고 간접원가는 배부기준에 따라 배부하여 제품이나 서비스의 원가를 계산한다.
② 조선업이나 건설업 등과 같이 수요자의 주문에 따라 제품을 생산하는 업종에서 주로 사용된다.
③ 직접재료원가, 직접노무원가, 제조간접원가 모두를 실제원가로 계산하는 것을 실제개별원가계산이라 한다.
④ 직접재료원가, 직접노무원가, 제조간접원가 모두를 예정 배부율을 사용해 예정원가로 계산하는 것을 정상개별원가계산이라 한다.

31 결합제품 A와 B를 생산하였다. A와 B의 단위당 판매가격은 각각 ₩1,000과 ₩1,200이고, 생산량은 각각 400개와 1,200개이었다. 결합제품 A에 배부될 결합원가가 ₩50,000일 때, 결합제품 B에 배부될 결합원가는 얼마인가? (단, 물량기준법을 적용하여 결합 원가를 배부한다.)

① ₩140,000
② ₩150,000
③ ₩160,000
④ ₩170,000

32 다음 자료를 이용하여 평균법에 의한 완성품환산량 단위당 원가를 계산하면 얼마인가? (단, 모든 제조원가는 공정전반에 걸쳐 균등하게 발생한다.)

가. 월초재공품 원가 ₩150,000
나. 당월 총 제조비용 ₩600,000
다. 완성품 수량 100개
라. 월말재공품의 완성품환산량 50개

① ₩5,000
② ₩6,000
③ ₩7,500
④ ₩15,000

33 다음 ( )안에 알맞은 것은?

제품생산이 복수의 공정에 의하여 이루어지는 공정별 원가계산에서 1공정에서 2공정으로 투입되는 완성품을 ( )(이)라고 한다.

① 1공정 완성품
② 2공정 완성품
③ 전공정 대체품
④ 차공정 대체품

34 (주)상경의 다음 자료에 의하면 매출총이익은 얼마인가? (단, 기초제품은 ₩35,000 기말제품은 ₩44,000 이며 매출액은 ₩1,000,000이다.)

재공품 기초재공품 62,000	당기제품제조원가 ( )
직접재료원가 180,000	기말재공품 48,000
직접노무원가 240,000	제조간접원가 160,000

① ₩585,000
② ₩594,000
③ ₩415,000
④ ₩435,000

35 부문별 원가를 배부하는 순서에 대한 다음의 설명 중 옳은 것은?

① 특정한 배부순서가 없다.
② 제품에 배분, 그 다음에는 원가중심점에 배부 한다.
③ 원가중심점에 배부, 보조부문에서 제조부문으로 배부, 그 다음에 제품에 배부 한다.
④ 제조부문에 배부, 제조부문에서 보조부문으로 배부, 그다음에 제품으로 배부 한다.

36 다음은 선진공업사의 연초에 각 부문별로 자기부문에서 발생하리라고 추정한 연간 제조간접비 예상액 및 예정 배부기준과 예상 시간총수와 관련된 자료이다. 제조1부문과 제조2부문의 예정배부율을 계산한 것으로 옳은 것은? (단, 보조부문비 배부는 직접배부법, 제조부문비 배부는 예정배부법에 의한다.)

용역제공 \ 용역사용	제조부문 제조1부문	제조2부문	보조부문 동력부문	수선부문	합계
자기부문 발생액(원)	500,000	400,000	300,000	200,000	1,400,000
동력부문	40%	40%	---	20%	100%
수선부문	30%	30%	40%	---	100%

제조부문별 예정 배부기준 및 연간 예상 시간 총수는 다음과 같다.
가. 제조1부문비 : 기계작업시간, 연간 1,000시간
나. 제조2부문비 : 직접노동시간, 연간 500시간

	제조1부문	제조2부문
①	단가 ₩680	단가 ₩1,080
②	단가 ₩680	단가 ₩1,160
③	단가 ₩750	단가 ₩1,300
④	단가 ₩750	단가 ₩1,680

37 다음은 제조기업인 ㈜대한의 회계 자료 중 일부이다. 제조간접원가에 포함될 금액은 얼마인가?

원재료구입액 200,000
생산직원 임금 50,000
관리부서 식대 5,000
생산부서 식대 8,000
감가상각비(공장) 2,000
감가상각비(영업물류시설) 1,000
보험료(공장화재보험) 1,500
보험료(판매차량보험) 500
지급임차료(생산설비) 1,500
광고선전비 2,000
수선비(공장 시설) 1,100
수선비(관리부인테리어) 800

① ₩14,100 ② ₩15,900
③ ₩24,100 ④ ₩25,900

38 다음은 개별원가계산의 절차이다. ㉮, ㉯에 들어갈 내용으로 옳지 않은 것은?

제1단계 ( ) 원가계산	제2단계 부문별 원가계산	제3단계 ( ) 원가계산
	· 부문개별비는 부문에 직접 부과 · 보조부문비는 제조부문에 배부 · 제조부문비는 각 제품에 배부	
㉮		㉯

① ㉮ 재료비, 노무비, 경비의 요소별 집계
② ㉮ 부문공통비는 배부기준에 따라 배부
③ ㉯ 제조지시서별 원가를 집계하여 재공품계정에 집계
④ ㉯ 완성된 것은 제품계정으로 대체

39 다음은 (주)상공의 재공품 계정에 대한 자료이다. 기본원가를 계산한 금액으로 옳은 것은?

가. 기초재공품 ₩100,000
나. 직접재료원가 ₩500,000
다. 기말재공품 ₩200,000
라. 완성품(당기제품제조원가) ₩1,000,000   (단, (주)상공은 직접노무원가의 50%를 제조간접원가로 배부한다.)

① ₩600,000 ② ₩800,000
③ ₩900,000 ④ ₩1,000,000

40 (주)상공은 월중에 절단부문비 ₩100,000과 조립부문비 ₩120,000을 예정배부하였다. 월말에 집계된 부문비의 실제발생액은 절단부문 ₩80,000과 조립부문 ₩90,000으로 집계 되었다. 부문비 실제발생액을 인식하는 분개로 옳은 것은?

① (차) 재 공 품 170,000 (대) 절단부문비 80,000
                         조립부문비 90,000

② (차) 제조간접비 170,000 (대) 절단부문비 80,000
                         조립부문비 90,000

③ (차) 절단부문비 80,000 (대) 재 공 품 170,000
     조립부문비 90,000

④ (차) 절단부문비 80,000 (대) 제조간접비 170,000
     조립부문비 90,000

※ 다음 문제를 읽고 알맞은 것을 골라 답안카드의 답란(①, ②, ③, ④)에 표기하시오.

제1과목 → 재무회계

01 다음 계정과목 중 성격이 다른 것은?

① 산업재산권
② 임대보증금
③ 건설중인자산
④ 기타포괄손익-공정가치측정금융자산

02 다음 중 회계연도 말에 행하는 결산수정분개로 옳지 않은 것은?

① (차) 임차료 xxx (대) 미지급비용 xxx
② (차) 보험료 xxx (대) 선급비용 xxx
③ (차) 매입 xxx (대) 보통예금 xxx
④ (차) 미수수익 xxx (대) 이자수익 xxx

03 다음 중 재무제표에 대한 설명으로 옳지 않은 것은?

① 재무제표의 작성에 대한 책임은 경영자에게 있다.
② 재무제표는 화폐단위로 측정된 정보를 주로 제공한다.
③ 포괄손익계산서는 일정시점의 기업의 재무상태를 보여주는 보고서이다.
④ 재무제표는 정보이용자의 경제적 의사결정에 유용한 정보를 제공하기 위해 작성된다.

04 다음 중 '재무제표 표시'에서 규정된 기타포괄손익에 해당되는 것을 모두 고르면 몇 개인가?

· 재평가잉여금
· 해외사업장의 재무제표 환산으로 인한 손익
· 기타포괄손익-공정가치측정금융자산의 재측정 손익
· 관계기업의 이익에 대한 지분

① 1개
② 2개
③ 3개
④ 4개

05 20x1년 12월 31일 현재 ㈜상공의 장부상 당좌예금 잔액(조정 전)은 ₩4,500,000이다. 다음과 같은 조정사항이 있을 때, 조정 전은행측 잔액은 얼마인가?

가. 어음 추심(액면과 이자): ₩205,000
나. 은행수수료: ₩20,500
다. 은행미기입예금: ₩350,000
라. 은행기입 착오 : ₩200,000
  (서울상사 입금액을 상공계좌에 입금)
마. 기발행미인출수표: ₩300,000

① ₩4,834,500
② ₩4,684,500
③ ₩4,434,500
④ ₩4,424,500

06 (주)초록은 저장창고를 신축하기 위하여 토지를 구입하였다. (주)초록은 토지 구입직후에 동 토지 위에 있던 낡은 창고를 철거하였는데, 이 때 철거비용이 ₩1,000,000이 발생하였다. 철거비용 ₩1,000,000을 회계처리하는 방법으로 옳은 것은?

① 당기 비용으로 처리한다.
② 취득한 토지원가에 가산한다.
③ 신축되는 저장창고의 원가에 가산한다.
④ 별도의 독립적인 구축물계정으로 인식한다.

07 다음은 환어음 발행과 관련된 거래 내용이다. A상점의 분개로 옳은 것은?

A상점은 B상점으로부터 상품 ₩1,000,000을 매입하고, 상품대금 지급을 위하여 외상매출금이 있는 C상점을 지급인으로 환어음을 발행하여 C상점의 인수를 받아 B상점에게 지급하였다.

① (차) 매입 1,000,000 (대) 받을어음 1,000,000
② (차) 매입 1,000,000 (대) 지급어음 1,000,000
③ (차) 매입 1,000,000 (대) 외상매입금 1,000,000
④ (차) 매입 1,000,000 (대) 외상매출금 1,000,000

08 투자부동산으로 회계 처리하는 경우로 옳은 것은?

① 자가 사용 부동산
② 제3자를 위하여 건설 중인 부동산
③ 장기 시세차익을 얻기 위하여 보유하고 있는 토지
④ 정상적인 영업과정에서 판매를 목적으로 보유 중인 부동산

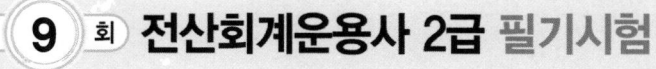

09 경기(주)는 20x2년 초에 3년 만기, 액면이자율 연 10%, 액면금액 100,000원인 사채를 95,198원에 발행했다. 사채발행회사가 사채 발행에 따른 다음의 회계처리 중 옳지 않은 것은 ?

① 사채 발행회사는 발행 시, 현금 95,198원을 받는다. 따라서 액면금액을 차입하는 것이 아니라 95,198원을 차입하는 것이다.
② 기말시점에서 사채의 장부금액은 발행 시점의 장부금액에 차금 상각액만큼 늘어난 금액이 새로운 장부금액이 된다.
③ 1년간의 실질 이자비용은 95,198원의 10%인 9,519원이다.
④ 할인발행이므로 유효이자율은 액면이자율인 10%보다 크다.

10 내용연수가 5년인 설비자산을 기초에 취득하였다. 회계기간이 1월 1일부터 12월 31일까지라고 할 때, 3차 연도의 정액법에 의한 감가상각 금액과 연수합계법에 의한 감가상각 금액을 비교한 것으로 옳은 것은?

① 정액법이 크다.
② 연수합계법이 크다.
③ 두 방법에 의한 금액이 같다.
④ 잔존가액의 크기에 따라 달라진다.

11 다음 중 무형자산이 아닌 것은?

① 임차보증금
② 상표권
③ 산업재산권
④ 컴퓨터 소프트웨어

12 다음은 금융자산과 금융부채에 대한 내용이다. 바르게 설명한 것을 모두 고르면 몇 개인가?

> ㉠ 화폐(현금)는 교환의 수단이므로 금융자산이며, 재무제표에 모든 거래를 인식하고 측정하는 기준이 된다.
> ㉡ 미래에 현금을 수취할 계약상 권리에 해당하는 금융자산과 이에 대응하여 미래에 현금을 지급할 계약상 의무에 해당 하는 금융부채의 일반적인 예로는 매출채권과 매입채무, 받을어음과 지급어음, 대여금과 차입금 등이 있다.
> ㉢ 실물자산(예: 재고자산, 유형자산), 리스자산과 무형자산 (예: 특허권, 상표권)은 금융자산이다.
> ㉣ 미래경제적효익이 현금 등 금융자산을 수취할 권리가 아니라 재화나 용역의 수취인 자산 (예: 선급비용)은 금융자산이다.

① 1개
② 2개
③ 3개
④ 4개

13 다음 계정에 의하는 경우, 7월 25일 제1기분 부가가치세 확정신고시 납부세액 또는 환급세액은 얼마인가?

부가가치세 대급금	
5/2 100,000	
7/1 70,000	

부가가치세 예수금	
	5/4 130,000
	7/20 90,000

① 납부세액 ₩30,000
② 납부세액 ₩50,000
③ 환급세액 ₩30,000
④ 환급세액 ₩50,000

14 12월 결산법인 (주)상공의 20X2년 초의 매출채권에 대한 대손충당금 잔액은 ₩50,000이다. 20X2년 중에 매출채권 중 ₩70,000이 회수불능으로 판단되어 대손 처리하였다. 한편, 20X2년 말 매출 채권 총액은 ₩600,000이며, 동 매출채권에 대한 대손충당금은 ₩60,000으로 추정하였다. (주)상공의 20X2년 손익계산서에 표시될 대손상각비는 얼마인가?

① ₩20,000
② ₩60,000
③ ₩80,000
④ ₩130,000

15 다음 중 유형자산의 취득원가에 포함되는 것으로 옳지 않은 것은?

① 유형자산 구입시 중개인에게 지급한 중개수수료
② 유형자산의 취득과 직접 관련된 취득세, 등록세, 관세 등
③ 유형자산의 설계와 관련하여 전문가에게 지급하는 수수료
④ 유형자산의 효율적 운전을 유지하기 위해 발생한 수선유지비

16 다음은 기말상품 관련 자료이다. 아래의 3가지 품목은 성격과 용도가 서로 유사하지 않다. 재무상태표에 계상될 기말재고자산 금액과 포괄손익계산서에 보고될 매출원가를 계산하면 각각 얼마인가? 단, 재고자산의 평가는 저가법에 의하고 재고자산평가 손실은 매출원가에 포함시키며, 기초재고자산은 ₩200이고 당기 상품매입액은 ₩1,000이다.

품목	취득원가	예상판매가격	예상판매비용
갑	₩100	₩110	₩20
을	₩100	₩150	₩20
병	₩100	₩90	₩10

	기말재고자산	매출원가		기말재고자산	매출원가
①	₩300	₩930	②	₩300	₩900
③	₩270	₩930	④	₩270	₩900

17 (주)상공은 1주당 액면금액이 5,000원인 보통주 10,000주를 발행하고 현금 61,000,000원의 납입을 받았다. 이후 주식발행 과정에서 발생한 신주발행비 1,000,000원을 추가로 지급하였다. 이 경우 자본잉여금의 증가분은 얼마인가?

① 10,000,000원 ② 11,000,000원
③ 12,000,000원 ④ 13,000,000원

18 한국(주)는 20X4년에 일시적 여유자금을 이용하여 당기손익-공 정가치측정금융자산으로 분류되는 고려(주)가 발행한 주식 500 주(취득가 @₩100)를 구입하여 기중에 200주(처분금액 @ ₩120)를 처분하고 기말에 300주를 보유하고 있다. 기말 현재 고려(주) 주식의 공정가치는 @₩110이다. 20X4년 한국(주)의 재무상태표에 계상될 당기손익-공정가치측정금융자산의 장부금액과 포괄손익계산서에 계상될 관련 손익의 증감금액은 얼마인가?

	당기손익-공정가치측정금융자산	당기순손익	기타포괄손익
①	₩30,000	₩4,000	₩3,000
②	₩30,000	₩7,000	₩0
③	₩33,000	₩4,000	₩3,000
④	₩33,000	₩7,000	₩0

19 (주)상공기업은 1주당 액면금액 ₩5,000의 주식 100주를 1주당 ₩4,000에 현금으로 매입하여 소각하였다. 이에 대한 분개를 다음과 같이 하였다. (가)에 해당하는 계정과목으로 옳은 것은?

(차) 자 본 금 500,000	(대) 현 금 400,000
	(가) 100,000

① 감자차익 ② 이익잉여금
③ 주식발행초과금 ④ 자기주식처분이익

20 다음 중 충당부채와 우발부채에 관한 설명으로 옳지 않은 것은?

① 과거에 우발부채로 처리하였더라도 이후 충당부채의 인식조건을 충족하였다면 재무상태표에 충당부채로 인식한다.
② 충당부채를 인식할 때의 인식조건인 현재의 의무는 법적 의무와 의제의무를 포함한다.
③ 과거 사건에 의하여 발생하였거나 기업이 전적으로 통제할 수 없는 하나 이상의 불확실한 미래사건의 발생여부에 의하여서만 그 존재가 확인되는 잠재적 의무의 경우 우발부채로 인식하여 주석으로 공시한다.
④ 제품판매시 소비자에게 일정기간동안 무상으로 품질보증서비스를 제공하기로 한 경우 품질보증서비스의 제공가능성이 높고, 금액이 신뢰성 있게 추정된다면 품질보증서비스를 실제로 제공할 때 비용으로 인식하여야 한다.

---

21 다음은 원가행태에 따른 제조원가분류이다. 성격이 다른 하나는 ?

① 직접재료원가 ② 직접노무원가
③ 변동제조간접원가 ④ 고정제조간접원가

22 다음은 (주)대한의 20X1년 원가자료이다. 직접노무원가는 ₩800,000, 제조간접원가는 ₩400,000이 발생하였다. 매출은 매출원가에 10%의 이익을 가산해서 결정한다고 가정한다. (주) 대한의 매출총이익을 계산하면 얼마인가? (단, 원재료는 모두 직접재료라고 가정한다.)

구분	기초재고	당기매입액	기말재고
원재료	₩200,000	₩1,000,000	₩500,000
재공품	₩500,000	–	₩800,000
제품	₩600,000	–	₩300,000

① ₩190,000 ② ₩220,000
③ ₩250,000 ④ ₩280,000

23 (주)상공은 3년 전에 업무용 트럭을 ₩50,000,000에 구입하여 사용하고 있으며, 현재까지 감가상각누계액은 ₩25,000,000이다. 이 차량을 (주)대한에서 중고가격 ₩30,000,000으로 구입하겠다고 하였으나, (주)상공은 유니세프에 무상으로 기증하였다. 기회원가는 얼마인가?

① ₩30,000,000 ② ₩25,000,000
③ ₩20,000,000 ④ ₩5,000,000

24 (주)대한공업의 다음 자료를 이용하여 당월의 매출원가를 계산하면 얼마인가?

가. 월초 및 월말 재고액			
구분	재료	재공품	제품
월초재고액	₩30,000	₩80,000	₩150,000
월말재고액	₩40,000	₩60,000	₩200,000

나. 직접재료 매입액 ₩350,000
다. 직접노무원가 발생액 ₩700,000
라. 제조간접원가 발생액 ₩430,000

① ₩1,290,000 ② ₩1,440,000
③ ₩1,470,000 ④ ₩1,490,000

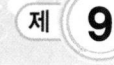

25 다음은 원가의 배분과 부문별원가계산에 대한 설명이다. 옳지 않은 것은?

① 부문별원가계산의 마지막 절차는 제조부문에 발생한 원가를 매출원가계정에 대체한다.
② 원가부문은 원가요소를 분류, 집계하는 계산상의 구분으로서 제조부문과 보조부문으로 구분한다.
③ 제조부문은 직접 제품 제조 작업을 수행하는 부문을 말하여 조립부문, 동력부문, 주조부문 등으로 세분할 수 있다.
④ 부문별원가계산은 제조기업에서 원가요소 중 제조간접원가를 발생한 장소별로 분류하고 집계하는 원가계산절차이다.

26 직접노무시간을 기준으로 제조간접원가를 배부하고 있다. 추정 제조간접원가 총액은 ₩250,000이고 추정 직접노무시간은 100,000시간이다. 제조간접원가 실제발생액은 ₩260,000이고 실제 직접노무시간은 105,000시간이다. 이 기간동안 제조간접원가 과소(대)배부는 얼마인가?

① ₩2,250 과대배부
② ₩2,250 과소배부
③ ₩2,500 과대배부
④ ₩2,500 과소배부

27 다음은 (주)상공의 제조부문의 연간 예상액과 실제발생액 및 배부기준을 나타낸 것이다. 각 제조부문별 예정배부율을 계산한 것으로 옳은 것은?

항목	제조1부문	제조2부문
연간예상액	₩10,000,000	₩5,000,000
연간기계작업시간	10,000시간	10,000시간
연간직접노동시간	5,000시간	5,000시간
배부기준	기계작업시간법	직접노동시간법
9월실제발생액	₩1,000,000	₩800,000

	제조1부문	제조2부문		제조1부문	제조2부문
①	₩1,000	₩500	②	₩1,000	₩1,000
③	₩2,000	₩1,000	④	₩2,000	₩2,000

28 다음은 (주)대한의 원가에 대한 자료이다. 그 내용이 옳지 않은 것은? 단, (주)대한에는 자동차사업부와 오토바이사업부의 두 개의 사업부만 존재한다.

> 가. 자동차사업부에서는 20X1년 중에 총 10,000시간의 노무 시간과 25,000시간의 기계사용시간이 발생했다.
> 나. 오토바이사업부에서는 20X1년 중에 총 30,000시간의 노무시간과 25,000시간의 기계사용시간이 발생했다.
> 다. 20X1년 (주)대한에서 발생한 전체 제조간접원가는 ₩1,000,000이다.

① 노무시간을 기준으로 제조간접원가를 배부하면 자동차사업 부에는 ₩250,000이 배부된다.
② 기계사용시간을 기준으로 제조간접원가를 배부하면 자동차 사업부에는 ₩500,000이 배부된다.
③ 제조간접원가의 배부 기준이 무엇이냐에 따라 각 사업부의 성과가 달라진다.
④ 이익을 기준으로 사업부가 평가된다면 오토바이사업부는 노무시간을 기준으로 제조간접원가를 배부받기를 원할 것이다.

29 다음 자료는 제조지시서 No.1의 제조원가 내역이다. (가)에 해당 하는 금액으로 옳은 것은? 단, 제조간접원가는 직접노무원가를 기준으로 배부한다.

구분	NO.1	총액
직접재료원가	₩90,000	₩150,000
직접노무원가	₩40,000	₩100,000
제조간접원가	(가)	₩50,000

① ₩20,000
② ₩30,000
③ ₩40,000
④ ₩50,000

30 다음 중 개별원가계산에 대한 설명 중 가장 옳지 않은 것은?

① 개별원가계산은 건설, 조선과 같은 다품종 소량 주문생산 형태에 사용된다.
② 개별원가계산은 원가대상에 대한 추적가능성이 중시된다.
③ 개별원가계산은 공정을 중심으로 원가계산이 이루어진다.
④ 개별원가계산은 제조간접원가의 배분이 핵심과제이다.

31 연산품이 개별적으로 식별 가능한 시점을 분리점(split-off point)이라고 하며, 분리점 이전에 발생된 원가를 ( )라고 한다. 다음 ( ) 안에 알맞은 것은?

① 개별원가
② 조별원가
③ 결합원가
④ 분리원가

32 지급임금액(시간급의 경우)의 계산산식은 '각 종업원의 총작업 시간수×계약임률'로 하며, 소비임금액(시간급의 경우)의 계산 산식은 '특정 제품을 위한 총작업시간수×소비임률'로 한다. 이에 대한 비교 설명으로 옳지 않은 것은?

① 지급임금이란 종업원 각자에게 임금지급일에 실제 지급하는 금액이다.
② 소비임률은 주로 기본임금액을 계산하기 위한 임률이지만, 지급임률은 기본임금에 가급금제 수당 등이 포함되어 계산된 임률이다. 그러므로 지급임률이 소비임률보다 높은 것이 일반적이다.
③ 지급임률은 연령, 기술, 경험의 유무 등에 의하여 종업원 개별적으로 결정된다.
④ 소비임금은 제품생산을 위하여 발생된 임금을 말한다.

33 (주)상공전자의 관리팀,영업팀,공장의 6월 관련비용은 다음과 같다. 이중 제조원가항목이 아닌 항목의 합은 얼마인가? (단위 : 원)

항목	금액	항목	금액
직접 재료 원가	100,000	생산임원 식대	20,000
직접 생산 임금	170,000	영업팀 성과급	2,000
간접 생산 임금	130,000	대리점 판매수수료	3,000
관리팀 급여	120,000	공장 청소용역	1,000
영업팀 급여	110,000	생산 외주가공비	2,000
공장 건물 감가상각비	2,000	관리팀, 영업팀 건물 감가상각비	1,000

① ₩230,000
② ₩231,000
③ ₩236,000
④ ₩239,000

34 (주)상공기업의 당월 제조간접원가 실제 발생액은 ₩50,000이다. 다음 자료에 의하여 직접재료원가법에 의해 계산한 A제품의 제조간접원가 배부액은 얼마인가?

구분	직접재료원가	직접노무원가
A제품	₩40,000	₩30,000
B제품	₩60,000	₩30,000

① ₩20,000
② ₩25,000
③ ₩30,000
④ ₩40,000

35 월할 제조경비에 대한 설명으로 옳지 않은 것은?

① 발생액이 1년 또는 6개월 등과 같이 일정기간을 단위로 하여 결정되는 비용이다.
② 월할 제조경비에 속하는 비용항목에는 보험료, 임차료, 감가상각비, 세금과공과, 특허권사용료 등이 있다.
③ 한 기간의 발생액을 그 기간에 대한 원가계산기간의 비율만큼 계산하여 원가계산기간의 소비액으로 계상한다.
④ 1월부터 6월까지 건물을 ₩60,000에 임차하였을 경우 6월의 경비 소비액은 ₩5,000이다.

36 다음은 우수공업(주)의 10월 원가 계산과 관련된 자료이다. 제조 지시서 #1의 제조원가를 계산한 것으로 옳은 것은? 단, 제조 간접원가 배부 기준은 직접노무원가법, 지시서 #1은 완성되었음.

원가	제조지시서#1	제조지시서#2	합계
월초재공품	₩50,000	–	
직접재료원가	₩300,000	₩400,000	₩700,000
직접노무원가	₩650,000	₩350,000	₩1,000,000
제조간접원가			₩2,000,000

① ₩1,300,000
② ₩2,000,000
③ ₩2,250,000
④ ₩2,300,000

37 다음은 선입선출법에 따라 공정별원가계산을 시행하고 있는 제2 공정의 원가자료이다. 전공정원가에 대한 완성품환산량은 얼마 인가?

> 가. 기초재공품 : 120단위, 완성도 40%
> 나. 기말재공품 : 100단위, 완성도 50%
> 다. 완성품 : 420단위

① 400단위
② 420단위
③ 520단위
④ 540단위

38 (주)금화공업은 결합공정을 통하여 A제품과 B제품을 제조하고 있다. 분리점에서의 판매가치는 A제품 1,000개에 대하여 ₩140,000, 제품B 1,500개에 대하여 ₩60,000이다. 분리점에서의 판매가치에 의해서 결합원가를 배분한다면 A제품에 대한 배부액은 ₩35,000이 될 것이다. 총결합원가는 얼마인가?

① ₩40,000
② ₩50,000
③ ₩60,000
④ ₩70,000

39 (주)고려는 20x1년 주산물A와 부산물을 생산하였다. 이 제품 생산에서 발생한 결합원가는 ₩300,000이다. 20x1년 기초제품 재고는 없으며, 20x1년의 매출액과 생산관련 활동에 관한 자료는 다음과 같을 때 20x1년 주산물A의 매출원가는 얼마인가? (단, (주)고려는 생산시점에서 부산물의 가치를 인식하고 있다.)

가. 주산물A 매출액 ₩400,000
나. 부산물 처분가치 ₩40,000
다. 주산물A 기말재고 ₩25,000
라. 부산물의 추가적인 원가
− 판매관리비 ₩10,000
− 추가가공비 ₩15,000

① ₩250,000   ② ₩260,000
③ ₩270,000   ④ ₩280,000

40 (주)대한은 제1공정에서 완성된 완성품 전액을 제2공정에 대체하며, 제2공정에서 완성된 전액은 제3공정에 대체하여 최종공정인 제3공정에서 제품이 완성된다. 5월의 원가자료가 다음과 같은 경우 5월의 완성품제조원가로 옳은 것은?

가. 제1공정 완성품 원가 ₩3,000,000
나. 제2공정 완성품 원가 ₩4,000,000
다. 제3공정 월초재공품 ₩900,000
라. 제3공정 월말재공품 ₩800,000
마. 제3공정 5월 원가발생액
− 직접재료원가 ₩2,000,000
− 가공원가 ₩1,500,000

① ₩3,500,000   ② ₩7,500,000
③ ₩7,600,000   ④ ₩8,400,000

※ 무 단 전 재 금 함	형별	**A형**	제한 시간	**60분**	수험번호	성 명

※ 다음 문제를 읽고 알맞은 것을 골라 답안카드의 답란(①, ②, ③, ④)
에 표기하시오.

제1과목 → 재무회계

01 다음 재무정보의 질적특성 중 목적적합성과 관련이 없는 것
은?

① 예측가치
② 중립적 서술
③ 확인가치
④ 중요성

02 결산일이 되어 당좌예금 실사 중에 은행의 당좌예금증명서를
받은 결과, 회사측 당좌예금출납장 잔액은 ₩75,050이고 은행
측 당좌 예금원장 잔액은 ₩79,510이다. 차액의 내용은 다음과
같다. 정확한 당좌예금 잔액은 얼마인가?

〈차액의 내용〉
가. 매입처 앞으로 발행한 수표 ₩10,300이 은행에서
결제되지 않다.
나. 약속어음이 발행되어 은행구좌에서 지급된 금액
₩4,800이 회사에 통지 미달되다.
다. 외상매출금을 받아 당좌예입한 수표 ₩6,900을
₩9,600으로 회사에서 잘못 기장하다.
라. 매출처의 외상매출금 ₩7,600이 당좌 이체되었으나
회사에 통지 미달되다.
마. 당좌차월이자 ₩240이 회사에 통지 누락되다.
바. 회사에서 결산일에 당좌예입한 ₩7,700이 은행에서
마감후 입금으로 처리되다.
사. 받을어음 ₩2,000이 추심 완료되어 당좌
이체되었으나 회사에 통지 미달되다.

① ₩76,910
② ₩76,950
③ ₩77,610
④ ₩78,000

03 투자부동산에 관한 다음의 설명 중 옳지 않은 것은?

① 투자부동산의 용도로 건설중이거나 개발 중인 자산은 유형
자산 기준서를 적용하지 아니한다.
② 투자부동산은 최초인식시점에 원가로 측정한 후 보고기간
말에 공정가치모형과 원가모형 중 하나를 선택하여 모든
투자부동산에 적용한다.
③ 투자부동산의 사용목적이 변경된 경우에는 투자부동산은
다른 자산항목으로의 계정대체가 발생한다.
④ 투자부동산의 공정가치 변동으로 발생하는 손익은 발생한
기간의 기타포괄손익에 반영한다.

04 다음 중 포괄손익계산서상의 기타포괄손익에 해당하는 것은?

① 재평가잉여금
② 사채상환이익
③ 자기주식처분이익
④ 이익준비금

05 현금흐름표에 보고되는 '영업활동 현금흐름'에 대한 다음의
서술 중 옳지 않은 것은?

① 일반적으로 영업활동 현금흐름을 보고하는 경우에는 간접
법을 사용할 것을 권장한다. 간접법을 적용하여 표시한
현금흐름은 직접법에 의한 현금흐름에서는 파악할 수 없는
정보를 제공하며, 미래현금흐름을 추정하는데 보다 유용한
정보를 제공 한다.
② 영업활동 현금흐름은 주로 기업의 주요 수익창출활동에서
발생하므로 일반적으로 당기순이익의 결정에 영향을 미치
는 거래나 그 밖의 사건의 결과로 발생한다.
③ 영업활동으로 인한 현금유입과 현금유출의 차이로서 계산
하며, 이의 계산과 공시방법으로는 직접법과 간접법의 두
가지가 전부 사용될 수 있다.
④ 직접법과 간접법의 두 가지 방법 중 하나를 선택적으로
적용할 수 있으나, 한번 선택한 방법은 특별한 사정이 없는
한 매기 계속하여 적용하여야 할 것이다.

06 다음은 ㈜상공의 20x1년 7월 11일의 거래 내용을 기입한 약식 전표이다. 이에 대한 회계 처리의 결과로 재무상태에 미치는 영향중 옳지 않은 것은?

출금전표
20x1년 7월 11일
(유동성장기부채) ₩1,000,000

대체전표	
20x1년 7월 11일	
(유동성장기부채) ₩500,000	(당좌예금) ₩500,000

① 유동자산이 감소한다.
② 비유동부채가 감소한다.
③ 현금계정 잔액이 감소한다.
④ 당좌예금계정 잔액이 감소한다.

07 다음 중 자본변동표에 표시되지 않는 항목은?

① 자본금
② 자본잉여금
③ 이익잉여금
④ 장기대여금

08 다음은 제조업을 영위하는 상공(주)가 일시적 시세차익을 목적으로 보유하고 있는 시장성이 있는 주식의 결산일 현재의 자료이다. 기말 평가 시 재무제표에 미치는 영향으로 옳은 것은? 단, 제시된 자료 외에는 고려하지 않는다.

종목	장부금액	보고기간 말 현재 공정가치
(주)대한	₩1,500,000	₩1,650,000
(주)서울	₩1,000,000	₩900,000

① 자본잉여금이 ₩50,000 증가한다.
② 영업이익이 ₩50,000 증가한다.
③ 법인세비용차감전순이익이 ₩50,000 증가한다.
④ 기타포괄손익누계액이 ₩50,000 증가한다.

09 금융자산의 분류에 대한 내용이다. 옳지 않은 것은?

① 금융자산은 사업모형 및 계약상 현금흐름 특성 모두에 근거하여 후속적으로 상각후원가, 기타포괄손익-공정가치, 당기 손익-공정가치로 측정되도록 분류한다.
② 계약상 현금흐름을 수취하기 위해 보유하는 것이 목적인 사업모형 하에서 금융자산을 보유하면서, 동시에 금융자산의 계약 조건에 따라 특정일에 원리금 지급만으로 구성되어 있는 현금흐름이 발생하는 경우에는 '당기손익-공정가치 측정 금융자산' 으로 분류한다.
③ 계약상 현금흐름의 수취와 금융자산의 매도 둘 다를 통해 목적을 이루는 사업모형 하에서 금융자산을 보유하면서, 동시에 금융자산의 계약조건에 따라 특정일에 원리금 지급만으로 구성되어 있는 현금흐름이 발생하는 경우에는 '기타 포괄손익-공정가치 측정 금융자산' 으로 분류한다.
④ 지분상품에 대한 투자로 단기매매항목이 아니고 사업결합에서 취득자가 인식하는 조건부대가가 아닌 지분상품으로 최초 인식시점에 후속적인 공정가치 변동을 기타포괄손익으로 표시하기로 한 경우에는 '기타포괄손익-공정가치 측정 지분 상품' 으로 분류한다.

10 다음 자료를 이용하여 20X2년도에 회사가 인식한 대손상각비는 얼마인가

〈자료〉
1) 각 기말 재무상태표 중 매출채권 관련 항목 현황
   (결산수정분개 반영 후)
가. 20X2년말 : 매출채권 ₩100,000, 대손충당금 ₩20,000
나. 20X1년말 : 매출채권 ₩70,000, 대손충당금 ₩10,000

2) 20X2년 중 대손이 확정된 매출채권 ₩5,000을 장부에서 제거하다.

① ₩5,000
② ₩10,000
③ ₩15,000
④ ₩20,000

11 다음 (주)상공전자의 거래를 회계처리할 때 옳은 것은?

업무용 노트북(취득원가 ₩1,650,000)을 법인카드로 매입하고, 신용카드매출전표를 발급받다.

① (차) 매입 1,650,000 (대) 미지급금 1,650,000
② (차) 비품 1,650,000 (대) 미지급금 1,650,000
③ (차) 매입 1,650,000 (대) 외상매입금 1,650,000
④ (차) 비품 1,650,000 (대) 외상매입금 1,650,000

12 서울(주)의 20X1년 말 현재 매출채권의 장부금액과 손상추정액에 대한 자료는 아래와 같다. 회사의 20X1년 말 재무상태표에 표시될 매출채권 순장부금액과 대손상각비(또는 대손충당금환입)에 해당하는 금액은 얼마인가? 단, 대손충당금 기초잔액은 ₩10,000, 당기 중 거래처 파산으로 인한 대손발생액은 ₩2,000(거래처 부산(주)), 전년도 상각완료한 매출채권에 대한 당기 현금회수액은 ₩1,000이다.

거래처	매출채권금액	손상추정액
경기(주)	₩88,000	₩0
충북(주)	₩50,000	₩500
강원(주)	₩30,000	₩3,000
인천(주)	₩10,000	₩2,000
제주(주)	₩2,000	₩2,000
합계	₩180,000	₩7,500

① 순장부금액 ₩172,500, 대손충당금환입 ₩3,500
② 순장부금액 ₩172,500, 대손충당금환입 ₩1,500
③ 순장부금액 ₩172,500, 대손상각비 ₩3,500
④ 순장부금액 ₩180,000, 대손상각비 ₩7,500

13 다음의 계정과목에 대한 설명이 옳지 않은 것은?

① 가지급금과 가수금은 계정이나 금액이 확정되는 시점에 적절한 계정으로 대체하며 최종 재무제표에는 나타나지 않아야 하는 계정이다.
② 가지급금은 여비와 업무추진비의 명목으로 일단 지급한 경우에 계상한다.
③ 예수금은 종업원이 부담하는 소득세나 건강보험료 등을 기업이 미리 원천징수한 경우에 계상한다.
④ 장기적으로 거래처에 원료를 공급하기로 계약하고 수취한 계약금은 가수금으로 계상한다.

14 다음 중 ㈜대한의 재고자산에 해당하지 않는 것은?

① ㈜대한이 매입하여 창고에 보관하고 있는 재고자산
② ㈜대한이 선적지 인도조건으로 판매하여 해상 운송중인 재고자산
③ ㈜대한이 판매를 목적으로 위탁한 재고자산 중 수탁자가 보관하고 있는 잔여분
④ ㈜대한이 침수피해를 예방하기 위해 일시적으로 (주)설악의 창고로 옮겨 놓은 재고자산

15 다음은 (주)상공의 기말상품 관련 자료이다. 아래의 3가지 품목은 성격과 용도가 서로 유사하지 않다. 재무상태표에 계상될 기말 재고액과 손익계산서에 보고될 매출원가를 계산하면 각각 얼마 인가? 단, 재고자산평가는 저가법을 따르고 재고자산평가손실은 매출원가에 포함시키며, 기초재고액은 ₩20,000이고 당기상품 매입액은 ₩100,000이다.

품목	취득원가	예상판매가격	예상판매비
갑	₩10,000	₩11,000	₩2,000
을	₩10,000	₩15,000	₩2,000
병	₩10,000	₩9,000	₩2,000

① 기말재고액: ₩26,000 매출원가: ₩94,000
② 기말재고액: ₩29,000 매출원가: ₩91,000
③ 기말재고액: ₩30,000 매출원가: ₩90,000
④ 기말재고액: ₩35,000 매출원가: ₩85,000

16 다음은 수익인식의 5단계에 대한 설명이다. 옳지 않은 것은?

① 고객과의 계약으로 생기는 수익을 인식할 때는 '계약의 식별－수행의무의 식별－거래가격의 산정－거래가격의 배분－수익의 인식'의 단계를 거쳐야 한다.
② 고객에게서 받은 대가는 수익으로 인식하기 전까지 부채로 인식하며, 인식된 부채는 계약과 관련된 사실 및 상황에 따라, 재화나 용역을 미래에 이전하거나 받은 대가를 환불해야 하는 의무를 나타낸다.
③ 거래가격은 고객에게 약속한 재화나 용역을 이전하고 그 대가로 기업이 받을 권리를 갖게 될 것으로 예상하는 금액이며, 제3자를 대신해서 회수한 금액도 포함한다.
④ 고객에게 약속한 재화나 용역, 즉 자산을 이전하여 수행의무를 이행할 때 또는 기간에 걸쳐 이행하는 대로 수익을 인식한다.

17 X회사는 사용중인 기계장치를 Y회사와 교환하였다. 이 교환거래는 상업적실질이 존재한다. 교환일 현재 X회사가 보유 중이던 기계 장치의 장부금액은 ₩350,000이고, 공정가치는 ₩400,000이다. 한편, Y회사가 보유 중이던 기계장치의 장부금액은 ₩380,000 이고, 공정가치는 알 수 없다. X회사가 교환으로 취득한 자산의 취득원가는 얼마인가? 단, 등가교환을 가정한다.

① ₩350,000
② ₩380,000
③ ₩400,000
④ ₩520,000

18 다음의 계정과목 중에서 금융부채가 아닌 것은?

① 매입채무
② 미지급비용
③ 단기차입금
④ 퇴직급여부채

19 구입 후 첫 6개월 이내에 제조상 결함으로 인하여 발생하는 수선비용을 보장하는 보증서와 함께 재화를 판매하는 기업이 있다. 판매한 모든 생산품에서 사소한 결함이 발생할 경우에는 ₩1,000,000의 수선비용이 발생한다. 판매한 모든 생산품에서 중요한 결함이 발생할 경우에는 ₩4,000,000의 수선비용이 발생 한다. 기업의 과거경험 및 미래예상에 따르면 내년도에 판매될 재화 중에서 75%는 전혀 결함이 발생하지 아니하는 반면, 20%는 사소한 결함, 나머지 5%는 중요한 결함이 발생할 것으로 예상 된다. 이러한 경우 기업은 보증의무와 관련된 자원의 유출가능성을 판단할 때 당해 의무 전체에 대하여 판단한다. 수선비용의 기대 가치는 얼마인가?

① ₩200,000
② ₩400,000
③ ₩1,000,000
④ ₩4,000,000

20 자본의 실질적 감소를 가져오는 거래로 옳은 것은?

① 자본잉여금을 재원으로 하여 무상증자를 실시하다.
② 이미 발행한 주식을 유가증권시장에서 매입하여 소각하다.
③ 이익을 배당하면서 현금배당 대신에 주식배당을 실시하다.
④ 누적된 이월결손금의 보전을 위하여 현재 발행주식을 2주당 1주의 비율로 감소시키다.

제2과목 ➡ 원가회계

21 원가의 흐름에 관한 내용 중 옳지 않은 것은?

① 재료계정 차변에는 월초재료재고액과 당월재료매입액을 기입 하며, 재료계정 대변에는 당월재료소비액과 월말 재료 재고액을 기입한다.
② 경비항목계정 차변에는 전월선급액과 당월지급액을 기입하고, 경비항목계정 대변에는 당월발생액과 당월선급액을 기입한다.
③ 급여계정 차변에는 당월지급액과 전월미지급액을 기입하고, 급여계정 대변에는 당월미지급액과 당월발생액을 기입한다.
④ 월차손익계정 차변에는 매출원가, 판매비와관리비를 기입하고, 월차손익계정 대변에는 매출액을 기입한 후, 그 차액인 영업손익을 (연차)손익계정에 대체한다.

22 특정 제품의 생산을 위하여 소비한 원가 및 판매와 관련하여 직접 원가 ₩15,000, 제조간접원가 ₩5,000, 판매비와관리비 ₩4,000이 각각 발생하였다. 판매가격은 이익(제조원가의 10%)을 가산하여 결정한다고 할 때, 판매가격은 얼마인가?

① ₩24,500
② ₩25,000
③ ₩26,000
④ ₩27,500

23 다음은 (주)상공의 제조부문의 예정배부액과 실제배부액이다. 부문비배부차이를 매출원가에 대체하는 분개로 옳은 것은?

항목	예정배부액	실제발생액
제조1부문	60,000	90,000
제조2부문	180,000	160,000

	(차변)	(대변)
①	매출원가 10,000	부문별배부차이 10,000
②	매출원가 20,000	부문별배부차이 20,000
③	부문별배부차이 10,000	매출원가 10,000
④	부문별배부차이 20,000	매출원가 20,000

24 다음 중 통제가능원가를 설명한 것으로 옳은 것은?

① 과거의 의사결정으로 인하여 미래 의사결정과 관련 없는 원가
② 목표달성을 위하여 경영자의 미래 의사결정에 따라 회피할 수 있는 원가
③ 특정 경영자가 대상원가를 관리할 수 있는 권한이 있는 원가
④ 분석과 예측을 통하여 미래에 발생될 것으로 기대되는 원가

25 다음은 (주)상공의 9월 원재료 입고 및 출고 내용이다. 계속 기록법에 의하여 9월의 재료소비액을 계산한 금액으로 옳은 것은? 단, 재료의 소비단가 결정은 선입선출법이다.

9/ 1 전월이월 : 200개 @₩100
9/ 5 입   고 : 400개 @₩110
9/ 8 출   고 : 500개
9/13 입   고 : 300개 @₩130
9/25 출   고 : 200개
※ 실제재고수량 190개(수량부족분은 원가성 없음)

① ₩76,000
② ₩77,000
③ ₩83,000
④ ₩103,000

26 다음 자료로 제조간접원가를 직접원가법을 사용하여 배부할 때, 제조지시서#3의 제조원가는 얼마인가?

분 류	제조지시서#3	총 원 가
직접재료원가	₩250,000	₩800,000
직접노무원가	₩350,000	₩1,000,000
제조간접원가	( )	₩900,000

① ₩900,000　　　　② ₩750,000
③ ₩550,000　　　　④ ₩300,000

27 다음은 관리회계와 원가회계에 대한 설명이다. 이에 해당하지 않는 것은?

① 의사결정과 경영계획을 위한 정보의 제공
② 성과평가를 위한 정보의 제공
③ 제품원가계산에 필요한 원가정보의 제공
④ 일반적으로 인정된 회계원칙에 따라 작성된 재무제표 정보의 제공

28 재료감모비와 같이 내부거래에서 나타나는 비용으로서 원가계산 기간의 소비액으로 삼는 제조경비를 무엇이라 하는가?

① 월할경비　　　　② 발생경비
③ 측정경비　　　　④ 지급경비

29 제조부문원가의 예정배부에 대한 설명 중 옳지 않은 것은?

① 제조부문과 보조부문별로 발생하리라고 예상되는 제조간접 원가 연간예상액을 추정하고, 보조부문원가의 연간예상액을 제조부문에 배부하여 각 제조부문별 연간총예상액을 계산한다.
② 제조부문별 제조간접원가의 연간총예상액을 제조부문별에 배부기준의 연간예상액으로 나누어 각 제조부문별 예상 배부율을 계산한다.
③ 제조부문별 예정배부율에 배부기준의 예정발생분을 곱하여 제품별 제조부문가 예정배부액을 계산한다.
④ 부문원가배부차이의 처리는 연말재공품, 연말제품, 연말 매출원가의 각 금액에 비례하여 배분하는 방법과 전액 연간 매출원가에 가감하는 방법 등이 있다.

30 개별원가계산에 대한 설명으로 옳은 것은?

① 고객의 개별주문을 이행하는데 있어 개별제품별로 원가를 계산한다.
② 표준화된 동종 제품을 대량으로 생산하는 기업을 위한 원가계산 방법이다.
③ 제조간접원가 중에서 변동제조원가만을 제품원가에 포함하는 원가계산 방법이다.
④ 제조간접원가의 표준단가와 표준수량을 설정하고 그에 따라 원가를 계산하는 방법이다.

31 다음 ( ) 안에 알맞은 것은?

정상원가계산에서는 제조간접원가의 실제발생액과 배부 총액에 차이가 발생한다. 이러한 배부차이를 조정하는 방법 으로 기말재공품이나 기말제품이 부담하여야 할 배부차이를 무시하는 방법은 ( )이다.

① 매출원가조정법　　　　② 총원가기준법
③ 원가요소기준법　　　　④ 안분법

32 다음 ( ) 안에 알맞은 것은?

부문별 원가계산에 있어 1단계로 부문공통원가를 배부하게 되면 2단계로 보조부문원가를 배부한다. 보조부문 상호 간의 용역수수관계를 완전히 무시하고 배부하는 방법은 ( )이다.

① 직접배부법　　　　② 단계배부법
③ 상호배부법　　　　④ 단일배부법

33 원가의 배분목적에 대한 설명이다. 옳지 않은 것은?

① 조직구성원들의 원가마인드 제고를 위한 동기부여목적
② 제품가격결정을 위한 원가자료 파악목적
③ 특정제품을 생산하는데 직접 소비된 동질적인 특징 파악목적
④ 매출원가 계산 목적

34 (주)대한에 근무하는 나성공씨는 8월 첫째 주에 48시간의 작업을 하였다. (주)대한은 주당 40시간을 초과하는 작업시간에 대해서 정상임금의 1.5배를 지급하고 있다. (주)대한의 시간당 정상 임률은 ₩5,000이다. 8월 첫째주 나성공씨와 관련하여 발생한 총노무원가는 얼마인가?

① ₩240,000　　　　② ₩260,000
③ ₩300,000　　　　④ ₩360,000

35 다음은 ㈜상공의 제조간접원가 자료이다. ㈜상공이 20X1년도에 제조간접원가로 계상해야 할 금액은 얼마인가? 단, 기간 안분 계산은 월할 계산한다.

> 가. 공장의 화재보험을 위하여 보험사와 계약하고 ₩12,000,000을 지급하였다. 계약기간은 20X1년 9월 1일 부터 20X2년 8월 31일까지이다.
> 나. 공장 지게차를 20X1년 6월부터 20X1년 8월까지 임차하기로 하여 ₩5,000,000을 지급하였다.

① ₩5,000,000
② ₩9,000,000
③ ₩13,000,000
④ ₩17,000,000

36 다음은 정유업을 하는 ㈜상공정유의 공정 흐름도이다. (가)에 해당하는 원가로 옳은 것은?

원유 ─────── 휘발유
　　　　　　　　　경유
　(가) ────→　등유
　　　　분리점

① 개별원가
② 결합원가
③ 조별원가
④ 공정별원가

37 직접재료원가 ₩100,000, 직접노무원가 ₩200,000, 제조간접원가 ₩300,000이 각각 발생하였다면 기초원가는 얼마인가?

① ₩300,000
② ₩400,000
③ ₩500,000
④ ₩600,000

38 다음 자료를 토대로 (주)상공제지의 20X1년 5월 재료비와 가공비의 완성품환산량 단위당 원가를 계산하면 얼마인가?

> (주)상공제지의 20X1년 5월 제조원가는 다음과 같이 집계 되었다. 원가계산방법은 종합원가계산(평균법)을 적용한다.
>
> | | 물량(개) | 재료비 | 가공비 |
> |---|---|---|---|
> | 기초재공품 완성도 (30%) | 1,000 | ₩50,000 | ₩16,000 |
> | 당기착수량 | 3,000 | ₩130,000 | ₩52,000 |
> | | 4,000 | ₩180,000 | ₩68,000 |
> | | | | |
> | 당기완성량 | 3,000 | | |
> | 기말재공품 완성도 (40%) | 1,000 | | |
> | | 4,000 | | |
>
> 투입시기 : 재료비(공정초 전량투입),
> 　　　　　　가공비(전공정 균등투입)

① 재료비 ₩45, 가공비 ₩20
② 재료비 ₩50, 가공비 ₩30
③ 재료비 ₩55, 가공비 ₩40
④ 재료비 ₩60, 가공비 ₩50

39 (주)상공의 각 부문에 집계된 원가와 보조부문 상호간에 제공한 용역 자료이다. 상호배부법으로 보조부문비를 배부한 후의 각제조부문 원가를 계산한 것으로 옳은 것은?

부문 / 용역제공	제조부문		보조부문		합계
	제조1	제조2	보조1	보조2	
부문별 원가(원)	1,000,000	800,000	300,000	400,000	2,500,000
제공한 용역					
보조1부문 (Kw/h)	400	350		250	1000
보조2부문 (시간)	50	30	20		100

　　　제조1부문　　　제조2부문
① ₩1,320,000　　₩1,180,000
② ₩1,370,000　　₩1,130,000
③ ₩1,410,000　　₩1,090,000
④ ₩1,470,000　　₩1,030,000

40 (주)서울의 20X1년 3월 직접재료사용액은 ₩13,000이다. 3월 말직접재료 재고액은 월초에 비해 ₩3,000이 감소하였다. (주)서울의 3월 중 직접재료 구입액은 얼마인가?

① ₩10,000
② ₩11,000
③ ₩12,000
④ ₩13,000

제 **11** 회 국가기술자격검정

전산회계운용사 2급 필기시험

※ 무 단 전 재 금 함	형별	**A형**	제한시간	**60분**	수험번호	성 명

※ 다음 문제를 읽고 알맞은 것을 골라 답안카드의 답란(①, ②, ③, ④)에 표기하시오.

제1과목 → 재무회계

01 사무용 소모품 등 금액이 크지 않은 것에 대하여 자산계상 또는 구입즉시 비용으로 처리할 수도 있다. 이렇게 회계처리 할 수 있는 근거는 재무정보의 질적특성 중 어디에 해당하는가?

① 중요성
② 수익비용대응
③ 계속성
④ 비교가능성

02 다음 회계정보의 순환과정과 관련된 내용 중 옳지 않은 것은?

① 거래의 인식에서부터 출발하여, 분개, 전기, 결산 등의 과정을 통해 재무제표가 작성된다.
② 거래의 이중성이란 모든 거래는 자산/부채/자본에 변화를 초래하는 원인과 결과라는 두 가지 속성이 함께 포함되어 있다는 것을 의미한다.
③ 분개란 거래를 인식해서 기록하는 것을 말하며 모든 회계 정보 생산의 기초가 된다.
④ 전기절차는 계정과목결정, 금액결정, 차/대변결정 등의 순서로 이루어진다.

03 다음 중 포괄손익계산서의 기타포괄손익의 구성요소에 해당하지 않는 것은?

① 재평가이익
② 기타포괄손익-공정가치측정 금융자산 평가손익
③ 해외사업장의 재무제표 환산으로 인한 손익
④ 투자부동산평가손익

04 다음은 포괄손익계산서의 비용을 기능별로 분류한 것이다. (가)에 해당하는 비용계정으로 옳은 것은?

매출원가
(가)
관리비
기타비용
금융비용

① 기부금
② 임차료
③ 이자비용
④ 광고선전비

05 다음의 회계 자료를 보고, 재무상태표에 현금및현금성자산으로 보고하는 금액을 계산하시오

가. 부도수표	₩710,000
나. 가계수표	₩350,000
다. 자기앞수표	₩500,000
라. 우편환증서	₩300,000
마. 타인발행 당좌수표	₩500,000
바. 취득시 만기 3개월 이내의 채권	₩100,000
사. 만기 1년 이내의 정기예금	₩200,000
아. 만기 1년 이내의 양도성 예금증서	₩130,000

① ₩1,650,000
② ₩1,750,000
③ ₩1,880,000
④ ₩2,590,000

06 은행계정조정표는 회사잔액과 은행잔액이 불일치하는 경우 불일 치한 원인을 조사하여 잔액을 일치시키는 표를 말한다. 다음의 원인으로 회사잔액과 은행잔액 간 불일치가 발생했다고 가정할 때, 회사측 장부를 조정(수정분개)해야 할 사항이 아닌 것은?

① 기발행 미인도당좌수표
② 기발행 미인출당좌수표
③ 은행수수료 및 이자비용
④ 회사미통지 추심어음

07 다음은 금융부채에 대한 설명이다. 이에 해당하는 계정과목으로 옳지 않은 것은?

> 거래상대방에게 현금 등 금융자산으로 인도하기로 한 계약상의 의무

① 미지급금
② 선수수익
③ 매입채무
④ 단기차입금

08 다음은 ㈜상공의 매출채권 대손과 관련된 거래이다. 결산 후 포괄 손익계산서에 표시될 대손상각비는 얼마인가? (단, 결산일은 12월 31일이다.)

> 1월 1일 대손충당금 잔액 ₩1,000 10월 15일 서울상회의 매출채권 ₩1,500이 회수 불능 되어 대손처리하다.
>
> 12월 31일 매출채권 ₩100,000에 대하여 2% 대손을 예상하다.

① ₩1,500
② ₩2,000
③ ₩2,500
④ ₩30,000

09 (주)상공은 20×1년 초에 장기적인 임대수익을 얻을 목적으로 건물을 ₩400,000에 구입하였다. 동 건물의 내용연수 10년이고, 잔존가치는 없다. 감가상각은 정액법으로 한다. 20×1년 12월 31일과 20×2년 12월 31일 현재의 공정가치는 각각 720,000원과 600,000원이다. 동 건물에 대하여 원가모형을 적용할 경우 20×2년도 당기손익에 영향을 미치는 금액은 얼마인가?

① 80,000원
② 60,000원
③ 40,000원
④ 20,000원

10 다음은 ㈜상공이 투자부동산으로 분류하여 보유하고 있는 건물에 대한 자료이다. ㈜상공의 20×1년 당기손익에 미치는 영향으로 옳은 것은? (단, 회계기간은 20×1년 1월 1일~12월 31일이며, 법인세 비용은 고려하지 않는다.)

> ○ 취득일: 20×1년 7월 1일
> ○ 취득원가: ₩4,000,000
> ○ 감가상각방법: 정액법
> ○ 평가방법: 공정가치모형
> ○ 내용연수: 20년
> ○ 잔존가치: ₩400,000
> ○ 20×1년 12월 31일 공정가치: ₩4,200,000

① 손실 ₩90,000
② 손실 ₩200,000
③ 이익 ₩90,000
④ 이익 ₩200,000

11 (주)상공은 20X1년 10월 1일 상품판매대금으로 3개월 만기 이자부 약속어음 ₩5,000,000(연이자율 10%)을 받았다. 회사는 이 약속 어음을 1개월간 보유한 후 거래은행에 연 15%의 할인율로 할인 하고 할인료를 제외한 금액을 현금으로 수령하였다. 현금 수령 액은 얼마인가? (단, 이자 및 할인료 계산은 월할계산한다.)

① ₩4,696,125
② ₩4,796,875
③ ₩4,896,125
④ ₩4,996,875

12 다음 유형자산에 대한 지출 중 해당 유형자산의 취득원가에 가산되지 않는 것은?

① 생산성을 향상시키기 위한 지출
② 기존의 건물을 증설하기 위한 지출
③ 기계장치의 단순한 수선을 위한 지출
④ 내용연수를 상당히 연장시키기 위한 지출

13 다음 자료에 의하여 결산 시 차변의 계정과목으로 맞는 것은? (단, 보충법으로 회계처리한다)

> ○ 매출채권 잔액 ₩40,000,000
> ○ 대손충당금 잔액 ₩100,000
> ○ 결산 때 매출채권의 1%을 대손충당금으로 설정하다.

① 대손상각비
② 감가상각비
③ 소모품비
④ 퇴직급여

14 다음 거래에 대한 날짜 별 분개 중에서 틀린 것은?

> 가. 12월 15일 : 직원 출장 시 출장비를 대략 계산하여
>   200,000을 현금 지급하다.
> 나. 12월 20일 : 출장지에서 직원이 원인불명의 금액
>   150,000을 송금해 왔다.
> 다. 12월 25일 : 출장이 끝난 후 직원의 출장비 정산 결과
>   50,000 현금을 추가 지급했다.
> 라. 12월 26일 : 원인불명의 송금액은 매출채권을 회수한 것
>   으로 판명되었다.

① 12월 15일 (차) 가지급금 200,000 (대) 현　금 200,000
② 12월 20일 (차) 보통예금 150,000 (대) 가 수 금 150,000
③ 12월 25일 (차) 출 장 비 50,000 (대) 현　금 50,000
④ 12월 26일 (차) 가 수 금 150,000 (대) 매출채권 150,000

15 (주)대망은 20X1년 8월 5일에 발생한 화재로 인하여 모든 재고 자산이 소실되었다. 20X1년 1월 1일부터 8월 5일까지의 확인된 자료는 다음과 같다. 매출총이익률이 30%라면 화재로 인해 소실된 재고자산은 얼마인가?

> 가. 1월 1일 기초재고자산 ￦300,000
> 나. 8월 5일까지의 순매출액 ￦2,000,000
> 다. 8월 5일까지의 총매입액 ￦1,500,000
> 라. 8월 5일까지의 매입환출액 ￦20,000

① ￦200,000　　　　　② ￦280,000
③ ￦300,000　　　　　④ ￦380,000

16 다음 중 부채에 해당 하지 않는 것은?

① 선수금　　　　　② 선급금
③ 선수수익　　　　④ 유동성장기부채

17 다음에서 설명하는 자산의 종류에 해당하는 것은?

> 구체적인 존재 형태는 가지고 있지 않지만 사실상의
> 가치및 법률상의 권리를 가지고 있는 것과 미래에
> 기업의 수익 창출에 기여할 것으로 예상되는 비화폐성
> 자산을 말한다.

① 토지　　　　　② 영업권
③ 투자부동산　　④ 건설중인자산

18 다음 사항과 관련한 설명이다. 올바른 것은?

> (주)강동은 100주(액면@￦5,000)를 1주당 ￦4,000에
> 할인발행하였으며, 신주의 발행비용으로 ￦5,000이
> 소요 되었다.

① 신주발행비 ￦5,000은 손익계산서 항목이다.
② (주)강동의 자본금계정은 ￦400,000이 증가되었다.
③ (주)강동의 자본금계정은 ￦500,000이 증가되었다.
④ (주)강동은 ￦100,000의 주식할인발행차금이 발생하였다.

19 위탁판매의 경우 위탁자가 수익을 인식하는 시점으로 옳은 것은?

① 수탁자가 위탁품을 고객에게 판매하면, 위탁자는 관련 수익을 인식할 수 있다.
② 위탁자와 수탁자가 위탁계약을 체결하면, 위탁자는 관련 수익을 인식할 수 있다.
③ 위탁자가 위탁품을 수탁자에게 배송하면, 위탁자는 관련 수익을 인식할 수 있다.
④ 수탁자가 위탁자로부터 위탁품을 수령하면, 위탁자는 관련 수익을 인식할 수 있다.

20 수익인식의 5단계와 관련된 다음의 설명 중 옳지 않은 것은?

① 1단계로 수행할 절차는 고객과의 계약을 식별하는 것이다.
② 2단계로 수행할 절차는 기업이 고객에게 수행할 의무를 식별 하는 것이다. 하나의 계약에 하나의 수행의무가 포함되어야 한다. 즉, 하나의 계약에 여러 수행의무가 포함될 수는 없다.
③ 3단계로 수행할 절차는 거래가격을 산정하는 것이다. 거래가격은 고객이 지급하는 고정된 금액일 수도 있으나, 어떤 경우에는 변동대가를 포함할 수도 있다.
④ 4단계로 수행할 절차는 거래가격을 수행의무에 배분하는 것이다. 개별 판매가격을 관측할 수 없다면 이를 추정해서 수행 의무에 배분해야 한다.

제2과목 → 원가회계

21 다음 중 원가회계의 목적이 아닌 것은?

① 원가의 관리와 통제의 목적
② 성과의 측정과 평가를 위한 정보의 제공
③ 기업의 잠재적 투자가치평가 및 기업실제가치 측정에 필요한 정보제공
④ 제품원가의 계산

22 다음 중 혼합원가에 대한 설명으로 올바른 것은?

① 조업도가 0인 상태에서는 원가가 0이나, 조업도가 증가하면 총원가가 증가하는 행태를 보인다.
② 조업도가 0인 상태에서도 일정한 원가가 발생하며, 조업도가 증가하면 총원가가 증가하는 행태를 보인다.
③ 조업도가 0인 상태에서는 원가가 0이나, 조업도가 증가하면 단위당 원가가 증가하는 행태를 보인다.
④ 조업도가 0인 상태에서도 일정한 원가가 발생하며, 조업도가 증가하면 단위당원가가 증가하는 행태를 보인다.

23 보조부문원가를 제조부문에 배부하는 방법에 대한 설명으로 옳지 않은 것은?

① 직접배부법은 보조부문원가를 다른 보조부문에는 배분하지 않고 제조부문에만 배분하는 방법이다.
② 단계배부법은 보조부문원가를 배분순서에 따라 순차적으로 다른 보조부문과 제조부문에 배분하는 방법이다.
③ 상호배부법은 보조부문 상호간의 용역수수관계를 완전히 인식하여 보조부문원가를 다른 보조부문과 제조부문에 배분 하는 방법이다.
④ 계산의 정확성은 단계배부법, 상호배부법, 직접배부법 순으로 높게 나타난다.

24 상공회사는 제품A를 완성하였다. 다음 자료에 의하면 제품A의 원가는 얼마인가?

> 가. 직접재료원가: 10,000원
> 나. 직접노무원가: 2,500원(시간당 ₩20, 총125시간)
> 다. 제조간접원가배부율: 직접노무시간당 ₩10

① ₩12,500
② ₩13,750
③ ₩14,650
④ ₩15,000

25 상공회사는 당기 중 #101, #102, #103 세 개의 작업을 시작해서 이중 #103은 미완성 되고 나머지 작업 #101, #102는 완성되었다. 상공회사의 완성품 원가는 얼마인가?

	#101	#102	#103
기초재공품원가	₩10,000		
당기발생원가			
직접재료원가	₩20,000	₩30,000	₩10,000
직접노무원가	₩40,000	₩50,000	₩15,000
제조간접원가	₩75,000	₩63,000	₩15,000
계	₩135,000	₩143,000	₩40,000

① ₩183,000
② ₩278,000
③ ₩288,000
④ ₩318,000

26 (주)대한에서 직접재료원가를 기준으로 제조간접원가를 배부할 때 제조지시서 NO.107의 제조간접원가는 얼마인가?

구분	총작업	제조지시서 NO.107
직접재료원가	₩800,000	₩20,000
직접노무원가	₩460,000	₩60,000
직접노동시간	6,000시간	400시간
제조간접원가	₩260,000	

① ₩9,500
② ₩8,500
③ ₩7,500
④ ₩6,500

27 다음은 개별원가계산에 대한 설명이다. 잘못된 것은?

① 생산환경이 제품별로 이질적인 경우에 이용된다.
② 동일한 제품이라도 제품별 작업 구분을 확실히 할 수 있는 경우에 이용된다.
③ 종합원가계산과 달리 표준원가계산을 적용할 수 없다.
④ 제조직접원가와 제조간접원가의 구분을 전제로 한다.

28 (주)경기화학은 100kg의 원료에 ₩10,000을 투입하여 1차 가공한후 각기 다른 세 공정에서 2차 가공하여 각각 A, B, C 세 제품을 생산하고 있다. 1차 가공비를 제품의 순실현가치를 기준으로 배분한다면, B제품의 kg 단위당 생산원가는 얼마인가?

제품	2차 가공비	Kg당 판매가	생산량(Kg)
A	10,000	500	40
B	5,000	1,000	25
C	18,000	800	35

① ₩200
② ₩250
③ ₩300
④ ₩400

29 (주)대한의 제조부문은 A부문과 B부문으로 구성되어 있고, 보조 부문은 전력부와 공장관리부로 구성되어 있다. 공장관리부는 A부문, B부문, 전력부에 각각 20%, 60%, 20%의 용역을 제공 하고 있다. 공장관리부가 제공하는 용역은 총 2,000시간이며, 총원가는 ₩1,500,000(고정원가 ₩1,000,000, 변동원가 ₩500,000) 이다. 회사는 전력부를 폐쇄하고 해당 용역을 외부에서 구입 하기로 결정하였다. 외부구입을 실행할 경우에는 공장관리부가 전력부에 용역을 제공하지 않아도 된다. 전력부가 제공하던 용역을 외부에서 구입한다면 B부문에 배부될 공장관리부원가는 얼마인가? 단, 직접배부법을 가정하시오.

① ₩1,050,000　　　　② ₩1,000,000
③ ₩900,000　　　　　④ ₩840,000

30 다음 설명 중 잘못된 것은?

① 원가계산기간은 회사의 회계연도와 일치하여야 한다. 다만, 필요한 경우에는 월별 또는 분기별 등으로 세분하여 원가 계산을 실시할 수 있다.
② 외주가공비는 그 성격에 따라 재료비 또는 노무비에 포함하여 계상할 수 있으며, 그 금액이 중요한 경우에는 별도의 과목으로 기재할 수 있다.
③ 주요 재료와 부분품의 소비는 직접재료비를 구성한다.
④ 소모품, 수선용 부분품, 반제품도 재고자산에 포함된다.

31 다음 자료에 의하여 월말재공품 원가를 계산한 것으로 옳은 것은? 단, 직접재료원가는 제조 착수시에 전부 투입되고, 가공비는 균등하게 발생한다고 가정한다. 월말재공품 평가는 평균법에 의한다.

구분(진척도)	물량 흐름	직접재료 원가	가공 원가
월초재공품(30%)	100개	200,000	150,000
당월제조 착수	500개	400,000	100,000
당월완성품수량	400개		
월말재공품수량(50%)	200개		

① ₩150,000　　　　② ₩200,000
③ ₩250,000　　　　④ ₩300,000

32 다음은 원가회계 및 원가에 대한 설명이다. 옳지 않은 것은?

① 원가는 경영목적과 직접 관련되어 발생한 것이어야 한다.
② 원가란 재화나 용역을 생산하는 과정에서 소비되는 모든 경제적 가치를 말한다.
③ 원가회계는 재무상태표에 표시되는 재공품과 제품 등의 재고자산의 금액을 결정한다.
④ 원가회계는 기업회계기준서에 의하여 작성하여 외부정보 이용자의 의사결정에 유용한 정보를 제공하는 회계이다.

33 결합원가에 대한 설명으로 맞는 것은?

① 연산품은 분리점에서 상대적으로 판매가치가 낮다.
② 판매가치가 증가할 때 부산물이 연산품으로 바뀔 수 있다.
③ 연산품이 부산물로 바뀔 수는 어떠한 경우에도 없다.
④ 결합원가를 배분하는 목적은 단지 이익을 증가시키기 위해서다.

34 다음 중 종합원가계산의 적용이 적절하지 않은 업종은 어느 것인가?

① 정유업　　　　　② 화학공업
③ 선박업　　　　　④ 제분업

35 다음 자료를 이용하여 선입선출법을 가정한 재료비와 가공비의 완성품환산량을 각각 계산하면 얼마인가? 단, 재료는 공정 초에 전량 투입되며, 가공비는 균등하게 발생한다고 가정한다.

> 가. 기초재공품수량 400개(30%)
> 나. 완성량 2,400개 다. 기말재공품 600개(40%)

	재료원가	가공원가
①	2,600개	2,620개
②	2,600개	2,520개
③	2,500개	2,520개
④	2,400개	2,320개

36 (주)상공화학은 동일공정에서 결합제품 A와 B를 생산하고 있다. 다음 자료에 의하여 연산품 A의 단위당 제조원가를 계산한 금액 으로 옳은 것은? 단, 결합제품 A와 B에 투입된 결합원가는 ₩24,000이며 결합원가는 상대적 순실현가치를 기준으로 배부 하고 있다.

제품	생산수량	분리점에서의 판매가치	분리점 이후	
			추가가공원가	최종판매가치
A	100	15,000	2,000	20,000
B	200	22,000		42,000

① ₩82 ② ₩84
③ ₩92 ④ ₩95

37 종합원가계산의 종류에 대한 설명 중 옳지 않은 것은?

① 단일 종합원가계산 : 제품생산공정이 단일공정인 제품을 생산하는 기업에서 사용
② 조별 종합원가계산 : 종류가 다른 다양한 제품을 연속 대량 생산하는 기업에서 사용
③ 공정별 종합원가계산 : 성격, 규격 등이 서로 다른 제품을 주문에 의해 생산하는 기업에서 사용
④ 연산품 종합원가계산 : 동일한 공정 및 동일한 재료를 사용 하여 계속적으로 생산하되 다른 제품을 생산하는 기업에서 사용

38 다음은 선입선출법에 따라 종합원가시스템을 사용하는 ㈜대한 의 원가자료이다. 재료원가와 가공원가의 완성품환산량은 각 각 얼마인가?

가. 기초재공품 : 100,000단위 (완성도 : 30%)
나. 기말재공품 : 200,000단위 (완성도 : 40%)
다. 당월 착수량 : 450,000단위
라. 완성품 수량 : 350,000단위
마. 원재료는 공정초기에 전량 투입, 가공비는 공정 진행 정 도에 따라 발생

	재료원가	가공원가
①	350,000단위	430,000단위
②	400,000단위	450,000단위
③	450,000단위	350,000단위
④	450,000단위	400,000단위

39 아래의 표는 생산량과 발생원가와의 관계를 나타낸 것이다. 이 와 관련된 원가의 분류로 옳은 것은?

생산량(개)	발생원가(원)
0	400,000
300	400,000
600	400,000
900	800,000
1,200	800,000
1,500	1,200,000
1,800	1,200,000

① 변동원가 ② 고정원가
③ 준변동원가 ④ 준고정원가

40 다음은 (주)상공의 경비와 관련된 자료이다. 당월분의 제조경 비를 계산한 금액으로 옳은 것은?

가. 임차료(6개월분, 공장 50%, 본사 50%) : ₩240,000
나. 전력비(공장 60%, 본사 40%)
 – 당월 발생 금액 : ₩150,000
 – 당월 지급 금액 : ₩100,000
다. 복리후생비 – 당월 중 지급액 : ₩50,000
 – 월초기준 선급액 : ₩10,000
 – 월말기준 선급액 : ₩20,000

① ₩150,000 ② ₩250,000
③ ₩320,000 ④ ₩440,000

※ 다음 문제를 읽고 알맞은 것을 골라 답안카드의 답란(①, ②, ③, ④)에 표기하시오.

제1과목 → **재무회계**

01 다음은 개인기업인 상공상사의 회계연도별 자료이다. 20X3년의 당기순손익을 계산한 것으로 옳은 것은? 단, 회계기간은 1월 1일 부터 12월 31일까지이다. 단 제시된 자료 이외에는 고려하지 않는다.

> 20X1년 : 기말자산 ₩1,000,000 기말부채 ₩300,000
> 20X2년 : 수익총액 ₩800,000 비용총액 ₩600,000
> 20X3년 : 기말자산 ₩1,500,000 기말부채 ₩700,000

① ₩100,000(이익) ② ₩100,000(손실)
③ ₩200,000(이익) ④ ₩200,000(손실)

02 시산표의 작성 목적으로 가장 적절한 것은?

① 기말 재고 현황을 파악하기 위하여 작성한다.
② 거래를 순서대로 기입하기 위하여 작성한다.
③ 원장 기입의 정확성 여부를 검사하기 위하여 작성한다.
④ 총계정원장 마감 전에 재무상태와 재무성과를 하나의 표로 나타내기 위하여 작성한다.

03 자본의 크기와 자본의 변동에 관한 정보를 제공하는 재무보고서에 해당하는 것은?

① 현금흐름표 ② 자본변동표
③ 재무상태표 ④ 포괄손익계산서

04 (주)상공은 현금의 실제 금액이 장부금액보다 ₩50,000 부족한 것을 발견하여 현금과부족 계정으로 회계처리를 하였다. 그 후불일치 원인을 찾으려 노력하였지만 결산 시까지 발견할 수가 없었다. 결산 시 회계처리로 옳은 것은?

① (차) 잡손실 50,000 (대) 현금 50,000
② (차) 잡손실 50,000 (대) 현금과부족 50,000
③ (차) 현금 50,000 (대) 잡이익 50,000
④ (차) 현금과부족 50,000 (대) 잡이익 50,000

05 다음 항목 중에서 비유동자산은 무엇인가?

① 건물
② 재고자산
③ 사용제한이 없는 현금
④ 판매 후 3개월 이내에 결제될 매출채권

06 다음은 (주)상공기업의 당좌예금 거래 내역이다. 3월 30일 회계 처리로 옳은 것은? 단, 3월 30일 이전 회계처리는 모두 적정하게 이루어진 것으로 가정한다.

> 가. 3월 1일 당좌예금계좌를 개설하고 현금 ₩1,000,000을 입금하다.
> 나. 3월 10일 거래처로부터 외상대금 ₩500,000이 입금되다.
> 다. 3월 15일 당좌차월 ₩1,000,000을 약정하다.
> 라. 3월 30일 지급어음 대금 ₩2,000,000이 당좌예금계좌 에서 인출되다.

① (차) 지급어음 2,000,000 (대) 당좌예금 2,000,000
② (차) 지급어음 2,000,000 (대) 당좌예금 1,500,000
　　　　　　　　　　　　　　　　　　　단기차입금 500,000
③ (차) 지급어음 2,000,000 (대) 당좌예금 1,000,000
　　　　　　　　　　　　　　　　　　　단기차입금 1,000,000
④ (차) 지급어음 2,000,000 (대) 단기차입금 2,000,000

07 다음은 '금융상품 : 표시'에 따라 금융상품의 정의와 관련된 설명이다. 올바르게 설명한 것을 모두 고르면 몇 개인가?

> 가. 미래에 현금을 수취할 계약상 권리에 해당하는 금융 자산의 일반적인 예로는 매출채권과 대여금, 투자사채 등이 있다.
> 나. 금융상품을 수취, 인도 또는 교환하는 계약상 권리 또는 계약상 의무는 그 자체로 금융상품이 아니다.
> 다. 실물자산(예: 재고자산, 유형자산), 리스자산과 무형자산 (예: 특허권, 상표권)은 금융자산이다.
> 라. 미래경제적효익이 현금 등 금융자산을 수취할 권리가 아니라 재화나 용역의 수취인 자산(예: 선급비용)은 금융자산이다.

① 1개 ② 2개
③ 3개 ④ 4개

08 경영진이 의도하는 방식으로 자산을 가동하고자 필요한 장소와 상태에 이르게 하는데 직접 관련되는 원가의 예로 옳은 것은?

① 설치원가 및 조립원가
② 새로운 상품과 서비스를 소개하는 데 소요되는 원가
③ 관리 및 기타 일반간접원가
④ 새로운 기술을 개발하는데 소요되는 원가

09 20X1년 초에 운용리스로 제공할 목적으로 건물을 취득하였다. 건물의 취득원가는 ₩10,000이며, 잔존가치는 ₩0, 내용연수는 10년으로 추정된다. 동 건물에 대하여 공정가치모형을 적용하기로 한다. 20X1년 말 현재 공정가치가 ₩11,000이라면, 20X1년도의 포괄 손익계산서에 계상되는 동 건물에 대한 감가상각비와 투자부동산 평가손익은 각각 얼마인가? 단, 법인세 효과는 없다.

① 감가상각비 ₩1,000 투자부동산평가이익 ₩2,000
② 감가상각비 ₩1,000 투자부동산평가이익 ₩1,000
③ 감가상각비 ₩0 투자부동산평가이익 ₩2,000
④ 감가상각비 ₩0 투자부동산평가이익 ₩1,000

10 다음은 ㈜상공의 6월 중에 발생한 외상 매입 관련 자료이다. 6월 중상품의 순매입액과 외상매입금 계정의 6월말 잔액으로 옳은 것은?

6월 5일	㈜대한으로부터 상품 ₩150,000을 외상으로 매입하고, 인수 운임 ₩5,000을 현금으로 지급하다.
6월 10일	㈜강남으로부터 상품 ₩200,000을 외상으로 매입하다. 그리고 거래처 ㈜강남이 지불할 운임 ₩10,000을 현금으로 대신 지급하고 외상대금과 상계하기로 하다.
6월 13일	㈜경기로부터 상품 ₩100,000을 외상으로 매입 하다. 그리고 당점 부담 운임 ₩5,000을 ㈜경기 에서 대신 지급하다.

	순매입액	외상매입금
①	₩455,000	₩445,000
②	₩460,000	₩445,000
③	₩455,000	₩450,000
④	₩460,000	₩450,000

11 다음은 (주)상공기업의 매출처원장이다. (주)상공기업의 기말 외상매출금 잔액은 얼마인가?

A상점			
전기이월	100,000	현금	300,000
매출	400,000	차기이월	200,000
	500,000		500,000

B상점			
전기이월	200,000	받을어음	400,000
매출	500,000	차기이월	300,000
	700,000		700,000

① ₩500,000
② ₩700,000
③ ₩900,000
④ ₩1,200,000

12 다음은 상공가구점에서 발생한 거래와 이를 회계처리한 것이다. 올바른 회계처리를 모두 고른 것은?

가. 판매용 책상과 의자 ₩200,000을 주문하고, 계약금 ₩20,000을 현금으로 지급하다.
　　(차) 매입 20,000 (대) 현금 20,000
나. 출장 중인 사원으로부터 내용을 알 수 없는 송금수표 ₩300,000을 받다.
　　(차) 현금 300,000 (대) 가수금 300,000
다. 업무용 컴퓨터 1대를 ₩500,000에 구입하고 대금은 외상으로 하다.
　　(차) 비품 500,000 (대) 미지급금 500,000
라. 영업사원에게 출장을 명하고 출장비를 어림 계산하여 ₩200,000을 현금으로 지급하다.
　　(차) 여비교통비 200,000 (대) 현 금 200,000

① 가, 다
② 가, 라
③ 나, 다
④ 나, 라

13 다음은 (주)상공기업이 기말상품 재고조사를 한 결과이다. 포괄 손익계산서에 표시되는 기타비용(재고자산감모손실)은 얼마인가?

가. 장부상의 기말상품재고액 120개 @₩5,000 ₩600,000
나. 실제조사 기말상품재고액 110개 @₩5,000 ₩550,000
다. 감모 손실 중 6개는 원가성이 있고, 4개는 원가성이 없음.

① ₩10,000
② ₩20,000
③ ₩30,000
④ ₩50,000

14 다음 설명에 해당하는 자산계정으로 옳은 것은?

> 석유나 가스 등의 광물자원을 개발하기 위해 광물자원에
> 대한 탐사와 평가 과정에서 발생한 지출

① 개발비
② 광업권
③ 산업재산권
④ 탐사평가자산

15 ㈜상공이 회계기간에 발생한 거래에 대하여 회계처리한 내용 중 금융부채가 발생하지 않은 것은?

① 재고자산을 외상으로 구입하고 매입채무로 계상하였다.
② 업무용 자동차를 외상으로 구입하고 미지급금으로 계상하였다.
③ 상품에 대한 판매주문과 동시에 현금을 먼저 받아 선수금으로 계상하였다.
④ 차입금에 대한 이자비용을 후급으로 지급하기 때문에 기간경과 이자비용을 보고기간말에 미지급비용으로 계상하였다.

16 다음은 주당이익에 대한 내용이다. 옳지 않은 것은?

① 기본주당이익은 회계기중 실제 발행된 보통주식수를 기준으로 산출한 것이며, 희석주당이익은 실제 발행된 보통주뿐만 아니라 보통주로 전환될 수 있는 잠재적보통주까지 감안하여 산출한 것으로 이는 기본주당이익에 비해 일반적으로 낮은 금액이 된다.
② 가중평균유통보통주식수는 기초의 유통보통주식수에 회계 기간 중 취득된 자기주식수 또는 신규 발행된 보통주식수를 각각의 유통기간에 따른 가중치를 고려하여 조정한 보통주식수이다.
③ 희석주당이익을 계산하기 위해서는 모든 희석효과가 있는 잠재적보통주의 영향을 고려하여 지배기업의 보통주에 귀속되는 당기순손익 및 가중평균유통보통주식수를 조정한다.
④ 기본주당이익과 희석주당이익은 제시되는 모든 기간에 대하여 동등한 비중으로 제시하며, 기본주당이익과 희석주당이익이 부(–)의 금액(즉 주당손실)의 경우에는 표시하지 아니한다.

17 ㈜상공기업의 주식 발행 관련 자료이다. 이를 회계처리할 경우 자본변동표에 미치는 영향으로 옳은 것은?

> 가. 주식 종류: 보통주
> 나. 발행 주식 수: 100주
> 다. 1주당 액면금액: ₩5,000
> 라. 1주당 발행금액: ₩7,000
> 마. 납입금: 전액 당좌예입

① 납입자본이 ₩700,000 증가한다.
② 이익잉여금이 ₩200,000 증가한다.
③ 자본조정항목이 ₩700,000 증가한다.
④ 기타포괄손익누계액이 ₩200,000 증가한다.

18 다음은 비용에 대한 내용이다. 옳지 않은 것은?

① 광의의 비용의 정의에는 기업의 정상영업활동의 일환으로 발생하는 비용뿐만 아니라 차손도 포함된다.
② 차손은 흔히 관련 수익을 차감한 금액으로 보고된다.
③ 비용은 자산의 감소나 부채의 증가와 관련하여 미래경제적 효익이 감소하고 이를 신뢰성 있게 측정할 수 있을 때 포괄손익계산서에 인식한다.
④ 제품보증에 따라 부채가 발생하는 경우 포괄손익계산서에 비용으로 인식할 수 없다.

19 결산 시 기말 상품재고액의 실제 금액이 ₩70,000이었으나 이를 ₩50,000으로 잘못 계산하여 회계 처리 하였을 경우 그 결과에 대한 설명으로 옳은 것은?

① 매출원가가 ₩20,000 과소 계상된다.
② 매출총이익이 ₩50,000 과소 계상된다.
③ 매출원가가 ₩20,000 과대 계상된다.
④ 매출총이익이 ₩50,000 과대 계상된다.

20 다음은 ㈜상공의 임대료에 관한 거래이다. 기말 결산일(12/31) 정리분개로 옳은 것은?

> 3/1 소유하고 있던 오피스텔을 하늘상사에 임대(보증금 ₩10,000,000 월세 ₩100,000)하고 임대료 ₩600,000을 현금으로 받아 즉시 보통예금에 예입하다.
> 12/31 임대료 미수분을 계상하다.

① (차) 미수수익 400,000 (대) 임대료 400,000
② (차) 임대료 400,000 (대) 미수수익 400,000
③ (차) 임대료 600,000 (대) 미수수익 400,000
④ (차) 미수수익 600,000 (대) 임대료 600,000

제2과목 → 원가회계

21 원가를 제품원가와 기간원가로 구분할 때 다음 중 기간원가에 속하지 않는 것은?

① 소모품비
② 생산직 근로자의 임금
③ 판매원의 급료
④ 사장의 급료

22 다음 중 외부거래에 해당하는 것은?

① 재료의 공장출고
② 노무비 소비
③ 제품의 완성
④ 재료의 매입

23 등급별 원가계산에 관한 설명 중 옳지 않은 것은?

① 등급별 원가계산은 동일 종류의 제품이 동일 공정에서 연속적으로 생산되나 그 제품의 품질 등이 다른 경우에 적용한다.
② 등급품별 단위당 원가는 각 등급품에 대하여 합리적인 배부기준을 정하고, 당해 기간의 완성품 총원가를 동 배부기준에 따라 안분하여 계산한다.
③ 등급품별로 직접원가를 구분하는 것이 가능할 경우 직접원가는 당해 제품에 직접 부과한다.
④ 간접원가는 조업도의 변동에 따라 비례적으로 배분한다.

24 다음은 개별원가계산을 실시하고 있는 나주공업의 이번 달 원가자료이다. 제조간접원가 예정배부율은 직접노무원가의 50% 이다. 이달 중 완성된 제조지시서는 #1001과 #1002이다. 완성품원가는 얼마인가?

제조지시서	#1001	#1002	#1003	계
전기이월	₩5,000	–	–	₩5,000
직접재료원가	₩8,200	₩4,500	₩6,400	₩19,100
직접노무원가	₩3,000	₩4,600	₩3,400	₩11,000
계	₩16,200	₩9,100	₩9,800	₩35,100

① ₩11,500
② ₩25,300
③ ₩29,100
④ ₩35,100

25 (주)강릉의 제조간접원가 발생액은 ₩100,000이고 직접원가법에 의하여 각 제조지시서에 배부한다. 8월 중 제조지시서 No.45와 No.46은 완성하였고 No.47은 아직 완성하지 못하였다면, 8월 중 미완성품 제조원가를 계산하면 얼마인가?

	No.45	No.46	No.47	합계
월초재공품	12,000	16,000	13,000	41,000
직접재료원가	17,000	20,000	10,000	47,000
직접노무원가	23,000	27,000	28,000	78,000
제조간접원가	( )	( )	( )	100,000
합계	( )	( )	( )	266,000

① ₩65,400
② ₩72,200
③ ₩81,400
④ ₩90,200

26 부문별 원가회계에 설명이 옳은 것은?

① 소규모 기업에서 많이 사용한다.
② 부문원가를 예정배부하면 제품계정 차변으로 대체한다.
③ 보조부문원가는 정액법, 정률법, 생산량비례법으로 배부할 수 있다.
④ 제조간접원가를 보다 더 정확하게 배부하기 위하여 부문별 원가계산을 한다.

27 개별원가회계에서 원가분류를 어떻게 해야 하는가?

① 고정원가, 변동원가
② 직접원가, 간접원가
③ 재료비, 제조경비
④ 직접원가, 가공원가

28 경기회사는 2개의 보조부문과 2개의 제조부문으로 구성되어 있다. 각 부문직접비 및 보조부문의 용역 사용량에 대한 정보는 다음과 같다.

	제조부문1	제조부문2	보조부문1	보조부문2
부문직접비			₩15,600	₩20,000
수선시간	60시간	30시간		10시간
전력사용량	120Kwh	40Kwh	40Kwh	

보조부문의 원가는 단일배분율에 의해 제조부문에 배부한다. 보조부문1의 원가배분 기준은 수선시간이며, 보조부문2의 원가배분 기준은 전력사용량이다. 직접배부법에 의해 보조부문비를 제조부문에 배분할 경우 제조부문2의 총원가는 얼마인가?

① ₩10,200
② ₩10,400
③ ₩15,000
④ ₩25,400

29 다음은 추적가능성에 따른 원가의 분류이다. (가)에 대한 설명으로 옳지 않은 것은?

기본원가	직접재료원가	
		(가)

① 전환원가라고도 한다.
② 가공원가라고도 한다.
③ 특정제품을 제조하기 위한 기초원가를 의미한다.
④ 직접노무원가와 제조간접원가가 이 원가에 해당한다.

30 다음은 등급품과 연산품을 설명한 것이다. 적절하지 않은 것은?

① 등급품은 동종제품으로서 품질이나 순도가 다른 제품을 말한다.
② 연산품은 동일한 원료에서 생산되는 이종제품을 말한다.
③ 생우유에서 생산되는 버터, 크림, 탈지유 등은 등급품이라 할 수 있다.
④ 광석에서 추출되는 구리, 은, 납 등은 연산품이라 할 수 있다.

31 다음 중 공정별원가계산에 대한 설명으로 옳지 않은 것은?

① 동일제품 또는 유사제품을 여러 개의 공정을 거쳐서 생산하는 경우에 적용된다.
② 직전 공정으로부터 대체되는 원가를 전공정원가라 한다.
③ 전공정원가는 후속공정의 시작시점에서 새로 투입된 직접재료와 동일하게 취급된다.
④ 전공정에서 발생한 가공비는 전공정원가에 포함될 수 없다.

32 제조간접원가는 예정배부한다. 제조간접원가 예산은 ₩500,000 이고 배부기준인 총예정작업시간은 10,000시간이다. 제12기 중제조간접원가는 ₩420,000이 발생하였으며, 총 9,000시간을 작업하였다. 기말 현재 제조지시서 No.77만이 미완성 상태이다. 제조지시서 No.77의 실제작업시간은 500시간이며, 200시간을 추가적으로 작업하여야 완성될 수 있다. 12월 말 기준으로 결산을 하면서 제조간접원가 배부차이는 매출원가조정법으로 회계처리 하고자 한다. 제12기에 대한 다음 설명 중 올바른 것은? 단제조간접원가만을 대상으로 한다.

① 제조간접원가는 ₩80,000만큼 과대배부되었다.
② 기말재공품원가는 알 수가 없다.
③ 제조간접원가 실제배부율은 예정배부율보다 높다.
④ 제조간접원가 배부차이의 조정을 통하여 매출원가는 감소한다.

33 (주)대한은 선입선출법에 의한 종합원가계산을 수행한다. 다음 3월분 원가자료를 이용하여 기말재공품에 포함된 재료원가를 계산하면 얼마인가? 단, 재료는 공정초에 전부 투입된다.

> 가. 기초재공품: 300개 (완성도 20%)
> (재료원가 ₩525,000, 가공원가 ₩400,000)
> 나. 완성품: 1,000개
> 다. 기말재공품: 500개 (완성도 40%)
> 라. 당기투입원가 재료원가 ₩1,800,000,
> 가공원가 ₩1,500,000

① ₩310,000
② ₩400,000
③ ₩750,000
④ ₩775,000

34 다음은 (주)대한의 10월 중 재료의 입출고에 대한 내역이다. 계속기록법 하에서 선입선출법을 이용하는 경우, 10월 말 재료의 재고액은 얼마인가?

> 1일 : 전월이월액은 ₩150,000(단가 ₩500, 수량 300개) 이다.
> 5일 : 200개를 소비하다.
> 13일 : 300개를 단가 ₩520에 구입하다.
> 18일 : 200개를 소비하다.
> 22일 : 500개를 단가 ₩510에 구입하다.
> 31일 : 600개를 소비하다.

① ₩50,000
② ₩51,000
③ ₩51,500
④ ₩52,000

35 다음의 자료와 같이 제1부문과 제2부문으로 구성된 공장이 있다. 제품P에 대한 제조간접원가를 부문별 배부와 공장전체 배부로 각각 계산할 때 바르게 계산된 것은?

	제1부문	제2부문	공장전체
제조간접원가	₩3,000	₩9,000	₩12,000
직적노동시간	200시간	300시간	500시간
제품P의 사용시간	15시간	25시간	40시간

	부문별배부	공장전체배부
①	₩835	₩1,100
②	₩960	₩975
③	₩975	₩960
④	₩1,100	₩835

36 상공기계는 2월 중 작업번호가 #101, #102인 두가지 작업을 수행해서 모두 완성하였다. 2월 중 발생한 제조간접원가 발생액은 ₩1,200,000이다. 2월 중 기타자료는 다음과 같을 때 직접 노무원가 기준 제조간접원가 배부율은 얼마인가?

	#101	#102	계
직접노동시간	500시간	1,000시간	1,500시간
기계시간	1,200시간	600시간	1,800시간
직접노무원가	₩300,000	₩500,000	₩800,000

① 직접노무원가의 140%
② 직접노무원가의 150%
③ 직접노무원가의 160%
④ 직접노무원가의 170%

37 (주)대한은 두 개의 공정을 통해 완제품을 생산한다. 다음은 6월 중에 제1공정의 재료에 관한 자료이다. 단, 재료는 제1공정 착수시점에서 전량이 투입된다. 평균법에 의할 경우 6월 30일 월말재공품에 포함된 재료원가는 얼마인가?

구분	물량	직접재료원가
6월 1일의 재공품	60,000개	₩260,000
6월 중의 재료투입	120,000개	₩1,000,000
제1공정 완성품 수량	120,000개	–

① ₩420,000
② ₩300,000
③ ₩240,000
④ ₩110,000

38 ㈜상공의 공장에서 발생한 다음 자료를 이용하여 제조원가를 계산하면 얼마인가?

가. 종업원 임금 : ₩1,000,000
나. 돌발적인 기계 고장으로 인해 생산활동이 중지된 기간에 발생한 임금 : ₩100,000
다. 파업기간 임금 : ₩1,400,000
라. 기계장치 수선비 : ₩200,000
마. 공장건물 임차료 : ₩500,000
바. 갑작스런 정전으로 인한 불량품의 원가 : ₩600,000
사. 수도요금과 전기요금 : ₩1,300,000

① ₩4,500,000
② ₩4,100,000
③ ₩3,600,000
④ ₩3,000,000

39 개별원가계산에 대한 설명으로서 다음 중 옳지 않은 것은?

① 주로 고객의 주문에 따라 서로 다른 여러 종류의 제품을 소량씩 개별적으로 생산하는 조선업, 건설업, 영화제작업 등에서 사용한다.
② 제품별로 제조를 지시하는 제조지시서를 사용하고 있기 때문에 제조지시서 번호별로 원가를 집계한다.
③ 원가계산은 제조지시서별로 언제라도 수행할 수 있으므로, 종합원가계산에 비해 원가계산기간은 중요하지 않다.
④ 월말에 완성된 제조지시서의 제조원가는 월말재공품원가가 되며, 미완성된 제조지시서의 제조원가는 완성품원가가 된다.

40 원가의 개념에 대한 다음의 설명 중 옳지 않은 것은?

① 관련원가란 특정한 의사결정과 관련하여 발생하는 원가를 말한다.
② 매몰원가란 미래에 발생할 원가이기 때문에 의사결정과 관련이 있는 원가이다.
③ 소멸원가란 용역 잠재력이 소멸되어 미래에 더 이상 경제적 효익을 제공할 수 없는 원가이다.
④ 기회원가란 선택된 대안을 제외한 다른 대안 중 차선의 대안을 선택하였더라면 얻을 수 있었던 최대 효익 또는 최소 원가를 말한다.

※ 무 단 전 재 금 함	형별	**A형**	제한 시간	**60분**	수험번호	성 명

※ 다음 문제를 읽고 알맞은 것을 골라 답안카드의 답란(①, ②, ③, ④)에 표기하시오.

제1과목 ➔ 재무회계

01 다음은 결산일 현재 금고에 보관된 내용이다. 재무상태표상에 현금및현금성자산으로 계상될 금액을 계산하면 얼마인가?

타인발행 당좌수표 ₩50,000	당 좌 예 금 ₩300,000
국고송금통지서 ₩70,000	차 용 증 서 ₩100,000
약 속 어 음 ₩30,000	송금환증서 ₩40,000
여 행 자 수 표 ₩20,000	주 식 ₩100,000

① ₩420,000
② ₩480,000
③ ₩510,000
④ ₩580,000

02 다음은 K-IFRS상 매출을 인식하는 시점(수익인식시점)에 대한 설명이다. 잘못된 것은?

① 상품매출시의 수익은 판매일에 인식된다. 일반적으로 판매일은 고객에게 제품을 인도한 날을 뜻한다.
② 할부매출액은 마지막 할부대금을 수취한 날에 실현되는 것을 원칙으로 한다.
③ 위탁판매는 수탁자가 위탁품을 판매한 날에 실현되는 것으로 한다.
④ 매출을 언제 인식하는가에 따라 그 기간의 당기순이익이 달라진다.

03 다음의 금융상품에 대한 설명 중 적절한 것은?

① 금융자산을 최초로 취득할 때나 재무제표를 작성하기 위한 보고기간 말에 취득원가로 평가하면 금융자산의 경제적 실질을 잘 나타낼 수 있다.
② 금융자산이 유동자산인지 비유동자산인지 여부는 취득일로부터 1년 이내에 처분이나 회수기일이 도래하는지 여부로 결정된다.
③ 채권과 관련되어 발생한 이자를 보고기간 말에 아직 받지 못했으나 기간이 경과해서 이미 발생한 부분에 대해서는 이자수익으로 인식된다.
④ 지분법적용시 피투자기업으로 부터 배당금을 수령하면 기타수익으로 계상된다.

04 다음 중 무형자산이 아닌 것은?

㉠ 특허권	㉡ 개발비
㉢ 연구비	㉣ 저작권

① ㉠
② ㉡
③ ㉢
④ ㉣

05 재무제표의 작성에 대한 1차적 책임을 지는 자로 옳은 것은?

① 주주
② 경영자
③ 회계담당자
④ 정부기관

06 창원상사의 20××년 12월 31일 장부상 재고자산은 ₩750,000인데, 그 내용을 검토한 결과 다음의 금액이 포함되어 있다. 다음 중 20××년 12월 31일의 재고자산 금액으로 옳은 것은?

(가) 매가로 진주상점에 판매 위탁한 적송품
(매출총이익률 30%) ₩130,000
(나) 20××년 12월 29일 현재 운송 중인 상품
(선적지기준, 매입송장 미수령) ₩60,000
(다) 20××년 12월 31일 현재 운송 중인 상품
(도착지기준, 매입송장 수령) ₩70,000

① ₩650,000
② ₩589,000
③ ₩581,000
④ ₩641,000

07 다음 중 금융부채에 대한 설명으로 옳은 것은?

① 금융기관의 상품 종류를 뜻하는 것으로 선수금 등이 있다.
② 기업의 지분상품을 말하며 기업이 매입한 다른 회사의 주식 등이 있다.
③ 매출채권과 같이 거래 상대방에게 현금 등 금융자산을 수취할 계약상의 권리이다.
④ 매입채무와 같이 거래 상대방에게 현금 등 금융자산을 인도하기로 한 계약상의 의무이다.

08 다음 설명 중 잘못된 것은?

① 기업이 자금을 융통할 목적으로 발행한 어음을 금융어음이라 하며 지급어음계정에 포함한다.
② 연령분석법은 매출채권잔액비율법에 비하여 매출채권의 순실현가능가치를 보다 더 정확히 계산하여 준다.
③ 차용증서를 받고 현금을 1년간 빌려 준 경우 유동자산인 단기대여금계정에 기입한다.
④ 매출채권 및 기타채권은 유동자산으로 구분하여야 한다.

09 상품권과 관련된 설명으로 틀린 것은?

① 상품권을 할인 판매한 경우 할인액을 차감한 잔액을 선수금 계정에 계상한다.
② 상품권에 대한 매출수익의 인식시기는 수익인식 시기의 일반원칙과 같다.
③ 장기미회수상품권의 상법상 소멸시효가 완성된 경우에는 완성된 시점에서 잔액을 전부 기타수익으로 인식하여야 한다.
④ 매출수익은 상품과의 교환에 따라 상품권을 회수할 때 인식한다.

10 상품을 ₩60,000에 외상매출하고 부가가치세 10%를 현금으로 받은 경우에 적절한 분개는?

① (차)외상매출금 60,000 (대)매 출 60,000
　　현　　금 6,000 부가가치세대급금 6,000
② (차)외상매출금 60,000 (대)매 출 60,000
　　현　　금 6,000 부가가치세예수금 6,000
③ (차)외상매출금 60,000 (대)매 출 66,000
　　현　　금 6,000
④ (차)외상매출금 60,000 (대)매 출 60,000
　　현　　금 6,000 선　수　금 6,000

11 다음 중 영업활동으로 인한 현금흐름이 아닌 것은?

① 단기차입금 지급
② 현금배당금의 수령
③ 차입금에 대한 이자비용의 지급
④ 종업원에 대한 퇴직금의 지급

12 다음 자료에 의하여 당기 중의 매출채권 회수액을 구하면 얼마인가?(단, 상품의 모든 거래는 외상이다.)

기초 매출채권	₩40,000	기말 매출채권	₩60,000
기초상품재고액	40,000	기말상품재고액	50,000
당기총매입액	80,000	매출총이익	35,000

① ₩50,000 ② ₩85,000
③ ₩90,000 ④ ₩125,000

13 다음 설명의 (가), (나)에 해당하는 내용으로 가장 타당한 것은? 단, IFRS 기준 계정과목분류체계에 따른다.

금융자산 중 보고기간말로부터 1년 이후에 만기가 도래하는 정기예금은 (가)의 과목으로 하여 (나)으로 분류한다.

	(가)	(나)
①	기타유동금융자산	유동자산
②	기타비유동금융자산	유동자산
③	기타유동금융자산	비유동자산
④	기타비유동금융자산	비유동자산

14 재무정보의 질적 특성에는 근본적 질적 특성과 보강적 질적특성이 있다. 다음 중 근본적 질적 특성에 해당 하는 것은?

① 비교가능성 ② 검증가능성
③ 목적적합성 ④ 적시성

15 (주)대한은 토지를 ₩1,000,000에 구입하고, 대금은 1개월 후에 갚기로 하고, 구입시의 중개수수료 등의 제비용 ₩50,000은 현금으로 지급하였다. 거래의 8요소 중 이 거래에서 나타날 수 없는 현상은?

① 자산의 증가 ② 자산의 감소
③ 부채의 증가 ④ 비용의 발생

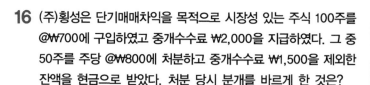

16 (주)횡성은 단기매매차익을 목적으로 시장성 있는 주식 100주를 @₩700에 구입하였고 중개수수료 ₩2,000을 지급하였다. 그 중 50주를 주당 @₩800에 처분하고 중개수수료 ₩1,500을 제외한 잔액을 현금으로 받았다. 처분 당시 분개를 바르게 한 것은?

① (차) 현　　금　38,500 (대) 당기손익금융자산　35,000
　　　　　　　　　　　　　　 당기손익금융자산처분이익　3,500

② (차) 현　　금　38,500 (대) 당기손익금융자산　36,000
　　　　　　　　　　　　　　 당기손익금융자산처분이익　2,500

③ (차) 현　　금　38,500 (대) 당기손익금융자산　35,000
　　　 수 수 료 비 용　1,500　 당기손익금융자산처분이익　5,000

④ (차) 현　　금　40,000 (대) 당기손익금융자산　36,000
　　　　　　　　　　　　　　 당기손익금융자산처분이익　4,000

17 다음 중 포괄손익계산서에 대한 설명으로 옳지 않은 것은?

① 수익과 비용은 상계하여 순액으로 기재함을 원칙으로 한다.
② 일정기간동안 기업의 경영성과를 나타낸다.
③ 비용의 분류는 기능별분류나 성격별분류로 할 수 있다.
④ 단일의 포괄손익계선서나 두 개의 보고서중 한가지 방법으로 표시한다.

18 다음 자료에 의하여 재고자산감모손실액을 계산하면 얼마인가? (단, 재고자산의 회계처리는 계속기록법과 실지재고조사법을 병행하고 있다.)

| 장부재고수량 : 500개 | 실지재고수량 : 450개 |
| 기말재고원가 : @₩100 | 기말재고시가 : @₩80 |

① ₩4,000　　　　　　　② ₩5,000
③ ₩9,000　　　　　　　④ ₩10,000

19 다음은 선입선출법에 대한 설명이다. 잘못된 것은?

① 매출원가는 최근의 원가로 기록되므로 현행수익과 현행원가가 대응되어 수익과 비용의 대응이 잘 이루어진다.
② 일반적으로 물량흐름을 정확하게 반영한다.
③ 물가하락시 신중성에 가까운 결과를 가져온다.
④ 물가상승시 기말재고액과 이익을 크게표시하는 경향이 있다.

20 다음 중 금융자산에 속하지 않는 것은?

① 현금　　　　　　　　② 선급비용
③ 단기대여금　　　　　④ 외상매출금

제2과목 ➔ 원가회계

21 다음 중 변동비와 고정비에 대한 설명으로 잘못된 것은?

① 생산량이 증가함에 따라 총원가가 증가하는 원가를 변동비라고 한다.
② 생산량의 증감과는 관계없이 총원가가 일정한 원가를 고정비라고 한다.
③ 생산량의 증가함에 따라 제품의 단위당 변동비는 일정하다.
④ 생산량의 증감과는 관계없이 제품의 단위당 고정비는 일정하다.

22 보조부문 상호간 용역의 수수가 있을 경우 보조부문비를 제조부문과 다른 보조부문에 용역수수의 정도에 따라 계속해서 배부하는 방법은?

① 상호배분법　　　　　② 단계배분법
③ 직접배분법　　　　　④ 간접배분법

23 단일 또는 복수의 표준화된 제품을 연속적으로 그리고 대량으로 생산하는 기업에 적용되는 원가계산방법은 무엇인가?

① 개별원가계산　　　　② 종합원가계산
③ 표준원가계산　　　　④ 직접원가계산

24 다음의 (가), (나)와 같은 특징에 적합한 원가계산 유형은?

(가) 종류가 다른 제품을 연속적으로 대량 생산
(나) 제과업, 통조림 제조업, 식품 제조업에 적용되는 원가계산

① 단일 종합원가계산　　② 공정별 종합원가계산
③ 조별 종합원가계산　　④ 등급별 종합원가계산

25 다음은 종합원가계산의 평균법과 선입선출법에 대한 설명이다. 옳지 않은 것은?

① 평균법에서는 기초재공품의진척도 정보가 반드시 필요하다.
② 기말재공품이 없다면 두 계산의 결과는 동일하다.
③ 기초재공품이 없다면 두 계산의 결과는 동일하다.
④ 선입선출법에서 기초재공품원가는 전액 당기완성품원가에 포함된다.

26 다음은 원가의 개념과 관련된 내용들이다. 그 내용이 옳지 않은 것은?

① 원가란 특정 목적을 달성하기 위하여 발생하거나 잠재적으로 발생할 경제적 희생을 화폐적으로 측정한 것을 의미한다.
② 원가 중에서 미소멸된 부분을 자산이라고 하고, 소멸된 원가중에서 수익의 실현에 기여한 부분은 비용, 수익의 실현에 기여하지 못한 부분을 손실이라고 한다.
③ 판매관리비는 각 기간별로 자원이 즉각적으로 사용되므로 재고가능원가가 아닌 재고불가능원가로 분류된다.
④ 직접원가와 간접원가는 원가의 형태에 따른 분류이다.

27 다음 원가 자료를 기초로 당월 완성품 원가를 계산하면? (단, 월말 재공품 평가는 평균법에 의한다.)

- 월초재공품 : 수량70개(진척도 40%), 원가 : ₩500,000
- 당월 착수 수량 : 200개
- 당월 투입된 제조비용 : ₩1,500,000
- 월말재공품 : 수량 40개(진척도 50%)
- 재료비와 가공비 모두 제조가 진행됨에 따라 평균적으로 발생

① ₩1,620,000
② ₩1,730,000
③ ₩1,840,000
④ ₩1,960,000

28 제조원가명세서에서 당기제품제조원가가 의미하는 것은?

① 일정한 기간 동안 재공품계정에 투입된 금액
② 일정한 기간 동안 완성된 제품원가금액
③ 일정한 기간 동안 완성품계정에서 매출원가 계정으로 대체된 금액
④ 일정한 기간 동안 생산에 투입된 원가 금액

29 다음 중 원가회계의 목적이 아닌 것은?

① 성과의 측정과 평가를 위한 정보의 제공
② 원가의 관리와 통제의 목적
③ 기업회계의 장부기장의 목적
④ 제품원가의 계산

30 공정별원가계산에 대한 설명으로 옳지 않은 것은?

① 동일제품 또는 유사제품을 여러 개의 공정을 거쳐서 생산하는 경우에 해당된다.
② 다음 공정으로 대체되는 원가를 전공정원가라 한다.
③ 전공정원가는 후속공정의 시작시점에서 새로 투입된 직접재료와 동일하게 취급된다.
④ 전공정에서 발생한 가공비는 전공정원가에 포함될 수 없다.

31 제조간접비를 예정 배부하는 경우 제조간접비 예정 배부액은 ₩145,000이고, 제조간접비 실제 발생액은 간접재료비 ₩45,000 간접 노무비 ₩61,000 간접 경비 ₩37,000이다. 제조간접비 실제 발생에 대한 분개로 적합한 것은?

① (차)재　료　비　45,000　(대)제 조 간 접 비　143,000
　　　노　무　비　61,000
　　　경　　　비　37,000
② (차)제 조 간 접 비　145,000　(대)재　공　품　145,000
③ (차)제 조 간 접 비　143,000　(대)재　료　비　45,000
　　　　　　　　　　　　　　　노　무　비　61,000
　　　　　　　　　　　　　　　경　　　비　37,000
④ (차)제조간접비배부차이　2,000　(대)제 조 간 접 비　2,000

32 3월 중 실제로 발생한 총원가 및 제조지시서 #201의 제조에 실제로 발생한 원가는 다음과 같다.

	총원가	제조지시서 #201
직접재료비	₩ 60,000	₩ 5,500
직접노무비	40,000	2,500
제조간접비	35,000	?

당월 중 실제직접노동시간은 1,000시간이었으며 이 중 제조지시서 #201의 제조에 투입된 시간은 45시간이었다. 제조간접비를 직접노동시간에 기준하여 실제배부하는 경우 제조지시서 #201에 배부되는 제조간접비는 얼마인가?

① ₩1,575
② ₩2,500
③ ₩3,000
④ ₩5,500

33 (주)대한은 직접노동시간을 기준으로 제조간접비를 예정배부하고 있다. 당기 중 제조간접비 예산액이 ₩600,000, 직접노동시간 10,000시간으로 예상되고, 실제조업도가 12,000시간, 제조간접비 실제발생액이 ₩660,000인 경우 제조간접비 예정배부율은 얼마인가?

① 50 　　　　　　② 55
③ 60 　　　　　　④ 66

34 다음 설명 중 옳은 것은?

① 측정제조경비란 보험료, 임차료, 감가상각비, 세금과공과 등과 같이 일시에 지급하는 제조경비를 말한다.
② 발생제조경비란 재료감모손실 등과 같이 현금의 지출이 없이 발생하는 제조경비를 말한다.
③ 월할제조경비란 수선비, 운반비, 잡비 등과 같이 매월의 소비액을 그 달에 지급하는 제조경비를 말한다.
④ 지급제조경비란 전기료, 수도료 등과 같이 계량기에 의해 소비액을 측정할 수 있는 제조경비를 말한다.

35 월초 재공품의 가공비는 ₩50,000이고 당월에 발생한 가공비는 ₩350,000이다. 가공비의 완성품 환산량은 500개이다. 선입선출법으로 월말 재공품을 평가하는 경우 가공비의 단위당 원가를 계산하면?

① ₩600 　　　　　② ₩700
③ ₩800 　　　　　④ ₩900

36 다음의 등급별 종합원가계산표를 기초로 판매가치법에 의하여 1등급품의 단위당 원가를 계산하면? 단, 등급품의 결합원가는 ₩110,000이다.

등 급	생산량	판매 단가	판매 가치
1등급품	100개	₩1,000	₩100,000
2등급품	150	700	105,000
3등급품	50	300	15,000

① ₩450 　　　　　② ₩500
③ ₩550 　　　　　④ ₩600

37 결합원가계산에서 분리점에서의 순실현가치는 주로 어디에 사용되는가?

① 결합원가의 배부
② 완성품환산량의 계산
③ 단위당 원가의 계산
④ 손익분기점의 계산

38 다음은 등급품과 연산품을 설명한 것이다. 적절하지 않은 것은?

① 등급품은 동종제품으로서 품질이나 순도가 다른 제품을 말한다.
② 연산품은 동일한 원료에서 생산되는 이종제품을 말한다.
③ 생우유에서 생산되는 버터, 크림, 탈지유 등은 등급품이라 할 수 있다.
④ 광석에서 추출되는 구리, 은, 납 등은 연산품이라 할 수 있다.

39 당월 노무비 소비액 ₩100,000 중 ₩70,000은 A제품 조립공의 임금이며, ₩30,000은 공장 전체의 기계장치를 수리하는 수선공의 임금이다. 원가를 추적가능성(제품과의 관련성)에 따라 분류할 때 기계장치 수선공의 임금은 어떤 원가로 분류될 수 있는가?

① 직접원가 　　　　② 가공원가
③ 기초원가 　　　　④ 간접원가

40 다음 원가자료로 월말재공품 원가를 계산하면 얼마인가?

직접재료비	₩40,000	직접노무비	₩60,000
제조간접비	70,000	월초재공품	12,000
당월 완성품 원가	151,000		

① ₩7,000 　　　　　② ₩14,000
③ ₩27,000 　　　　④ ₩31,000

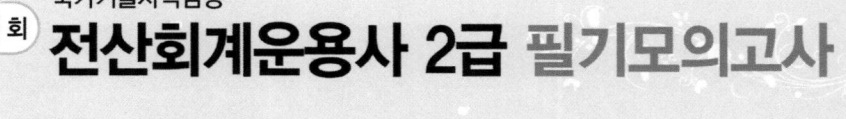

※ 다음 문제를 읽고 알맞은 것을 골라 답안카드의 답란(①, ②, ③, ④)에 표기하시오.

제1과목 ➡ 재무회계

01 포괄손익계산서에 관한 설명으로 옳지 않은 것은?

① 보험료, 감가상각비, 세금과공과, 금융원가 등은 판매비와 관리비로 분류한다.
② 매출액에서 매출원가를 차감하여 매출총이익을 표시할 수 있다.
③ 일정기간 동안에 기업의 재무성과를 나타내는 회계 보고서 이다.
④ 총포괄손익은 당기순손익과 기타포괄손익의 모든 구성요 소를 포함한다.

02 전남상점은 20××년 7월 25일 제1기 부가가치세 확정신고를 하고 부가가치세를 현금으로 납부하였다. 부가가치세 관련계 정이 다음과 같을 때 7월 25일 부가가치세 납부와 관련된 분개 로 적절한 것은? (단, 예정신고를 하지 않았다고 가정한다.)

부가가치세 대급금		부가가치세 예수금	
3/10	30,000	2/10	40,000
6/10	20,000	6/15	50,000
7/3	10,000		

① (차)부가가치세예수금 90,000 (대)부가가치세대급금 60,000
　　　　　　　　　　　　　　　　　 현　　　금 30,000
② (차)부가가치세예수금 90,000 (대)부가가치세대급금 50,000
　　　　　　　　　　　　　　　　　 현　　　금 40,000
③ (차)세 금 과 공 과 30,000 (대)현　　　금 30,000
④ (차)세 금 과 공 과 40,000 (대)현　　　금 40,000

03 유용한 재무정보의 근본적 질적 특성에 해당 하는 것은?

① 이해가능성 　　　　② 목적적합성
③ 검증가능성 　　　　④ 비교가능성

04 다음 중 계정과목의 분류가 K-IFRS에 따라 연결이 잘못된 것은?

① 금융원가 – 이자비용
② 금융수익 – 이자수익, 배당금수익
③ 기타단기금융자산 – 당기손익-공정가치측정금융자산
④ 매출채권처분손실 – 판매비(물류원가)와 관리비

05 다음 자료에 의하여 재고자산감모손실액을 계산하면 얼마인 가? (단, 재고자산의 회계처리는 계속기록법과 실지재고조사 법을 병행하고 있다.)

장부재고수량 : 500개	실지재고수량 : 450개
기말재고원가 : @₩100	기말재고시가 : @₩80

① ₩5,000 　　　　② ₩4,000
③ ₩9,000 　　　　④ ₩10,000

06 다음은 포괄손익계산서에 대한 설명이다. 이 중에서 틀린 것은?

① 포괄손익계산서는 어떠한 경우에도 매출원가를 구분 표시 하여야 한다.
② 한 기간에 인식되는 모든 수익과 비용 항목은 한국채택국제 회계기준이 달리 정하지 않는 한 당기손익으로 인식한다.
③ 포괄손익계산서는 일정기간 동안 기업의 재무성과에 대한 정보를 제공하는 보고서이다.
④ 수익과 비용항목이 중요한 경우 그 성격과 금액을 별도로 공시한다.

07 20××년 9월 15일 남원상점에 화재가 발생하여 보유하고 있 던 상품이 모두 소실되었다. 이 상품의 재고에 관한 자료는 아 래와 같다. 남원상점은 매입원가에 20%의 이익을 가산한 금액 으로 상품을 판매한다. 화재로 인한 남원상점이 입은 상품 피 해액은 얼마인가?

매출액(20××년 1월 1일-20××년 9월 15일)	₩120,000
기초상품재고액(20××년 1월 1일)	₩30,000
매입액(20××년 1월 1일-20××년 9월 15일)	₩110,000

① ₩20,000 　　　　② ₩30,000
③ ₩40,000 　　　　④ ₩44,000

08 다음은 '종업원급여'와 관련된 설명이다. 옳지 않은 것은?

① 당기근무원가는 당기에 종업원이 근무용역을 제공함에 따라 발생하는 확정급여채무의 명목가치 증가액을 말한다.

② 단기종업원급여는 종업원이 관련 근무용역을 제공한 회계기간의 말부터 12개월 이내에 지급기일이 전부 도래하는 종업원급여를 말한다.

③ 종업원은 전일제나 시간제 그리고 정규직이나 임시직으로 기업에 근무용역을 제공할 수 있다. 이때의 종업원은 이사와 그 밖의 경영진도 포함한다.

④ 해고급여는 통상적인 퇴직시점 이전에 종업원을 해고 하거나 일정한 대가와 교환하여 자발적 명예퇴직을 수락하고자 하는 종업원의 결정으로 지급되는 종업원급여를 말한다.

09 영도상회는 결산일에 매출채권 ₩100,000에 대하여 1%의 대손을 추정하였을 때 올바른 분개는?(단, 대손충당금 기말 잔액은 ₩1,400이다.)

① (차)대 손 상 각 비　1,000　(대)매 출 채 권　1,000
② (차)대 손 충 당 금　 400　(대)대손충당금환입　 400
③ (차)대손충당금환입　 400　(대)매 출 채 권　 400
④ (차)대 손 상 각 비　1,400　(대)대 손 충 당 금　1,400

10 '경기상사가 소지하고 있던 약속어음 ₩100,000을 거래은행에 추심의뢰하고, 수수료 ₩2,000을 현금으로 지급하다.'의 분개로 올바른 것은?

① (차)당 좌 예 금　100,000　(대)받 을 어 음　100,000
　　　수수료비용　　2,000　　　현　　　금　　2,000
② (차)매 입 채 무　100,000　(대)받 을 어 음　100,000
　　　수수료비용　　2,000　　　현　　　금　　2,000
③ (차)수수료비용　　2,000　(대)현　　　금　　2,000
④ (차)당 좌 예 금　100,000　(대)받 을 어 음　100,000
　　　수수료비용　　2,000　　　현　　　금　　2,000

11 공장을 짓기 위하여 토지를 구입하고 토지위에 있던 건물을 비용을 들여 철거한 경우 이 비용의 처리는?

① 발생한 기간의 비용으로 처리
② 토지원가에 가산
③ 건물원가에 가산
④ 토지와 건물에 안분

12 다음 자료를 이용하여 매출총이익을 구하면 얼마인가?

당기총매입액	₩ 200,000	매입할인액	₩13,000
매입환출액	4,000	매입에누리액	2,000
당기총매출액	440,000	매출할인액	8,000
광고선전비	12,000		

① ₩251,000　　　　② ₩239,000
③ ₩259,000　　　　④ ₩253,000

13 다음 중 재무상태표상 같은 그룹에 속하지 않는 계정은?

① 산업재산권　　　　② 라이선스와 프랜차이즈
③ 매출채권　　　　　④ 컴퓨터소프트웨어

14 다음 중 K-IFRS상 무형자산의 상각방법으로 옳은 것은?

① 정액법, 체감잔액법, 생산량비례법
② 정액법, 정률법, 생산량비례법, 기타 합리적인 방법
③ 정액법, 생산량비례법, 기타 합리적인 방법
④ 정액법, 생산량비례법

15 기말 재고자산을 과대평가 하였을 때 나타나는 현상으로 옳은 것은?

	매출원가	당기순이익		매출원가	당기순이익
①	과소	과대	②	과대	과소
③	과대	과대	④	과소	과소

16 유형자산에 대한 추가적 지출 중 자산으로 처리하는 경우에 해당하는 것은?

① 유형자산의 상태나 기능을 유지하기 위한 경우
② 유형자산의 내용연수를 연장시키는 경우
③ 지출금액이 상대적으로 적은 경우
④ 지출효과가 당기 내에 소멸하는 경우

17 다음 중 결손금의 처리시 가장 나중에 사용되는 것은?

① 이익준비금　　　　② 주식발행초과금
③ 임의적립금　　　　④ 별도적립금

18 다음 ( )안에 알맞은 용어는?

> • 현물출자가 적절히 평가되었는가에 따라 다음의 두 문제가 발생할 수 있다. 현물을 시가보다 과대평가함으로써 현물의 실질가치보다 더 많은 주식을 발행하여 (㉠)의 문제가 발생한다. 이와 반대로 현물을 시가보다 과소평가함으로써 현물의 실질가치보다 적은 주식을 발행할 경우 (㉡)의 문제가 발생한다.

	㉠	㉡
①	비밀적립금	혼수주식
②	재평가적립금	결손금
③	혼수주식	비밀적립금
④	결 손 금	재평가적립금

19 다음 설명 중 잘못된 것은?

① 실지재고조사법을 채택하는 경우, 재고자산감모손실은 발생기간에 비용으로 인식 한다.
② 총평균법은 기말시점에서 회계기간의 가중평균단가(총평균단가)를 계산하기 때문에 기말시점 이전에는 매출원가를 알 수 없다.
③ 감모손실이 없는 상태에서 선입선출법을 계속기록법 하에서 적용한 경우와 실지재고조사법 하에서 적용한 경우 계산된 매출원가는 동일하다.
④ 후입선출법을 이용하는 경우, 선입선출법 이용시보다 항상 매출총이익을 적게 보고할 수 있다.

20 현금흐름표에 대한 설명으로 가장 잘못된 것은?

① 사채의 발행이나 주식의 발행으로 인한 현금유입액은 액면가액으로 기재한다.
② 배당금수익은 영업활동으로 인한 현금유입액으로 보고한다.
③ 현금흐름을 영업활동, 투자활동, 재무활동으로 분류하여 보고한다.
④ 영업활동으로 인한 현금흐름은 직접법 또는 간접법으로 표시한다.

제2과목 ➡ 원가회계

21 원가회계는 다음 중 누구의 정보수요를 충족시키는 것이 주된 목적인가?

① 내부이용자 ② 규제기관
③ 외부이용자 ④ 주주

22 다음 부문비를 해당 부문에 배부할 때 적용되는 배부 기준과 가장 잘 짝지은 것은?

① 전력비 – 부문의 종업원 수
② 감가상각비 – 부문이 차지하는 건물의 면적
③ 복리후생비 – 부문의 전력 소비량
④ 운반비 – 부문의 수선 횟수

23 다음 자료를 기초로 당월 매출원가를 계산하면?

제조원가명세서의 일부 자료	
당월총제조비용	₩400,000
월초 재공품	20,000
월말 재공품	30,000

총계정원장의 일부 자료			
	제	품	
전월이월	45,000		
		차월이월	33,000

① ₩349,000 ② ₩369,000
③ ₩391,000 ④ ₩402,000

24 다음은 개별원가계산과 종합원가계산에 대한 설명이다. 옳지 않은 것은?

① 종합원가계산은 기간 단위로 원가계산이 이루어진다.
② 개별원가계산은 작업지시서 단위로 원가계산이 이루어진다.
③ 종합원가계산은 완성품환산량 개념이 필요하다.
④ 개별원가계산은 기말재공품의 진척도 개념이 필요하다.

25 (주)상공산업은 다양한 종류의 제품을 생산하고 있다. 다음의 제조원가 항목 중 직접비가 아닌 것은?

① 공장부지의 재산세
② 외주가공비
③ 자가제조 부분품비
④ 생산라인 근로자의 임금

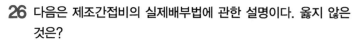

26 다음은 제조간접비의 실제배부법에 관한 설명이다. 옳지 않은 것은?

① 배부율은 월말 이후에 알 수 있다.
② 월별로 배부율이 크게 달라질 수 있다.
③ 배부율은 〔실제제조간접비 ÷ 실제조업도〕이다.
④ 원가계산의 신속성을 기할 수 있다.

27 다음 자료를 기초로 직접노동시간을 기준으로 제조지시서 No. 5에 배부될 제조간접비를 계산하면 얼마인가?

당기직접재료비총액 ₩80,000 당기직접노무비총액 ₩100,000
당기제조간접비총액 ₩20,000 당기직접노동시간500시간
제조지시서 No5
직접재료비 ₩2,000 직접노무비 ₩2,600 직접노동시간 40시간

① ₩1,200
② ₩1,600
③ ₩2,000
④ ₩2,600

28 종합원가계산에서 선입선출법을 사용하는 경우 다음 자료에 의하여 월초 재공품 수량을 계산하면 얼마인가?

월초제품수량	200개	
월말제품수량	30개	
당월매출수량	950개	
당월착수수량	650개	단, 월말재공품은 없다.

① 100개
② 110개
③ 120개
④ 130개

29 다음 중 변동비와 고정비에 대한 설명으로 잘못된 것은?

① 생산량이 증가함에 따라 총원가가 증가하는 원가를 변동비라고 한다.
② 생산량의 증감과는 관계없이 총원가가 일정한 원가를 고정비라고 한다.
③ 생산량의 증감과는 관계없이 제품의 단위당 고정비는 일정하다.
④ 생산량의 증감과는 관계없이 제품의 단위당 변동비는 일정하다.

30 다음은 선입선출법에 따라 공정별원가계산을 시행하고 있는 제2공정의 원가자료이다. 당기전공정대체원가에 대한 완성품환산량은 얼마인가?

기초재공품(120단위 40%)　　기말재공품(100단위 50%)
완 성 품(420단위)

① 400단위
② 540단위
③ 520단위
④ 420단위

31 결합원가계산에서 특정 제품이 분리점 이후에 추가가공하기 위하여 충족 시켜야 하는 조건을 모두 고르면?

㉠ 시장성이 향상될 것으로 기대된다.
㉡ 추가가공원가보다 추가적으로 발생하는 수익이 더 클 것으로 기대된다.
㉢ 그 제품으로 배부된 결합원가보다 그 제품의 예상판매가격이 더 커야 한다.

① ㉠
② ㉠, ㉡
③ ㉠, ㉢
④ ㉡, ㉢

32 다음의 조별원가계산에 대한 설명 중 옳지 않은 것은?

① 조별로 원가를 집계한 다음 종합원가계산 절차를 따른다.
② 조직접비는 각 조에 직접 부담시킨다.
③ 조간접비는 일정한 배부기준에 따라 각 조에 배분한다.
④ 각 조는 작업지시서 단위로 원가를 계산한다.

33 자동차 제조업체인 (주)강남의 회계담당자는 제조원가를 다음과 같이 분류하였다. 잘못 분류된 것을 고르면?

① 타이어 – 직접재료비
② 망치, 드라이버 등 소모성 비품 – 간접재료비
③ 공장장 임금 – 직접노무비
④ 공장 기계의 감가상각비 – 간접경비

34 다음 중 재공품계정 차변에 기록되지 않는 것은?

① 직접재료비 소비액
② 직접노무비 소비액
③ 제조간접비 소비액
④ 당기제품제조원가

35 연산품 원가계산방법이 가장 적합한 업종은?

① 조선업   ② 정유업

③ 가구제조업   ④ 건설공사업

36 다음 원가자료로 월말재공품 원가를 계산하면 얼마인가?

직접재료비	₩40,000	직접노무비	₩60,000
제조간접비	70,000	월초재공품	12,000
당월 완성품 원가	151,000		

① ₩7,000   ② ₩14,000

③ ₩27,000   ④ ₩31,000

37 아래의 자료를 이용하여 당기에 배부된 제조간접비를 계산하면 얼마인가?

직접재료기초재고	₩360,000	직접재료기말재고	₩300,000
직접재료 구입	420,000	재공품 기초재고	180,000
재공품 기말재고	120,000	직접노무비 투입	375,000
직접노무비 임률		시간당 7,500원	
제조간접비 배부율 100(원)/노무시간			

① ₩5,000   ② ₩7,500

③ ₩8,200   ④ ₩9,600

38 (주)한국은 제조간접비를 예정배부하고 있다. 당기 중에 배부한 제조간접비는 ₩35,000이었으나 당기 말에 실제로 발생한 제조간접비는 ₩40,000인 것으로 밝혀졌다. 이 차이를 조정하기 위한 적절한 분개는?

① (차)제 조 간 접 비 5,000 (대)제조간접비배부차이 5,000

② (차)제조간접비배부차이 5,000 (대)제 조 간 접 비 5,000

③ (차)재 공 품 5,000 (대)제 조 간 접 비 5,000

④ (차)제 조 간 접 비 5,000 (대)재 공 품 5,000

39 다음의 미소멸원가를 설명한 것 중 옳지 않은 것은?

① 제품은 미소멸원가이다.

② 재공품은 미소멸원가이다.

③ 매출원가는 미소멸원가이다.

④ 재료는 미소멸원가이다.

40 다음 자료에 의한 10월 중의 제조경비 발생액은 얼마인가?

> ㉠ 10월중에 수선비 ₩40,000을 지급하였다. 수선비 전월 미지급액은 ₩20,000이며, 당월 미지급액은 ₩40,000이다.
> ㉡ 연초에 공장기계에 대한 1년치 화재보험료 ₩360,000을 지급하였으며, 화재보험료는 월별로 균등하게 배분한다.

① ₩30,000   ② ₩60,000

③ ₩80,000   ④ ₩90,000

※ 무 단 전 재 금 함	형별	**A형**	제한 시간	**60분**	수험번호	성 명

※ 다음 문제를 읽고 알맞은 것을 골라 답안카드의 답란(①, ②, ③, ④)에 표기하시오.

제1과목 ➔ 재무회계

01 재무정보의 근본적 질적 특성 중 충실한 표현에 대한 설명이다. 옳지 않은 것은?

① 완전한 서술
② 중요한 서술
③ 중립적 서술
④ 오류가 없는 서술

02 상공상사(주)는 자기주식 100주를 주당 ₩7,000에 매입하여 보유하다가 주당 ₩8,000에 처분하였다. 자기주식 매각에 따른 차액 ₩100,000은 어떻게 처리하여야 하는가?

① 당기손익-공정가치측정금융자산처분이익
② 기타(영업외)수익
③ 자본잉여금
④ 이익잉여금

03 K-IFRS상 당기손익-공정가치측정금융자산 중 주식과 채권의 취득단가를 산정할 때 이용할 수 있는 방법은?

① 정액법 또는 정율법
② 총액법 또는 순액법
③ 총평균법 또는 이동평균법
④ 직접법 또는 간접법

04 (주)한국은 기계장치를 취득하여 2년간 정액법(내용연수 5년, 잔존가액 ₩0)으로 감가상각하다가 ₩250,000에 처분하였다. 처분당시 기계장치의 처분이익으로 ₩70,000을 인식하였다. 기계장치의 취득원가는 얼마인가?

① ₩250,000
② ₩108,000
③ ₩180,000
④ ₩300,000

05 보유하고 있는 약속어음을 배서양도할 때 올바른 회계처리는?

① 받을어음계정의 대변에 기입한다.
② 받을어음계정의 차변에 기입한다.
③ 지급어음계정의 차변에 기입한다.
④ 배서어음계정의 차변에 기입한다.

06 다음 자료를 이용하여 영업활동으로 인한 현금흐름을 구하면 얼마인가?

포괄손익계산서상의 당기순이익	₩200,000
무형자산상각비	20,000
사채상환이익	15,000
대손충당금환입액	10,000
매출채권의 감소액	10,000
매입채무의 감소액	33,000

① ₩172,000
② ₩192,000
③ ₩207,000
④ ₩240,000

07 다음은 20××년 수원상사의 회계자료이다. 수원상사의 매출총이익률이 25%라고 가정할 때 다음 중 20××년 재고자산감모손실로 옳은 것은?

1. 상품재고액(20××년 1월 1일)	₩140,000
2. 매입액	745,000
3. 매출액	981,000
4. 상품실사금액(20××년 12월 31일)	110,000
5. 판매원수당	120,000

① ₩ 32,500
② ₩ 39,250
③ ₩129,250
④ ₩149,250

08 한국채택국제회계기준 제1007호에 따른 현금 및 현금성자산에 대한 설명 중 옳지 않은 것은?

① 현금성자산은 투자나 다른 목적이 아닌 단기의 현금수요를 충족하기 위한 목적으로 보유한다.
② 투자자산은 일반적으로 만기일이 3개월 이내에 도래하는 경우에만 현금성자산으로 분류한다.
③ 모든 지분상품은 현금성자산에 포함한다.
④ 현금 및 현금성자산을 구성하는 항목 간 이동은 현금관리의 일부이므로 이러한 항목간의 변동은 현금흐름에서 제외한다.

09 서울회사는 월말에 거래은행으로부터 은행예금잔액이 ₩45,000 이라는 통지를 받았다. 은행계정조정표상에서 조정해야 할 항목이 다음과 같을 경우, 서울회사의 월말 재무상태표에 표시되어야 할 정확한 예금잔액은 얼마인가?

1) 기발행 미인출수표	₩12,600
2) 은행수수료(회사측 미기입액)	₩2,400
3) 은행 미기록예금	₩9,000
4) 거래처로부터 은행에 직접 입금된 미통지예금	₩5,800

① ₩39,000
② ₩41,400
③ ₩44,800
④ ₩47,200

10 보유하고 있던 건물을 처분하고 현금을 받았으며, 장부금액의 10%에 해당하는 처분손실을 계상하였다. 이러한 결과가 자산, 부채 또는 자본에 미치는 영향은?

① 자산의 증가와 자본의 증가
② 자산의 감소와 자본의 감소
③ 자산의 증가와 부채의 감소
④ 영향 없음

11 석촌상회는 과일과 채소를 판매하는 기업이다. 다음 중 석촌상회가 작성하는 재무상태표의 매출채권 계정에 영향을 주지 않는 거래는?

① 사과 10상자를 판매하고 대금은 10일 후에 받기로 하다.
② 운반용 자동차를 처분하고 대금은 약속어음을 받다.
③ 오이 5상자를 판매하고 대금은 약속어음을 받다.
④ 포도를 판매하고 대금으로 받아 가지고 있던 약속어음이 만기가 되어 입금되다.

12 다음 자료에 의하여 포괄손익계산서에 보고되어야 할 재고자산평가손실은 얼마인가?

• 장부상 재고자산	₩30,000
• 실제 재고자산	₩27,000
• 재고자산(순실현가능가액)	₩25,000
• 재고자산감모손실은 원가성이 있고, 재고자산평가손실은 원가성이 없다.	

① ₩2,000
② ₩3,000
③ ₩5,000
④ ₩6,000

13 다음 중 건물의 취득원가를 구성하지 않는 것은?

① 건물의 취득세
② 건물의 소유권이전을 위한 등록세
③ 건물의 화재보험료
④ 중개인에 대한 중개수수료

14 재무상태표 자본항목 중 차후에 포괄손익계산서에 영향을 주는 항목은?

① 주식발행초과금
② 자기주식처분손실
③ 감자차익
④ 기타포괄손익-공정가치측정금융자산평가이익

15 다음 중 현금및현금성자산에 포함시킬 수 없는 것은?

① 공사채의 만기이자표
② 양도성 예금증서
③ 국고지급통지서
④ 배당금영수증

16 다음은 회계순환과정에서 나타나는 다섯 가지의 절차이다. 이를 순서대로 맞게 배열한 것은?

㉠ 수정후 시산표	㉡ 수정분개
㉢ 역분개	㉣ 이월시산표
㉤ 결산분개	

① ㉠-㉡-㉣-㉢-㉤
② ㉠-㉤-㉡-㉣-㉢
③ ㉡-㉠-㉣-㉤-㉢
④ ㉡-㉠-㉤-㉣-㉢

17 다음의 자료에 의하여 당기말 미처분이익잉여금을 계산하면 얼마인가?

전기이월미처분이익잉여금	₩200,000
당기순이익	₩50,000
이익준비금 적립액	₩20,000
배당금(다음기 초에 지급)	₩40,000

① ₩200,000
② ₩220,000
③ ₩250,000
④ ₩260,000

18 회계거래에 대한 설명으로 부적합한 것은?

① 모든 회계거래는 반드시 한 개 이상의 차변기입과 한 개 이상의 대변기입을 발생시킨다.
② 모든 회계거래는 반드시 한 개 이상의 대변기입과 한 개 이상의 차변기입을 발생시킨다.
③ 한 거래에 의하여 두 개보다 많은 계정이 영향을 받더라도 차변에 기입되는 금액의 합계와 대변에 기입되는 금액의 합계는 항시 같다.
④ 각 거래가 개별 원장계정의 차변과 대변에 미치는 영향이 같지만 이를 집합한 모든 원장계정의 차변총액과 대변총액은 차이가 날 수 있다.

19 K-IFRS에서 규정하고 있는 당기손익-공정가치측정금융자산의 평가방법과 부합하는 것은?

① 주식의 공정가치가 하락하였지만 단기간 내에 공정가치가 회복될 것으로 예상되는 경우, 공정가치에 의하여 평가하지 않을 수 있다.
② 당기손익-공정가치측정금융자산 중 채권은 공정가치의 변동을 인식하지 않을 수 있다.
③ 당기손익-공정가치측정금융자산을 공정가치로 평가하는 경우 평가손익을 관련 자산에서 가산 또는 차감하는 형식으로 보고한다.
④ 보고기간종료일 현재의 종가를 공정가치로 이용하지만, 보고기간종료일 현재의 종가가 없으며 보고기간종료일과 해당 유가증권의 직전거래일 사이에 중요한 경제적 상황 변화가 없는 경우에는 직전거래일의 종가를 이용할 수 있다.

20 다음 자료에 의하여 당기 중의 매출채권 회수액을 구하면 얼마인가?(단, 상품의 모든 거래는 외상이다.)

기초 매출채권	₩40,000	기말 매출채권	₩60,000
기초상품재고액	40,000	기말상품재고액	50,000
당기 매입액	80,000	매출총이익	35,000

① ₩50,000
② ₩85,000
③ ₩90,000
④ ₩125,000

제2과목 → 원가회계

21 개별원가계산을 채택하고 있는 나주공업사는 당월 제조지시서 No.115를 착수하여 당월 완성하였다. 다음의 자료를 이용하여 제조지시서 No.115의 제품제조원가를 계산하면 얼마인가?

제조지시서 No.115	
직접재료비	₩35,000
직접노무비	₩25,000
직접노동시간	85시간
제 조 간 접 비	
제조간접비예상액	₩123,000
조업도예산(직접노동시간)	600시간

① ₩60,000
② ₩60,085
③ ₩70,600
④ ₩77,425

22 다음은 이번 달의 재공품계정에 관한 자료이다. 이 달의 제품 제조원가는 얼마인가?

직접재료비	₩50,000	직접노무비	₩12,000
제조간접비	₩18,000	기초재공품	₩16,000
기말재공품	₩24,000		

① ₩96,000
② ₩80,000
③ ₩88,000
④ ₩72,000

23 다음 중 기본원가와 가공비(전환원가)에 모두 해당되는 것은?

① 직접재료비
② 직접노무비
③ 변동제조간접비
④ 고정제조간접비

 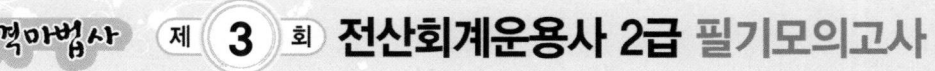

24 종합원가계산에서 전기의 발생원가와 당기의 발생원가를 구분하지 않고 완성품환산량 단위당 원가를 계산하는 방법은?

① 평균법
② 선입선출법
③ 후입선출법
④ 평균법과 선입선출법

25 다음 중 업종별로 사용하기에 적합한 제품원가계산 방법을 잘못 연결한 것은?

① 정유업 및 제련업-조별원가계산
② 조선업 및 항공업-개별원가계산
③ 화학공업 및 제지업-공정별종합원가계산
④ 양조업 및 제화업-등급별원가계산

26 (주)강원에서 9월 중에 발생한 원가에 대한 자료는 아래와 같다. 이 자료를 이용하여 제조간접비와 당기총제조비용을 구하면 각각 얼마인가?

직접재료비	₩2,000	직접노무비	₩3,000
기계 감가상각비	2,400	공장건물 감가상각비	1,500
본사건물 감가상각비	1,200	공장감독자 급여	2,000
본사임원 급여	3,000	판매수수료	1,600
본사건물 화재보험료	1,300	공장건물 화재보험료	1,800

① 제조간접비 ₩7,700 당기총제조비용 ₩12,700
② 제조간접비 ₩7,700 당기총제조비용 ₩19,300
③ 제조간접비 ₩14,800 당기총제조비용 ₩12,700
④ 제조간접비 ₩14,800 당기총제조비용 ₩19,300

27 다음은 천안공업의 지난 달 원가자료의 일부이다. 직접재료비는 얼마인가?

직접노무비	₩ 3,500
제조간접비	₩ 4,000
당기제품제조원가	₩10,500
기초재공품원가 = 기말재공품원가	

① ₩ 4,000
② ₩ 2,500
③ ₩ 3,000
④ ₩ 3,500

28 연산품에 대한 결합원가배분의 목적에 사용되는 분리점에서의 상대적 판매가치는 무엇인가?

① 판매가격에서 매출총이익을 가산한 것
② 판매가격에서 매출총이익을 차감한 것
③ 판매가격에서 분리점이후 추가원가를 가산한 것
④ 분리점에서의 단위당 판매가격에 생산수량을 곱한 것

29 종합원가계산에 적합한 기업들을 모두 고르면?

가. 도로 및 항만을 건설하는 기업
나. 선박을 주문 생산하는 기업
다. 개인주택 건설에 사용되는 붉은 벽돌을 생산하는 기업
라. 건축을 위한 설계를 실시하는 기업

① 가
② 다
③ 가, 다, 라
④ 가, 나, 라

30 다음은 부문별 원가자료이다. S2를 먼저 배부하는 단계배부법에 의하여 보조 부문비를 제조부문으로 배부하는 경우, P1에 배부될 보조부문비 합계를 계산하면 얼마인가?

비 목	제조 부문		보조 부문	
	P1	P2	S1	S2
발생원가	₩220,000	₩180,000	₩80,000	₩100,000
S2	50%	40%	10%	-
S1	40%	40%	-	20%

① ₩80,000
② ₩85,000
③ ₩90,000
④ ₩95,000

31 월초 재공품의 가공비는 ₩50,000이고 당월에 발생한 가공비는 ₩350,000이다. 가공비의 완성품 환산량은 500개이다. 선입선출법으로 월말 재공품을 평가하는 경우 가공비의 단위당 원가를 계산하면 얼마인가?

① ₩600
② ₩700
③ ₩800
④ ₩900

32 다음 자료를 이용하여 당월의 매출원가를 계산하면 얼마인가?

(1) 직접 재료 매입액 ₩400,000
(2) 직접 노무비 발생액 ₩800,000
(3) 간접 제조경비 발생액 ₩700,000
(4) 월초와 월말의 재고자산은 다음과 같다.

구 분	월 초	월 말
재 료	₩140,000	₩150,000
재 공 품	₩150,000	₩200,000
제 품	₩250,000	₩350,000

① ₩1,870,000
② ₩1,840,000
③ ₩1,740,000
④ ₩1,700,000

33 다음 중 변동비에 해당하지 않는 것은?

① 직접재료비
② 직접노무비
③ 동력비 및 소모품비
④ 정액법을 이용한 기계 감가상각비

34 다음은 보조부문비 배부방법인 직접배부법, 단계배부법, 상호배부법의 세 가지를 상호 비교한 것이다. 잘못된 것은?

① 가장 정확한 계산방법은 상호배부법이다.
② 단계배부법은 직접배부법과 상호배부법의 절충적 방법이다.
③ 단계배부법은 보조부문 상호간 용역수수 사실을 모두 고려한다.
④ 상호배부법은 자급용역 사실도 고려하고 배부할 수 있다.

35 제품 A는 제1공정과 제2공정을 통해 생산되고 있으며, 두 공정 모두 선입선출법에 의해 재공품을 평가하고 있다. 다음을 기초로 제1공정의 월말 재공품의 원가를 계산하면 얼마인가? 단, 모든 원가 요소는 전공정을 통하여 균일하게 발생한다.

〈제 1 공정의 원가 자료〉

월초 재공품원가	₩42,500
당월 투입 제조비용	₩340,000
제 1공정 완성품 900개는 전량 제 2공정으로 대체	
재공품 수량 : 월초 250개(완성도 40%)	
월말 100개(완성도 50%)	

① ₩20,000
② ₩22,500
③ ₩23,500
④ ₩24,000

36 (주)서문은 직접노무비법에 의하여 제조간접비를 예정배부하고 있다. 당월에 제조를 착수하여 완성된 제조지시서 No.116의 제품제조원가는 얼마인가?

• 당월 공장 전체 제조원가 :
　직접재료비 ₩180,000　　직접노무비 ₩280,000
　제조간접비 ₩420,000
• 제조지시서 No.116의 직접원가 :
　직접재료비 ₩11,000　　직접노무비 ₩26,000

① ₩68,000
② ₩76,000
③ ₩85,000
④ ₩99,000

37 다음 자료를 기초로 당월 매출총이익을 계산하면 얼마인가?

§ 당월 매출액	₩300,000
§ 당월 완성품 제조원가	230,000

§ 당월 재고자산 내역

구 분	월 초	월 말
재 공 품	₩14,000	₩22,000
제 품	₩36,000	₩27,000

① ₩61,000
② ₩62,000
③ ₩72,000
④ ₩79,000

38 주안산업(주)는 제1제조부문과 제2제조부문을 통하여 제품 A와 제품 B를 생산하며, 제조간접비 배부는 예정배부에 의하고 있다. 제1제조부문의 예정배부율은 ₩200/노동시간이고, 제2제조부문의 예정배부율은 ₩150/기계시간 이며, 제품 A에 대한 부문별 작업시간은 다음과 같다.

구 분	제1제조부문		제2제조부문	
	노동시간	기계시간	노동시간	기계시간
제품A	700시간	500시간	200시간	400시간

다음 중 제품A의 제조간접비 배부액으로 옳은 것은?

① ₩105,000
② ₩135,000
③ ₩180,000
④ ₩200,000

39 종합원가계산에서 선입선출법을 사용하는 경우 다음 자료에 의하여 월초 재공품 수량을 계산하면 얼마인가?

월초제품수량	200개
월말제품수량	30개
당월매출수량	950개
당기착수완성수량	650개
월말재공품은 없다.	

① 100개
② 110개
③ 120개
④ 130개

40 다음 중 관리회계의 주요 목적이 아닌 것은?

① 내부 의사결정
② 예산의 수립과 집행
③ 기업내 여러 부문의 평가
④ 원가정보를 기업 외부의 회계정보 이용자에게 공시

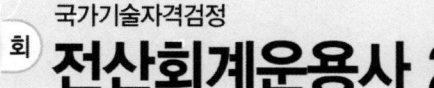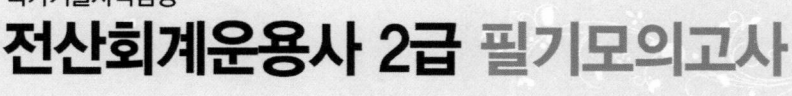
※무단전재금함	형별	**A형**	제한시간	**60분**	수험번호	성 명

※ 다음 문제를 읽고 알맞은 것을 골라 답안카드의 답란(①, ②, ③, ④)에 표기하시오.

제1과목 → 재무회계

01 다음은 20××년도 (주)천안의 현금흐름표 작성을 위한 기초자료이다. 영업활동으로 인한 현금흐름표을 간접법으로 계산하면?

포괄손익계산서 자료			
당기순이익	₩200,000	감가상각비	₩50,000

재무상태표 자료		
	20××년 1월 1일	20××년 12월 31일
매출채권	₩140,000	₩150,000
미지급급여	30,000	18,000

① ₩198,000   ② ₩228,000
③ ₩248,000   ④ ₩272,000

02 다음 중 금융자산에 속하지 않는 것은?

① 현금 및 현금성자산   ② 선급금
③ 미수금   ④ 매출채권

03 (주)상공의 20××년 기말 외상매출금 잔액은 ₩800,000이며, 결산정리분개를 하기 전의 관련 대손충당금 잔액은 ₩12,000 이다. (주)상공은 기말 외상매출금의 1%에 해당하는 금액이 대손될 것으로 예상하고 있다. 결산시 적절한 결산정리분개는?

① (차)대 손 상 각 비 8,000 (대)대 손 충 당 금 8,000
② (차)대 손 상 각 비 4,000 (대)대 손 충 당 금 4,000
③ (차)대 손 충 당 금 4,000 (대)대손충당금환입 4,000
④ (차)대 손 충 당 금 8,000 (대)대손충당금환입 8,000

04 (주)한국은 20××년 1월 1일에 영업을 개시하였으며, 회계 연도는 1월 1일부터 12월 31일까지이다. 다음은 20××년의 (주)한국에 대한 정보이다.

20××년의 상품 총매입액	₩600,000
20××년 12월 31일 상품재고액	100,000
20××년 외상매출금 회수액	400,000

(주)한국은 모든 상품을 원가에 20%의 이익을 가산하여 판매하고 있으며, 모든 매출은 외상으로 이루어진다. 20××년 중 회수가 불가능한 외상매출금은 없다고 할 때, 20××년 12월 31일의 외상매출금 잔액은 얼마인가?

① ₩600,000   ② ₩500,000
③ ₩480,000   ④ ₩200,000

05 K-IFRS상 재무상태표에 무형자산인 산업재산권으로 표시할 수 있는 계정을 모두 고르면?

㉮ 특허권	㉯ 광업권	㉰ 상표권	㉱ 실용신안권
㉲ 디자인권	㉳ 어업권	㉴ 저작권	

① ㉯㉳   ② ㉮㉱㉴
③ ㉮㉰㉱㉲   ④ ㉮㉰㉱㉲㉴

06 매매 당사자의 상품 외상 거래 가격은 ₩100,000으로 고정되어 있다고 가정하자. 다음 중 구매자의 입장에서 거래 조건을 유리한 순서대로 나열한 조합은?

(가) 3/10, n/30 : FOB선적지기준
(나) 2/10, n/30 : FOB선적지기준
(다) 3/15, n/30 : FOB도착지기준
(라) 3/10, n/30 : FOB도착지기준

① (가)-(나)-(다)-(라)
② (가)-(라)-(다)-(나)
③ (다)-(라)-(가)-(나)
④ (라)-(다)-(가)-(나)

07 아현상회의 회계담당자는 기말 상품 재고현황을 파악한결과 다음과 같은 정보를 얻었다. 이 정보를 기초로 재무상태표의 상품으로 보고될 금액을 계산하면 얼마인가?

창고에 보관 중인 상품	₩300,000
보관 상품 중 마포상회에 판매를 부탁 받은 것	20,000
위탁상품	80,000
미착상품(FOB 도착지 조건)	50,000

① ₩350,000　　　　② ₩360,000

③ ₩410,000　　　　④ ₩430,000

08 상품을 ₩60,000에 외상매출하고 부가가치세 10%를 현금으로 받은 경우에 옳은 분개는?

① (차) 외상매출금　60,000　(대) 매　　　출　60,000
　　　 현　　　금　 6,000　　　 부가가치세대급금　 6,000
② (차) 외상매출금　60,000　(대) 매　　　출　60,000
　　　 현　　　금　 6,000　　　 부가가치세예수금　 6,000
③ (차) 외상매출금　60,000　(대) 매　　　출　66,000
　　　 현　　　금　 6,000
④ (차) 외상매출금　60,000　(대) 매　　　출　60,000
　　　 현　　　금　 6,000　　　 선　 수　 금　 6,000

09 회계상 계정과목에 대한 설명 중 옳지 않은 것은?

① 선급금이란 매입처에 대하여 상품·원재료의 매입을 위하여 또는 제품의 외주가공을 위하여 선급한 금액을 말한다.
② 상품 등을 주문받고 거래처로부터 미리 받은 계약금은 선수금에 해당된다.
③ 가지급금은 재무상태표에 명시적으로 언급되어야 하는 확정 채권을 표시하는 과목이다.
④ 가수금은 실제 현금의 수입은 있었지만 거래의 내용이 불분명하거나 거래가 완전히 종결되지 않아 계정과목이나 금액이 미확정인 경우에, 현금의 수입을 일시적인 채무로 표시하는 계정과목이다.

10 재무제표상 정보가 생략되거나 잘못 기재된 것이 그 재무제표를 기초로 한 경제적 의사결정에 영향을 미친다면 이 정보는 어떠한 정보인가?

① 중요한 정보
② 목적적합한 정보
③ 역사적 원가의 원칙에 의한 정보
④ 대응의 원칙에 의한 정보

11 선급임차료 중 기간경과로 인하여 소멸된 부분에 대한 수정분개를 누락한 경우 그 영향을 옳게 설명한 것은?

① 순이익, 자산, 자본이 모두 과대계상된다.
② 순이익, 자산, 자본이 모두 과소계상된다.
③ 순이익은 과소계상되며, 자산과 자본은 과대계상된다.
④ 순이익은 과대계상되며, 자산과 자본은 과소계상된다.

12 (주)한국의 12월 31일 현재 재무상태표는 다음과 같다. (주)한국이 20×2년 중에 지급한 이자비용이 ₩120,000일 때 20×2년 포괄손익계산서에 보고해야할 이자비용은 얼마인가?

구　　　분	20×1년	20×2년
선 급 이 자	₩40,000	₩20,000
미 지 급 이 자	80,000	50,000

① ₩120,000　　　　② ₩170,000

③ ₩110,000　　　　④ ₩130,000

13 다음은 상품을 저가법으로 평가하고 있는 경기상사의 상품에 관한 자료이다. 매출원가에 반영되는 상품평가손실은 얼마인가?

기초상품재고액	₩10,000
당기상품매입액	₩50,000
장부상 기말상품재고액(@₩100, 50개)	₩5,000
기말상품재고실사량(45개)	
기말상품 개당 시가(순실현가능가액 기준)	₩90

① ₩950　　　　② ₩500

③ ₩450　　　　④ ₩ 50

14 다음 설명의 (가), (나)에 해당하는 내용으로 가장 타당한 것은? 단, IFRS 기준 계정과목분류체계에 따른다.

금융자산 중 보고기간말로부터 1년 이내에 만기가 도래하는 정기예금은 (가)의 과목으로 하여 (나)으로 분류한다.

	(가)	(나)
①	기타유동금융자산	유동자산
②	기타비유동금융자산	유동자산
③	기타유동금융자산	비유동자산
④	기타비유동금융자산	비유동자산

15 (주)횡성은 당기손익차익을 목적으로 시장성 있는 주식 100주를 @₩700에 구입하였고 중개수수료 ₩2,000을 지급하였다. 그 중 50주를 주당 @₩800에 처분하고 중개수수료 ₩1,500을 제외한 잔액을 현금으로 받았다. 처분 당시 분개를 옳게 한 것은?

① (차)현   금   38,500 (대)당기손익금융자산 35,000
                          당기손익금융자산처분이익 3,500
② (차)현   금   38,500 (대)당기손익금융자산 36,000
                          당기손익금융자산처분이익 2,500
③ (차)현   금   38,500 (대)당기손익금융자산 35,000
       수 수 료 비 용   1,500   당기손익금융자산처분이익 5,000
④ (차)현   금   40,000 (대)당기손익금융자산 36,000
                          당기손익금융자산처분이익 4,000

16 다음의 자료를 이용하여 정액법에 의하여 2012년도의 감가상각누계액을 계산하면 얼마인가?(단, 결산일은 12월 31일이다.)

| 취 득 일 : 2011년 1월 1일 |
| 취득원가 : ₩1,200,000 |
| 내용연수 : 5년 |
| 잔존가치 : ₩200,000 |

① ₩400,000   ② ₩480,000
③ ₩200,000   ④ ₩240,000

17 K-IFRS상의 무형자산에 대한 다음 설명 중 옳지 않은 것은?

① 물리적형체가 없지만 식별가능하고, 기업이 통제하고 있으며 미래경제적효익이 있는 자산을 말한다.
② 무형자산에는 개발비, 프랜차이즈, 산업재산권, 기타의 무형자산등이 있다.
③ 미래경제적 효익을 얻기 위해 지출이 발생하더라도 무형자산이나 다른 자산이 획득 또는 창출되지 않는다면, 그 지출은 발생시점에 자산으로 인식한다.
④ 기초가 되는 자원에서 유입되는 미래경제적효익을 확보할 수 있고 그 효익에 대한 제3자의 접근을 제한할 수 있어야 한다.

18 다음 중 액면금액보다 낮은 금액으로 할인 발행되기 위한 사채의 조건으로 옳은 것은?

① 표시이자율 〉 시장이자율
② 표시이자율 〈 시장이자율
③ 표시이자율 = 시장이자율
④ 사채는 항상 액면가보다 높은 금액으로 거래 된다.

19 다우리(주)는 도매업에 종사하고, 재고자산 평가는 종목별로 저가기준을 적용하고 있다. 다음 자료는 20××년 12월 31일 다우리(주)의 재고자산 기록에서 입수한 자료이다.

상품명	재고수량	단위당		
		취득원가	추정판매가격	추정판매비
A	1,000	₩3,000	₩4,000	₩900
B	1,500	3,500	3,200	200
C	800	2,300	2,200	100

20××12월 31일 포괄손익계산서에 기록할 재고자산 평가손실(매출원가)은 얼마인가?

① ₩160,000   ② ₩750,000
③ ₩910,000   ④ ₩1,010,000

20 (주)대한은 "2/10, n/30"의 매출할인 조건으로 상품 ₩200,000을 고객에게 외상판매하고, 20일 후 외상대금을 현금으로 회수하였다. 외상대금 회수시의 회계처리로 옳은 것은?

① (차)외상매출금 200,000 (대)매   출 200,000
② (차)현   금 196,000 (대)외상매출금 200,000
       매 출 할 인   4,000
③ (차)현   금 190,000 (대)외상매출금 200,000
       매 출 할 인 10,000
④ (차)현   금 200,000 (대)외상매출금 200,000

제2과목 ➔ 원가회계

21 개별원가계산을 채택하고 있는 (주)신림은 8월 1일 설립되었다. 8월 중 제조지시서 No.56, No.57, No.58에 의하여 제조를 시작하였다. 각 제조지시서의 제조원가가 ₩23,000(No.56), ₩33,000(No.57), ₩19,000(No.58)으로 집계되었고, 제조지시서 No.56과 No.57은 완성되었으며, No.58은 미완성된 상태로 다음 달로 넘어갔다면 8월 중 제조와 관련된 분개로 옳은 것은?

① (차)재 공 품 75,000 (대)제   품 56,000
                          제 조 간 접 비 19,000
② (차)제   품 56,000 (대)재 공 품 75,000
       제조간접비 19,000
③ (차)재 공 품 56,000 (대)제   품 56,000
④ (차)제   품 56,000 (대)재 공 품 56,000

22 기말재공품 원가가 기초재공품원가보다 클 경우 가장 옳은 것은?

① 매출원가가 제조원가보다 더 크다.
② 제조원가가 매출원가보다 더 크다.
③ 당기총제조비용이 당기제품제조원가보다 더 작다.
④ 당기총제조비용이 당기제품제조원가보다 더 크다.

23 다음 설명 중 가장 옳지 않은 것은?

① 원가란 재화나 용역을 생산하는 과정에서 소비되는 모든 경제적 가치를 말한다.
② 특정 제품 또는 특정 부분에 직접적으로 추적가능한 원가를 직접비라 하고 추적불가능한 원가를 간접비라 한다.
③ 재공품이란 제조과정 중에 있는 미완성제품을 말한다.
④ 가공비란 직접재료비와 직접노무비를 합계한 원가를 말한다.

24 다음의 자료를 이용하여 선입 선출법의 가정 하에서 계속기록법으로 7월의 재료 소비액을 계산한 것은?

7/ 1	전월이월	A재료	200개	@₩200	₩40,000
7/ 4	입 고	A재료	300개	@₩200	₩60,000
7/ 7	출 고	A재료	400개		
7/17	입 고	A재료	300개	@₩220	₩66,000
7/25	출 고	A재료	200개		

① ₩100,000
② ₩122,000
③ ₩120,000
④ ₩132,000

25 평균법을 사용한 종합원가계산에서 완성품환산량 단위당 원가는 아래의 어떤 항목을 완성품환산량으로 나눠야 하는가?

① 당기 발생 비용
② 당기 발생 비용 더하기 기초재고품 원가
③ 당기 발생 비용 빼기 기초재고품 원가
④ 당기 발생 비용 더하기 기말재고품 원가

26 경기회사는 2개의 보조부문과 2개의 제조부분으로 구성되어 있다. 각 부문직접비 및 보조부문의 용역 사용량에 대한 정보는 다음과 같다.

구 분	보조부문1	보조부문2	제조부문1	제조부문2
부문직접비	₩15,600	₩20,000	–	–
수선시간	–	10시간	60시간	30시간
전력사용량	40Kwh	–	120Kwh	40Kwh

보조부문의 원가는 단일배분율에 의해 제조부문에 배부한다. 보조부문1의 원가배부기준은 수선시간이며, 보조부문2의 원가배분기준은 전력사용량이다. 단계배분법에 의해 보조부문비를 제조부문에 배분할 경우, 제조부문2의 보조부문원가 배부액은 얼마인가? (단, 보조부문2를 먼저 배분할 것)

① ₩6,533
② ₩10,533
③ ₩12,000
④ ₩25,067

27 다음 중 제조원가에 포함되지 않는 것은?

① 재료매입운임
② 기계감가상각비
③ 광고선전비
④ 공장부지에 대한 임차료

28 선입선출법과 평균법의 비교로 가장 옳은 것은?

① 선입선출법은 제품수량으로 원가를 배분하며 평균법은 완성품환산량으로 배분한다.
② 선입선출법은 완성품환산량 계산에 기초재공품의 완성도를 고려하지만 평균법은 고려하지 않는다.
③ 선입선출법은 완성품환산량 계산에 기초재공품의 완성도를 고려하지 않지만 평균법은 고려한다.
④ 선입선출법은 다른 재고의 평가에서도 선입선출법을 사용하는 기업만 채택할 수 있지만 평균법은 다른 재고의 평가방식에 관계없이 채택이 가능하다.

29 제조간접비의 배부기준은 제조하고 있는 제품의 종류, 제조방법, 제조규모 등에 따라 가액법(가격법), 시간법, 수량법이 있다. 다음 중 가액법으로 볼 수 없는 것은?

① 직접재료비법
② 직접작업시간법
③ 직접노무비법
④ 직접원가법

30 보조부문비를 제조부문에 배부하는 방법으로 옳지 않은 것은?

① 직접배부법
② 단계배부법
③ 상호배부법
④ 간접배부법

31 다음 중 종합원가계산에서 평균법에 의한 경우와 선입선출법에 의한 경우 완성품원가가 동일하게 산출되는 경우는?

① 기초제품과 기말제품의 동일할 경우
② 기초재공품과 기말재공품의 완성도가 동일한 경우
③ 기말재공품이 있는 경우
④ 기초재공품이 없는 경우

32 제조와 관련된 재고자산계정으로 가장 흔한 세 가지 계정을 고르면?

① 상품, 제품, 소모품 ② 상품, 재공품, 제품
③ 원재료, 상품, 제품 ④ 원재료, 제품, 재공품

33 다음은 선입선출법에 따라 공정별원가계산을 시행하고 있는제2공정의 원가자료이다. 전공정원가에 대한 완성품 환산량은 얼마인가?

| 기초재공품(120단위, 완성도 40%) |
| 기말재공품(100단위, 완성도 50%) |
| 완성품(420단위) |

① 400단위 ② 540단위
③ 520단위 ④ 420단위

34 다음은 부문직접비와 부문간접비의 예를 든 것이다. 옳지 않은 것은?

	부문직접비	부문간접비
①	부문감독자의 급료	공장장의 급료
②	부문기계의 감가상각비	공장건물의 재산세
③	부문의 소모품비	공장건물의 감가상각비
④	부문기계의 특별수리비	부문의 간접노무비

35 다음 자료에 의해 선입선출법을 적용하여 기말재공품원가를 구하면 얼마인가?

기초재공품수량(60%완성)	400개
기초재공품원가	₩1,280,000
당기제조원가	₩10,600,000
당기완성품수량	1,200개
기말재공품수량(50%완성)	200개

① ₩800,000 ② ₩900,000
③ ₩1,000,000 ④ ₩1,100,000

36 당기에는 재료와 재공품의 기초재고액과 기말재고액이 동일했으나 기초제품재고액은 ₩5,000이었으며 기말 제품재고액은 기초제품재고액보다 ₩2,000이 증가하였다. 당기총제조비용이 ₩100,000이었다면 판매(매출)가능 제품액은 얼마인가?

① ₩105,000 ② ₩102,000
③ ₩107,000 ④ ₩103,000

37 다음은 결합원가와 분리원가의 설명 중 옳지 않은 것은?

① 분리원가는 분리점 이후에 발생한 원가이다.
② 분리점 이전에 발생한 가공원가는 결합원가에 포함된다.
③ 분리원가는 결합원가에 포함된다.
④ 결합원가는 일정한 기준에 의해 연산품에 배부된다.

38 다음 중 재공품계정 차변에 기록되지 않는 것은?

① 직접재료비 소비액 ② 직접노무비 소비액
③ 제조간접비 소비액 ④ 당기제품제조원가

39 금화공업사는 결합공정을 통해서 A제품과 B제품을 제조하고 있다. 분리점에서의 판매가치는 A제품 1,000개에 대하여 ₩140,000이고, B제품 1,500개에 대하여 ₩60,000이다. 분리점에서의 판매가치에 의해서 결합원가를 배분한다면 A제품에 대한 배부액은 ₩28,000이 될 것이다. 총결합원가는 얼마인가?

① ₩40,000 ② ₩46,667
③ ₩60,000 ④ ₩70,000

40 다음 원가 자료를 기초로 당월 완성품 원가를 계산하면 얼마인가? (단, 기말 재공품 평가는 평균법에 의한다.)

| * 월초 재공품 : 수량 70개(진척도40%), 원가₩500,000 |
| * 당월 착수 수량 : 200개 |
| * 당월 투입된 제조비용 : ₩1,500,000 |
| * 월말 재공품 : 수량 40개(진척도 50%) |
| * 재료비와 가공비 모두 제조가 진행됨에 따라 평균적으로 발생 |

① ₩1,620,000 ② ₩1,730,000
③ ₩1,840,000 ④ ₩1,960,000

※ 다음 문제를 읽고 알맞은 것을 골라 답안카드의 답란(①, ②, ③, ④)에 표기하시오.

제1과목 ➔ 재무회계

01 다음은 자산의 정의에 대한 설명이다. 틀린 것은?

① 특정 실체에 영향을 미치는 거래나 사건이 자산으로 분류되기 위해서는 미래경제적효익이 있어야 한다.
② 자산은 물리적 형태를 가지고 있거나 당해 자산의 소유에 대한 법적 권리가 있어야 한다.
③ 특정 실체가 미래경제적효익을 통제할 수 있어야 한다.
④ 기업의 자산은 과거의 거래나 그 밖의 사건에서 창출된다.

02 상공상사(주)는 보통주식 500주(액면금액@₩5,000)가 @₩5,500에 발행되어 전량 유통되고 있다. 상법의 규정에 의하여 위의 보통주식 50주를 @₩5,700에 재취득하여 일시적으로 보유하고 있다가 40주를 @₩6,000에 현금으로 처분하였다. 보통주식 40주를 처분한 날의 분개로 옳은 것은?

① (차)현   금   240,000 (대)자 기 주 식 240,000
② (차)현   금   240,000 (대)유 가 증 권 240,000
③ (차)현   금   240,000 (대)당기손익금융자산 228,000
　　　　　　　　　　　　　　　　당기손익금융자산처분이익   12,000
④ (차)현   금   240,000 (대)자 기 주 식 228,000
　　　　　　　　　　　　　　　　자기주식처분이익   12,000

03 북강회사의 선수임대료계정의 기초잔액은 ₩600이었으며, 기말 현재 작성된 당기의 포괄손익계산서상의 임대료는 ₩48,000이며, 재무상태표상의 선수임대료는 ₩1,100이다. 북강회사가 당기에 임차인으로부터 받은 임대료의 현금 수취액은 얼마인가?

① ₩49,700
② ₩49,100
③ ₩48,500
④ ₩47,400

04 다음 중 무형자산에 관한 설명으로 옳지 않은 것은?

① 내용연수가 유한한 무형자산은 상각해야 한다.
② 사업결합으로 취득한 영업권은 상각하지 않으나 매년 손상검사를 해야 한다.
③ 무형자산으로 인식되기 위해서는 식별가능해야 한다.
④ 내용연수가 비한정적인 무형자산은 상각해야 한다.

05 다우리(주)는 도매업에 종사하고, 재고자산 평가는 종목별로 저가기준을 적용하고 있다. 다음 자료는 20××년 12월 31일 다우리(주)의 재고자산 기록에서 입수한 자료이다.

상품명	재고수량	취득원가	추정판매가격 (단위당)	추정판매비
A	1,000	₩3,000	₩4,000	₩900
B	1,500	3,500	3,200	200
C	800	2,300	2,200	100

만약 다우리(주)의 20××년 1월 1일 기초재고자산이 ₩7,500,000이고, 20××년 동안의 매입액이 ₩45,000,000이라면 매출원가는 얼마인가?

① ₩42,410,000
② ₩43,320,000
③ ₩47,560,000
④ ₩48,200,000

06 다음은 한국채택국제회계기준에 의한 비용의 분류·표시에 대한 설명이다. 틀린 것은?

① 성격별 표시방법은 비용을 상품매입액, 종업원급여, 감가상각비, 이자비용, 기타비용 등 성격별로 구분하여 표시하는 방법이다.
② 성격별 표시방법에 의할 경우 수액(매출액)에서 매출원가를 차감한 금액을 매출총이익으로 구분하여 표시해야 한다.
③ 기능별 표시방법은 비용을 매출원가, 물류비, 일반관리비, 마케팅비용 등 기능별로 구분하여 표시하는 방법이다.
④ 기능별 표시방법에 의할 경우 매출원가를 반드시 다른 비용과 분리하여 공시해야 한다.

07 다음 중 금융부채에 대한 설명으로 옳지 않은 것은?

① 부채의 정의를 충족하는 계약상의 의무이다.
② 현금 또는 지기지분상품등의 금융자산으로 결제되는 부채를 말한다.
③ 금융부채에는 매입채무, 미지급금, 차입금, 사채 등이 있다.
④ 판매된 제품의 품질보증의무 또는 제조과정에서 발행한 환경오염을 제거할 의무 등을 포함 한다.

08 현금흐름표에서는 현금흐름을 세 가지 활동(영업활동, 투자활동, 재무활동)으로 구분하여 표시한다. 다음 중 성격이 다른 활동으로 인한 현금흐름은?

① 급여의 지급
② 이자비용의 지급
③ 미지급법인세의 지급
④ 현금의 대여

09 기초상품재고액 ₩50,000, 매입에누리 ₩10,000, 기말상품재고액 ₩70,000, 매출원가 ₩200,000인 경우 당기 상품 총매입액은 얼마인가?

① ₩330,000
② ₩230,000
③ ₩130,000
④ ₩ 70,000

10 치악상회의 회계담당자는 20×1년 초 구입한 사무용 컴퓨터에 대한 적절한 감가상각 방법(내용연수:3년)을 결정하는 중이다. 정액법과 정률법에 대한 그의 생각 중 잘못된 것은?

① 20×1년도 감가상각비는 정액법이 더 많다.
② 수익비용 대응의 원칙은 정률법이 더 부합된다.
③ 추정 잔존가액이 없는 경우 정률법은 사용할 수 없다.
④ 20×3년도 말의 감가상각누계액은 두 가지 방법 모두 같다.

11 20×1년도의 기말 재고자산이 ₩30,000 과소평가 되었다. 이 오류가 20×1년도와 20×2년도의 당기순이익에 미치는 영향으로 바르게 표시한 것은?

① 20×1년도 : ₩30,000 과대계상
　 20×2년도 : ₩30,000 과대계상
② 20×1년도 : ₩30,000 과대계상
　 20×2년도 : ₩30,000 과소계상
③ 20×1년도 : ₩30,000 과소계상
　 20×2년도 : ₩30,000 과대계상
④ 20×1년도 : ₩30,000 과소계상
　 20×2년도 : ₩30,000 과소계상

12 (주)한국의 자본금은 ₩500,000(100주, 주당 액면가액 ₩5,000)이며 주식발행초과금은 ₩100,000이다. 당기순이익은 ₩60,000이고 결산일의 1주당 시가가 ₩8,000일 때, 주당순이익은 얼마인가?

① ₩0.12
② ₩12
③ ₩800
④ ₩600

13 (주)한국상점은 제1기 부가가치세 확정신고를 하고 신고와 함께 부가가치세를 현금으로 납부하였다. 제1기 동안 기록된 부가가치세대급금계정의 잔액이 ₩45,000이고 부가가치세예수금계정의 잔액이 ₩60,000일 때 20××년 7월 25일의 적절한 분개는?

① (차)부가가치세예수금 45,000 (대)부가가치세대급금 45,000
② (차)부가가치세대급금 45,000 (대)부가가치세예수금 45,000
③ (차)세 금 과 공 과 15,000 (대)현　　　　　금 15,000
④ (차)부가가치세예수금 60,000 (대)부가가치세대급금 45,000
　　　　　　　　　　　　　　　 현　　　　　금 15,000

14 다음은 수익과 비용의 정의에 대한 설명이다. 틀린 것은?

① 수익을 인식하면 자산이 증가하거나 부채가 감소하여 자본이 증가한다.
② 비용을 인식하면 자산이 감소하거나 부채가 증가하여 자본이 감소한다.
③ 수익과 비용은 주요 경영활동 이외의 부수적인 거래나 사건에서 발생하는 차익과 차손을 포함한다.
④ 수익은 특정 회계기간 동안에 발생한 자본의 증가를 의미한다.

15 다음은 감가상각방법들 중 자산의 경제적효익의 소멸과정을 규정하는 성격이 다른 방법은?

① 정액법
② 연수합계법
③ 이중체감법
④ 정률법

16 다음은 (주)대한에 관한 자료이다. (주)대한은 전액 할부 매출을 하고 있다.

	20×1년	20×2년
할부매출액 :	₩500,000	₩400,000
현금회수액 :		
20×1년 매출분	250,000	250,000
20×2년 매출분	–	200,000
매출총이익률 :	20%	20%

위의 자료에 의할 때 (주)대한의 20×2년도 매출총이익은 얼마인가?

① ₩ 80,000
② ₩ 90,000
③ ₩ 100,000
④ ₩130,000

17 다음 중 상품권에 대한 회계처리의 설명으로 옳지 않은 것은?

① 매출수익은 물품 등을 제공하고 상품권을 회수한 때에 인식한다.
② 상품권의 잔액을 환급하는 경우에는 환급하는 때에 선수금과 상계한다.
③ 상품권의 유효기간이 경과하고 상법상 소멸시효가 완성된 경우에는 소멸시효의 완성시점에서 잔액을 전부 영업외수익으로 인식한다.
④ 상품권을 할인 판매한 경우에는 할인액을 차감한 금액을 선수금으로 계산한다.

18 다음 자료를 기초로 당기의 매출총이익을 계산하면?

– 당기 매출액	₩100,000	– 매입 할인	₩500
– 당기 총매입액	60,000	– 매입에누리	700
– 기초상품재고액	5,000	– 기말상품재고액	4,000

① ₩39,700
② ₩39,700
③ ₩40,200
④ ₩41,000

19 20×1년 1월 경기상사는 제조활동에 사용하기 위하여 ₩100,000에 기계를 구입하였다. 이 기계의 내용연수는 5년, 잔존가치는 ₩10,000으로 추정되었다. 정액법을 적용하는 경우 20×1년도의 기계의 장부가액은 얼마인가?

① ₩36,000
② ₩82,000
③ ₩18,000
④ ₩ 9,000

20 다음은 (주)나라의 회계자료이다. (주)나라는 상품의 매출원가에 40%의 이익을 가산하여 외상으로 판매한 후 신용기간이 경과한 후 현금으로 회수하고 있다. 아래 자료를 토대로 외상 매출금 기말 잔액을 산출하면 얼마인가?

– 기초 상품 재고액	₩ 500,000
– 당기 상품 매입액	1,700,000
– 기말 상품 재고액	200,000
– 기초 외상 매출금 잔액	600,000
– 외상 매출금 현금 회수액	800,000

① ₩2,300,000
② ₩2,800,000
③ ₩2,600,000
④ ₩2,000,000

제2과목 ➔ 원가회계

21 다음 중 공정별 종합원가계산에서 기말재공품 평가방법을 설명한 것으로 타당한 것은?

① 최초의 공정에서 주요재료 전부가 투입된다.
② 모든 공정을 동일하게 전공정비와 자공정비로 구분하여 평가한다.
③ 제2공정 이후의 기말재공품원가는 주요재료비와 가공비로 구분하여 평가한다.
④ 제2공정 이후의 기말재공품원가는 전공정비와 자공정비로 구분하여 계산하며 이 경우 전공정비의 재공품완성도는 100%이다.

22 장난감 제조회사의 판매 부서에서 사용하고 있는 컴퓨터에 대한 감가상각비의 분류 방법으로 타당한 것은?

① 고정비이며 제품 원가
② 고정비이며 기간 비용
③ 컴퓨터를 교환할 때를 대비하여 자금을 모아두는 자산 계정
④ 컴퓨터를 교환할 때 이루어 질 자금 지출을 대비한 부채 계정

23 종합원가계산에서 평균법으로 월말 재공품을 평가하는 경우 완성품 환산량을 계산하면?

– 월초 재공품 수량 100개	– 당월 완성품 수량 600개
– 월말 재공품 수량 200개	– 월말 재공품 완성도 25%

① 600개
② 650개
③ 700개
④ 750개

24 큰나라 주식회사는 제조 간접비를 기계 시간에 근거한 예정 배부율을 이용하여 개별 작업에 배부하고 있다. 작은 마을 회사가 주문한 작업에 대한 자료는 다음과 같다. 이 작업의 총 원가는 얼마인가?

– 직접 재료비 소비액	₩4,200,000
– 직접 노무 시간 300시간	
– 시간당 직접 노무임률	₩8,000
– 기계 시간 200시간	
– 기계 시간당 예정 배부율	₩15,000

① ₩ 9,600,000 ② ₩ 8,800,000
③ ₩10,300,000 ④ ₩11,100,000

25 다음 중에서 판매원가(총원가)에 속하지 않는 것은 무엇인가?

① 제조원가 ② 판매원의 급여
③ 포장 및 운반비 ④ 판매이익

26 다음 중 제조원가에 속하지 않는 항목이 포함된 것은?

① 공장 경비원 임금, 공장 감독자에 대한 급여
② 재료비, 기계감가상각비
③ 공장 전기 사용료, 공장 소모품비
④ 광고선전비, 사장에게 지급되는 급여

27 다음 자료를 이용하여 선입선출법에 의한 기말재공품원가를 계산하면 얼마인가? (단, 모든 원가는 공정전체를 통하여 균등하게 발생한다.)

가. 기초재공품	₩400,000	(500개 완성도 60%)
나. 기말재공품	?	(200개 완성도 50%)
다. 당기발생원가	₩3,100,000	당기착수 당기 완성량 2,800개

① ₩104,000 ② ₩106,500
③ ₩100,000 ④ ₩132,000

28 기초원가에 대한 개념을 가장 잘 설명한 것은?

① 직접재료비와 간접재료비
② 직접노무비와 간접노무비
③ 직접재료비와 직접노무비
④ 재료비, 노무비, 경비

29 (주)한탄강의 20××년 12월 31일로 종료되는 회계 연도의 제조 원가와 관련된 자료는 다음과 같다. 기초 재공품 원가는 얼마인가?

– 직접재료비	₩2,880,000
– 직접노무비	₩1,792,000
– 제조간접비	₩2,400,000
– 기말재공품원가	₩1,472,000
– 당기제품제조원가	₩7,200,000

① ₩4,000,000 ② ₩ 128,000
③ ₩1,600,000 ④ ₩1,344,000

30 종합원가계산시 기말 재공품의 평가를 선입선출법과 평균법에 의하는 경우 완성품 환산 수량을 비교하면?

① 선입선출법에 의하는 경우, 평균법에 의하는 경우보다 항상 많거나 같게 나타난다.
② 선입선출법에 의하는 경우, 평균법에 의하는 경우보다 항상 적거나 같게 나타난다.
③ 선입선출법에 의하는 경우, 평균법에 의하는 경우와 항상 동일하게 나타난다.
④ 상황에 따라 달리 나타난다.

31 당기의 기초재공품원가와 기말재공품원가는 동일하다. 당기에 판매 가능한 제품의 원가는 ₩150,000이고, 기말 제품의 원가는 기초제품의 원가보다 ₩6,000이 더 많다. 기초제품의 원가가 ₩20,000이라면 매출원가는 얼마인가?

① ₩120,000 ② ₩124,000
③ ₩130,000 ④ ₩144,000

32 경기(주) 단일공정에서 단일제품을 제조, 판매하고 있다. 이 회사는 단순종합 원가계산제도를 채택하고 있다. 기말재공품에 대한 완성도가 실제보다 과소평가 되어 있다면 다음 각각에 어떤 영향을 미치는가?

	완성품환산량	완성품제조원가
①	과소평가	과대평가
②	과소평가	변화없음
③	과대평가	과소평가
④	과대평가	변화없음

33 부산물에 관한 회계처리 중 옳은 것은?

① 부산물의 평가는 추가가공원가로만 한다.
② 부산물의 판매수익은 매출원가에 가산한다.
③ 부산물의 순실현가치는 주산물원가에서 차감한다.
④ 아무런 회계처리를 하지 않는다.

34 종합원가계산에서 가공비에 속하는 것을 모두 고르면?

a. 직접재료비
b. 직접노무비
c. 제조간접비

① a, b
② a, c
③ b, c
④ a, b, c

35 다음 자료를 기초로 당월 제품제조원가를 계산하면?

– 당월 재료 매입액은 ₩200,000이고, 재료의 월말 잔액은 월초 잔액에 비하여 ₩10,000 증가하였다.
– 당월 노무비 투입액은 ₩300,000이고, 경비 투입액은 ₩430,000이다.
– 당월 기타 재고자산 내역

	월 초	월 말
재공품	₩20,000	₩15,000
제 품	25,000	32,000

① ₩915,000
② ₩925,000
③ ₩935,000
④ ₩945,000

36 개별원가계산을 적용하고 있는 종로회사는 직접노무비를 기준으로 제조 부문별로 제조간접비를 예정배부하고 있다. 제조간접비배부율은 제조부분 A는 50%, 제조부문 B는 200%이다. 제조지시서 #10에 관한 자료가 다음과 같을 때, 제조지시서 #10의 총제조원가를 구하면 얼마인가?

구 분	제조부문A	제조부문B
직접재료비	₩100,000	₩150,000
직접노무비	?	80,000
제조간접비	60,000	?

① ₩670,000
② ₩600,000
③ ₩550,000
④ ₩460,000

37 다음은 2가지 공정으로 구성되고 선입선출법을 사용하고 있는 공정별원가계산에서 제2공정 원가계산에 대한 설명이다. 옳지 않은 것은?

① 당기착수량은 제1공정의 당기완성량과 동일하다.
② 기말재공품에 대한 전공정원가의 환산량은 기말재공품 수량이다.
③ 기초재공품의 전공정원가의 단위당원가는 지난달 제1공정의 완성품 단위당원가이다.
④ 당기완성량은 제1공정의 당기착수량과 동일하다.

38 어느 회사의 1년간 직접재료비는 ₩700,000 직접노무비는 ₩500,000 제조간접비는 ₩300,000이다. 한편 제조지시서 갑의 직접재료비는 ₩160,000 직접노무비는 ₩80,000이다. 직접원가를 기준으로 제조간접비를 배부한다면 제조지시서 갑의 제조간접비 배부액은 얼마인가?

① ₩68,571
② ₩60,000
③ ₩55,500
④ ₩48,000

39 제조원가의 산입방법에 따라 경비는 월할 경비, 측정 경비, 지급 경비, 발생 경비 등으로 구분할 수 있는데, 그 중 월할 경비만으로 짝지어진 것은?

① 가스수도비 – 수선비
② 감가상각비 – 임차료
③ 보험료 – 전력비
④ 수선비 – 세금과 공과

40 예정 배부한 제조간접비가 ₩123,000이나 실제 발생한 제조간접비는 ₩125,000이다. 매출원가법으로 제조간접비 배부차이를 회계처리하는 분개로 옳은 것은?

① (차)제조간접비 2,000 (대)매 출 원 가 2,000
② (차)매 출 원 가 2,000 (대)제 조 간 접 비 2,000
③ (차)재 공 품 2,000 (대)매 출 원 가 2,000
④ (차)매 출 원 가 2,000 (대)재 공 품 2,000

※ 무단전재금함	형별	**A형**	제한시간	**60분**	수험번호	성 명

※ 다음 문제를 읽고 알맞은 것을 골라 답안카드의 답란(①, ②, ③, ④)에 표기하시오.

제1과목 ➡ 재무회계

01 다음 거래 중 기말에 자본계정의 증감을 발생시키는 거래가 아닌 것은? 단, 손익은 발생주의에 따라 인식하고 결산기는 12월 말인 것으로 가정한다.

① 12월 1일에 사무실에 도둑이 들어와서 현금 ₩10,000을 훔쳐 달아났다.

② 12월 1일에 은행으로부터 ₩200,000을 2년간 차입하고 2년간의 이자는 연 5%로 원금 상환시 지급하기로 하였다.

③ 12월 1일에 고객으로부터 현금 ₩100,000을 받고 그 다음연도 1월 2일에 상품을 인도하기로 하였다.

④ 12월 1일에 월 ₩100,000의 급여(급여지급일은 매월 말일)를 지급하기로 하고 종업원을 채용하였다.

02 (주)한국은 20×1년 1월 1일에 기계장치를 ₩500,000에 취득하였다. 이 기계장치의 내용연수는 8년, 잔존가액은 취득원가의 10%로 추정되었다. 또한 이 기계장치는 내용연수동안 총 200단위의 제품을 생산할 수 있을 것으로 예상된다. 각 연도별 제품생산 실적은 다음과 같다.

년 도	제품생산량
20×1년	40단위
20×2년	50단위
20×3년	60단위

생산량비례법을 사용하여 감가상각을 할 경우에 20×3년말 기계장치의 장부금액은?

① ₩135,000

② ₩337,500

③ ₩331,250

④ ₩162,500

03 다음은 기업의 재무상태와 재무성과에 대한 설명이다. 그 내용이 틀린 것은?

① 기업의 현금흐름에 관한 정보는 주로 포괄손익계산서를 통해 제공된다.

② 기업의 재무상태에 관한 정보는 주로 재무상태표를 통하여 제공된다.

③ 기업의 재무성과에 관한 정보는 그 기업이 장래 통제하게 될 가능성이 높은 경제적 자원의 잠재적 변동가능성을 평가하는데 유용하다.

④ 기업의 재무상태는 기업이 통제하는 자원, 재무구조 및 유동성과 지급능력 등에 영향을 받는다.

04 무형자산의 회계처리에 대한 설명으로 옳지 않은 것은?

① 무형자산의 실제 잔존가치가 해당 자산의 장부금액과 같거나 큰 경우에도, 전년도와 동일한 방법으로 계속 상각해야 한다.

② 무형자산의 상각은 자산이 사용 가능한 때부터 합리적 기간 동안 상각한다.

③ 무형자산의 상각방법으로 정액법 이외의 방법을 사용할 수 있다.

④ 내부적으로 창출한 영업권은 무형자산으로 인식하지 않는다.

05 수정전 잔액시산표의 합계액은 ₩658,000이었다. 다음 사항을 수정 반영한 후의 시산표상 합계액은 얼마인가?

가. 미수수익 계상	₩4,000
나. 감가상각비 계상	₩23,000
다. 소모품 기말재고액	₩20,000
라. 선급보험료 미경과액	₩3,000

① ₩681,000

② ₩685,000

③ ₩700,000

④ ₩708,000

06 상품 ₩1,000,000(부가가치세 10% 별도)을 매입하고, 대금은 부가가치세와 함께 30일 후 선일자 수표를 발행하여 지급한 거래를 분개할 때 기입되지 않는 계정과목은?

① 당좌예금

② 부가가치세대급금

③ 매입채무

④ 매입

07 다음 중 현금 및 현금성자산으로 계상될 수 없는 항목만을 모아 놓은 것은?

가. 당좌예금	나. 직원 가불금
다. 정기예금(1년 만기)	라. 환매채(90일 환매조건)
마. 선일자수표(매출대금)	바. 배당금 지급통지표
사. 우편환증서	아. 타인발행 약속어음

① 가, 라, 바, 사
② 가, 나, 라, 바, 사
③ 나, 다, 마, 아
④ 가, 나, 다, 바, 사, 아

08 다음은 20×1년도에 설립된 (주)상공산업의 외상판매에 관한 자료이다. 이 회사는 충당금설정법을 사용하며, 과거 경험상 대손율은 채권잔액의 2%로 추정된다. 다음 주어진 자료를 이용하여 20×2년 포괄손익계산서에 표시될 대손상각비는 얼마인가?

연 도	기말채권잔액	기중 회수불능채권금액	대손충당금잔액(기말)
20×1	₩55,000	₩5,000	₩1,100
20×2	₩70,000	₩5,000	₩1,400

① ₩1,400
② ₩3,900
③ ₩5,300
④ ₩7,400

09 (주)대한의 2005년 말 조정 전 당좌예금계정의 잔액은 ₩500,000이었다. 다음 사항들을 이용하여 은행계정조정표를 작성하고자 한다. 조정 후 회사의 당좌예금계정의 정확한 잔액은 얼마가 되는가?

▸ 은행이 미기입한 예금	:	₩120,000
▸ 미통지된 외상매출금의 입금	:	₩50,000
▸ 미통지된 은행수수료	:	₩10,000
▸ 기발행 미결제 당좌수표	:	₩70,000
▸ 미통지된 어음의 추심 입금액	:	₩80,000

① ₩620,000
② ₩540,000
③ ₩500,000
④ ₩430,000

10 취득원가 ₩1,000,000, 내용연수 5년, 잔존가치 ₩100,000인 기계를 취득하였다. 감가상각은 정액법을 이용한다. 이 기계를 3년간 사용한 후 ₩500,000에 처분한 경우, 처분손익은 얼마인가?

① ₩40,000(이익)
② ₩40,000(손실)
③ ₩60,000(이익)
④ ₩60,000(손실)

11 다음은 (주)한국이 당기말에 보유하고 있는 재고자산에 대한 자료이다.

▸ 취득원가	:	₩60,000
▸ 당기말의 추정판매가격	:	50,000
▸ 판매시까지 발생하는 추정비용	:	3,000

(주)한국이 재고자산을 K-IFRS에 의해 저가법으로 평가할 때, 적절한 분개는?

① (차)재고자산평가손실 10,000 (대)재고자산평가충당금 10,000
　　(매 출 원 가)
② (차)재고자산평가손실 10,000 (대)재　고　자　산 10,000
　　(매 출 원 가)
③ (차)재고자산평가손실 13,000 (대)재고자산평가충당금 13,000
　　(매 출 원 가)
④ (차)재고자산평가손실 13,000 (대)재　고　자　산 13,000
　　(매 출 원 가)

12 20×1년 12월 31일 현재 경기상사가 일시적인 소유를 목적으로 소유하고 있는 주식은 다음과 같다. K-IFRS에 의하여 총계 기준으로 당기손익-공정가치측정금융자산평가손익을 계산하면 얼마인가?

종 목	액면가액	장부금액	공정가치
A주식(50주)	₩250,000	₩200,000	₩240,000
B주식(100주)	₩500,000	₩650,000	₩475,000
합 계	₩750,000	₩850,000	₩715,000

① 당기손익-공정가치측정금융자산평가이익 ₩100,000
② 당기손익-공정가치측정금융자산평가손실 ₩100,000
③ 당기손익-공정가치측정금융자산평가이익 ₩135,000
④ 당기손익-공정가치측정금융자산평가손실 ₩135,000

13 (주)한국의 회계담당자는 간접법에 의해 현금흐름표를 작성하고자 한다. 다음 중 현금흐름표를 작성할 때, 현금흐름의 분류가 다른 것은?

① 감가상각비
② 퇴직급여
③ 단기차입금의 상환
④ 사채상환이익

14 재무보고를 위한 개념체계를 따를 경우 재무정보의 질적특성에 대한 설명 중 옳지 않은 것은?

① 목적적합한 재무정보는 정보이용자의 의사결정에 차이가 나도록 할 수 있다. 재무정보에 예측가치, 확인가치 또는 이 둘 모두가 있다면 의사결정에 차이가 없어야 한다.
② 비교가능성, 검증가능성, 적시성 및 이해가능성은 목적적합하고 충실하게 표현된 정보의 유용성을 보강시키는 질적특성이다.
③ 재무정보가 유용하기 위해서는 나타내고자 하는 현상을 충실하게 표현하여야 한다. 완벽하게 충실한 표현을 하기 위해서 서술은 완전하고, 중립적이며, 오류가 없어야 할 것이다.
④ 유용한 재무정보의 근본적 질적 특성은 목적적합성과 충실한 표현이다.

15 다음은 초당상사의 20×1년 재고자산 관련 자료이다. 다음 중 재무상태표에 표시될 재고자산으로 옳은 것은?

종목	수 량	원가(개당)	예상판매가격(개당)	예상판매비(개당)
P	100개	₩30	₩35	₩7
Q	50	40	45	3

① ₩4,800
② ₩4,900
③ ₩5,000
④ ₩5,100

16 다음 중 수익의 인식에 관한 설명 중 틀린 것은?

① 수익은 일반적으로 판매시점에서 인식한다.
② 수익은 실현되었거나 실현가능하고, 획득된 시점에 인식한다.
③ 중소기업은 장기할부판매의 경우 할부금회수도래일에 할부금을 수익으로 인식할 수 있다.
④ 장기할부판매의 경우 매출액도 현재가치로 환산하지 않고 매출채권 금액도 현재가치로 환산하지 않는다.

17 특정연도의 이익배당액이 소정의 우선배당률에 미달할 때는 그 부족액을 다음 연도의 이익에서 배당을 청구할 수 있는 주식은 다음 중 어느 것인가?

① 누적적 우선주
② 참가적 우선주
③ 비누적적 우선주
④ 비참가적 우선주

18 다음 중 한국채택국제회계기준에 따라 손상여부를 판단하는 자산을 모두 고르면?

가. 컴퓨터 소프트웨어
나. 내용연수가 비한정적인 무형자산
다. 개발 중인 무형자산
라. 영업권

① 가
② 가, 나
③ 나, 다, 라
④ 가, 나, 다, 라

19 다음 투자부동산에 대한 내용 중 옳지 않은 것은?

① 재화나 용역의 생산 또는 공급, 관리목적이나 일상적인 거래에서 일어나는 판매목적의 자산은 투자부동산에 포함한다.
② 투자부동산은 임대수익, 시세차익 또는 두가지 모두를 얻기 위해서 보유하고 있는 자산이다.
③ 투자부동산은 최초 인식시점에 원가로 측정한다.
④ 최초 인식시점 후에는 공정가치모형이나 원가모형 중 하나를 선택하여 측정한다.

20 다음은 상공마트의 20×1년 회계자료이며 매출가격환원법에 의하여 재고자산을 평가한다. 다음 중 상공마트의 20×1년 매출원가로 옳은 것은?

	원 가	매 가
가. 20×1년 1월 1일	₩28,120	₩42,000
나. 20×1년 순매입액	108,000	150,000
다. 20×1년 매입운임	7,880	
라. 20×1년 순매출액		164,100

① ₩114,870
② ₩116,511
③ ₩118,152
④ ₩123,075

제2과목 → 원가회계

21 다음은 구미공업의 제조간접비에 관한 자료이다. 예정배부법에 따른 제품Q의 제조간접비는 얼마인가?

> ▸ 실제제조간접비 　　　 : ₩65,000
> ▸ 제조간접비 예산액 　　 : ₩60,000
> ▸ 실제조업도 　　　 : 125시간(직접노동시간)
> ▸ 예정조업도 　　　 : 150시간(직접노동시간)
> ▸ 제품Q 직접노동시간 : 표준(15시간), 실제(13시간)

① ₩5,200
② ₩6,760
③ ₩6,000
④ ₩7,800

22 다음은 (주)한국에 대한 자료이다.

> ▸ 기초재공품 　　 : 100단위(40%완성)
> ▸ 기말재공품 　　 : 80단위(50%완성)
> ▸ 당기착수량 　　 : 300
> ▸ 당기완성량 　　 : 320

(주)한국은 평균법에 의한 종합원가계산을 이용하고 있으며, 재료는 모두 공정 초기에 투입된다. 당기의 완성품 환산량은?

① 직접재료비 : 300단위 　　 가공비 : 300단위
② 직접재료비 : 300단위 　　 가공비 : 360단위
③ 직접재료비 : 400단위 　　 가공비 : 360단위
④ 직접재료비 : 400단위 　　 가공비 : 400단위

23 (주)대한의 당기제조원가명세서의 내역을 살펴보면 재료비 ₩200,000, 노무비 ₩300,000, 경비 ₩150,000이다. 기초재공품재고액이 ₩250,000이고 완성품제조원가가 ₩700,000이라면 기말재공품재고액은 얼마인가?

① ₩150,000
② ₩200,000
③ ₩250,000
④ ₩300,000

24 개별원가계산과 종합원가계산을 비교한 것이다. 옳지 않은 것은?

① 적용 생산형태
　 개별원가계산 : 다종 제품의 개별생산
　 종합원가계산 : 동종 제품의 연속생산
② 제조지시서
　 개별원가계산 : 특정 제품별 제조지시서
　 종합원가계산 : 계속 제조지시서
③ 직·간접비의 구별
　 개별원가계산 : 반드시 필요함
　 종합원가계산 : 원칙적으로 불필요함
④ 원가의 집계
　 개별원가계산 : 원가계산 기간별 집계
　 종합원가계산 : 제조지시서별 집계

25 다음 중 예정제조간접비 배부차이에 대한 처리 순서로 옳은 것은?

① 실제발생액 → 예정배부액 → 차이액 조정 → 배부차이계산
② 예정배부액 → 실제발생액 → 배부차이계산 → 차이액 조정
③ 배부차애계산 → 차이액 조정 → 예정배부액 → 실제발생액
④ 차이액 조정 → 배부차이계산 → 실제발생액 → 예정배부액

26 (주)대한공업은 당기 중 노무지 지급액이 ₩2,000,000이며 기초미지급 노무비는 ₩200,000 기말 미지급된 노무비는 ₩600,000 이다. 당기 중 재공품으로 대체되는 노무비는 얼마인가?

① ₩2,000,000
② ₩2,200,000
③ ₩2,400,000
④ ₩2,600,000

27 3월 중 실제로 발생한 총원가 및 제조지시서 #201의 제조에 실제로 발생한 원가는 다음과 같다.

	총원가	제조지시서 #201
직접재료비	₩60,000	₩5,500
직접노무비	40,000	2,500
제조간접비	35,000	?

당월중 실제직접노동시간은 1,000시간이었으며 이 중 제조지시서 #201의 제조에 투입된 시간은 45시간이었다. 제조간접비를 직접노동시간에 기준하여 실제배부하는 경우 제조지시서 #201에 배부되는 제조간접비는 얼마인가?

① ₩1,575
② ₩2,500
③ ₩3,000
④ ₩5,500

28 다음 중 원가 회계의 특징은?

① 회계 기간은 보통 1년 또는 6개월이다
② 수익 창출을 위하여 소비되는 경제 가치는 비용으로 계상된다.
③ 원가 계산과 관련된 집합 계정이 많이 설정된다.
④ 결산 이외에는 대체 기입이 거의 없다.

29 다음은 어느 원가계산(원가회계)에 대한 설명인가?

> 직접재료비, 직접노무비, 변동제조간접비만을 집계하여 제품 원가를 계산하고 고정제조간접비는 기간비용으로 처리하는 원가계산(원가회계)

① 전부원가계산
② 실제원가계산
③ 변동원가계산(직접원가계산)
④ 표준원가계산

30 다음은 원가배부에 관한 설명이다. 옳지 않은 것은?

① 좀 더 정확한 원가배분으로 인해 개선되는 효익이 원가배분 과정에서 발생되는 원가보다 커야 한다.
② 보조부문은 직접 제품생산활동을 하지 않고 제조부문에만 용역을 제공하는 부분이다.
③ 보조 부문 상호간 용역수수관계를 완전히 인식하는 방법을 상호배분법이라 한다.
④ 보조 부문에서 수익이 창출되는 경우 원가에서 수익을 차감한 순원가를 배분한다.

31 다음은 무엇을 설명한 것인가?

> ▸ 동일한 공정에서 동일한 재료를 사용하여 두 종류 이상의 다른 제품을 생산하는 경우의 원가계산
> ▸ 낙농업의 경우 생우유로 버터, 치즈, 생크림 등 생산
> ▸ 정육업에서 돼지로 베이컨, 햄, 돼지갈비 등 생산
> ▸ 석유산업에서 원유를 휘발유, 등유, 경유, 중유 등 생산

① 연산품 종합원가계산
② 조별 종합원가계산
③ 공정별 종합원가계산
④ 부문별 원가계산

32 혼합원가 또는 준변동원가에 대한 설명으로 틀린 것은?

① 직접원가와 간접원가가 혼합된 형태의 원가이다.
② 조업도가 증가할 때 혼합원가의 총원가는 증가한다.
③ 조업도가 증가할 때 혼합원가의 단위당 원가는 감소한다.
④ 전기요금은 일반적으로 기본요금과 사용량에 따른 요금으로 구성되므로 혼합원가에 속한다.

33 원가형태를 추정하기 위해서는 비정상적인 상황이나 조건에 대한 고려를 하여야 한다. 다음 중 원가추정 시 비정상성 문제(nonstationary problem)에 포함되지 않는 것은?

① 경험과 학습효과
② 비효율적인 영업활동
③ 제조상 중요한 기술적 변화
④ 발생주의기준

34 다음 중 제품의 제조가 끝난 뒤에 실제로 발생한 원가를 이용하여 제품의 원가를 계산하는 방법을 무엇이라고 하는가?

① 표준 원가계산
② 실제 원가계산
③ 추산 원가계산
④ 예정 원가계산

35 다음의 자료를 이용하여 선입선출법에 의한 1월의 재료소비액을 계산하면 얼마인가?

1/1	전월이월	200개	@₩200	₩40,000
1/14	입 고	300개	@₩210	₩63,000
1/17	출 고	400개		
1/19	입 고	300개	@₩220	₩66,000
1/25	출 고	300개		

① ₩140,000
② ₩154,000
③ ₩147,000
④ ₩150,000

36 (주)상공전자는 제조간접비를 예정배부하고 있다. 제10기의 제조간접비 예정배부액은 ₩250,000이었다. 비례배분법(보충율법)을 이용하여 배부차이를 조정한다. 매출원가, 기말제품, 기말재공품의 제조간접비 배부차이 조정전 금액은 각각 ₩250,000, ₩187,500 ₩187,500이다. 제조간접비 배부차이를 조정한 후 매출원가는 ₩280,000이 되었다. 제10기의 실제 제조간접비는 얼마 인가?

① ₩175,000
② ₩225,000
③ ₩275,000
④ ₩325,000

37 다음 자료를 이용하여 물량기준법에 의한 등급별 종합원가계산을 할 때, 1급품의 kg당 원가를 계산하면? 단, 등급품의 결합 원가는 ₩120,000이다.

등급	무 게	kg당 판매단가
1급품	4,000kg	₩800
2급품	5,000kg	400
3급품	6,000kg	200

① ₩30
② ₩8
③ ₩6.4
④ ₩5.3

38 (주)서울기업은 단일제품을 대량생산하고 있다. 원재료는 공정 초기에 전량 투입되며, 가공비는 공정전반에 걸쳐 균등하게 발생한다. 다음 자료를 이용하여 평균법에 의한 완성품원가와 기말재공품원가를 계산하면 각각 얼마인가? 단, 공손은 발생하지 않았다고 가정한다.

> 가. 기초재공품 100개 (가공원가의 완성도 60%)
>   직접재료원가 ₩20,000, 가공원가 ₩25,000
> 나. 당기투입량 900개
>   (당기투입원가 : 직접재료원가 ₩180,000,
>   가공원가 ₩200,000)
> 다. 기말재공품 200개 (가공원가의 완성도 50%)

	완성품원가	기말재공품원가
①	₩360,000	₩45,000
②	₩360,000	₩65,000
③	₩380,000	₩45,000
④	₩380,000	₩65,000

39 공정별 종합원가계산에 대한 설명으로 가장 올바른 것은?

① 2개 이상의 제조공정을 거쳐 제품을 연속 대량생산하는 생산형태에서 적용한다.
② 하나의 공정만을 가지고 있는 제품을 반복적으로 연속 대량생산하는 생산형태에서 적용한다.
③ 원가요소의 소비액을 제조직접비와 제조간접비로 구분 하여 계산한다.
④ 일반적으로 조선소에서 선박의 건조에 적용한다.

40 다음 자료를 이용하여 당월에 완성된 제품의 단위당 원가를 구하면 얼마인가?

재 공 품			
월 초 재 고	20,000	( )	( )
당월총제조비용	( )	월 말 재 고	30,000
	120,000		( )

> ▶ 월초제품수량   120개
> ▶ 월말제품수량   100개
> ▶ 당월제품판매수량   620개

① ₩150
② ₩600
③ ₩200
④ ₩750

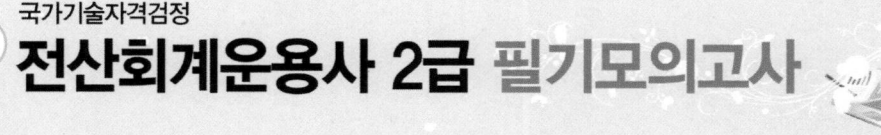
※ 다음 문제를 읽고 알맞은 것을 골라 답안카드의 답란(①, ②, ③, ④)에 표기하시오.

제1과목 → 재무회계

01 (주)상공은 2014년 3월 1일 투자자문용역을 제공하고 고객으로부터 액면 ₩100,000인 무이자부 어음(만기 : 2014년 8월 31일)을 수령하였다. 그리고 단기신용은행으로부터 2014년 4월 30일 연 15%의 할인조건으로 동 어음을 할인받았다. 이 때 (주)상공이 수령할 현금과 부담할 할인료는 각각 얼마인가?

	현금수령액	할인료
①	₩95,000	₩5,000
②	₩92,500	₩7,500
③	₩100,000	₩5,000
④	₩95,000	₩7,500

02 재무보고를 위한 개념체계에서 재무제표 요소의 인식은 요소의 정의에 부합하고 인식기준을 충족하는 항목을 재무상태표나 포괄손익계산서에 반영하는 과정을 말한다. 재무제표 요소의 인식에 대한 다음 설명 중 잘못된 것은?

① 지출이 발생하였으나 당해 회계기간 후에는 관련된 경제적 효익이 기업에 유입될 가능성이 높지 않다고 판단되는 경우에는 포괄손익계산서에 비용으로 인식한다.
② 실무에서는 주문 후 아직 인도되지 않은 재고자산에 대한 부채와 같이 동일한 비율로 미이행된 계약상의 의무는 일반적으로 재무제표에 부채로 인식하지 아니한다.
③ 수익의 인식은 자산의 증가나 부채의 감소에 대한 인식과 동시에 이루어진다.
④ 수익은 발생된 원가와 특정 비용항목의 처리간에 존재하는 직접적인 관련성을 기준으로 포괄손익계산서에 인식한다.

03 20××년도 (주)한라의 영업활동으로 인한 현금흐름액?

• 포괄손익계산서 상 당기순이익	₩100,000
• 감가상각비	₩10,000
• 유형자산처분이익	₩30,000
• 매입채무의 증가	₩40,000

① 180,000 ② 160,000
③ 120,000 ④ 100,000

04 (주)상공은 장기투자 목적으로 (주)대한의 주식 100주(시장성 없음) 액면 @₩5,000을 @₩7,000씩에 매입하고 대금은 수표를 발행하여 지급하였다. 옳은 분개는?

① (차) 기타포괄손익금융자산 500,000 (대) 당좌예금 500,000
② (차) 기타포괄손익금융자산 700,000 (대) 당좌예금 700,000
③ (차) 당기손익금융자산 500,000 (대) 당좌예금 500,000
④ (차) 당기손익금융자산 700,000 (대) 당좌예금 700,000

05 다음 중 회계순환과정의 순서로 올바르게 구성된 것은? 단, 시산표는 고려하지 않는다.

① 분개 → 전기 → 재무제표의 작성 → 기말수정분개
② 전기 → 분개 → 재무제표의 작성 → 기말수정분개
③ 분개 → 전기 → 기말수정분개 → 재무제표의 작성
④ 전기 → 분개 → 기말수정분개 → 재무제표의 작성

06 다음 중 결산시 수정분개처리 내용으로 옳은 것은? 단, 10월 1일의 1년분 보험료 지급액은 ₩120,000이고, 결산일은 12월 31일이다.

① 10월 1일 지급액을 모두 비용으로 계상하였다면
(차) 보험료 30,000 (대) 선급보험료 30,000의 분개를 하여야 한다.
② 10월 1일 지급액을 모두 비용으로 계상하였다면
(차) 선급보험료 30,000 (대) 보험료 30,000의 분개를 하여야 한다.
③ 10월 1일 지급액을 모두 자산으로 계상하였다면
(차) 보험료 30,000 (대) 선급보험료 30,000의 분개를 하여야 한다.
④ 10월 1일 지급액을 모두 자산으로 계상하였다면
(차) 선급보험료 90,000 (대) 보험료 90,000의 분개를 하여야 한다.

07 다음 중 비유동부채로 분류되지 않은 것은?

① 퇴직급여부채
② 유동성장기부채
③ 만기가 2년 남은 신주인수권부사채
④ 2년의 품질보증 기간이 남은 제품에 대한 제품보증충당부채

08 다음 중 현금및현금성자산으로 분류될 수 있는 항목을 모두 고른 것은?

가. 6개월 만기 정기예금	나. 선일자수표
다. 우편환증서	라. 환매채(90일 환매조건)
마. 양도성예금증서(180일 만기)	바. 당좌개설보증금

① 나, 마, 바
② 가, 마
③ 가, 마, 바
④ 다, 라

09 다음은 금융자산의 분류에 대한 설명이다. 가장 적절하지 못한 것은 어느 것인가?

① 기타금융자산에는 당기손익-공정가치측정금융자산, 기타포괄손익-공정가치측정금융자산, 상각후원가측정금융자산이 있다.
② 당기손익-공정가치측정금융자산으로 분류되려면 최초인식시 당기손익-공정가치측정금융자산으로 지정되어야 하고 이는 금융자산을 통합하여 적용한다.
③ 상각후원가측정금융자산은 만기가 고정되고 지급금액이 확정되었거나 결정가능하고 만기까지 보유할 적극적인 의도와 능력이 있는 경우이다.
④ 대여금 및 수취채권은 지급금액이 확정되었거나 결정가능하며 활성시장에서 가격이 공시되지 않는 금융자산이다.

10 다음 중 오공상사의 2014년 12월 31일 회계처리로 옳은 것은?

오공상사는 2013년 4월 1일 주권상장법인인 ㈜하나산업의 주식 100주를 주당 ₩9,000에 장기보유목적으로 구입하였다. 오공상사의 결산일인 12월 31일 현재 ㈜하나산업의 주식의 주당 시가는 2013년 ₩8,500, 2014년 ₩9,700이다.

〈차변〉 〈대변〉
① 기타포괄손익금융자산 120,000 기타포괄손익금융자산손상차손 50,000
　　　　　　　　　　　　　　　　기타포괄손익금융자산평가이익 70,000
② 기타포괄손익금융자산 120,000 기타포괄손익금융자산평가이익 120,000
③ 기타포괄손익금융자산 120,000 기타포괄손익금융자산평가손실 50,000
　　　　　　　　　　　　　　　　기타포괄손익금융자산평가이익 70,000
④ 기타포괄손익금융자산 120,000 기타포괄손익금융자산손상차손환입 50,000
　　　　　　　　　　　　　　　　기타포괄손익금융자산평가이익 70,000

11 다음 예수금에 관한 설명 중에서 가장 옳지 않은 것은 무엇인가?

① 예수금은 그 성격상 자산에 해당한다.
② 부가가치세나 종업원의 근로소득세 등이 예수금을 발생시키는 항목이다.
③ 제3자에게 지급해야할 금액을 기업이 미리 받아 일시적으로 보관하는 경우 예수금이 발생한다.
④ 종업원이 실제 지급받는 급여는 명목상 급여에서 근로소득세 등에 대한 예수금을 제외한 금액이다.

12 ㈜상공은 20××년 7월 25일 제1기 부가가치세 확정신고를 하고 신고와 함께 부가가치세를 현금으로 납부하였다. 20××년 제1기 동안에 기록된 부가가치세대급금계정의 잔액이 ₩45,000이고 부가가치세예수금계정의 잔액이 ₩60,000일 때 20××년 7월 25일의 적절한 분개는?

① (차) 부가가치세예수금 45,000　(대) 부가가치세대급금 45,000
② (차) 부가가치세대급금 45,000　(대) 부가가치세예수금 45,000
③ (차) 세 금 과 공 과 15,000　(대) 현　　　　　금 15,000
④ (차) 부가가치세예수금 60,000　(대) 부가가치세대급금 45,000
　　　　　　　　　　　　　　　　　　현　　　　　금 15,000

13 갑 상점은 을 상점에 대한 외상매출금 ₩1,000,000을 병은행에 양도하고 할인료 ₩50,000을 차감한 잔액을 현금으로 받았다. 단, 매출채권의 양도는 매각거래로 회계처리 할 경우, 다음 중 올바른 분개는 어느 것인가?

① (차) 현　　　　금 950,000 (대) 외상매출금　 950,000
② (차) 현　　　　금 1,000,000 (대) 외상매출금 1,000,000
③ (차) 현　　　　금 950,000 (대) 차 입 금 1,000,000
　　　　이 자 비 용 50,000
④ (차) 현　　　　금 950,000 (대) 외상매출금 1,000,000
　　　　매출채권처분손실 50,000

14 내부적으로 창출한 무형자산에 관한 회계처리에 대한 설명 중 틀린 것은?

① 개발 중인 무형자산의 회수가능액이 장부금액에 미달한 경우 회수가능액과 장부금액과의 차액을 당기손실로 처리하여야 한다.
② 내부적으로 창출한 브랜드, 제호, 출판표제, 고객 목록과 이와 실질이 유사한 항목은 무형자산으로 인식하지 않는다.
③ 개발활동과 관련하여 차입한 장기차입금에서 발생한 금융비용이라면 개발중인 무형자산의 원가에 포함될 수 있다.
④ 무형자산의 창출에 사용된 특허권과 라이센스의 상각비는 무형자산의 원가에 포함될 수 없다.

15 다음 중 재무제표의 계정과목으로 연결이 잘못된 것은?

① 임차보증금 – 투자자산
② 장기성매입채무 – 비유동부채
③ 기타포괄손익–공정가치측정금융자산평가이익 – 기타포괄손익누계액
④ 재공품 – 재고자산

16 다음 중 자본조정항목이 아닌 것은?

① 자기주식
② 주식할인발행차금
③ 이익잉여금
④ 감자차손

17 주식발행초과금과 주식할인발행차금은 어떻게 분류되는가?

	주식발행초과금	주식할인발행차금
①	자본잉여금	부가적 자본조정항목
②	이익잉여금	부가적 자본조정항목
③	이익잉여금	차감적 자본조정항목
④	자본잉여금	차감적 자본조정항목

18 상품을 ₩60,000에 외상매출하고 부가가치세 10%를 현금으로 받은 경우에 적절한 분개는?

① (차) 외 상 매 출 금 60,000 (대) 매 출 60,000
　　　 현　　　금 6,000 　　부가가치세대급금 6,000
② (차) 외 상 매 출 금 60,000 (대) 매 출 60,000
　　　 현　　　금 6,000 　　부가가치세예수금 6,000
③ (차) 외 상 매 출 금 60,000 (대) 매 출 66,000
　　　 현　　　금 6,000
④ (차) 외 상 매 출 금 60,000 (대) 매 출 60,000
　　　 현　　　금 6,000 　　선　수　금 6,000

19 다음 자료를 기초로 당기의 매출총이익을 계산하면?

•당기매출액 ₩100,000	•매입할인 ₩500
•당기총매입액 60,000	•매입에누리 700
•기초상품재고액 5,000	•기말상품재고액 4,000

① ₩39,700
② ₩38,700
③ ₩40,200
④ ₩41,000

20 다음 중 사채의 발행가액을 결정하는 방법으로 옳은 것은?

① 액면금액의 현재가치 + 이자 지급액의 현재가치
② 액면금액 + 이자 지급액의 현재가치
③ 액면금액 + 이자 지급액
④ 액면금액의 현재가치

제2과목 ➡ 원가회계

21 다음 중 원가항목이 아닌 것은?

① 파업 기간의 임금
② 재료비
③ 공장 소모품비
④ 공장 경비원 임금

22 다음 자료에 의하여 월말재공품의 원가를 평균법으로 계산하면 얼마인가? (단, 재료는 제조과정을 통하여 공정율에 비례하여 투입된다.)

•월초재공품 원가 ₩250,000
•당월총제조비용 ₩1,400,000
•당월완성품수량 500개
•월말재공품수량 100개(완성도 50%)

① ₩275,000
② ₩150,000
③ ₩250,000
④ ₩137,500

23 다음 자료에 의하여 전월분 임금 미지급액을 추정하여 계산하면 얼마인가?

•당월 임금 지급액	₩90,000
•당월 임금 발생액	₩80,000
•당월 임금 미지급액	₩20,000

① 10,000
② 20,000
③ 30,000
④ 40,000

24 다음의 설명 중 잘못된 것은?

① 기회원가는 변동원가로 구성된다.
② 기회원가는 장부상 계상되는 원가가 아니다.
③ 감가상각이 완료된 설비의 이용시 부가원가가 계산된다.
④ 수선부문 종업원의 급여는 가공원가이면서 간접원가이다.

25 다음 자료를 이용하여 기초원가가 얼마인지 계산하시오. 단, 재고자산은 없다고 가정한다.

가. 판매가격 : ₩750,000
나. 판매이익 : 총원가의 20%
다. 판매비와 관리비 : 제조원가의 25%
라. 기초원가 : 제조원가의 80%

① ₩250,000
② ₩300,000
③ ₩360,000
④ ₩400,000

26 당기에는 재료와 재공품의 기초재고액과 기말재고액이 동일했으나 기초제품재고액은 ₩5,000이었으며 기말제품재고액은 기초제품재고액보다 ₩2,000이 증가하였다. 당기제품제조원가가 ₩100,000이었다면 판매(매출)가능제품액은 얼마인가?

① ₩105,000 ② ₩102,000
③ ₩107,000 ④ ₩103,000

27 다음 중 직접 노무비에 해당하는 것은?

① 수리공의 임금 ② 청소원의 잡금
③ 생산직 종업원의 임금 ④ 경비원의 임금

28 다음은 선입선출법에 따라 종합원가계산을 시행하고 있는 여수공장의 원가자료이다. 직접재료의 완성품환산량은?

• 기초재공품(200단위 60%)
• 기말재공품(150단위 40%)
• 완성품(550단위)
※ 재료는 공정의 50%에서 전량 투입

① 400 ② 500
③ 450 ④ 350

29 다음 중 직접공임금(생산직)을 분류한 것으로 옳은 것은?

	기본원가	전환원가	제조원가	기간원가
①	예	예	예	예
②	예	예	예	아니오
③	예	예	아니오	아니오
④	예	아니오	아니오	아니오

30 다음 중 부문 간접비인 기계감가상각비의 배부기준으로 적합한 것은?

① 각 부문의 종업원 수 ② 각 부문의 기계 사용시간
③ 각 부문의 전력 소비량 ④ 각 부문의 수선 횟수

31 공정별 종합원가계산에 있어서 원가를 각 공정별로 파악하는 목적이 아닌 것은?

① 보다 정확한 원가계산
② 효율적인 원가관리
③ 부문관리자의 업적평가
④ 노무비와 제조간접비의 구분파악 용이

32 다음 제조간접비 배부차이조정에 대한 설명이다. 옳지 않은 것은?

① 실제발생보다 예정배부액이 적은 경우 과소배부된 것이다.
② 배부차이조정에는 매출원가조정, 비례배분, 기타손익조정이 있다.
③ 매출원가조정법은 비정상적 사건에 의하여 발생한 경우 사용한다.
④ 비례배분법은 총원가비례배분과 원가요소별비례배분법이 있다.

33 (주)대한은 평균법을 이용하여 재공품 평가를 하고 있다. 완성품환산량 단위당 원가를 계산하기 위하여 필요하지 않은 것을 포함한 것은?

① 기초재공품의 수량과 완성도
② 기초재공품원가
③ 기말재공품의 수량과 완성도
④ 완성품수량과 당기제조비용

34 다음 중 개별원가계산을 적용하기에 부적절한 것은?

① 건설업
② 조선업
③ 항공기제조업
④ 대량생산에 의한 기계제조업

35 다음은 보조부문원가의 배부방법을 설명한 것이다. 적합하지 않은 것은?

① 상호배부법은 보조부문 상호간의 용역수수 관계를 전부 반영한다.
② 직접배부법은 보조부문 상호간에 직접 배부하는 것이다.
③ 단계배부법은 보조부문의 배부순서에 따라 배부액이 달라질 수 있다.
④ 상호배부법이 단계배부법보다 더 정확하다.

36 10월초 재공품의 수량은 500개, 완성도는 50%이다. 10월 중 2,000개를 새로이 생산 착수하였으며, 완성품수량은 1,500개이다. 공손은 없으며, 10월말 재공품의 완성도는 80%이다. 선입선출법을 이용하는 경우, 완성품환산량은 몇 단위인가? (단, 재료는 공정율에 비례하여 투입함)

① 2,200개 ② 2,050개
③ 1,800개 ④ 1,000개

37 다음은 무엇을 설명한 것인가?

> • 동일한 공정에서 동일한 재료를 사용하여 두 종류 이상의 다른 제품을 생산하는 경우의 원가계산
> • 낙농업의 경우 생우유로 버터, 치즈, 생크림 등 생산
> • 정육업에서 돼지로 베이컨, 햄, 돼지갈비 등 생산
> • 석유산업에서 원유를 휘발유, 등유, 경유, 중유 등 생산

① 연산품 종합원가계산　　② 조별 종합원가계산
③ 공정별 종합원가계산　　④ 부문별 원가계산

38 다음은 제조간접비 배부에 관한 자료이다. 공장전체배부율을 사용하는 경우와 부문별배부율을 사용하는 경우 제품A에 대한 제조간접비 배부액은 각각 얼마인가?

	제1부문	제2부문	합계
• 부문비	₩12,000	₩16,000	₩28,000
• 직접노동시간	600시간	400시간	1,000시간
• 제품A	45시간	55시간	100시간

공장전체배부율사용　　　　부문별배부율사용
① ₩3,100　　　　　　　　₩3,320
② ₩2,800　　　　　　　　₩3,100
③ ₩3,400　　　　　　　　₩3,100
④ ₩2,800　　　　　　　　₩3,080

39 원가와 관련된 다음의 설명 중 잘못된 것은?

① 혼합원가는 변동비와 고정비가 혼합된 형태를 보이는 원가이다.
② 직접재료비, 직접노무비, 변동제조간접비는 변동비에 속한다.
③ 변동비는 조업도가 증가함에 따라 단위당 원가가 증가하는 원가이다.
④ 고정비는 관련범위내에서 조업도와 관계없이 총원가가 일정한 원가이다.

40 다음은 종합원가계산에 대한 설명이다. 옳지 않은 것은?

① 선입선출법과 평균법에서 산출되는 공손수량은 다르다.
② 선입선출법은 실제의 물량흐름을 잘 반영한다.
③ 선행공정의 완성품은 후행공정의 원재료로 간주된다.
④ 기초재공품이 없다면 선입선출법과 평균법의 완성품 환산량은 같다.

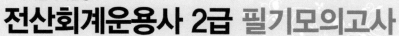

※ 다음 문제를 읽고 알맞은 것을 골라 답안카드의 답란(①, ②, ③, ④)에 표기하시오.

제1과목 ➡ 재무회계

01 다음에서 화재로 인한 재해손실은?

> 화재로 인하여 장부가액 ₩20,000,000(감가상각누계액 ₩10,000,000)인 건물이 전소하였다. 본 건물에 대하여 화재보험사로부터 ₩7,000,000의 보험금을 받아 당좌예입 하였다.

① ₩3,000,000
② ₩7,000,000
③ ₩10,000,000
④ ₩20,000,000

02 다음 재무제표의 의의에 대한 설명 중 잘못된 것은 무엇인가?

① 재무제표는 기업의 거래를 측정, 기록 및 요약하여 작성하는 회계보고서이다.
② 유가증권시장 상장기업은 특별한 사유가 없는 한, 한국채택국제회계기준에 의한 재무제표를 공시하여야 한다.
③ 금융기관의 대출에 대한 결정시 기업의 재무정보를 필요로 한다.
④ 재무제표에는 기업의 재무상태와 재무성과 및 현금흐름에 대한 정보가 요약되어 있으며, 재무성과에 대한 세부내용은 현금흐름표를 보면 알 수 있다.

03 다음 중 시산표의 목적에 대한 설명으로 옳은 것은?

① 기중 거래가 발생기준에 따라 기록되었는지 알아보기 위해 이용한다.
② 완전한 재무제표를 작성하기 전에 개략적인 재무성과만을 알아보기 위해 이용한다.
③ 재무제표를 작성하기 전에 회계기록에 오류가 없는지를 대차계정 일치의 여부를 이용하여 확인한다.
④ 자산 + 비용 = 부채 + 자본으로 정리한다.

04 다음 중 은행계정조정표의 작성 목적을 설명한 것으로 옳은 것은?

① 당좌예금의 회사 장부 잔액과 은행 잔액이 일치하지 않는 원인을 규명하기 위하여
② 당좌예금 잔액을 초과하여 당좌차월 한도액까지 수표를 발행하였을 때 그 내용을 설명하기 위하여
③ 당좌예금의 인출시 발행되는 당좌수표에 일련번호를 붙여 발행을 통제하기 위하여
④ 당좌예금 출납장을 특수분개장으로 사용할 때 매입과 인출을 일괄 전기하기 위하여

05 다음은 ㈜금고의 2014년 말 자산실사 결과자료의 일부이다. 2014년 말 재무상태표에 표시될 현금 및 현금성자산의 금액은? 단, 아래자료 이외의 현금 및 현금성자산은 없다.

가. 통화	₩100	나. 배당금통지표	₩50
다. 받을어음	150	라. 우표	50
마. 보통예금	250	바. 차용증서	150
사. 지급기일 도래 전 사채이자표			250
아. 6개월 만기양도성예금증서 (2014.8.1 발행, 11.30 취득)			150

① ₩350
② ₩400
③ ₩550
④ ₩700

06 (주)상공의 20×1년 12월 31일 현재 재고자산은 다음의 사항이 고려되지 않은 상태에서 ₩250,000이다. (주)상공의 20×1년 12월 31일 재고자산금액으로 옳은 것은?

> • 구입가격 ₩30,000의 상품이 선적지인도조건(20×1년 12월 28일 선적)으로 구입하고, 송장을 수령하였으나 20×2년 1월 3일에 도착할 예정이다.
> • (주)상공의 고객에게 도착지기준으로 20×1년 12월 31일에 상품₩30,000(원가 ₩20,000)을 판매하고 송장을 발송하였는데, 이는 20×2년 1월 4일 도착할 예정이다.
> • 시용판매조건으로 판매한 상품 ₩20,000(원가 ₩15,000)이 있으나 20×1년 12월 31일 현재 상품의 구입 의사표시가 없는 상태이다.

① ₩265,000
② ₩280,000
③ ₩300,000
④ ₩315,000

07 다음 투자부동산에 관한 설명 중 옳지 않은 것은?

① 투자부동산의 후속측정은 원가모형과 공정가치모형 중 하나를 선택할 수 있다.
② 원가모형은 유형자산과 동일하게 감가상각 후 장부금액으로 측정한다.
③ 공정가치모형을 선택한 경우에는 최초 인식 후 모든 투자부동산을 공정가치로 측정한다.
④ 공정가치모형을 적용한 경우 발생하는 공정가치변동손익은 기타포괄손익으로 인식한다.

08 다음 자료에 의하여 12월 31일 당기손익-공정가치측정금융자산 처분, 평가손익으로 맞는 것은?

•10월 1일 : 기업의 유휴자금을 활용할 목적으로 (주)상공의 주식 200주를 @₩10,000 (액면가 ₩5,000)에 현금으로 취득하였다.
•11월 1일 : 위 주식 100주를 @₩9,000에 처분하고 현금으로 받았다.
•12월 31일 : 위 주식의 공정가치를 @₩12,000으로 평가하다.

① 당기손익-공정가치측정금융자산평가이익 ₩200,000
② 당기손익-공정가치측정금융자산처분손실 ₩200,000
③ 당기손익-공정가치측정금융자산평가손실 ₩400,000
④ 당기손익-공정가치측정금융자산처분이익 ₩400,000

09 다음 계정에 의하는 경우 7월 25일 제1기 부가가치세 확정 신고시 납부세액은 얼마인가?

부가가치세대급금	부가가치세예수금
3/2 1,000,000	3/4 1,300,000
7/1 700,000	7/20 900,000

① ₩300,000
② ₩1,200,000
③ ₩600,000
④ ₩1,500,000

10 부도어음은 어느 계정으로 회계처리하여야 하는가?

① 자산계정
② 평가계정
③ 부채계정
④ 비용계정

11 다음은 20××년도 (주)상공의 현금흐름표 작성을 위한 기초자료이다. 영업활동으로 인한 현금흐름액을 간접법으로 계산하면?

– 포괄손익계산서 자료		
당기순이익 ₩200,000	감가상각비 ₩50,000	
– 재무상태표 자료		
	20××년 1월 1일	20××년 12월 31일
매출채권	₩140,000	₩150,000
미지급급여	30,000	18,000

① ₩198,000
② ₩228,000
③ ₩248,000
④ ₩272,000

12 상품권과 관련된 설명으로 틀린 것은?

① 상품권을 할인 판매한 경우 할인액을 차감한 잔액을 선수금 계정에 계상한다.
② 상품권 잔액을 환급하여 주는 때에는 선수금과 상계한다.
③ 장기미회수상품권의 상법상 소멸시효가 완성된 경우에는 완성된 시점에서 잔액을 전부 기타수익으로 인식하여야 한다.
④ 매출수익은 상품과의 교환에 따라 상품권을 회수할 때 인식한다.

13 실지재고조사법을 이용하는 (주)상공은 12월 20일 상품을 외상으로 매입하고 이에 대한 기록을 누락하였다. 그러나 상품의 기말재고조사에는 포함하였다. 이러한 오류가 기말의 자산, 부채와 당기순이익에 미치는 영향은 어떠한가?

	기말 자산	기말부채	당기순이익
①	과소계상	과소계상	영향없음
②	과대계상	과소계상	과소계상
③	과소계상	과소계상	과대계상
④	영향없음	과소계상	과대계상

14 다음 중에서 시산표를 작성하게 되면 발견할 수 있는 오류는?

① 외상매출에 대한 분개시에 매출채권과 매출 계정을 모두 실제 금액보다 2배 많은 금액으로 기록한 경우
② 매출채권 증가액 ₩100,000을 ₩10,000으로 잘못 기록한 경우
③ 단기대여금으로 분개해야 할 것을 장기대여금으로 분개한 경우
④ 분개를 한 후에 전기를 하지 않은 경우

15 "(주)상공은 사업의 규모를 축소하기 위하여 발행주식 100주를 1주당 ₩4,000(액면 @₩5,000)에 수표를 발행하여 매입·소각하다."의 올바른 분개는?

① (차) 자　본　금 400,000 (대) 당 좌 예 금　400,000
② (차) 자　본　금 500,000 (대) 당 좌 예 금　400,000
　　　　　　　　　　　　　　　　 감 자 차 익　100,000
③ (차) 자　본　금 400,000 (대) 당 좌 예 금　500,000
　　　자기주식처분손실 100,000
④ (차) 자　본　금 500,000 (대) 당 좌 예 금　400,000
　　　　　　　　　　　　　　　 자기주식처분이익　100,000

16 (주)상공의 선수임대료계정의 기초 잔액은 ₩600이고, 당기의 포괄손익계산서상의 임대료는 ₩48,000이며, 기말 현재 작성된 재무상태표상의 선수임대료는 ₩1,100이다. (주)상공의 당기에 임차인으로부터 받은 임대료의 현금 수취액은 얼마인가?

① ₩49,700
② ₩49,100
③ ₩48,500
④ ₩47,400

17 다음 중 유형자산에 속하지 않는 것은?

① 토지
② 건물
③ 차량운반구
④ 영업권

18 다음 중 K-IFRS에서 규정하고 있는 수익인식기준을 잘못 설명한 것은 어느 것인가?

① 용역의 제공으로 인한 수익은 진행기준에 따라 실현되는 것으로 한다.
② 위탁판매의 경우는 수탁자가 해당 상품을 제3자에게 판매한 시점에 수익을 인식한다.
③ 공연예술 등의 입장료 수익은 행사가 개최되는 시점에 인식한다.
④ 할부매출의 경우는 할부금이 회수되는 시점에 수익을 인식한다.

19 다음 중 재무제표 보고양식에 대한 설명 중 틀린 것은?

① 재무제표는 간단하고 명료하게 표시하여야 한다.
② 재무제표는 이용자에게 오해를 줄 염려가 없는 경우는 금액을 천원이나 백만원 단위 등으로 표시할 수 있다.
③ 재무제표는 재무상태표, 포괄손익계산서, 현금흐름표, 자본변동표 및 주석으로 구분하여 작성한다.
④ 재무제표에 보고기간종료일 또는 회계기간은 생략할 수 있다.

20 자기주식에 관한 다음의 설명 중 틀린 것은?

① 회사가 이미 발행한 주식을 매입에 의해서 재취득하는 것을 말한다.
② 자기주식을 취득한 경우 주식의 취득가액을 자기주식을 계정에 기록한다.
③ 자기주식을 취득한 경우 자기주식 계정의 대변에 기록한다.
④ 자기주식은 자본계정에 보고된다.

제2과목 ➡ 원가회계

21 다음 중 재료비에 관한 설명 중 옳지 않은 것은?

① 원재료 계정은 외부로부터 매입한 재료를 처리하는 계정으로 당기에 원재료를 구입한 경우에는 차변에 기입한다.
② 원재료 계정은 제조활동에 사용될 직접재료와 간접재료를 동시에 기록하는 계정이다.
③ 특정제품을 생산하기 위하여 당기에 제조과정에 투입된 원재료 소비액은 기초재고액에서 당기매입액을 차감하고 기말재고액을 가산하여 계산한다.
④ 기업에 따라서는 원재료계정을 직접재료는 직접재료계정에 기록하고, 간접재료는 소모품 등 별도의 계정에 각각 기록하는 경우도 있다.

22 다음 부문비를 해당 부문에 배부할 때 적용되는 배부 기준과 가장 잘 짝지은 것은?

① 전력비 – 부문의 종업원 수
② 감가상각비 – 부문이 차지하는 건물의 면적
③ 복리후생비 – 부문의 전력 소비량
④ 운반비 – 부문의 수선 횟수

23 다음 중 개별원가계산을 적용하기에 부적절한 것은?

① 건설업
② 조선업
③ 항공기제조업
④ 대량생산에 의한 기계제조업

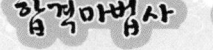 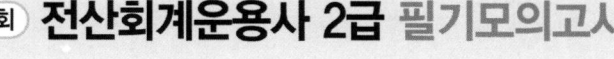 

24 다음 (   )안에 들어갈 말로 옳은 것은?

불량, 작업 기술 미숙 등의 원인으로 표준규격이나 품질에 미치지 못하는 불합격품이 발생한 경우를 (   )이라 하며, 증발등으로 산출물이 되지 못한 투입물로서, 공정이 진행되면서 평균적으로 줄어드는 것을 (   )이라 한다.

① 감손 – 공손   ② 공손 – 감손
③ 파손 – 작업폐물   ④ 감손 – 작업폐물

25 다음 원가배부기준과 그에 대한 설명이 잘못 연결된 것은 어느 것인가?

① 인과관계기준 : 원가발생을 유발한 원인에 따라 원가를 배부하여야 한다는 개념으로 가장 이상적인 원가배부기준이다.
② 공정성기준 : 원가의 배부에는 공정성 또는 공평성이 반영되어야 한다는 개념으로 공정성의 평가에 의견의 불일치 가능성이 존재한다.
③ 부담능력기준 : 원가배부대상이 원가를 부담할 수 있는 능력에 따라 원가를 배부하여야 한다는 개념으로 성과평가에 왜곡을 가져올 수 있다.
④ 수혜기준 : 원가배부대상이 제공받는 수혜정도(경제적 효용)에 따라 원가가 배부되어야 한다는 개념으로 매출액기준에 따른 원가배부가 대표적인 예이다.

26 재료의 소비량을 파악하는 방법에는 계속기록법과 실지재고조사법이 있다. 다음 중 재료의 감모수량을 파악할 수 있는 방법은?

① 실지재고조사법과 계속기록법을 병행할 경우
② 계속기록법
③ 실지재고조사법
④ 실지재고조사법과 계속기록법 각각에서 모두 파악할 수 있다.

27 다음 중 원가개념과 그 보기의 예가 잘못된 것은?

① 가공비 – 공장건물의 임차료
② 제조원가 – 외주가공비
③ 변동비 – 직접재료비
④ 제조간접비 – 광고선전비

28 다음은 (주)상공산업의 5월 중 재료의 입고와 출고에 대한 내역이다. 총평균법을 이용하는 경우, 재료의 5월말 재고액은 얼마인가?

1일 : 전월이월액은 ₩80,000(수량 100개, 단가 ₩800)이다.
8일 : 40개를 소비하다.
10일 : 100개를 단가 ₩830에 구입하다.
18일 : 80개를 소비하다.
25일 : 50개를 단가 ₩850에 구입하다.
30일 : 80개를 소비하다.

① ₩41,100   ② ₩42,500
③ ₩45,500   ④ ₩49,320

29 (주)상공산업의 다양한 종류의 제품을 생산하고 있다. 다음의 제조원가 항목 중 직접비가 아닌 것은?

① 공장부지의 재산세   ② 외주가공비
③ 자가제조 부분품비   ④ 생산라인 근로자의 임금

30 다음 중 개별원가계산에 대한 설명으로 옳은 것은?

① 개별원가계산은 고객의 주문에 따라 제품을 생산하는 주문생산 형태의 기업에 적용된다.
② 개별원가계산에서는 기말재공품의 평가문제가 추가로 발생한다.
③ 개별원가계산에서는 제조직접비와 제조간접비의 구분이 중요하지 않다.
④ 개별원가계산을 사용하는 업종은 정유업, 화학공업 등이 주로 적용된다.

31 다음 중 재공품계정의 차변에 기입되지 않는 것은?

① 월초재공품   ② 직접재료비
③ 직접노무비   ④ 월말재공품

32 다음 중 종합원가계산에 대한 설명 중 틀린 것은?

① 기초재공품이 없는 경우 완성품환산량은 평균법과 선입선출법이 동일하다.
② 단일공정에서 단일제품을 대량생산하는 기업에서 사용하는 원가 계산방법이다.
③ 직접재료비와 가공비로 구분하여 원가를 계산한다.
④ 완성품환산량은 항상 투입된 재료의 양과 일치한다.

33 자료를 이용하여 보조부문원가를 단계배부법에 의해 제조부문에 배부하는 경우 제조부문 중 절단부문에 배부되는 보조부문 원가는 얼마인가? (단, 보조부문원가 중 수선부문비를 먼저 배부한다.)

	제조 부문		보조 부문	
	절단 부문	조립부문	동력 부문	수선부문
자기발생원가	₩20,000	₩7,500	₩3,500	₩5,000
동력부문(kwh)	400	400	-	200
수선부문(횟수)	60	30	10	-

① ₩3,000 　　② ₩3,500
③ ₩5,000 　　④ ₩23,000

34 다음 원가자료에 의하여 월말재공품 원가를 평균법으로 계산하면 얼마인가?

- 직접재료비 : 월초재공품₩160,000, 당월소비액₩720,000
- 가 공 비 : 월초재공품₩120,000, 당월소비액₩232,000
- 월말재공품 : 수량 200개(완성도 40%)
- 당월 완성품 수량 : 800개
- 재료와 가공비는 제조진행에 따라 소비한다.

① ₩112,000 　　② ₩80,000
③ ₩32,000 　　④ ₩86,545

35 다음 자료를 기초로 직접노동시간을 기준으로 제조지시서 No.5에 배부될 제조간접비를 계산하면 얼마인가?

-. 당기직접재료비총액	₩80,000
-. 당기직접노무비총액	₩100,000
-. 당기제조간접비총액	₩20,000
-. 당기직접노동시간	500시간
- 제조지시서 No5 -	
직접재료비	₩2,000
직접노무비	₩2,600
직접노동시간	40시간

① ₩1,200 　　② ₩1,600
③ ₩2,000 　　④ ₩2,600

36 다음 자료를 이용하여 매출원가를 구하면 얼마인가?

기초재공품원가	₩ 20,000	기말재공품원가	₩ 21,000
기초제품재고액	30,000	기말제품재고액	25,000
당기총제조비용	100,000		

① ₩104,000 　　② ₩99,000
③ ₩94,000 　　④ ₩124,000

37 다음은 무엇을 설명한 것인가?

- 일정한 제품이 연속된 여러 공정을 통하여 대량 연속 생산하는 경우의 원가계산
- 화학공업, 펄프제지업, 제당업 등에서 사용

① 공정별 종합원가계산
② 가공비 공정별 종합원가계산
③ 부문별 원가계산
④ 요소별 원가계산

38 우리나라 원가계산준칙은 부산품에 대한 정확한 원가계산을 위하여 다음 중 어느 원가계산방법을 준용하도록 규정하고 있는가?

① 개별원가계산 　　② 조별종합원가계산
③ 표준원가계산 　　④ 등급별원가계산

39 원가를 조업도에 따라 분류할 때 조업도의 변동에 관계없이 일정하게 발생하는 감가상각비, 임차료, 보험료 등은 다음 중 어느 원가에 해당하는가?

① 고정비 　　② 변동비
③ 체증비 　　④ 체감비

40 종합원가계산시 제1공정완성품원가가 제2공정원가로 대체되어도 100%원가로 재투입되는 원가는?

① 가공비 　　② 제조간접비
③ 직접노무비 　　④ 전공정비

※ 다음 문제를 읽고 알맞은 것을 골라 답안카드의 답란(①, ②, ③, ④)에 표기하시오.

제1과목 → 재무회계

01 다음의 거래와 관련하여 분개를 할 때 거래의 8요소의 분석으로 옳지 않은 것은?

> 가. 건물(장부금액 ₩15,000)을 ₩20,000에 매각하였다.
> 나. 청소용역을 제공한 대가 중 ₩20,000은 현금으로 받고 나머지 ₩10,000은 아직 받지 않았다.
> 다. 차입금 ₩20,000을 모두 출자전환하였다. 거래손익은 발생하지 않았다.
> 라. 주주총회의 배당결의 후 즉시 주주에게 현금 ₩20,000을 배당금으로 지급하였다.

① 가 거래 : 자산의 증가, 자산의 감소와 수익의 발생
② 나 거래 : 자산의 증가, 수익의 발생
③ 다 거래 : 부채의 감소, 자본의 증가
④ 라 거래 : 비용의 발생, 자산의 감소

02 K-IFRS의 수익인식기준에 대한 설명으로 옳지 않은 것은?

① 제조기간이 단기인 예약매출이나 용역매출은 진행기준에 따라 수익을 인식한다.
② 장기할부매출은 원칙적으로 상품을 인도한 날에 인식하나, 예외적으로 대금회수일에 수익을 인식할 수 있다.
③ 위탁매출의 경우 수탁자가 위탁자로부터 상품을 인도받은 날에 수익을 인식한다.
④ 시용매출은 매입자가 매입의사표시를 한 날에 수익으로 인식한다.

03 회사의 상품거래가 다음과 같을 때 상품의 매출원가는 얼마인가?

가. 기초재고	₩80,000
나. 당기매입	₩600,000
다. 매입부대비용	₩19,000
라. 판매관련 보관료	₩1,000
마. 매입할인	₩2,000
바. 매입환출	₩15,000
사. 기말재고	₩85,000

① ₩596,000
② ₩597,000
③ ₩598,000
④ ₩599,000

04 다음 중 무형자산에 관한 설명으로 옳지 않은 것은?

① 내용연수가 유한한 무형자산은 상각해야 한다.
② 내용연수가 비한정인 무형자산은 상각해야 한다.
③ 무형자산으로 인식되기 위해서는 식별가능해야 한다.
④ 사업결합으로 취득한 영업권은 상각하지 않으나 매년 손상검사를 해야 한다.

05 회계거래를 기재하는 방식 중 3전표제에 대한 설명으로 옳지 않은 것은?

① 3전표제란 거래를 현금 수반 여부에 따라 현금거래와 대체거래로 구분하여 사용하는 방식을 말한다.
② 입금거래의 차변계정과목은 항상 현금이므로 입금전표상에는 대변계정과목만을 기입한다.
③ 출금전표는 1표 1과목제이므로 상대계정과목이 2개 이상인 거래는 차변계정 과목수에 맞추어 전표를 작성한다.
④ 출금전표는 현금의 수입이나 지출이 발생하지 않는 거래에 사용한다.

06 갑(주)는 2012년 1월초에 기계장치를 ₩1,000,000에 구입하였다. 갑(주)는 동 기계장치를 정률법(상각률 40%)에 의하여 상각하고 있으며, 동 기계장치의 내용연수는 5년이고, 잔존가치는 ₩100,000이다. 2014년 12월말 결산시 계상될 기계장치에 대한 감가상각비는 얼마인가?

① ₩144,000
② ₩180,000
③ ₩240,000
④ ₩360,000

07 다음은 전기에 취득한 기계장치와 관련된 자료이다. 이 중 자산의 취득원가를 구성하는 것이 아닌 것은?

① 취득 당시에 지출한 기계장치 설치비
② 기계장치의 내용연수를 연장시키기 위한 지출액
③ 기계장치의 성능을 유지하기 위한 지출액
④ 기계장치가 생산하는 제품의 품질향상을 가져오기 위한 지출액

08 "경기상점에 상품대금으로 받은 동점 발행 약속어음 ₩100,000을 거래은행에 할인하고 할인료 ₩5,000을 차감한 실수금을 당좌예금하다." 에 대한 분개로 옳은 것은? 단, 이 약속어음의 할인은 매각거래에 해당된다.

① (차) 당 좌 예 금 95,000 (대) 받 을 어 음 100,000
② (차) 매출채권처분손실 5,000 (대) 받 을 어 음 5,000
③ (차) 당 좌 예 금 95,000 (대) 단기차입금 100,000
　　 이 자 비 용 5,000
④ (차) 매출채권처분손실 5,000 (대) 단기차입금 5,000

09 다음은 회계의 수식을 나타낸 것이다. 적절하지 않은 것은?

① 재무상태표 등식 : 자산 = 부채 + 자본
② 손익법 : 수익 − 비용 = 순이익(△순손실)
③ 잔액시산표 등식 : 기말자산 + 총비용 = 기말부채 + 기말자본 + 총수익
④ 매출원가 : 기초상품재고액 + 당기순매입액 − 기말상품재고액 = 매출원가

10 재무제표는 일반적으로 기업이 장기간 존속하며, 예상 가능한 기간 동안 영업을 계속할 것이라는 가정 하에 작성한다. 재무제표의 기본가정 중 무엇이라 하는가?

① 발생기준의 공준
② 기업실체의 공준
③ 계속기업의 공준
④ 기간별 보고의 공준

11 다음은 모모산업(주)의 재고자산을 실지재고조사법으로 파악할 경우에 재고자산평가방법별 매출원가, 기말재고, 매출총이익을 계산한 것이다. 물가가 지속적으로 상승한다는 가정하에 다음 중 재고자산평가방법의 대응으로 옳은 것은?

재고자산평가방법	매출원가	기말재고	매출총이익
A	₩28,000	₩95,000	₩120,000
B	25,000	98,000	123,000
C	26,500	96,500	121,500

	선입선출법	총평균법	이동평균법	후입선출법
①	B	C	해당없음	A
②	A	C	해당없음	B
③	B	해당없음	C	A
④	A	해당없음	C	B

12 (주)대한은 '2/10, n/30'의 매출할인 조건으로 상품 ₩200,000을 고객에게 외상 판매하고, 20일 후에 외상대금을 현금으로 회수하였다. 외상대금 회수시의 회계처리로 올바른 것은?

① (차) 외상매출금 200,000 (대) 매　　　출 200,000
② (차) 현　　　금 196,000 (대) 외상매출금 200,000
　　 매 출 할 인 4,000
③ (차) 현　　　금 190,000 (대) 외상매출금 200,000
　　　　　　　　　　　　 매 출 할 인 10,000
④ (차) 현　　　금 200,000 (대) 외상매출금 200,000

13 다음 자료에 따라 계산한 법인세비용차감전순이익은 얼마인가?

기타(영업외)수익	₩4,000
판매비(물류원가)와 관리비	₩20,000
기타(영업외)비용	₩5,000
매출액	₩350,000
매출원가	₩250,000

① ₩79,000　　　　② ₩75,000
③ ₩84,000　　　　④ ₩100,000

14 다음 자료를 이용하여 간접법에 의해 영업활동으로 인한 현금흐름을 계산하면 얼마인가?

당기순이익	₩20,000	감가상각비	₩3,000
무형자산상각비	2,000	사채상환이익	1,500

① ₩26,500　　　　② ₩23,500
③ ₩16,500　　　　④ ₩13,500

15 보유하고 있던 건물을 처분하고 현금을 받았으며, 장부금액의 10%에 해당하는 처분손실을 계상하였다. 이러한 결과가 자산, 부채 또는 자본에 미치는 영향은?

① 자산의 증가와 자본의 증가
② 자산의 감소와 자본의 감소
③ 자산의 증가와 부채의 감소
④ 영향 없음

16 (주)한국은 20××년 1월1일부터 6월30일까지 ₩200,000(부가가치세를 제외한 금액)의 매출과 ₩220,000(부가가치세를 제외한 금액)의 매입이 있었다. 매출과 매입이 모두 부가가치세 과세거래일 때, 20××년 제1기분 부가가치세 확정 신고 시 (주)한국이 해야 할 분개는? 단, 부가가치세 신고시 납부할 세액이 있으면 즉시 납부하고, 환급받을 세액이 있으면 신고 즉시 환급받는다고 가정한다.

① (차) 부가가치세예수금 22,000 (대) 부가가치세대급금 20,000
　　　　　　　　　　　　　　　　　　　　　현　　　금 2,000
② (차) 부가가치세예수금 20,000 (대) 부가가치세대급금 22,000
　　　현　　　금 2,000
③ (차) 부가가치세예수금 20,000 (대) 부가가치세대급금 20,000
④ (차) 부가가치세예수금 22,000 (대) 부가가치세대급금 22,000

17 다음은 한려산업의 20××년 5월 중 상품 관련 자료이다. 다음 중 계속기록법하의 선입선출법을 적용하여 계산한 20××년 5월의 매출원가로 옳은 것은?

일 자	단가	매입수량	매출수량	재고수량
5월 1일	₩25			1,200개
3일			500개	700
12일	30	800		1,500
17일			300	1,200
20일	35	1,000		2,200
31일			1,300	900

① ₩57,500　　　　　② ₩63,000
③ ₩65,500　　　　　④ ₩67,000

18 다음 중 한국체택국제회계기준에서 정하고 있는 재무제표의 종류가 아닌 것은?

① 재무상태표　　　　② 포괄손익계산서
③ 자본변동표　　　　④ 정산표

19 재무상태표 (가)~(라)에 들어갈 항목을 순서대로 바르게 나열한 것은? 단, 유동성 배열법에 의해 작성한다.

재 무 상 태 표
제7기: 2012년12월31일 현재

자산	금액	부채 및 자본	금액
현금및현금성자산			
(가)	생략	생략	생략
(나)			
(다)			
(라)			

	(가)	(나)	(다)	(라)
①	매출 채권	산업재산권	상　품	차량운반구
②	상　품	매출 채권	산업재산권	차량운반구
③	상　품	차량운반구	산업재산권	매출 채권
④	매출 채권	상　품	차량운반구	산업재산권

20 다음 중 주식회사의 설립요건에 관한 설명으로 옳은 것은?

① 주식회사의 설립 규정은 민법에 규정되어 있다.
② 수권주식의 2분의 1 이상 발행하면 회사가 설립되는 제도가 수권자본제도이다.
③ 회사설립 시 정관에 기재해야 할 사항은 회사가 발행할 주식 총수, 설립 시 발행할 주식의 총수, 1주의 금액, 회사의 명칭 등이 있다.
④ 미발행주식은 회사의 설립 후 경영진의 결의에 의해서 추가로 발행할 수 있다.

제2과목 ➔ 원가회계

21 다음 원가에 대한 설명 중 옳지 않은 것은?

① 원가(cost)란 특정 목적을 달성하기 위하여 발생하거나 잠재적으로 발생할 희생을 화폐적으로 측정한 것이다.
② 소멸된 원가 중에서 수익 실현에 기여한 부분을 비용(expense)이라고 한다.
③ 원가 중에서 미소멸 부분을 이익(earning)이라고 한다.
④ 소멸된 원가 중에서 수익 실현에 기여하지 못한 부분을 손실(loss)이라고 한다.

22 다음 자료에 의하여 월말재공품의 원가를 평균법으로 계산하면 얼마인가? (단, 재료는 제조과정을 통하여 공정율에 비례하여 투입된다.)

- 월초재공품 원가 ₩250,000
- 당월총제조비용 ₩1,400,000
- 당월완성품수량 500개
- 월말재공품수량 100개(완성도 50%)

① ₩275,000 　　　　② ₩150,000
③ ₩250,000 　　　　④ ₩137,500

23 다음은 보조부문원가의 배부방법을 설명한 것이다. 적합하지 않은 것은?

① 상호배부법은 보조부문 상호간의 용역수수 관계를 전부 반영한다.
② 직접배부법은 보조부문 상호간에 직접 배부하는 것이다.
③ 단계배부법은 보조부문의 배부순서에 따라 배부액이 달라질 수 있다.
④ 상호배부법이 단계배부법보다 더 정확하다.

24 다음은 재료 소비량을 파악하는 방법 중 실지재고조사법을 설명하는 것으로 옳지 못한 것은?

① 재료의 출고시마다 장부를 기록해야 하는 번거로움을 피할 수 있다.
② 재료의 보관 중에 발생한 감모량도 제품의 제조에 사용된 것으로 간주된다.
③ 제품의 제조원가가 보관 중에 발생한 감모량만큼 과대 계상된다.
④ 재료의 종류가 적고 출고의 빈도가 적은 재료의 소비량을 파악하는데 알맞다.

25 다음은 군산공업의 제조간접비에 관한 자료이다. 제조간접비 배부차이는 얼마인가?

| 실제제조간접비 : ₩ 56,400 | 예정배부율 : ₩32/시간 |
| 실제조업도 : 1,800시간 | 예정조업도 : 2,000시간 |

① ₩7,600 과대배부 　　　② ₩1,200 과대배부
③ ₩7,600 과소배부 　　　④ ₩1,200 과소배부

26 제조간접비를 예정배부하는 경우 아래의 제조간접비 계정에 대한 설명으로 옳은 것은?

제조간접비

| 매출원가 | 1,000 | |

① 제조간접비 실제발생액 ₩1,000을 매출원가계정에 대체하다.
② 제조간접비 예정배부액 ₩1,000을 매출원가계정에 대체하다.
③ 제조간접비 과다배부차액 ₩1,000을 매출원가계정에 대체하다.
④ 제조간접비 과소배부차액 ₩1,000을 매출원가계정에 대체하다.

27 다음은 무엇을 설명한 것인가?

여러종류의 제품들을 계속 생산하는 공정에서 적용되는 원가계산방법으로 식료품 제조업, 자동차 제조업, 전기기구 제조업, 완구업, 기계제조업, 공구제조업, 제과업, 통조림 제조업, 직물업 등에서 사용

① 조별 종합원가계산
② 부문별 원가계산
③ 개별 원가계산
④ 등급별 종합원가계산

28 금월 중의 총 임금 지급액이 ₩240,000이고 금월 중 총 생산량이 30,000개이다. 이 중에서 A제품 생산량이 10,000개 일 때, 제품 A에 부과하여야 할 노무비는 얼마인가? (임률은 총 임금 지급액을 총 생산량으로 나눈 평균 임률에 따라서 계산한다.)

① ₩40,000 　　　　② ₩80,000
③ ₩20,000 　　　　④ ₩100,000

29 원가형태를 추정하기 위해서는 비정상적인 상황이나 조건에 대한 고려를 하여야 한다. 다음 중 원가추정 시 비정상성 문제(nonstationary problem)에 포함되지 않는 것은?

① 발생주의기준
② 비효율적인 영업활동
③ 제조상 중요한 기술적 변화
④ 경험과 학습효과

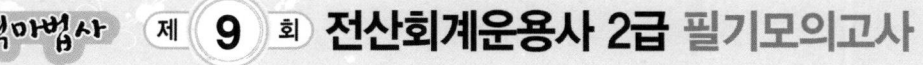 

30 다음 자료로 월말재공품 원가를 계산하면 얼마인가?

> 월초재공품 : 수량 15,000개 (완성도 20%)
> 원가 ₩60,600(재료비 ₩48,000 가공비 ₩12,600)
> 당월재료비 ₩180,000   당월가공비 ₩306,000
> 당월착수수량 45,000개   당월완성품수량 (   )개
> 월말재공품 : 수량 10,000개 (완성도 40%)
> 월말재공품 평가는 평균법, 재료는 제조착수시 전부투입됨

① ₩20,000 ② ₩23,600
③ ₩61,600 ④ ₩38,000

31 다음 중 변동비에 해당하지 않는 것은?

① 직접재료비
② 직접노무비
③ 동력비 및 소모품비
④ 정액법을 이용한 기계의 감가상각비

32 완성품환산량의 단위당원가 계산시 평균법에 의한 종합원가계산에서 고려하는 원가는?

① 당기의 원가와 기말재공품원가의 합계를 고려
② 당기의 원가와 기초재공품원가의 합계를 고려
③ 당기의 원가에서 기초재공품원가의 차감액을 고려
④ 당기의 원가에서 기말재공품원가의 차감액을 고려

33 다음은 원가배부에 대한 설명이다. 옳지 않은 것은?

① 부문별배부율법이 공장전체배부율법보다 좀 더 정확한 원가를 산출할 수 있다.
② 배부기준의 선정시 종업원에게 미치는 영향을 고려할 수 있다.
③ 배부기준과 발생원가간의 인과관계를 고려하여야 한다.
④ 이중배부율법에서 고정비는 실제조업도를 기준으로 배부한다.

34 다음 개별원가계산에 대한 설명으로 옳지 않은 것은?

① 직접재료비는 각 개별작업별로 추적한다.
② 직접노무비는 공장전체로 집계하여 일정한 기준에 따라 배부한다.
③ 제조간접원가는 전체를 집계하여 일정 배부기준에 따라 배부율을 계산한다.
④ 계산된 배부율에 각 작업별 배부기준을 곱하여 제조간접비를 계산한다.

35 원가회계는 다음 중 누구의 정보수요를 충족시키는 것이 주된 목적인가?

① 주주 ② 규제기관
③ 외부이용자 ④ 내부이용자

36 다음 자료에 의할 때 제조지시서 #1의 제조원가는 얼마인가? 단, 제조간접비는 직접노무비법을 이용하여 구한다.

분 류	제조지시서 #1	총 원 가
직접재료비	₩20,000	₩200,000
직접노무비	18,000	108,000
제조간접비	( )	180,000

① ₩30,000 ② ₩68,000
③ ₩56,000 ④ ₩38,000

37 다음은 연산품과 등급품에 대한 비교 설명이다. 잘못된 것은?

① 연산품은 분리점에 이를 때까지 개별 제품으로 식별할 수 없으나, 등급품은 경우에 따라 개별 제품의 식별이 가능하다.
② 연산품은 인위적으로 개별 제품 제품수량을 조정하기 어려우나, 등급품은 생산계획에 의하여 개별 제품수량을 조정할 수 있다.
③ 연산품은 주로 동종제품이나, 등급품은 주로 유사제품이다.
④ 등급품의 원가계산은 조별종합원가계산을 이용할 수 있다.

38 다음의 자료에 의하여 판매가치법에 의해 2등급 제품의 원가를 계산하면 얼마인가? (단, 결합원가는 ₩400,000)

구 분	1등급제품	2등급제품	3등급제품
판매단가	@₩500	@₩400	@₩250
생 산 량	200개	250개	200개

① ₩150,000 ② ₩160,000
③ ₩170,000 ④ ₩180,000

39 다음의 종합원가계산 자료를 이용하여 기말재공품원가를 계산하면 얼마인가?

> – 기초재공품(30단위 40%) ₩460
> – 기말재공품(40단위 60%)
> – 당기투입원가 ₩5,550   완성품(210단위)
>   선입선출법을 사용하며 모든 원가는 진척도에 비례해서 발생한다.

① ₩600 ② ₩480
③ ₩520 ④ ₩640

40 ㈜상공은 2개의 제조부문과 2개의 보조부문이 있다. 각 부문에서 당기 중에 발생한 원가와 보조부문이 제공한 용역수수관계는 다음과 같다. 상호배부법에 의할 경우 조립부문의 제조부문비 합계액은 얼마인가?

	제조부문		보조부문	
	조립부문	선반부문	동력부문	수선부문
자기발생액	1,500,000	1,200,000	380,000	300,000
동력부문(KW)	6,000	10,000	–	4,000
수선부문(횟수)	120	90	90	–

① ₩1,180,000 ② ₩1,570,000
③ ₩1,750,000 ④ ₩1,810,000

제1과목 → 재무회계

[재무회계 기본문제정답]

1. (1) (○)   (2) (○)   (3) (×)
2. (1) ① (목적적합성) ② (충실한 표현)
   (2) ② (확인가치) ③ (중요성)
   (3) ① (완전한 서술) ② (중립적 서술)
   (4) ② (검증가능성) ④ (이해가능성)
3. ① (역사적원가) ② (발생주의) ③ (완성기준) ④ (지분법)
4. (1) (계속기업) (2) (역사적원가) (3) (현행원가)
5. (1) (○) (2) (×) (3) (○)
6. (1) (현금) (당좌예금) (보통예금) (현금성자산)
   (2) (통화) (통화대용증권) (3) (현금성자산)
   (4) (당좌예금) (현금)
7. (1) (은행계정조정표) (2) (차감) (3) (은행) (4) (가산) (5) (회사)
8. (1) (당기손익-공정가치측정금융자산) (기타포괄손익-공정가치측정금융자산)
   (상각후원가측정금융자산)
   (2) (당기손익-공정가치측정금융자산) (기타포괄손익-공정가치측정금융자산)
   (상각후원가측정금융자산)
9. (1) (차) 매   출   2,000   (대) 외상매출금   100,000
       현   금   98,000
   (2) (차) 외상매입금   100,000   (대) 매   입   3,000
                                        현   금   97,000
   (3) (차) 수수료비용   4,000   (대) 현   금   4,000
   (4) (차) 매출채권처분손실 5,000   (대) 받을어음   200,000
       당좌예금   195,000
10. (1) (차) 대손상각비   2,000   (대) 대손충당금   2,000
    (2) (차) 대손충당금   1,000   (대) 대손충당금환입   2,000
    (3) (차) 대손충당금   30,000   (대) 외상매출금   50,000
        대손상각비   20,000
    (4) (차) 현   금   250,000   (대) 대손충당금   250,000
    (5) (차) 현   금   50,000   (대) 대손충당금   30,000
                                         대손상각비   20,000
11. (1) (차) 현   금   200,000   (대) 상품권선수금   200,000
    (2) (차) 상품권선수금   200,000   (대) 매   출   300,000
        현   금   100,000
    (3) (차) 감가상각누계액   4,000   (대) 건   물   10,000
        미 결 산   6,000
    (4) (차) 당좌예금   5,000   (대) 미 결 산   6,000
        재해손실   1,000
12. (1) (상품) (원재료) (재공품) (제품)
    (2) ① (총매입액) − (환출 및 매입에누리·매입할인) = 순매입액
        ② (총매출액) − (환입 및 매출에누리·매출할인) = 순매출액
        ③ 기초재고액 + (순매입액) − 기말재고액 = (매출원가)
        ④ 순매출액 − (매출원가) = (매출총이익)
    (3) (계속기록법) (실지재고조사법) (선입선출법) (후입선출법) (이동평균법)
        (총평균법)
    (4) ① (선입선출법) ② (이동평균법) ③ (선입선출법)
13. (1) (○) (2) (×) (3) (○) (4) (○)
14. (1) (차) 감가상각누계액 350,000   (대) 차량운반구   750,000
        미 수 금   500,000   유형자산처분이익   100,000
    (2) (400,000) (3) (144,000) (4) (15,000) (5) (300,000)
15. (1) (차) 당 좌 예 금   970,000   (대) 사   채   1,000,000
        사채할인발행차금   30,000
    (2) (차) 이 자 비 용   116,400   (대) 현   금   100,000
                                         사채할인발행차금   16,400
    (3) (차) 사   채   25,000   (대) 현   금   24,100
                                         사채할인발행차금   400
                                         사채상환이익   500

---

16. (1) (차) 퇴 직 급 여   500,000   (대) 퇴직급여부채   500,000
    (2) (차) 퇴직급여부채   300,000   (대) 보 통 예 금   300,000
17. (1) (차) 당 좌 예 금 12,000,000   (대) 자 본 금   10,000,000
                                         주식발행초과금   2,000,000
    (2) (차) 자 본 금   5,000,000   (대) 당 좌 예 금   3,000,000
                                         미처리결손금   500,000
                                         감 자 차 익   1,500,000
18. (1) (260,000) (2) (200,000)
19. (1) (차) 매   입   450,000   (대) 외상매입금   450,000
        부가가치세대급금   45,000   현   금   45,000
    (2) (차) 외상매출금   600,000   (대) 매   출   600,000
        현   금   60,000   부가가치세예수금   60,000
    (3) (차) 부가가치세예수금 60,000   (대) 부가가치세대급금   45,000
                                         현   금   15,000
    (4) (차) 부가가치세예수금 25,000   (대) 부가가치세대급금   25,000
20. (1) (기초자산) − (기초부채) = (기초자본)
    (2) (기말자산) − 기말부채 = (기말자본)
    (3) 총수익 − (총비용) = (순이익)
    (4) (기말자본) − {(기초자본) + (추가출자) − (인출액)} = (순손익)
21. (1) (계속기업) (2) (1년) (3) (발생기준) (4) (상계)
22. (1) ① (재무상태표) ② (포괄손익계산서) ③ (현금흐름표)
        ④ (자본변동표) ⑤ (주석)
    (2) (부채) (자본) (3) (수익) (비용)
    (4) (영업활동) (재무활동) (5) (투자) (분배)

[재무회계 기본문제해설]

10. (1) 2/10, n/30의 매출할인 조건이란 외상대금의 결제는 거래 후 30일 내에 해야 하고 10일 이내에 결제 한다면 거래금액의 2%을 할인해 주는 조건이며, 매출할인은 3분법에서 매출계정으로 분개 된다.
    (2) 3/10, 2/15, n/30의 매입할인 조건이란 외상대금의 결제는 거래 후 30일 내에 해야 하고 10일 이내에 결제하면 3%을 15일 이내에 결제하면 2%를 할인해 받는 조건이며, 매입할인은 3분법에서 매입계정으로 분개 된다.
    (3) 추심의뢰 한 것은 회계상 거래가 아니므로 수수료 지급한 것만 분개 한다.
    (4) 할인료는 매출채권처분손실계정으로 분개한다.
11. (1) $500,000 \times 0.01 - 3,000 = 2,000$
    (2) $200,000 \times 0.02 - 5,000 = -1,000$
    (3) 대손충당금이 있으면 사용하고 없거나 부족하면 대손상각비로 한다.
    (4) 전기에 대손된 것을 당기에 다시 회수한 경우 대변은 무조건 대손충당금이다.
    (5) 당기에 대손된 것을 당기에 다시 회수한 경우 대변은 대손처리시 대손충당금 있으면 하고 없거나 부족한 부분은 대손상각비로 한다.
14. (2) 위탁판매의 경우 수탁자가 위탁품을 판매한 날 수익을 인식한다.
15. (3) $\dfrac{취득원가-잔존가액}{내용연수} = 감가상각비 \quad \dfrac{2,000,000-0}{5} = 400,000$
    (4) (취득원가 − 감가상각누계액) × 정률 = 감가상각비
        1차년도 : $(1,000,000 - 0) \times 0.4 = 400,000$
        2차년도 : $(1,000,000 - 400,000) \times 0.4 = 240,000$
        3차년도 : $(1,000,000 - 640,000) \times 0.4 = 144,000$
    (5) (취득원가 − 잔존가액) × $\dfrac{당기실제생산량}{총추정생산량} = 감가상각비$
        $(160,000 - 10,000) \times \dfrac{2,000}{20,000} = 15,000$
    (6) (취득원가 − 잔존가액) × $\dfrac{잔여내용연수}{내용연수의 합계} = 감가상각비$
        $(700,000 - 100,000) \times \dfrac{3}{(3+2+1)} = 300,000$
16. (2) $1,000,000 \times 10\% = 100,000$(현금)
        $(1,000,000 - 30,000) \times 12\% = 116,400$(이자비용)
17. (1) 10,000주 × @₩1,000 = 10,000,000(자본금)
        10,000주 × @₩1,200 = 12,000,000(당좌예금)

(2) 1,000주 × @₩5,000 = 5,000,000(자본금)

　　1,000주 × @₩3,000 = 3,000,000(당좌예금)

19.

미처분이익잉여금			
이익준비금	20,000	전기이월	200,000
배당금	40,000	당기순이익	60,000
차기이월	(200,000)		

(1) 200,000 + 60,000 = 260,000(당기말미처분이익잉여금)

(2) 260,000 − (20,000 + 40,000) = 200,000(차기이월 미처분이익잉여금)

제2과목 ➡ 원가회계

[원가회계 기본문제정답]

1.

			(이　익)	
		(판매비와 관리비)		
	(제조간접비)			
(직접재료비)				
(직접노무비)	(직접원가)	(제조원가)	(판매원가)	(판매가격)
직접제조경비				

2. (1) 39,000　(2) 80,000　(3) 189,000　(4) 184,000　(5) 174,000

3. (1) (주요재료비) (부품비) (보조재료비)

　(2) (직접재료비)

　(3) (차) 제조간접비　　　3,000　(대) 재료감모손실　　　5,000

　　　손　　익　　　2,000

4. (1) (임금) (급료) (잡급)　(2) (간접노무비)

5. (1) (외주가공비) (특허권사용료)

　(2)

월할제조경비	① ③ ⑦ ⑩ ⑪
측정제조경비	② ⑤
지급제조경비	④ ⑥ ⑧ ⑫
발생제조경비	⑨

6. (1) (직접재료비법) (직접노무비법) (직접원가법)

　(2) (직접노동시간법) (기계작업시간법)

　(3) ① (차) 재 공 품　　10,000　(대) 제조간접비　　10,000

　　② (차) 제조간접비　　11,000　(대) 재 료 비　　　6,000

　　　　　　　　　　　　　　　　　노 무 비　　　3,000

　　　　　　　　　　　　　　　　　제조경비　　　2,000

　　③ (차) 제조간접비배부차이　1,000　(대) 제조간접비　　1,000

7. (1) (제조간접비)　(2) (부과) (배부)

　(3) (직접배부법)　(상호배부법)

　(4) (직접배부법)　(상호배부법)　(5) (배부순서)

　(6) (직접배부법)　(7) 상호배부법

8. (1) (주문생산)　(2) (제조간접비)

9. (1) (5,000)　(2) (6,000)　(3) (5,400)　(4) (38)　(5) 59

　(6) (38,000)　(7) (23,600)　(8) (61,600)　(9) (485,000)

10. (1) (200)　(2) (640)　(3) (640)　(4) (625)　(5) (400)

　(6) (62,500)　(7) (32,000)　(8) (94,500)　(9) (606,500)

11 (1) (단일)　(2) (화학공업) (제지업) (제당업)　(3) (조별)

　(4) (제분업) (제화업) (양조업)　(5) (정유업) (정육업) (낙농업)

　(6) ＿＿＿＿＿＿ (분리점) ＿＿＿＿＿＿

　　　(결합원가) ← ▲ → (분리원가)

12. (1) (부속명세서)　　　　　　　(2) (재공품)

　(3) (당기제품제조원가) (매출원가)　(4) (매출총이익)

[원가회계 기본문제해설]

2.

원 재 료			
전 월 이 월	14,000	소비(출고)액	(39,000)
매 입 액	40,000	차 월 이 월	15,000

노 무 비			
지 급 액	78,000	전월미지급액	10,000
당월미지급액	12,000	소비(발생)액	(80,000)

재 공 품			
전 월 이 월	15,000	제 품	(184,000)
재 료 비	39,000	차 월 이 월	20,000
노 무 비	80,000		
제 조 간 접 비	70,000		

재료비(39,000)+노무비(80,000)+제조간접비(70,000)

= 당월총제조비용(189,000)

제 품			
전 월 이 월	25,000	매 출 원 가	(174,000)
재 공 품	184,000	차 월 이 월	35,000

9. (1) 1,500 + 4,500 − 1,000 = 5,000개

　(2) 5,000 + (1,000 × 100%) = 6,000개

　(3) 5,000 + (1,000 × 40%) = 5,400개

　(4) (48,000 + 180,000) ÷ 6,000 = 38

　(5) (12,600 + 306,000) ÷ 5,400 = 59

　(6) (1,000 × 100%) × 38 = 38,000

　(7) (1,000 × 40%) × 59 = 23,600

　(8) 38,000 + 23,600 = 61,600

　(9) 60,600 + (180,000 + 306,000) − 61,600 = 485,000

[아래 공식으로 외우면 쉽고 공식에 대입하면 다음과 같다.]

평균법 : 말수 × $\dfrac{(초+당)}{(완수+말수)}$ = × ×

재료비 : $1,000 × \dfrac{(48,000+180,000)}{(50,000+10,000)}$ = 38,000

가공비 : $400 × \dfrac{(12,600+306,000)}{(5,000+400)}$ = 23,600

10. (1) 100 + 700 − 600 = 200개

　(2) 600 + (200 × 50%) − (100 × 60%) = 640개

　(3) 600 + (200 × 40%) − (100 × 40%) = 640개

　(4) 400,000 ÷ 640 = 625

　(5) 256,000 ÷ 640 = 400

　(6) (200 × 50%) × 625 = 62,500

　(7) (200 × 40%) × 400 = 32,000

　(8) 62,500 + 32,000 = 64,500

　(9) 45,000 + (400,000 + 256,000) − 94,500 = 606,500

[아래 공식으로 외우면 쉽고 공식에 대입하면 다음과 같다.]

선입선출법 : 말수 × $\dfrac{(당)}{(완수+말수-초수)}$ = × ×

재료비 : $100 × \dfrac{(400,000)}{(600+100-60)}$ = 62,500

가공비 : $800 × \dfrac{(256,000)}{(600+80-40)}$ = 32,000

제1회 기출문제 정답

〈 제1과목 〉 재무회계

1. ③	2. ③	3. ③	4. ①	5. ①
6. ④	7. ④	8. ④	9. ③	10. ④
11. ③	12. ②	13. ③	14. ①	15. ③
16. ④	17. ④	18. ②	19. ③	20. ③

〈 제2과목 〉 원가회계

21. ④	22. ③	23. ④	24. ①	25. ③
26. ④	27. ①	28. ①	29. ③	30. ③
31. ③	32. ④	33. ④	34. ③	35. ③
36. ②	37. ②	38. ②	39. ①	40. ③

제1과목 → 재무회계

1. ① 재무정보의 근본적인 질적특성은 목적적합성, 표현충실성이 있다.
   ② 비교가능성은 보강적 질적특성의 하나로 정보이용자가 항목간의 유사점과 차이점을 식별하고 이해할 수 있게 하는 질적특성이다.
   ④ 적시성은 의사결정에 영향을 미칠 수 있도록 의사결정자에게 제때에 이용가능하게 하는 보강적 질적 특성을 말한다.
2. ③ 포괄손익계산서는 발생주의 회계에 따라 작성되어 보고된다.
3. ③ 유형자산의 처분은 투자활동에 의한 현금흐름이다.
4. ① ㉠ 03/01 (차) 보통예금 600,000 (대) 임 대 료 600,000
      (3/1~8/31까지 임대료)
   ㉡ 12/31 (차) 미수수익 400,000 (대) 임 대 료 400,000
      (9/1~12/31까지 발생된 미수 임대료)
5. ① ㉠ 기초상품(과대) + 순매입액 - 기말상품 = 매출원가(과대)
   ㉡ 순매출액 - 매출원가(과대) = 매출총이익(과소)
6. ① 감가상각비 계상 : 감가상각비 / 감가상각누계액 (당기순이익 감소)
   ② 선급보험료 계상 : 선급보험료 / 보험료 (당기순이익 증가)
   ③ 소모품의 미사용액 계상 : 소모품 / 소모품비 (당기순이익 증가)
   ※ 기타포괄손익-공정가치측정금융자산평가이익 계상 : 기타포괄이익 (총포괄이익 증가)
7. ④ 기타의 대손상각비는 기타비용(영업외비용)이다.
8. ④ 기타포괄손익-공정가치측정금융자산평가손실(기타포괄손실), 토지재평가잉여금(기타포괄이익)

포 괄 손 익 계 산 서	
과 목	금 액
수 익 (매 출 액)	×××
매 출 원 가	(×××)
매 출 총 이 익	530,000
판 매 비 와 관 리 비 (물 류 원 가 와 관 리 비)	(150,000)
영 업 이 익	380,000
기 타 수 익	90,000
기 타 비 용	0
금 융 수 익	0
금 융 원 가	(25,000)
법 인 세 비 용 차 감 전 순 이 익	445,000
법 인 세 비 용	(70,000)
당 기 순 이 익	375,000
기 타 포 괄 이 익	60,000
기 타 포 괄 손 실	(20,000)
총 포 괄 이 익	415,000

9. ③ 수익과 비용을 포괄손익계산서에 표시할 때는 총액으로 표시하는 것을 원칙으로 한다.
10. ④ 재무활동은 기업의 납입자본과 차입금의 크기 및 구성내용에 변동을 가져오는 활동을 말한다.
11. ③ ㉠ 현금 및 현금성자산(450,000) + 매출채권(500,000) = 금융자산(950,000)
    ㉡ 통화(50,000) + 자기앞수표(100,000) + 타인발행수표(300,000) = 현금및현금성자산(450,000)
    ㉢ 3개월 후 만기의 타인발행 약속어음(500,000) = 매출채권(500,000)
    ※ 선급금과 선급비용은 재화나 용역을 수취할 예정이므로 금융자산이 아니다.
12. ② 선수금과 선수수익은 재화나 용역을 제공해야 하는 것이므로 금융부채가 아니다.
13. ③ 상품이 아닌 재화의 매입대금을 신용카드로 결제한 경우 미지급금으로 처리한다.
14. ① 보기 ②번은 광고선전비, 보기 ③번은 판매비와 관리비, 보기 ④번은 개발비로 원가에 포함하지 않는다.
15. ③ ㉠ 상공상점: (차) 외상매출금 ××× (대) 매 출 ×××
         (차) 매 입 ××× (대) 외상매출금 ×××
    ㉡ 인천상점: (차) 외상매출금 ××× (대) 지급 어음 ×××
    ㉢ 대한상점: (차) 받을 어음 ××× (대) 매 출 ×××
16. ④ (차) 외 상 매 입 금 500,000 (대) 받 을 어 음 500,000
17. ④ (차) 단기차입금(부채의 감소) (대) 현금(자산의 감소)
       이자비용(비용의 발생)
18. ② 판매용 승용차 구입은 상거래 이므로 매입이며 구입시 지출된 비용은 원가에 포함이므로 (차) 매입8,500,000 (대) 현금 8,500,000으로 분개된다.
19. ③ 01/01 (차)당 좌 예 금 950,000 (대)사 채 1,000,000
       사채할인발행차금 50,000
    12/31 (차)이 자 비 용 95,000 (대)미 지 급 이 자 80,000
          사채할인발행차금 15,000
    ㉠ 순사채(950,000) × 유효이자율(10%) = 이자비용(95,000)
    ㉡ 사채(1,000,000) × 액면이자율(8%) = 미지급이자(80,000)
20. ③ 주당이익을 공시하는 경우 표시되는 재무제표는 포괄손익계산서와 주석이다.

제2과목 → 원가회계

21. ④ 당기총제조원가는 기능별포괄손익계산서의 매출원가를 산정하는데 필요한 당기제품제조원가와 항상 일치하지 않는다.
22. ③ 당월총제조원가(1,000,000) = 재료비(400,000) + 노무비(300,000) + 제조경비(100,000) + 제조간접비(200,000)
23. ④ 대손상각비는 판매비와 관리비이므로 비제조원가에 해당된다.
24. ① 추적이 가능한 직접원가는 재공품계정에 대체하고, 간접원가는 제조간접비에 대체한다.
25. ③

기본원가 900,000	직접재료비 400,000	
	직접노무비 (500,000)	가공원가 630,000
	제조간접비 130,000	

26. ④ 부문부터 배부한 경우 모든 보조부문비를 배부 후의 B제조부문 합계액은 ₩173,875이다.

부문\비목	제조부문		보조부문		합계
	A부문	B부문	C부문	D부문	
자가부문발생액	₩200,000	₩100,000	₩120,000	₩70,000	₩490,000
제공용역					
D부문	40% (28,000)	30% (21,000)	30% (21,000)	–	100%
C부문	50% (88,125)	30% (52,875)	–	20%	100%

27. ① 재무회계는 객관성을 강조하고, 관리회계는 목적적합성을 강조한다.

28. ① (나) → (다) → (가)

29. ③ $42,000 \times \dfrac{(20,000 + 9,000)}{(50,000 + 20,000)} = 17,400$

30. ③ ㉠ 5월말 재공품원가 = 월말재공품(미완성) 제조지시서 #2

㉡ $900,000 \times \dfrac{(700)}{(3,000)} = 210,000$(#2의 제조간접비)

㉢ 직접재료비(500,000) + 직접노무비 (300,000) + 제조간접비(210,000)
= #2 제조원가(1,010,000)

31. ③ 단계배부법은 보조부문 상호간의 용역수수를 일부만 고려한다.(상호배부법은 보조부문 상호간의 용역수수를 완전하게 고려한다.)

32. ④ 원가의 기간별 배부가 중요하며 작업의 진척도에 따라 배부하는 원가를 다르게 계산하는 방법은 종합원가계산에 대한 설명이다.

33. ④

재 공 품

전월이월(No.11)	11,000	제 품	(155,000)
직 접 재 료 비	37,000	차월이월(No.13)	57,000
직 접 노 무 비	97,000		
제 조 간 접 비	67,000		
	212,000		212,000

34. ③ ㉠ 최종판매가치 − 추가가공비 = 상대적 순실현가치
A(20,000 − 2,000) = 18,000, B(42,000 − 0) = 42,000

㉡ $24,000 \times \dfrac{18,000}{(18,000 + 42,000)} = 7,200$(A의 결합원가배부)

㉢ $\dfrac{A의 결합원가(7,200) + A의 추가가공비(2,000)}{A의 생산량(100)}$ = A의 단위당 제조원가(92)

35. ③ 수주 수량에 따라 생산 수량이 결정 되는 것은 개별원가에 대한 설명이다.

36. ② 조별원가계산은 다른 종류의 제품을 조별로 연속하여 생산하는 생산형태에 적용한다.

37. ② 라 − 마 − 나 − 가 − 다

38. ② ㉠ 완성품수량 + 기말재공품환산량 = 평균법 완성품환산량
㉡ 재료비(100%) : 500 + (100 × 100%) = 600
㉢ 가공비(%) : 500 + (100 × 40%) = 540

39. ① 원가요소를 공정개별비·공정공통비로 구분하여, 공정개별비는 각 공정에 직접 부과하지만 공정공통비는 합리적인 배부기준에 의하여 인위적으로 배부한다.

40. ③ 선입선출법은 기초재공품원가와 당기총제조비용을 구분하여 계산하므로 계산과정이 평균법보다 복잡하지만, 전기의 작업능률과 당기의 작업능률이 명확히 구분되기 때문에 원가통제상 유용한 정보를 제공한다.

제2회 기출문제 정답

〈 제 1 과목 〉 재무회계

1. ③	2. ④	3. ③	4. ①	5. ③
6. ②	7. ①	8. ③	9. ③	10. ③
11. ④	12. ②	13. ①	14. ③	15. ④
16. ③	17. ①	18. ②	19. ④	20. ④

〈 제 2 과목 〉 원가회계

21. ②	22. ②	23. ②	24. ①	25. ③
26. ①	27. ①	28. ②	29. ②	30. ④
31. ④	32. ③	33. ③	34. ③	35. ①
36. ①	37. ④	38. ③	39. ④	40. ③

제1과목 ➡ 재무회계

1. ③ ㉠ 미수수익 30,000 / 이자수익 30,000 (수익증가_당기순이익 증가)
㉡ 수수료수익 55,000 / 선수수익 55,000 (수익감소_당기순이익 감소)
㉢ 선급비용 20,000 / 임차료 20,000 (비용감소_당기순이익 증가)
㉣ 급여 40,000 / 미지급비용 40,000 (비용증가_당기순이익 감소)
㉤ 600,000 + 30,000 − 55,000 + 20,000 − 40,000 = 555,000

2. ④ (차) 이자비용 ××× (대) 미지급비용 ××× 을 누락하면 비용과소, 부채과소 계상되므로 당기순이익이 과대 계상된다.

3. ③ '바' 는 '순매입액'이다.

4. ①

당기순이익		(600,000)
+	기타포괄이익	300,000
−	기타포괄손실	0
	총포괄이익	900,000

5. ③ 영업활동 현금흐름(간접법)

당기순이익		15,000
+	현금유출이 없는 비용 (감가상각비 5,000)	
−	현금 유입이 없는 수익	
+	자산감소, 부채증가	
−	자산증가, 부채감소	
영업활동 현금흐름		(20,000)

6. ②

포 괄 손 익 계 산 서

과 목	금 액
수 익 (매 출 액)	1,000,000
매 출 원 가	(700,000)
매 출 총 이 익	300,000
판 매 비 와 관 리 비 (물 류 원 가 와 관 리 비)	(150,000)
영 업 이 익	150,000
기 타 수 익	
기 타 비 용	
금 융 수 익	
금 융 원 가	(30,000)
법인세비용차감전순이익	120,000
법 인 세 비 용	
당 기 순 이 익	120,000
기 타 포 괄 이 익	
기 타 포 괄 손 실	(20,000)
총 포 괄 이 익	100,000

7. ① 비현금거래는 당기에 현금흐름을 수반하지 않으므로 현금흐름표의 보충적 주석정보로 보고한다.

8. ③ 취득당시 장기로 분류되었던 국·공채 중 결산일 현재 만기일이 3개월 이내인 국·공채를 현금성자산으로 재분류하지 않는다.

9. ③ 금융부채란 현금 또는 자기지분상품 등의 금융자산으로 결제되는 부채로 매입채무, 미지급금, 차입금, 사채 등을 말한다.

■ 금융자산의 분류

현금 및 현금성자산	현금, 당좌예금, 보통예금, 현금성자산	
매출채권 및 기타채권	매출채권	외상매출금, 받을어음
	기타채권	대여금, 미수금
기타금융자산	단기금융상품	정기예금, 정기적금, 기타 정형화된 금융상품
	당기손익-공정가치측정금융자산	
	기타포괄손익-공정가치측정금융자산	
	상각후원가측정금융자산	

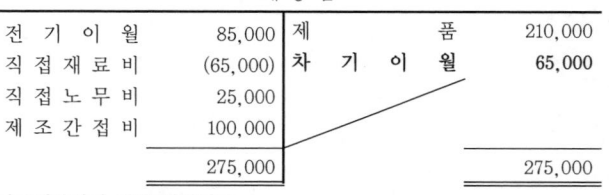

10. ③ 당기손익-공정가치측정금융자산의 취득에 따른 제 비용은 당기비용으로 처리한다.

11. ④ ① 타인발행 약속어음 수취 : 매출채권 증가
   어음의 부도 : 매출채권 불변(장기 매출채권으로 분류)
   ② 외상매출금의 실제 대손 : 매출채권 감소
   약속어음 배서양도 : 매출채권 감소
   ③ 약속어음 대금의 회수 : 매출채권 감소
   약속어음의 할인양도 : 매출채권 감소

12. ②

외상매입금

03/01	현 금	1,000,000	01/01	전 기 이 월	(2,000,000)
12/31	차 기 이 월	3,000,000	06/05	매 입	2,000,000
		4,000,000			4,000,000

13. ① (차) 외 상 매 출 금 1,000,000   (대) 매   출 1,000,000

14. ③ ㉠ 매출액 : 200,000 + 100,000 × 2.4868 = 448,680
   ㉡ 할부금 회수 명세표

일자	할부금	유효이자	원금상각액	장부금액
20×1.01.01				448,680
20×1.01.01	200,000		200,000	248,680
20×1.12.31	100,000	24,868	75,132	**173,548**
20×2.12.31	100,000	17,355	82,645	90,903
20×3.12.31	100,000	9,090	90,910	

15. ④ 자본화될 차입원가는 자산의 취득원가에 포함한다.
   건설중인자산(7,500,000) + 취득세 (250,000) = 건물(7,750,000)

16. ③ 당기총매입액(110,000) − 매입할인(5,000) = 순매입액(105,000)

17. ① ㉠ 액면금액(100,000) × 현재가치(0.8573) = 85,730
   ㉡ 액면금액(100,000) × 연금현재가치(1.7833) = 10,699.8
   ㉢ 85,730 + 10,699.8 = 96,429.8(미래현금흐름의 현재가치)

18. ② 할인발행 : 표시이자합계 < 시장이자합계

19. ④ 상각후원가측정금융자산의 취득과 직접 관련되는 거래원가는 공정가치에 가산하여 측정한다.

20. ④ 기본주당이익과 희석주당이익은 제시되는 모든 기간에 대하여 동등한 비중으로 제시하며, 기본주당이익과 희석주당이익이 부(−)의 금액(즉 주당손실)의 경우에도 표시한다.

제2과목 ⊙ 원가회계

21. ② 당월제품제조원가는 재공품계정의 대변 제품(800,000)을 의미한다.

22. ② 관리계층에 따라 동일한 원가에 대한 통제가능성이 달라진다.

23. ② 공장전체 제조간접비 배부율을 사용한다면, 보조부문의 제조간접비를 제조부문에 배부하는 문제가 발생하지 않는다.

24. ① ① + ② + ③ = 월초재공품재고액

25. ③ 제조간접비는 공장에서 발생되며 직접원가를 제외한 금액이다. 급여(임금)은 직접노무비에 해당이 되므로 급여(임금)을 제외하고 나머지를 다 합하면 제조간접비가 된다.

26. ① 예상 제조간접비(360,000) ÷ 예상 조업도(7,200) × 실제 조업도(600) = 예정배부액(30,000)
   [예정배부] (차) 재 공 품 30,000 (대) 제 조 간 접 비 30,000
   [실제발생] (차) 제조간접비 27,000 (대) 재 · 노 · 경 27,000
   [차이발생] (차) 제조간접비 3,000 (대) 제조간접비배부차이 3,000

27. ① (가) 직접제조경비 (나) 간접제조경비

28. ②

재 료

전 기 이 월	40,000	재 공 품	65,000
매 입	(75,000)	차 기 이 월	50,000
	115,000		115,000

재 공 품

전 기 이 월	85,000	제 품	210,000
직 접 재 료 비	(65,000)	차 기 이 월	65,000
직 접 노 무 비	25,000		
제 조 간 접 비	100,000		
	275,000		275,000

29. ② 상호배부법에 대한 설명이다.

30. ④ 연산품의 제조원가는 결합원가의 배분원가에서 분리후의 추가가공원가를 가산한 금액으로 계산된다.

31. ④ 개별원가에 대한 설명이다.

32. ③ 원가관리회계의 정보는 외부에 보고하는 재무회계의 정보와 관련이 있다. 원가관리회계에서 기말원재료, 기말재공품, 기말제품은 재무상태표에 기록되며 또한 당기제품제조원은 포괄손익계산서에 반영된다.

33. ③ ① 재료구입시 : (차) 재 료 ××× (대) 현 금 ×××
   ② 노무비지급시 : (차) 노 무 비 ××× (대) 현 금 ×××
   ④ 생산완료시 : (차) 제 품 ××× (대) 재 공 품 ×××

34. ③ ㉠ $8,400 × \dfrac{8,000}{14,000} = 4,800$(No.1의 제조간접비)
   ㉡ 직접재료비(4,000) + 직접노무비(8,000) + 제조간접비(4,800) = No.1의 제조원가(16,800)

35. ① 평균법이 비교적 간단하므로 원가통제가 일반적으로 유리하다.

36. ① 당기투입원가 / 완성품 환산량 = 완성품 환산량 단위당 원가

37. ④ 원가정보를 기업 내부의 회계정보 이용자에게 공시

38. ③ 제조와 관련된 기계장치는 감가상각으로 제조원가를 구성하며 공구와 기구는 소모공구기구비품으로 제조원가를 구성한다.

39. ① 절단부문비는 예정배부액보다 실제발생액이 더 적다.
   ② 조립부문비는 실제발생액보다 예정배부액이 과소 배부 되었다.
   ③ 안분(비례배분)법은 재공품, 제품, 매출원가의 기말금액에 비례 하여 부문비 배부차이를 안분하는 총원가비례배분법이 있으며 각 계정에 포함된 원가요소의 비율에 따라 배부차이를 배분하는 원가요소별 비례배분법이 있다.

40. ③ ㉠

재공품(수량)

기 초 재 공 품	900	당 기 완 성 량	3,000
당 기 착 수 량	4,100	기 말 재 공 품	2,000
	5,000		5,000

   ㉡ 완성품수량 + 기말재공품 환산량 = 평균법 완성품 환산량
   재료비(100%) : 3,000 + (2,000 × 100%) = 5000
   가공비(%) : 3,000 + (2,000 × 70%) = 4,400
   ㉢ 재료비(5,000) + 가공비(4,400) = 완성품 환산(9,400)

제3회 기출문제 정답

〈 제1 과목 〉 재무회계

1. ①	2. ④	3. ④	4. ③	5. ③
6. ②	7. ①	8. ③	9. ③	10. ④
11. ④	12. ②	13. ④	14. ③	15. ①
16. ②	17. ③	18. ④	19. ②	20. ①

〈 제2 과목 〉 원가회계

21. ①	22. ③	23. ①	24. ②	25. ④
26. ①	27. ④	28. ③	29. ①	30. ①
31. ②	32. ④	33. ③	34. ②	35. ④
36. ②	37. ④	38. ①	39. ②	40. ④

제1과목 ➜ 재무회계

1. ① ㉠ 총수익(2,500,000) − 총비용(2,200,000) = 당기순손익(300,000)
   ㉡ 기말자본(3,500,000) − 기초자본(3,200,000) = 당기순손익(300,000)
   ㉢ 20×3년 기말자본 3,500,000원은 20×4년 기초자본이다.
   ㉣ 기말자본(3,000,000) − 기초자본(3,500,000) = 당기순손익(−500,000)
   ㉤ 총수익(2,200,000) − 총비용(2,700,000) = 당기순손익(−500,000)

2. ④ 상품을 판매하기로 하고 수취한 계약금을 선수금으로 계상하며 이 거래는 손익거래가 아니다.

3. ④ ㉠ 가. (차) 임 차 료 70,000 (대) 미지급비용 70,000
   ㉡ 나. 분개없음
   ㉢ 다. (차) 미수수익 80,000 (대) 이자수익 80,000
   ㉣ 결산 전 당기순이익(350,000) − 임차료(70,000) + 이자수익(80,000)
     = 결산 후 당기순이익(360,000)

4. ③ 1/23 현금 ₩50,000을 보통예금계좌에서 인출하다.

5. ③ 시산표는 전기과정을 검증하며 한 변의 금액오류를 찾는다. 그러므로 매입계정 차변과 외상매입금 계정 차변에 전기를 하였다면 차변에 금액이 대변보다 과대되므로 발견 할 수 있는 오류이다.

6. ②

임 차 료

전 월 선 급 액	0	전 월 미 지 급 액	30,000
지 급 액	280,000	손 익	(310,000)
당 월 미 지 급 액	60,000	당 월 선 급 액	0
	340,000		340,000

7. ① {중간배당액(100,000) + 현금 배당금(500,000)} × 1/10 = 이익준비금(60,000)

이 익 잉 여 금 처 분 계 산 서

과 목	금 액
미처분이익잉여금	1,360,000
전기이월미처분이익잉여금	(460,000)
중간배당액	(−)100,000
당기순이익	(+)1,000,000
임의적립금이익	(+)200,000
○○○적립금이입액	200,000
합계	1,560,000
이익잉여금처분액	(−)560,000
이익준비금	60,000
현금배당금	(+)500,000
차기이월이익잉여금	1,000,000

8. ③ ㉠ (차) 임 대 료 50,000 (대) 손 익 50,000
   ㉡ (차) 손 익 20,000 (대) 복 리 후 생 비 20,000
   ㉢ (차) 손 익 30,000 (대) 미처분이익잉여금 30,000

손 익

복 리 후 생 비	20,000	임 대 료	50,000
미처분이익잉여금	30,000		
	50,000		50,000

9. ③ ㉠ (차) 선 급 보 험 료 30,000 (대) 보 험 료 30,000
     자산의 증가와 비용의 소멸로 변동이 없다.
   ㉡ (차) 미 수 이 자 20,000 (대) 이 자 수 익 20,000
     자산의 증가와 수익의 발생으로 증가한다.

10. ④ 자기주식처분이익은 자본잉여금이다.

11. ④ 수익과 비용의 어느 항목은 당기손익과 기타포괄손익을 표시하는 보고서 또는 주석에 특별손익 항목으로 표시할 수 없다.

12. ② 자금의 차입은 재무활동이다.

13. ④

포 괄 손 익 계 산 서

과 목	금 액
수 익 (매 출 액)	1,000,000
매 출 원 가	(650,000)
매 출 총 이 익	350,000
판 매 비 와 관 리 비 (물 류 원 가 와 관 리 비)	(230,000)
영 업 이 익	120,000
기 타 수 익	
기 타 비 용	(40,000)
금 융 수 익	
금 융 원 가	(30,000)
법 인 세 비 용 차 감 전 순 이 익	50,000
법 인 세 비 용	
당 기 순 이 익	50,000
기 타 포 괄 이 익	
기 타 포 괄 손 실	
총 포 괄 이 익	50,000

14. ③ 취득일로부터 만기가 3개월 이내인 정기예금은 현금성자산이다.
    (차) 보 통 예 금 5,045,000 (대) 현 금 성 자 산 5,000,000
    이 자 수 익 45,000

15. ① 당기손익−공정가치측정금융자산의 취득과 관련되는 제비용은 취득원가에 포함하지 않는다.(수수료비용으로 별도 표시한다.)

16. ② (차) 당 좌 예 금 980,000 (대) 받 을 어 음 1,000,000
    매출채권처분손실 20,000

17. ③ ㉠ (차) 당 좌 예 금 500,000 (대) 받 을 어 음 500,000
     (받을어음을 당좌예금 회수)
   ㉡ (차) 외 상 매 입 금 100,000 (대) 받 을 어 음 100,000
     (외상매입금 지급시 받을어음을 배서양도)

18. ④ (차) 장기차입금(부채의 감소) (대) 현금(자산의 감소)
     이자비용(비용의 발생)
   ※ 이자비용(금융원가)이 발생하면 당기순이익(이익잉여금이 감소한다.) 또한 이자비용은 판매비와 관리비가 아니다.

19. ② (차) 감 가 상 각 누 계 액 800,000 (대) 기 계 장 치 2,000,000
     건 물 1,100,000 현 금 100,000
     유형자산처분손실 200,000
   ※ 이종자산 교환 시 유형자산처분손익을 인식한다.

20. ① ㉠ 6/30 시점 미지급이자(경과) : 액금금액 1,000,000 × 7% × 6/12 = 35,000
   ㉡ 7/01 취득시점의 발행이자포함 금액 : 6월말 장부금액(930,000) + 미지급이자(35,000) = 965,000
   ㉢ 취득시점의 발생 이자 포함 금액(순부채)(965,000) − 취득원가(950,000) = 상환이익(15,000)

제2과목 ➜ 원가회계

21. ① 직접재료비와 직접노무비는 변동비 이므로 통제 가능원가이고, 보기 ②③④번은 고정비 이므로 통제 불가능 원가이다.

22. ③ 비정상 공손원가와 광고선전비는 비제조원가이다.

23. ① (차) 제 품 100,000 (대) 재 공 품 100,000

24. ① 예정원가가 역사적원가보다 원가관리에 있어 더 적시성 있는 정보를 제공한다.
   ③ 역사적 원가는 과거에 발생한 사건에 근거해서 결정되기 때문에 객관적이며 검증가능하다.
   ④ 예정원가는 특정 사상이 발생하기 전에 분석과 예측을 통하여 결정되는 원가로서, 이미 발생한 사건이 아니라 미래에 발생할 것으로 예상되는 사건에 의해 결정되는 원가이다.

34. ③ ㉠ 제조간접비(350,000) × $\frac{195,000}{200,000}$ = ₩7000 제조간접비(341,250)

　　 ㉡ 직접재료비(405,000) + 직접노무비(195,000) + 제조간접비(341,250)
　　　 = ₩7000 제조원가(941,250)

26. ① 전력부문 : 전력사용량(복리후생비 : 종업원수)

27. ④ ㉠ 직접노무비(2,000) × 150% = ₩1052 재작업 제조간접비(3,000)

　　 ㉡ 21,000 + 재작업원가(500 + 2,000 + 3,000) = ₩1052 총제조원가(26,500)

28. ③ ㉠ 제조간접비 총액(10,000) × #2의 직접재료비(2,000) / 직접재료비 총액
　　　 (5,000) = #2의 제조간접비(4,000)

　　 ㉡ #2의 직접재료비(2,000) + #2의 직접노무비(1,000) + #2의 제조간접비
　　　 (4,000) = #2의 제조원가(7,000)

29. ① 부문별 제조간접비 배부율을 사용하는 경우에도 고려될 수 있다.

13. ① [예정] (차) 재 공 품 5,000 (대) 절 단 부 문 비 5,000
　　　 [실제] (차) 절단부문비 4,500 (대) 제 조 간 접 비 4,500
　　　 [차이] (차) 절단부문비 500 (대) 부 문 비 배 부 차 이 500

31. ② ㉠ 절단부문비(28,000) / 직접재료비 총액(50,000) = 절단부문 배부율(0.56)

　　 ㉡ 조립부문비(14,000) / 직접재료비 총액(50,000) = 절단부문 배부율(0.28)

32. ④

A제품 제조간접비(18,000)	가공팀	$200,000 × \frac{10}{200} = 10,000$
	조립팀	$100,000 × \frac{2}{25} = 8,000$
B제품 제조간접비(32,000)	가공팀	$200,000 × \frac{20}{200} = 20,000$
	조립팀	$100,000 × \frac{3}{25} = 12,000$

33. ④ 모든 보조부문비를 배부 후에, A제조부문 합계액은 ₩315,000이다.

　　 ㉠ C보조부문 A제조부문에 배부 : $120,000 × \frac{50}{80} = 75,000$

　　 ㉡ D보조부문 A제조부문에 배부 : $70,000 × \frac{40}{70} = 40,000$

　　 ㉢ $200,000 + 75,000 + 40,000 = \frac{40}{70}$ = A제조 부문비(315,000)

34. ② 제조간접비 총액(30,000) × $\frac{제품 A직접원가(10,000)}{총 직접원가(60,000)}$

　　　 = A제품의 제조간접비(5,000)

35. ④ ㉠ 감모손실(1,000) × 60% = 원가성 있는 감모손실600

　　 ㉡ 장부상 재료 재고액(5,000) − 실제 재료 재고액(4,000) = 재료 감소 손실(1,000)

36. ②

재 료			
전 기 이 월	150,000	(소 비)	450,000
(매 입)	500,000	**차 기 이 월**	**200,000**
	650,000		650,000

37. ④ 평균법을 이용하여 종합원가계산을 수행하는 회사에서 기말 재공품의 완성도를 실제보다 과대평가할 경우 완성품환산량이 과대평가되고, 완성품 환산량이 과대평가되면 투입된 원가는 일정하므로 완성품 환산량 단위당 원가가 과소평가된다.

38. ① 정육업(연산품원가계산), 와인 사업(등급별원가계산)

39. ② ㉠

재공품(수량)			
기 초 재 공 품	0	당 기 완 성 량	480
당 기 착 수 수 량	800	**기 말 재 공 품**	**320**
	800		800

　　 ㉡ 완성품수량 + 기말재공품 환산량 = 평균법 완성품 환산량
　　　 재료비(100%) : 480 + (320 × 100%) = 800
　　　 가공비(%) : 480 + (320 × 40%) = 608

40. ④ 크기, 모양, 품질이 다른 경우 등급별종합원가계산을 사용한다.

〈 제1과목 〉 재무회계

01. ④	02. ④	03. ②	04. ③	05. ②
06. ②	07. ④	08. ②	09. ①	10. ④
11. ②	12. ②	13. ②	14. ②	15. ①
16. ②	17. ①	18. ②	19. ④	20. ②

〈 제2과목 〉 원가회계

21. ①	22. ②	23. ④	24. ④	25. ①
26. ③	27. ④	28. ③	29. ③	30. ③
31. ③	32. ④	33. ②	34. ②	35. ②
36. ②	37. ①	38. ①	39. ②	40. ④

제1과목 ➡ 재무회계

01. ④ 자기주식은 자본조정의 (−)계정이므로 계정잔액이 차변에 남는다.

02. ④ 보기①②③번은 시산표에서 발견할 수 없는 오류이다. 시산표는 한 변의 금액 오류를 대차평균의 원리로 발견한다.

03. ②

외상매출금			
기 초 잔 액	100,000	현 금 (회 수)	(900,000)
외 상 매 출	1,000,000	기 말 잔 액	200,000
	1,100,000		1,100,000

04. ③ 현금흐름표는 현금흐름 정보를 제외하고 발생주의 원칙에 의해서 작성되는 기본재무제표이다..

05. ②

은행계정조정표			
은행측 예금 잔액	600,000	회사측 예금 잔액	500,000
(차감) 기발행 미인출수표	100,000		
조정 후 잔액	500,000	조정 후 잔액	500,000

06. ②

현 금			
5/ 1 전기이월	300,000	5/ 8 비 품	50,000
5/17 매 출	150,000	5/12 상 품	50,000
		5/28 급 여	30,000
		5/31 차기이월	**(320,000)**
	450,000		450,000

07. ④ 선수금과 선수수익은 재화나 용역을 제공해야 하는 것이므로 금융부채에 포함하지 않는다.

08. ② 관계기업주식은 금융자산으로 분류하지 않는다.

09. ① 관리 목적에 사용하기 위한 자가사용부동산은 유형자산이다.

10. ④ ㉠ 공정가치모형은 공정가치변동으로 발생하는 손익을 당기손익으로 인식하며 감가상각을 하지 않는다.

　　 ㉡ 감가상각비 ₩0 투자부동산평가이익 ₩1,000(공정가치 11,000 − 취득원가 10,000)

11. ②

		〈차변〉			〈대변〉
㉠ 매입	매 입	110,000	현		금 121,000
	부가가치세대급금	11,000			
㉡ 매출	현	금 110,000	매		출 100,000
			부가가치세예수금		10,000
㉢ 환급	부가가치세예수금	10,000	부가가치세대급금		11,000
	현	금 1,000			

12. ② 보기 ①번은 매각거래의 분개이고, 보기 ②번은 차입거래의 분개이다.

13. ② ㉠ 10/5 $\dfrac{20 \times 1,200 + 60 \times 1,600}{기초(20) + 매입(60)}$ = @₩1,500

　　㉡ 10/10 매출(40) × @₩1,500 = 매출원가(60,000)

　　㉢ 10/17 $\dfrac{40 \times 1,500 + 50 \times 1,860}{재고(40) + 매입(50)}$ = @₩1,700

　　㉣ 10/25 매출(30) × @₩1,700 = 매출원가(51,000)

　　㉤ 60,000 + 51,000 = 매출원가(111,000)

14. ② ① 상품을 매출하고 신용카드로 결제받은 경우 차변에 외상매출금 계정으로 처리한다.

　　③ 업무용 비품을 구입하고 직불카드로 결제한 경우 대변에 보통예금계정으로 처리한다.

　　④ 상품을 매입하고 신용카드로 결제한 경우 대변에 외상매입금 계정으로 처리한다.

15. ① 제공받은 토지의 공정가치(50,000) − {제공한 토지의 공정가치(30,000) + 현금(15,000)} = 처분이익(5,000)

16. ② 내부창출 영업권은 무형자산으로 인식하지 않는다.

17. ① 금융부채란 현금 또는 자기지분상품 등의 금융자산으로 결제되는 부채로 매입채무, 미지급금, 차입금, 사채 등을 말한다. 선수금과 선수수익은 재화나 용역을 제공해야 하는 것이므로 금융부채가 아니다.

18. ② 당기순이익(1,200,000) ÷ 보통주 주식수(100주) = 주당순이익(12,000)

19. ④ 자기주식처분손실은 자본조정(자본)이므로 당기손익에 반영되지 않는다.

20. ② 확정급여제도에서 보험수리적위험(실제급여액이 기대급여액에 미치지 못할 위험)과 투자위험(기여금을 재원으로 투자한 자산이 기대급여액을 지급하는 데 충분하지 못하게 될위험)은 기업이 부담한다.

제2과목 → 원가회계

21. ① 과거에 발생한 원가는 미래의 의사결정과정에 고려할 필요가 없다.

22. ③

			이익 330,000	
		판매비와관리비 50,000		
	제조간접비 350,000			판매가격 (1,430,000)
직접재료비 200,000				
직접노무비 500,000	기초원가 700,000	제조원가 1,050,000	판매원가 1,100,000	
직접제조경비 0				

　　㉠ 1,100,000 × 30% = 330,000(이익)

　　㉡ 직접노무원가(500,000) + 제조간접원가(350,000) = 가공원가(850,000)

23. ④ 기업이 수익획득 활동에 필요한 공장용 토지나 서비스를 단순히 구입하는 것만으로는 원가가 되지 못한다.

24. ④ 제품제조와 관련된 제조간접원가는 원가발생시점에 원가로 하며, 제품제조와 관련 없는 판매관리비는 발생시점에 비용으로 한다.

25. ① [예정] (차) 재 공 품 900,000 (대) 제조간접원가 900,000

　　[실제] (차) 제조간접원가 1,000,000 (대) 재료비, 노무비, 제조경비 1,000,000

　　[차이] (차) 매출원가 100,000 (대) 제조간접원가 100,000

26. ③ ㉠

외상매입금

지 급 액	0	전 기 이 월	5,000,000
차 기 이 월	7,000,000	외 상 매 입	2,000,000
	7,000,000		7,000,000

　　㉡

원재료

전 기 이 월	0	재 료 비	52,000,000
현 금 (매 입)	50,000,000	차 기 이 월	0
외 상 매 입 금	2,000,000		
	52,000,000		52,000,000

27. ④ 제조부문에서 발생한 직접재료비와 직접노무비를 제외한 제조원가는 제조간접비로 분류되며, 제조부문의 제조활동을 보조하기 위하여 보조부문에서 발생한 원가도 또한 제조간접비이다.

28. ③

재공품

전 월 이 월	500,000	제 품	1,000,000
직 접 재 료 비	900,000	차 기 이 월	1,400,000
직 접 노 무 비	700,000		
제 조 간 접 비	300,000		
	2,400,000		2,400,000

제품

전 월 이 월	500,000	매 출 원 가	1,200,000
재 공 품	1,000,000	차 월 이 월	300,000
	1,500,000		1,500,000

29. ③ 전력비 – 전력사용량

30. ③ 종합원가의 특징에 대한 설명이다.

31. ③ ㉠ [예정] (차) 재 공 품 ××× (대) 제조간접비 ×××

　　㉡ [실제] (차) 제조간접비 ××× (대) 재·노·경 ×××

　　㉢ [차이] (차) 제조간접비 ××× (대) 제조간접비배부차이 ×××

　　㉣ [대체] (차) 제조간접비배부차이 10,000 (대) 매출원가 10,000(과대배부)

32. ④ ㉣-㉠-㉢-㉤-㉡

33. ② 수선부문(240,000) × $\dfrac{B(40\%)}{A(40\%) + B(40\%)}$ = B조립 제조부문(120,000)

34. ② 직접배부법, 단계배부법, 상호배부법 모두 단일배부율법과 이중배부율법 모두 사용가능하다.

35. ② 조직접비는 각 원가요소계정에 직접 각 조별 제조계정으로 대체 기입하지만, 조간접비는 조별 배부를 위하여 일시적으로 집계하고, 적절한 배부기준에 의하여 배부된 금액을 조별 제조계정으로 대체한다.

36. ② 완성품 환산량은 물량단위에 완성도를 반영한 가상적인 수량단위이다. 이때 완성도는 원가의 투입정도(발생시점)를 의미한다.

37. ① (100 × 0.5) × $\dfrac{(2,200) + 12,200}{400 + (100 \times 0.5)}$ = 1,600

> 평균법 구하는 공식은 다음과 같다.
> ㉠ 완성품 환산량 = 완성품수량 + 월말재공품환산량
> ㉡ 완성품 환산량 단위당 원가 = (월초재공품원가 + 당월투입원가) ÷ 완성품 환산량
> ㉢ 월말재공품원가 = 월말재공품환산량 × 완성품환산량단위당원가
> ■ 월말재공품 환산수량 = 수량 × 진척도(완성도)
>
> 월말재공품환산수량 × $\dfrac{(월초재공품원가 + 당월투입원가)}{(완성품수량 + 월말재공품환산수량)}$
> = ×××

38. ① ㉠ 2,500ℓ × ₩3,000 = 7,500,000(휘발유 총 판매가치)
　　　2,500ℓ × ₩2,000 = 5,000,000(등유 총 판매가치)

　　㉡ 결합원가(8,000,000) × $\dfrac{7,500,000}{12,500,000}$ = 휘발유 결합원가(4,800,000)

39. ② 평균법으로 당기의 완성품 환산량 단위당 원가를 계산하고자 할 때 기초재공품원가는 필요하다.

40. ④ ㉠ 조간접비 배부

　　A조 : 560,000 × $\dfrac{400,000}{700,000}$ = 320,000

　　B조 : 560,000 × $\dfrac{300,000}{700,000}$ = 240,000

　　㉡

A조 재공품

전 월 이 월	200,000	A 조 제 품	1,120,000
직 접 재 료 비	400,000	차 월 이 월	300,000
가 공 비	500,000		
조 직 접 비	320,000		
	1,420,000		1,420,000

B조 재공품

전 월 이 월	120,000	B 조 제 품	640,000
직 접 재 료 비	300,000	차 월 이 월	420,000
가 공 비	400,000		
조 직 접 비	240,000		
	1,060,000		1,060,000

ⓒ A조 : 완성품원가(1,120,000) ÷ 완성품수량(500) = @₩2,240
B조 : 완성품원가(640,000) ÷ 완성품수량(400) = @₩1,600

제5회 기출문제 정답

〈 제1과목 〉 재무회계

01. ①	02. ②	03. ②	04. ③	05. ②
06. ③	07. ④	08. ②	09. ②	10. ①
11. ②	12. ②	13. ②	14. ②	15. ②
16. ④	17. ④	18. ②	19. ②	20. ②

〈 제2과목 〉 원가회계

21. ②	22. ④	23. ①	24. ④	25. ①
26. ④	27. ②	28. ④	29. ③	30. ②
31. ④	32. ④	33. ①	34. ④	35. ②
36. ③	37. ②	38. ④	39. ①	40. ①

제1과목 ➡ 재무회계

01. ① 6월 말의 자산은 6월초보다 ₩900,000이 증가하였다.
6월 5일 : (차) 상 품 500,000 (대) 외상매입금 500,000
6월 10일 : (차) 외상매출금 600,000 (대) 상 품 400,000
상품매출이익 200,000
6월 16일 : (차) 현 금 300,000 (대) 단기차입금 300,000
6월 30일 : (차) 통 신 비 50,000 (대) 현 금 100,000
임 차 료 50,000
02. ② 투자활동 현금흐름으로 분류되는 항목이다.
03. ② 무형자산은 물리적 형태를 가지고 있지 않다.
04. ③ 비재무적 정보의 계량화는 재무보고의 주된 목적과 관련 없다.
05. ② ㉠

현금과부족

12/21 현 금	30,000	12/24 소모품비	20,000
		12/31 잡 손 실	10,000

ⓛ (차변) 잡 손 실 20,000 (대변) 현금과부족 10,000
현 금 10,000

06. ③

은행계정조정표

은행측 예금 잔액	120,000	회사측 예금 잔액	
(차감) 기발행 미인출수표	10,000	(가산) 외상매출금 입금	100,000
		(차감) 당좌차월이자	15,000
			5,000
조정 후 잔액	110,000	조정 후 잔액	110,000

07. ④ ① 선급비용은 재화나 용역을 수취할 예정이므로 금융자산이 아니다.
② 잠재적으로 유리한 조건으로 거래상대방과 금융자산이나 금융부채를 교환하기로 한 계약상 처리
③ 실물자산(재고자산, 유형자산), 리스자산과 무형자산(특허권, 상표권)은 금융자산이 아니다.
08. ② ㉠ 투자부동산평가시 공정가치모형 적용이므로 감가상각은 하지 않고 평가손익만 인식한다.
ⓛ (차) 투자부동산 200,000 (대) 투자자산평가이익 200,000
(공정가치 1,200,000 − 취득원가 1,000,000)
09. ② 자가사용부동산은 유형자산에 해당된다.
10. ① ㉠ 3/15 (차) 대손충당금 3,200 (대) 매출채권 3,200
11/12 (차) 현 금 2,000 (대) 대손충당금 2,000
ⓛ 기초대손충당금(4,500) − 매출채권 대손(3,200) + 전기대손 당기회수(2,000) = 대손충당금 잔액(3,300)
ⓒ 기말매출채권(500,000) × 2% − 대손충당금잔액(3,300) = 대손설정액(6,700)
ⓔ (차) 대손상각비 6,700 (대) 대손충당금 6,700
11. ② 자본금은 발행주식수와 주당 액면금액의 곱으로 산출된다.
12. ② ㉠ 7/25 (차) 급 여 1,000,000 (대) 예 수 금 70,000
현 금 930,000
ⓛ 8/10 (차) 예 수 금 70,000 (대) 현 금 100,000
복리후생비 30,000
13. ② ㉠ 물가가 상승하므로 선입선출법으로 계산시 기말재고가 가장 높게 나타난다.
ⓛ (100 × 1,200) + (100 × 1,300) = 250,000(기말상품재고액)
14. ② ㉠ 2/5 (차) 기타포괄손익금융자산 7,000,000 (대) 현금 7,000,000
ⓛ 6/30 (차) 기타포괄손익금융자산 1,000,000
(대) 기타포괄손익-공정가치측정금융자산평가이익 1,000,000
ⓒ 10/10 (차) 현금 5,475,000
기타포괄손익-공정가치측정금융자산평가이익 1,000,000
기타포괄손익-공정가치측정금융자산처분손실 1,525,000
(대) 기타포괄손익-공정가치측정금융자산 8,000,000
15. ② 선수수익은 현금 등 금융자산을 지급할 계약상 의무가 아니라 재화나 용역의 인도를 통하여 경제적효익이 유출될 것이므로 금융부채가 아니다.
16. ④ 사채가 할인발행된 경우 손익계산서에 이자비용으로 인식 되는 금액은 현금으로 지급하는 이자(표시이자)보다 크다.
17. ④ 보통주 자본금 (200,000) + 우선주 자본금(300,000) + 주식발행초과금(90,000) − 자기주식(50,000) = 자본(540,000)
18. ② 상품권발행과 관련된 수익은 상품권 회수시점에 수익을 인식한다.
19. ② ㉠ (차) 선급법인세 300,000 (대) 현 금 300,000
ⓛ (차) 법인세비용 650,000 (대) 선급법인세 300,000
미지급법인세 350,000
ⓒ (차) 미지급법인세 350,000 (대) 당좌예금 350,000
20. ② ㉠ (차) 현금 2,000,000 (대) 매출 2,000,000
ⓛ 타인발행수표는 현금으로 처리하며 차변에 현금만 있으므로 입금전표로 작성한다.

제2과목 ➡ 원가회계

21. ② 매몰원가는 과거 의사결정의 결과 이미 발생한 원가로 미래의 의사결정과 관련이 없는 원가로 장부금액(취득원가 − 감가상각누계액) 즉, 미상각금액으로 계산한다.

22. ④ 재공품계정에 대한 설명이다.

23. ①

재 공 품

전 월 이 월	20,000	제 품	80,000
직 접 재 료 비	25,000	차 월 이 월	(55,000)
직 접 노 무 비	50,000		
제 조 간 접 비	40,000		
	135,000		135,000

24. ④ 매몰원가(sunk cost)는 기발생원가라고도 하며 과거 의사 결정의 결과 이미 발생한 원가로 미래의 의사결정과 관련이 없는 원가이다.

25. ① ㉠ 당월 검침량(600) － 전월 검침량(400) = 당기 소비량(200)
㉡ 200kwh × ₩1,000 = 200,000

26. ④ ㉠ 보조부문 X의 제조부문 A의 배부액 : 600,000 × $\frac{400}{600}$ = 400,000
㉡ 보조부문 Y의 제조부문 A의 배부액 : 800,000 × $\frac{400}{800}$ = 400,000
㉢ 직접배부법에 의할 경우 제조부문 A에는 ₩800,000의 보조 부문의 제조 간접비가 집계된다.

27. ② [예정] (차) 재 공 품 500,000 (대) 제조간접비 500,000
[실제] (차) 제조간접비 550,000 (대) 재 료 비 200,000
노 무 비 250,000
제 조 경 비 100,000
[차이] (차) 제조간접비배부차이 50,000 (대) 제조간접비 50,000(과소배부)

28. ④ 개별원가계산은 제조간접원가의 배부절차가 필요 하다.

29. ③

구분	제조부문		보조부문	
	조립부문	선반부문	동력부문	수선부문
발생원가	300,000	250,000	80,000	60,000
수선공급 (시간)	30 (30,000)	20 (20,000)	10 (10,000)	－
동력공급 (kwh)	200 (60,000)	100 (30,000)	－	50

㉠ 수선부문비를 모든 부문에 먼저 배부한다.
조립 : 수선부문비(60,000) × $\frac{조립부문(30)}{전체수선시간(60)}$ = 30,000
선반 : 수선부문비(60,000) × $\frac{선반부문(20)}{전체수선시간(60)}$ = 20,000
동력 : 수선부문비(60,000) × $\frac{동력부문(10)}{전체수선시간(60)}$ = 10,000
㉡ 동력부문비(80,000) + 수선부문비(10,000) = 총 동력부문비(90,000)
총동력부문비를 조립부문과 선반부문에만 배부한다.
조립 : 동력부문비(90,000) × $\frac{조립부문(200)}{전체동력(300)}$ = 60,000
선반 : 동력부문비(90,000) × $\frac{수선부문(100)}{전체동력(300)}$ = 30,000
㉢ 조립부문의 총 보조부문비 = 30,000 + 60,000 = 90,000

30. ② 보기 ①③④번은 종합원가계산에 대한 설명이다.

31. ④ ㉠

원가자료

원가항목	A제품	B제품	합계
직접재료비	100,000	200,000	300,000
직접노무비	600,000	400,000	1,000,000
제조간접비	1,200,000	800,000	2,000,000
합계	(1,900,000)	1,600,000	3,300,000

㉡ A제품 제조간법비 :
제조간접비(2,000,000) × $\frac{A제품 직접노무비(600,000)}{총직접노무비(1,000,000)}$ = 1,200,000

32. ④ ㉠

등급품	생산량	판매단가	총판매가치 (생산량×판매단가)
A급품	500개	@₩6,000	3,000,000
B급품	300개	@₩4,000	1,200,000
C급품	400개	@₩2,000	800,000

㉡ A급품의 결합원가
결합원가(2,500,000) × $\frac{A판매가치(3,000,000)}{총판매가치(5,000,000)}$ = 1,500,000
㉢ A급품의 단위당원가 = A결합원가(1,500,000) ÷ 생산량(500) = @₩3,000

33. ③ 개별원가에 대한 설명이며 종합원가는 계속제조지시서를 사용한다.

34. ④ 공정별 종합원가계산에 대한 설명이다.

35. ③ 연산품 종합원가계산에 대한 설명이다.

36. ① 평균법에 의한 재료원가의 완성품 환산량은 900개 이다.
완성품수량(700) + 기말재공품환산량(200 × 100%) = 완성품환산량(900)
② 선입선출법에 의한 재료원가의 완성품 환산량은 800개 이다.
완성품수량(700) + 기말재공품환산량(200 × 100%) － 기초재공품환산량(100 × 100%) = 완성품환산량(800)
④ 선입선출법에 의한 가공원가의 완성품 환산량은 750개 이다.
완성품수량(700) + 기말재공품환산량(200 × 40%) － 기초재공품환산량(100 × 30%) = 완성품환산량(750)

37. ② 기말재공품환산량 × $\frac{(당기총제조원가)}{(완성품수량+기말재공품환산량－기초재공품환산량)}$ = 기말재공품원가
㉠ 20,000 × $\frac{200,000}{40,000 + 20,000 - 10,000}$ = 80,000(재료비 월말재공품)
㉡ 6,000 × $\frac{410,000}{40,000 + 6,000 - 5,000}$ = 60,000(가공비 월말재공품)
㉢ 80,000 + 60,000 = 140,000

38. ④ 선입선출법을 사용하면 평균법에 비해 당기의 성과와 이전의 성과를 보다 명확하게 구분하여 평가할 수 있다.

39. ① 등가계수에 대한 설명이다.

40. ① (가) 직접제조경비 (나) 간접제조경비

제6회 기출문제 정답

〈제 1 과목〉 재무회계

01. ④	02. ①	03. ②	04. ③	05. ③
06. ①	07. ④	08. ①	09. ①	10. ③
11. ④	12. ②	13. ①	14. ④	15. ①
16. ③	17. ④	18. ③	19. ③	20. ①

〈제 2 과목〉 원가회계

21. ③	22. ④	23. ④	24. ①	25. ④
26. ②	27. ③	28. ③	29. ①	30. ③
31. ①	32. ④	33. ③	34. ②	35. ③
36. ①	37. ④	38. ③	39. ③	40. ②

제1과목 ➡ 재무회계

01. ④ 종업원은 경영층과 노동계약 및 근로조건에 대한 협상을 할 수 있다. 기업경영 계획수립에 직접 참여할 수 없다.

02. ①

보 험 료			
전 월 선 급 액	30,000	전 월 미 지 급 액	–
지 급 액	150,000	손 익	(142,500)
당 월 미 지 급 액	–	당 월 선 급 액	37,500
	180,000		180,000

03. ② 주된 영업활동에서 발생하는 비용은 판매비와 관리비와 제조경비를 뜻하며 감가상각비가 해당이 된다.

04. ③ 투자활동으로 인한 유형자산의 매입

05. ③ 자본의 각 구성요소에 대하여 자본변동표에 기타포괄손익의 항목별 분석 내용을 표시하며, 주석에도 표시한다.

06. ① ㉠ 10/ 1 (차) 당기손익-공정가치측정금융자산 500,000
　　　　　　　　　수수료비용 10,000
　　　(대) 현금 510,000
　　㉡ 12/31 (차) 당기손익-공정가치측정금융자산 100,000
　　　(대) 당기손익-공정가치측정금융자산평가이익 100,000
　　㉢ 8/31 (차) 현금 780,000
　　　(대) 당기손익-공정가치측정금융자산 600,000
　　　　당기손익-공정가치측정금융자산처분이익 180,000

07. ④ 운용리스에서 리스이용자가 보유하는 부동산에 대한 권리를 투자부동산으로 분류하는 경우에는 모든 투자부동산에 대하여 공정가치모형을 적용하여 평가한다.

08. ① 현금흐름표에 대한 설명이다.

09. ① ㉠ 대손추정액(6,000) – 대손충당금잔액(5,000) = 대손설정액(1,000)
　　(차) 대손상각비 1,000 (대) 대손충당금 1,000
　　㉡ 매출채권(350,000) – 대손충당금(6,000) = 순매출채권(344,000)

10. ③ 3/19 (차) 외상매입금 500,000 (대) 지급어음 500,000

11. ① 6월 중 외상매출 총액은 ₩1,130,000이다.
　　(○○상점 : 6/11, 6/25, △△상점 : 1/15, 4/20 합계)
　　② 6월 중 외상매출금 회수액은 ₩920,000이다.
　　(○○상점 : 6/24, △△상점 : 6/17, 6/29 합계)
　　③ 6월 말 외상매출금 미회수액은 ₩150,000이다.
　　(○○상점 : 6/30, △△상점 : 6/30 합계)

12. ② 건물 신축을 위해 지급한 계약금은 건설중인자산으로 회계처리 한다.

13. ① ㉠ 동종자산 교환시 처분손익을 인식하지 않는다.
　　㉡ (차) 기계장치(신) 4,500,000 (대) 기계장치(구) 5,000,000
　　　　감가상각누계액 1,500,000　　현금 1,000,000

14. ④ 유형자산 구입시 취득세와 부대비용은 포함한다.
　　토지(10,000,000) + 취득세(500,000) + 중개수료(700,000) = 11,200,000

15. ① 비한정내용연수를 가진 무형자산은 상각하지 않는다.

16. ③ 보기 ①②④번은 금융자산에 대한 설명이다.

17. ④ 확정급여제도에서는 보험수리적위험과 투자위험을 기업이 실질적으로 부담한다.

18. ③ 보기 ①②번은 발생기준, 보기 ④번은 판매시점에 수익을 인식한다.

19. ③ 매출액(1,000,000) × 매출총이익률(30%) = 매출총이익(300,000)

포 괄 손 익 계 산 서	
과 목	금 액
수 익 (매 출 액)	1,000,000
매 출 원 가	(700,000)
매 출 총 이 익	300,000
판 매 비 와 관 리 비	(410,000)
영 업 손 실	(110,000)
기 타 수 익	100,000
기 타 비 용	
금 융 수 익	20,000
금 융 원 가	
법 인 세 비 용 차 감 전 순 이 익	10,000
법 인 세 비 용	
당 기 순 이 익	10,000
기 타 포 괄 이 익	
기 타 포 괄 손 실	100,000
총 포 괄 이 익	110,000

20. ① ㉠ 유급휴가 사용조건은 당기의 유급휴가를 먼저 사용하고 미사용 휴가는 다음 1년 동안 이월하여 사용할 수 있다. 본문제에서 1년에 5일을 유급휴가를 사용할 수 있는데 2019년 추정된 유급휴가 중 종업원 90명은 유급휴가가 5일 이하이므로 이월된 휴가가 없다. 반면 종업원 10명은 유급휴가일수가 7일이므로 종업원 10명은 유급휴가 7일 중 5일은 2019년의 유급휴가이며 2일은 이월된 휴가라 볼 수 있다.
　㉡ 종업원(10명) × 이월된 휴가(2일) = 이월된 총 휴가(20일)
　㉢ 이월된 총 휴가(20일) × 100,000원 = 2,000,000원(부채)

제2과목 ➔ 원가회계

21. ③ 관리회계에 대한 설명이다.

22. ② ㉠ 직접노무비(240,000) ÷ (100%–40%) = 전환원가(400,000)
　　전환원가(400,000) – 직접노무비(240,000) = 제조간접비(160,000)

　㉡

재 공 품			
전 월 이 월	60,000	제 품	600,000
직 접 재 료 비	180,000	차 월 이 월	40,000
직 접 노 무 비	240,000		
제 조 간 접 비	160,000		
	640,000		640,000

제 품			
전 월 이 월	70,000	제 품	620,000
재 공 품	600,000	차 월 이 월	50,000
	670,000		670,000

23. ④ ㉠

				이익 320,000	
			판매비와관리비 200,000		
		제조간접비 500,000			판매가격 (1,920,000)
직접재료비 400,000			제조원가 1,400,000	판매원가 1,600,000	
직접노무비 500,000	직접원가 900,000				
직접제조경비 0					

　㉡ 판매원가(1,600,000) × 20% = 기대이익(320,000)

24. ① 생산 지원(보조)부문에서 발생한 원가를 생산부문에 배부한 후 최종적으로 제품에 배부하는 방법을 일반적으로 부문별 원가계산이라고 한다.

25. ④ ㉠

	조립부문	포장부문
직접재료원가	₩30,000	₩8,000
직접노무원가	₩40,000	₩15,000
제조간접원가	₩80,000	₩7,500
합계	₩150,000	₩30,500

　㉡ 조립부문 제조간접원가 : 40,000 × 200% = 80,000
　　포장부문 제조간접원가 : 15,000 × 50% = 7,500
　㉢ #1001 총제조원가 : 조립부문(150,000) + 포장부문(30,500) = 180,500

26. ② 제조간접비를 각 부문별로 집계하기 위해서이다.

27. ③ 제조간접비 예정총액(330,000) ÷ 직접노동 예정시간 수(100,000) = 3.3

28. ③

원 재 료

전 월 이 월	5,000	소　　　비	17,000
매　　　입	15,000	차 월 이 월	3,000
	20,000		20,000

29. ① 지급임률은 주로 기본임금액을 계산하기 위한 임률이지만, 소비임률은 기본임률에 가지급금, 제수당 등이 포함되어 계산된 임률이다.

30. ③ 공정별종합원가계산은 단일제품을 복수의 공정을 통하여 최종 완성품이 생산되는 업종에 적합하다.

31. ① 종합원가계산은 완성품환산량 계산이 핵심과제이고, 개별원가계산은 제조간접비 배분이 핵심과제이다.

32. ② 원가계산기간에 소비된 제조원가의 총계에서 기초재공품 원가를 가산한 후, 여기에서 기말시점의 재공품원가 및부산물 · 공손품 등의 평가액을 차감한다.

33. ③ ㉠ 재료비 : $500 \times \dfrac{40,000 + 380,000}{2,500 + 500} = 70,000$

　　㉡ 가공비 : $200 \times \dfrac{70,000 + 254,000}{2,500 + 200} = 24,000$

　　㉢ 기말재공품원가 : $70,000 + 24,000 = 94,000$

재 공 품

전 월 이 월	110,000	제　　　품	(650,000)
재 료 비	380,000	차 월 이 월	94,000
가 공 비	254,000		
	744,000		744,000

34. ② ㉠ 평균법 재료비 완성품환산량(100,000) − 선입선출법 재료비 완성품환산량(80,000) = 100% 적용한 기초재공품수량(20,000)

　　㉡ 평균법 가공비 완성품환산량(70,000) − 선입선출법 가공비 완성품환산량(62,000) = 기말완성도 적용한 기초재공품수량(8,000)

　　㉢ $\dfrac{8,000}{20,000} = 0.4(40\%)$

35. ③ 순실현가치기준법에 대한 설명이다.

36. ① 기초재공품이 없으면 평균법과 선입선출법 결과는 같아진다.

37. ④ 결합원가는 이미 발생한 매몰원가이므로 의사결정에 영향을 주지 않는다.

38. ③

임 금

전 월 선 급 액	−	전 월 미 지 급 액	200,000
지 급 액	1,200,000	소　비　액	(1,300,000)
당 월 미 지 급 액	300,000	당 월 선 급 액	−
	1,500,000		1,500,000

39. ③ ㉠ 기초재공품(600) + 당기착수량(3,000) − 기말재공품(100) = 당기완성량(3,500)

　　㉡ 재료비 : $30 \times \dfrac{2,400 + 39,960}{3,500 + 30} = 360$

　　　 가공비 : $40 \times \dfrac{1,800 + 44,220}{3,500 + 40} = 520$

　　㉢ 재료비 기말재공품원가(360) + 가공비 기말재공품원가(520) = 기말재공품(880)

　　㉣

재 공 품

전 월 이 월	4,200	제　　　품	(87,500)
직 접 재 료 비	39,960	차 월 이 월	880
가 공 비	44,220		
	88,380		88,380

40. ② 완성품수량(11,000) + 기말 완성품 환산량(2,000 × 40%) − 기초 완성품 환산량(1,000 × 60%) = 선입선출법 완성품환산량 (11,200)

제7회 기출문제 정답

〈 제 1 과목 〉 재무회계

01. ④	02. ②	03. ②	04. ②	05. ③
06. ②	07. ③	08. ③	09. ③	10. ②
11. ②	12. ④	13. ④	14. ④	15. ④
16. ④	17. ③	18. ①	19. ③	20. ③

〈 제 2 과목 〉 원가회계

21. ④	22. ③	23. ④	24. ③	25. ②
26. ②	27. ②	28. ④	29. ④	30. ④
31. ①	32. ①	33. ④	34. ④	35. ④
36. ①	37. ①	38. ④	39. ③	40. ④

제1과목 → 재무회계

01. ④ (차) 매입 100,000 (대) 현금 100,000 출금전표와 매입전표를 발생한다.

02. ② 유형자산의 처분은 투자활동, 단기차입금의 차입은 재무활동이다.

03. ② ㉠ 당기순이익(10,000,000) + 현금유출이 없는 비용(800,000)(감가상각비, 무형자산상각비) + 퇴직급여부채의 증가(200,000) − 현금수입이 없는 수익(100,000)(유형자산처분이익) = 10,900,000

　　㉡ 유형자산처분은 투자활동이며 은행차입금의 상환은 재무활동이다.

04. ② (차) 현금과부족 80,000 (대) 복리후생비 36,000

　　　　　　　　　　　　　　　(대) 잡이익 44,000

05. ③ 현금및현금성자산(390,000) = 지폐와동전 (40,000) + 타인발행 당좌수표 (120,000) + 배당금지급통지표(30,000) + 취득시 만기가 2개원 이내인 채권(200,000)

06. ② 금융자산을 재분류하는 경우에 그 재분류를 재분류일 부터 전진적으로 적용한다.

07. ③ 건설중인자산으로 처리한다.

08. ③ ①②유형자산, ④재고자산

09. ③ ㉠ 11월 25일 현재 외상매출금 계정의 잔액은 ₩700,000이다.

　　㉡ 대한상점 외상매출금 잔액(600,000) + 민국상점 외상매출금 잔액(100,000) = 외상매출금 계정 잔액(700,000)

10. ② 상거래가 아니므로 대변은 미지급금으로 처리한다.,

11. ② 기업이 종업원이나 거래처 등으로부터 차용증서를 받고 1년 이내에 회수하는 조건으로 현금 등을 빌려 준 경우 단기 대여금계정의 차변에 기입한다.

12. ④ ㉠ 순매출액(2,000,000) × 매출원가율(70%)(1−매출총이익률 30%) = 매출원가(1,400,000)

　　㉡ 총매입액(1,500,000) − 매입환출액(20,000) = 순매입(1,480,000)

　　㉢ 기초(300,000) + 순매입(1,480,000) − 기말(380,000) = 매출원가(1,400,000)

13. ④ 구입금액(80,000,000)(구건물 + 토지) + 소유권이전비용(500,000) + 건물 철거비용(1,000,000) − 구건물 철거부수입(500,000) = 토지취득원가(81,000,000)

14. ④ 무형자산을 취득한 후에 이를 사용하거나 재배치하는데 발생하는 원가는 취득원가에 포함하지 않는다.

15. ④ ㉠ 현금배당 = 자본금(10,000,000) × 5% = 500,000

　　㉡ 이익준비금 = 현금배당(500,000) × $\dfrac{1}{10}$ = 50,000

16. ④ 미래 경제적 효익이 기대되지 않는 지출은 비용으로 인식할 수 있다.

17. ① 수평적분석이라고도 한다.

　　② 기업 간의 회계처리 방법에 차이가 있으면 추세분석을 통해 비교가 불가능하다.

　　④ 비율분석에 대한 설명이다.

18. ① 가, 나, 다, 라, 마

19. ③

매출채권 ×	대손추정율(%) =	대손예상
₩500,000	0.5	2,500
₩50,000	5	2,500
₩10,000	10	1,000
₩10,000	20	2,000
총 대손예상액		8,000

대손예상액(8,000) − 대손충당금 잔액(5,000) = 대손설정액(3,000)

20. ① 회계기간 중의 주식분할은 희석주당순이익의 크기에 영향을 준다.
　② 회계기간 중의 주식분할은 납입자본의 증가를 초래하지 않는다.
　④ 회계기간 중의 주식배당은 1주당 액면금액을 변동하지 않는다.

제2과목 ➔ 원가회계

21. ④ 비정상적 또는 우발적으로 발생한 가치의 감소 및 과다소비는 원가에 포함하지 않는다.
22. ③ 변동원가에 대한 설명이다.
23. ③ 다양한 제품을 만드는 공장의 공장건물 감가상각비는 간접원가의 예이다.
24. ③

제 품	
기초 1,000,000	매출원가(700,000)
재공품 1,000,000	
(#102 완성)	기말 1,300,000

25. ② (ㄴ)→(ㄱ)→(ㄷ)→(ㄹ)
26. ② 개별 제품과 직접적인 인과관계가 없는 원가(제조간접비)는 제품에 배부하여야 한다.
27. ② 복리후생비(700,000) × $\frac{15명}{70명}$ = 동력부문 배부액(150,000)
28. ④ ㉠ 화재보험료(600,000) ÷ 12개월 = 50,000
　㉡ 당월 임차료(100,000)
　㉢ 당기분 감가상각비(1,200,000) ÷ 12개월 = 100,000
　㉣ 보험료(150,000) + 임차료(100,000) + 감가상각비(100,000) = 총 제조경비(250,000)
29. ④ ㉠ 제조간접가 배부율 = 총제조간접비(1,800,000) ÷ 총 기계시간 6,000 = @ 300
　㉡ 제조간접가 배부율(300) × 제빵 기계시간(3,000) = 제조간접원가(900,000)
30. ④ 46 + 12 × 50% − 8 × 50% = 가공원가 완성품 환산량(48)
31. ① 전공정원가의 완성도는 100%이다.
32. ① 종합원가계산의 단위당 원가는 발생한 모든 원가요소를 집계한 당기총제조원가에 기초재공품원가를 가산한 후 그 합계액을 완성품과 기말재공품원가에 안분계산함으로써 완성품 총원가를 계산하고, 이를 제품단위에 배분하여 산정한다.
33. ④ 어떤 희생을 치름으로써 미래 경제적 효익을 획득할 수 있을 것으로 예상되는 경우, 그 희생을 미래로 이연하는 원가를 소멸원가라 하며 포괄손익계산서에 비용으로 계상한다.
34. ③ 예정 〈 실제 : 과소, 예정 〉 실제 : 과대
35. ④ ㉠ 예정제조간접비(1,200,000) ÷ 예정직접노무원가(600,000) × 실제 노무원가(800,000) = 예정조립부문 제조간접비 배부액(1,600,000)
　㉡ 예정) 재공품 1,600,000 / 조립부문 1,600,000
　실제) 조립부문비 1,800,000 / 제조간접비 1,800,000
　차이) 조립부문비 배부차이 200,000 / 조립부문비 200,000(과소)
36. ① 재고자산은 원재료, 재공품이다.
37. ① 재공품 ××× / 제조간접원가 ×××
38. ④ 제품의 크기는 원가배부기준과 상관없다.
39. ③ ㉠ 간접재료비(50,000) + 간접노무비(100,000) + 수선유지비(50,000) + 수도광열비(30,000) = 제조간접비 230,000
　㉡ 수도광열비도 공장에서 발생했으므로 포함한다.
40. ④ 기계수선비(220,000) + 외주가공비(530,000) = 지급제조경비(750,000)

기계수선비			
전 월 선 급 액	25,000	전 월 미 지 급 액	
지 급 액	240,000	손 익	(220,000)
당 월 미 지 급 액		당 월 선 급 액	45,000
	265,000		265,000

외주가공비			
전 월 선 급 액		전 월 미 지 급 액	50,000
지 급 액	500,000	손 익	(530,000)
당 월 미 지 급 액	80,000	당 월 선 급 액	
	580,000		580,000

제8회 기출문제 정답

〈 제1과목 〉 재무회계

01. ④	02. ①	03. ③	04. ③	05. ④
06. ③	07. ④	08. ①	09. ④	10. ②
11. ②	12. ②	13. ②	14. ③	15. ①
16. ④	17. ④	18. ④	19. ③	20. ④

〈 제2과목 〉 원가회계

21. ④	22. ②	23. ③	24. ④	25. ②
26. ②	27. ③	28. ④	29. ①	30. ④
31. ②	32. ①	33. ③	34. ③	35. ③
36. ③	37. ①	38. ②	39. ③	40. ④

제1과목 ➔ 재무회계

01. ④ 일정한 원칙에 따라 재화의 증감은 물론, 손익의 발생을 원인별로 계산하는 완전한 기입방법이 복식회계(복식부기)이다. 오늘날 대부분의 기업회계, 정부회계 등은 이러한 복식회계제도를 도입하고 있다.
02. ① ㉠ 가. 선급보험료 5,000 / 보험료 5,000 : 비용감소 당기순이익 +
　나. 임대료 20,000 / 선수임대료 20,000 : 수익감소 당기순이익 −
　다. 미수수익 15,000 / 이자수익 15,000 : 수익발생 당기순이익 +
　라. 급여 30,000 / 미지급급여 30,000 : 비용발생 당기순이익 −
　㉡ 당기순이익(300,000) + 보험료(5,000) − 임대료(20,000) + 이자수익(15,000) − 급여(30,000) = 270,000
03. ③ ㉠ 현금 및 현금성자산에 대한 설명이다.
　㉡ ① 상품 / 외상매입금
　② 미수금 / 비품
　③ 단기금융상품 / 보통예금
　④ 자기앞수표(현금)을 현금으로 교환
04. ③ 비유동자산은 재무상태표에 표시된다.
05. ④ 금융자산 중 현금성자산의 요건을 충족하지 못하는 경우에는 3개월을 기준으로 단기금융자산으로 분류된다.
06. ③ 유형자산이다.
07. ④ 20X2년 12월 31일 공정가치(300,000) − 20X1년 12월 31일 공정가치(360,000) = 평가손실(60,000)
08. ① 미수금, 미지급금
09. ④ 가. (차) 매입 200,000 / (대) 지급어음 200,000
　나. (차) 당좌예금 300,000 / (대) 받을어음 300,000
　다. (차) 받을어음 500,000 / (대) 매출 500,000
　라. (차) 매출채권처분손실 20,000 / (대) 받을어음 400,000

(차) 당좌예금 380,000

10. ② 법적 구분에도 불구하고 약속어음이든 환어음이든 수취인은 교부받은 어음금액을 받을어음(매출채권)으로, 발행인(약속 어음의 경우)이나 지급인(환어음의 경우)은 발행된 어음 금액을 지급어음(매입채무)으로 회계처리 한다.

11. ② ㉠ 이동평균법 단가 = $\dfrac{200 \times @\text{₩}100 + 200 \times @\text{₩}200}{200 + 200}$ = @ 150

㉡ 매출수량 250개 × @ 150 = 매출원가 37500

㉢ 매출 (75,000)(250개 × @ 300) - 매출원가(37,500) = 매출총이익 (37,500)

12. ② 유형자산과 관련된 산출물에 대한 수요가 형성되는 과정 에서 발생하는 가동손실은 유형자산의 취득원가에 포함되지 않는다.

13. ② 특허권 취득시 700,000원 지출하였으므로 특허권은 700,000원이다.

14. ③ 실물자산(예 : 재고자산, 유형자산), 리스자산과 무형자산 (예 : 특허권, 상표권)은 금융자산이 아니다.

15. ① 액면이자율이 시장이자율보다 낮을 땐 할인발행이다.

16. ④ (차) 확정급여채무 1,000,000 (대) 사외적립자산 1,000,000

17. ④ ① 이자수익은 발생시점
② 재화의 판매는 판매 시점
③ 상품권을 이용한 판매의 수익은 상품권을 회수하는 시점

18. ④ ㉠ 가. (차) 외상매출금 100,000 / (대) 매출 100,000
　　나. (차) 매입 100,000 / (대) 외상매입금 100,000
㉡ 외상매출금, 외상매입금 100,000원 증가

19. ③ ㉠ (차) 당좌예금 50,000 / (대) 매출 50,000
㉡ 당점발행 당좌수표는 당좌예금으로 처리한다.

20. ④ ① 상품권 판매의 경우 상품권을 회수한 날 매출계정으로 처리 한다.
② 시용판매의 경우 고객의 의사표시 한 날 매출계정으로 처리한다.
③ 위탁판매의 경우 수탁자가 상품을 판매한 날 매출계정으로 처리한다.

제2과목 ➔ 원가회계

21. ④ 영업부서의 급여, 인센티브는 판매비와 관리비이다.

22. ② 원가 중 기업의 수익획득에 기여하지 못하고 소멸된 부분은 손실로, 수익획득 에 기여하고 소멸된 부분은 비용으로 처리 한다.

23. ③ ① 기초원가 또는 기본원가는 직접비이다.
② 생산라인 임금을 제외한 노무비를 제조간접비에 포함한다.
④ 여러 제품에 소비된 원가를 추적할 수 없기 때문에 일정 기준으로 배부한다.

24. ④ 인과관계기준, 수혜기준, 부담능력기준, 공정성과 공평성의기준

25. ② ㉠ 장부수량(300) - 실제수량(280) = 감모수량(20)
㉡ 정상적 감모손실 : 6개 × @ 500 = 3,000(제조간접비)
비정상적 감모손실 : 14개 × @ 500 = 7,000(손익)

26. ② ㉠ 예정배부 : (차) 재 공 품 55,000 (대) 제 조 부 문 비 55,000
㉡ 실제배부 : (차) 제조부문비 50,000 (대) 제 조 간 접 비 50,000
㉢ 차이조정 : (차) 제조부문비 5,000 (대) 부문비배부차이 5,000

27. ③ ㉠ 공장전체 : 부문비 28,000 × $\dfrac{100}{1000}$ = 2,800

㉡ 부문비 3,100 : 제1부문 12,000 × $\dfrac{45}{600}$ = 900

제2부문 16,000 × $\dfrac{55}{400}$ = 2,20

28. ④ 인과관계기준이다.

29. ① 제조부문2의 보조부문비 55,000 : 동력 75,000 × $\dfrac{25}{75}$ = 25,000

용수 60,000 × $\dfrac{40}{80}$ = 30,000

30. ④ 직접재료원가, 직접노무원가는 실제원가로 계산 제조간접원가는 예정 배부율을 사용해 예정원가로 계산하는 것을 정상개별원가 계산이라 한다.

31. ② ㉠ A : (200,000) × $\dfrac{400}{(400 + 1,200)}$ = 50,000

㉡ B : 200,000 × $\dfrac{1,200}{(400 + 1,200)}$ = (150,000)

32. ① ㉠ 100 + 50 = 150(완성품 환산량)
㉡ (150,000 + 600,000) ÷ 150 = 5,000(완성품 환산량 단위당원가)

33. ③ 전공정 대체품이다.

34. ③ 매출(1,000,000) - 매출원가(585,000) = 매출총이익(415,000)

재 공 품			
전기이월	62,000	제품	594,000
직접재료비	180,000	차기이월	48,000
직접노무비	240,000		
제조간접비	160,000		
	642,000		642,000

제 품			
전기이월	35,000	매출원가	(585,000)
재공품	594,000	차기이월	44,000
	629,000		629,000

35. ③ 원가중심점에 배부, 보조부문에서 제조부문으로 배부, 그다음에 제품에 배부한다.

36. ③ ㉠

용역사용	제조부문	
용역제공	제조1부문	제조2부문
자기부문 발생액(원)	500,000	400,000
동력부문	150,000	150,000
수선부문	100,000	100,000
부문비 총합	**750,000**	**650,000**

㉡ 제조1 : 동력 300,000 × $\dfrac{40}{80}$ = 150,000

수선 200,000 × $\dfrac{30}{60}$ = 100,000

㉢ 제조2 : 동력 300,000 × $\dfrac{40}{80}$ = 150,000

수선 200,000 × $\dfrac{30}{60}$ = 100,000

㉣ 제조1 예정배부 : 750,000 ÷ 1,000시간 = @ 750
제조2 예정배부 : 650,000 ÷ 500시간 = @ 1,300

37. ① 생산부서 식대(8,000) + 감가상각비(공장)(2,000) + 보험료(공장화재보험)(1,500) + 지급임차료(생산설비)(1,500) + 수선비(공장시설)(1,100)= 제조간접비(14,100)

38. ② 2단계 부문별 원가계산 : 부문공통비는 배부기준에 따라 배부

39. ③ ㉠ 가공비(직접노무비 + 제조간접비) = 600,000
㉡ 가공비 (600,000) ÷ 1.5 = 직접노무비 400,000
㉢ 기본원가 (900,000) = 직접재료비(500,000) + 직접노무비(400,000)

재 공 품			
전기이월	100,000	제품	1,000,000
직접재료비	500,000	차월이월	200,000
직접노무비	(400,000)		
제조간접비	(200,000)		
	1,200,000		1,200,000

40. ④ ㉠ 예정배부 : (차) 재공품 220,000 (대) 절단부문비 100,000
(대) 조립부문비 120,000
㉡ 실제배부 : (차) 절단부문비 80,000 (대) 제조간접비 170,000
(차) 조립부문비 90,000
㉢ 차이조정 : (차) 절단부문비 20,000 (대) 부문비배부차이 50,000
(차) 조립부문비 30,000

제9회 기출문제 정답

〈 제1과목 〉 재무회계

01. ②	02. ③	03. ③	04. ③	05. ①
06. ②	07. ④	08. ③	09. ③	10. ③
11. ①	12. ②	13. ①	14. ③	15. ④
16. ③	17. ①	18. ④	19. ①	20. ④

〈 제2과목 〉 원가회계

21. ④	22. ①	23. ①	24. ②	25. ①
26. ③	27. ②	28. ④	29. ①	30. ①
31. ③	32. ②	33. ③	34. ①	35. ④
36. ④	37. ①	38. ②	39. ②	40. ③

제1과목 ➡ 재무회계

01. ② 임대보증금 부채 ①③④ 자산
02. ③ 결산수정분개는 ①②④
03. ③ 재무상태표는 일정시점의 기업의 재무상태를 보여주는 보고서이다.
04. ③ 기타포괄손익 : 재평가잉여금, 해외사업환산손익, 기타포괄손익-공정가치측정금융자산 평가손익
05. ①

은행계정조정표

은행예금잔액	(4,834,500)	회사예금잔액	4,500,000
은행 미기록예금	(+) 350,000	어음추심	(+) 205,000
타사입금액	(-) 200,000	은행수수료	(-) 20,500
기발행미인출수표	(-) 300,000		
(조정후잔액)	4,684,500	(조정후잔액)	4,684,500

06. ② 취득한 토지원가에 가산한다.
07. ④ A상점 : (차) 매입 1,000,000 (대) 외상매출금 1,000,000
 B상점 : (차) 외상매입금 1,000,000 (대) 지급어음 1,000,000
 C상점 : (차) 받을어음 1,000,000 (대) 외상매출금 1,000,000
08. ③ ①②④재고자산
09. ③ 1년간의 실제 지급하는 이자비용은 100,000원의 10%인 10,000원이다.
10. ③
11. ① 임차보증금은 기타비유동자산이다.
12. ② ⓒⓔ 금융자산이 아니다.
13. ① 1기(1/1~6/30) 부가세예수금(130,000) - 부가세 대급금(100,000) = 납부세액(30,000)
14. ③ ㉠

대손충당금

대손	50,000	전기이월	50,000
차기이월	60,000	대손상각비(설정)	60,000
	110,000		110,000

 ㉡ (차) 대손충당금 50,000 / (대) 매출채권 70,000
 (차) 대손상각비 20,000
 ㉢ 기중 대손상각비(20,000) + 대손충당금 추가 설정(60,000) = 총 대손상각비(20,000)
15. ④ 유형자산의 효율적 운전을 유지하기 위해 발생한 수선유지비는 수익적 지출이다.
16. ③ 기말상품(저가법) : 취득원가와 순실현가치 중 적은 금액

품목	취득원가	순실현가치	기말상품
갑	100	90	90
을	100	130	100
병	100	80	80

[순실현가치]
갑 : 110 - 20 = 90
을 : 150 - 20 = 130
병 : 90 - 10 = 80
㉠ 기말상품재고액 : 90 + 100 + 80 = 270
㉡ 기초상품재고액(200) + 순매입액(1,000) - 기말상품재고액(270) = 매출원가(930)
17. ① (차) 현금 61,000,000 (대) 자본금 50,000,000
 (대) 현금 1,000,000
 (대) 주식발행초과금 10,000,000
18. ④ 구입 : (차)당기손익-공정가치측정금융자산 50,000
 (대) 현금 50,000
 처분 : (차) 현금 24,000
 (대) 당기손익-공정가치측정금융자산처분이익 4,000
 (대) 당기손익-공정가치측정금융자산 20,000
 평가 : (차) 당기손익-공정가치측정금융자산 3,000
 (대) 당기손익-공정가치측정금융자산평가이익 3,000

당기손익- 공정가치측정금융자산	당기순손익	기타포괄손익
₩33,000	₩7,000	₩0

19. ① (차) 자 본 금 500,000 (대) 현 금 400,000
 (대) (감자차익) 100,000
20. ④ 제품판매시 소비자에게 일정기간동안 무상으로 품질보증 서비스를 제공하기로 한 경우 품질보증서비스의 제공가능성이 높고, 금액이 신뢰성 있게 추정된다면 수익·비용 대응의 원칙에 의하여 이를 제품보증충당부채(건설업의 경우는 하자보수충당부채)로 인식해야 한다.
 ※ ㉠ 기말 결산시 당기말 제품보증충당부채를 설정한 경우
 (차) 제품보증비 ××× (대) 제품보증충당부채 ×××
 ㉡ 판매한 제품에 대한 보증을 지급하는 경우
 (차) 제품보증충당부채 ××× (대) 현금 ×××

제2과목 ➡ 원가회계

21. ④ ①②③변동비 ④고정비
22. ① 매출원가(1,900,000) × 매출총이익률(10%) = 매출총이익(190,000)

재 료

전기이월	200,000	소비	700,000
매입	1,000,000	차기이월	500,000
	1,200,000		1,200,000

재 공 품

전기이월	500,000	제품	1,600,000
직접재료비	700,000	차기이월	800,000
직접노무비	800,000		
제조간접비	400,000		
	2,400,000		2,400,000

제 품

전기이월	600,000	매출원가	1,900,000
재공품	1,600,000	차기이월	300,000
	2,200,000		2,200,000

23. ① 기회비용은 포기한 대안에서 얻을 수 있는 순현금유입액을 말한다. 유니세프에 무상으로 기증했으므로 포기한 (주)대한에서 처분하지 못한 중고가격 30,000,000이 기회비용이 된다.
24. ②

재 료

전기이월	30,000	소비	340,000
매입	350,000	차기이월	40,000
	380,000		380,000

재 공 품			
전기이월	80,000	제품	1,490,000
직접재료비	340,000	차월이월	60,000
직접노무비	700,000		
제조간접비	430,000		
	1,550,000		1,550,000

제 품			
전월이월	150,000	매출원가	(1,440,000)
재공품	1,490,000	차월이월	200,000
	1,640,000		1,640,000

3공정 재공품			
전기이월	900,000	제품	7,600,000
직접재료비	2,000,000	차월이월	800,000
가공비	1,500,000		
2공정 재공품	4,000,000		
	8,400,000		8,400,000

25. ① 부문별원가계산의 마지막 절차는 제조부문에 발생한 원가를 재공품계정에 대체한다.

26. ③ ㉠ 추정제조간접비(250,000) ÷ 추정직접노무시간(100,000) × 실제직접노무시간(105,000) = 예정배부액(262,500)
   ㉡ 예정배부 : (차) 재공품 262,500 (대) 제조간접비 262,500
   실제배부 : (차) 제조간접비 260,000 (대) 재,노,제 260,000
   차이조정 : (차) 제조간접비 2,500 (대)제조간접비 배부차이 2,500(과대배부)

27. ② ㉠ 제조1부문 : 연간예상액(10,000,000) ÷ 연간기계작업시간(10,000) = 예정배부율(1,000)
   ㉡ 제조2부문 : 연간예상액(5,000,000) ÷ 연간직접노동시간(5,000) = 예정배부율(1,000)

28. ④ ㉠ 이익을 기준으로 사업부가 평가된다면 오토바이사업부는 기계사용시간을 기준으로 제조간접원가를 배부받기를 원할 것이다.
   ㉡ 자동차사업부 : 기계사용시간(250,000), 노무시간(500,000)
   오토바이사업부 : 기계사용시간(750,000), 노무시간(500,000)

29. ① 제조간접비(50,000) × $\frac{40,000}{100,000}$ = 20,000

30. ③ 종합원가는 공정을 중심으로 원가계산이 이루어진다.

31. ③ 결합원가에 대한 설명이다.

32. ② 지급임률은 주로 기본임금액을 계산하기 위한 임률이지만, 소비임률은 기본임금에 가급금제 수당 등이 포함되어 계산된 임률이다. 그러므로 소비임률이 지급임률보다 높은 것이 일반적이다.

33. ③ 영업팀 성과급(2,000) + 대리점 판매수수료(3,000) + 관리팀 급여(120,000) + 영업팀 급여(110,000) + 관리팀,영업팀 감가상각비(1,000) = 236,000

34. ① 제조간접비(50,000) × $\frac{40,000}{100,000}$ = 20,000

35. ④ 건물 임차료(60,000) ÷ 6개월 = 1개월의 소비액 10,000

36. ④ ㉠ 총 제조간접비(2,000,000) × $\frac{650,000}{1,000,000}$ = #1제조간접비(1,300,000)
   ㉡ #1 월초공품(50,000) + #1 직접재료비(300,000) + #1 직접노무비(650,000) + #1 제조간접비(1,300,000) = #1 제조원가(2,300,000)

37. ①

2공정 재공품			
전기이월	120	제품(완성)	420
전공정	400	차월이월	100
	520		520

38. ② A : (50,000) × $\frac{140,000}{(140,000 + 60,000)}$ = 35,000

39. ② ㉠ 부산물 처분가치(40,000) − 판매관리비(10,000) − 추가가공비(15,000) = 부산물 결합원가 (15,000)
   ㉡ 결합원가(300,000) − 부산물 결합원가(15,000) = 주산물 A 결합원가 (285,000)
   ㉢ 기초제품(0) + 주산물 A 결합원가(285,000) − 기말제품(25,000) = 매출원가(260,000)

40. ③

제1과목 → 재무회계

01. ② 중립적 서술은 충실한표현과 관련있다.

02. ①

은행계정조정표			
은행예금잔액	79,510	회사예금잔액	75,050
기발행미인출수표	(−) 10,300	지급어음결제	(−) 4,800
은행 미기록예금	(+) 7,700	오기입	(−) 2,700
		외상매출금 입금	(+) 7,600
		당좌차월이자	(−) 240
		받을어음 추심	(+) 2,000
(조정후잔액)	(76,910)	(조정후잔액)	(76,910)

03. ④ 투자부동산의 공정가치 변동으로 발생하는 손익은 발생한 기간의 당기손익에 반영한다.

04. ① 기타포괄-공정가치측정금융자산 평가손익, 해외산업환산손익, 재평가잉여금이 기타포괄손익에 해당된다.

05. ① 영업활동 현금흐름을 보고하는 경우에는 직접법을 사용할 것을 권장한다. 직접법을 적용하여 표시한 현금흐름은 간접법에 의한 현금흐름에서는 파악할 수 없는 정보를 제공하며, 미래현금흐름을 추정하는 데 보다 유용한 정보를 제공한다.

06. ② 유동부채가 감소한다.

07. ④ 장기대여금은 재무상태표에 표시된다.

08. ③ ㉠ 당기손익-공정가치측정금융자산이 장부금액 2,500,000원이며 보고기간 말 현재 공정가치는 2,550,000원이며 당기손익-공정가치측정금융자산 평가이익이 50,000원 발생된다.
   ㉡ (유동)자산 50,000원이 증가하며 영업외수익이 50,000원 증가이므로 법인세차감전순이익이 50,000원이 증가한다.

09. ② 계약상 현금흐름을 수취하기 위해 보유하는 것이 목적인 사업모형 하에서 금융자산을 보유하면서, 동시에 금융자산의 계약 조건에 따라 특정일에 원리금 지급만으로 구성되어 있는 현금흐름이 발생하는 경우에는 '상각후원가' 으로 분류한다.

10. ③

대손충당금

매출채권(대손)	5,000	전기이월	10,000
차기이월	20,000	대손상각비(설정액)	15,000
	25,000		25,000

11. ② (차) 비품 1,650,000 (대) 미지급금 1,650,000
12. ② 매출채권금액(180,000) − 손상추정액(7,500) = 순장부금액(172,500)
13. ④ 장기적으로 거래처에 원료를 공급하기로 계약하고 수취한 계약금은 선수금으로 계상한다.
14. ② 선적지인도조건은을 선적시 구매자에게 소유권 이전이 되므로 (주)대한의 재고자산이 아니다.
15. ① 기말상품(저가법) : 취득원가와 순실현가치 중 적은 금액을 기말재고

품목	취득원가	순실현가치	기말상품
갑	10,000	9,000	9,000
을	10,000	13,000	10,000
병	10,000	7,000	7,000

[순실현가치]
갑 : 11,000 − 2,000 = 9,000
을 : 15,000 − 2,000 = 13,000
병 : 9,000 − 2,000 = 7,000
㉠ 기말상품재고액 : 9,000 + 10,000 + 7,000 = 26,000
㉡ 기초상품재고액(20,000) + 순매입액(100,000) − 기말상품재고액(26,000) = 매출원가(94,000)

16. ③ 거래가격은 고객에게 약속한 재화나 용역을 이전하고 그대가로 기업이 받을 권리를 갖게 될 것으로 예상하는 금액 이며, 제3자를 대신해서 회수한 금액(예 : 매출부가세)도 제외한다.
17. ③ 상업적실질이 존재하므로 X회사가 교환으로 취득한 자산의 취득원가는 X회사가 제공한 자산의 공정가치 400,000원이다.
18. ④ 퇴직급여부채는 금융부채가 아니다.
19. ② ㉠ 기대가치는 모든 결과에 관련된 확률을 가중평균하여 추정한다.
㉡ 결함없음(0) × 75% + 사소한 결함(1,000,000) × 20% + 중요한 결함 (4,000,000) × 5% = 400,000
20. ① (차)자 본 잉 여 금 ××× (대) 자 본 금 ××× (자본에 영향이 없다.)
② (차)자 본 금 ××× (대) 현 금 ××× (자본이 감소한다.)
③ (차)미교부주식배당금 ××× (대) 자 본 금 ××× (자본에 영향이 없다.)
④ (차)현 금 ××× (대) 자 본 금 ××× (자본이 증가한다.)

제2과목 ➡ 원가회계

21. ③ 급여계정 차변에는 당월지급액과 당월미지급액을 기입하고, 급여계정 대변에는 전월미지급액과 당월발생액을 기입한다.
22. ③

		이익 2,000	판매가격 (26,000)
	판매비와관리비 4,000	판매원가 24,000	
제조간접비 5,000	제조원가 20,000		
직접원가 15,000			

※ 이익 = 제조원가(20,000) × 10%

23. ① 예정) (차) 재공품 240,000 (대) 1 제조부문비 60,000
2 제조부문비 180,000
실제) (차) 1 제조부문비 90,000 (대) 제조간접비 250,000
2 제조부문비 160,000
차이) (차) 2제조부문비 20,000 (대) 1제조부문비 30,000
부문별배부차이 10,000

대체) (차) 매출원가 10,000 (대) 부문별배부차이 10,000
24. ③ 특정 경영자가 대상원가를 관리할 수 있는 권한이 있는 원가
25. ② ㉠ 재료소비액(700개) : 9/1 200개×@₩100 + 9/5 400개 × @₩110 + 9/13 100개 ×₩130 = ₩ 77,000
㉡ 원가성이 없는 재료감모손실은 영업외비용으로 처리한다.
26. ① ㉠ 제조간접비(900,000) × $\frac{250,000 + 350,000}{800,000 + 1,000,000}$ =#3 제조간접비 (300,000)
㉡ #3 직접재료비 (250,000) + #3 직접노무비 (350,000) + #3 제조간접비 (300,000) = #3 제조원가(900,000)
27. ④ 재무회계에 대한 설명이다.
28. ② 발생경비에 대한 설명이다.
29. ③ 제조부문별 예정배부율에 배부기준의 실제발생분을 곱하여 제품별 제조부문원가 예정배부액을 계산한다.
30. ① ② 종합원가계산, ③ 변동원가계산
④ 제조간접원가의 표준단가와 표준수량을 설정하고 그에 따라 원가를 계산하는 방법이다.
31. ① 매출원가조정법에 대한 설명이다.
32. ① 직접배부법에 대한설명이다.
33. ③ 제조직접비에 대한 설명이다.
34. ② 40시간 × ₩5,000 + 8시간 × ₩5,000 × 1.5 = 300,000
35. ② ㉠ 12,000,000 × $\frac{4}{12}$ = 당기분(4,000,000)
㉡ 당기 6월부터 8월까지 5,000,000
㉢ 4,000,000 + 5,000,000 = 9,000,000
36. ② 결합원가에 대한 설명이다.
37. ① 직접재료비(100,000) + 직접노무비(200,000) = 기초원가(300,000)
38. ① ㉠ 재료비 : $\frac{50,000 + 130,000}{3,000 + 1,000}$ = 45
㉡ 가공비 : $\frac{16,000 + 52,000}{3,000 + 1,000 \times 40\%}$ = 20
39. ③ ㉠

부문 용역제공	제조부문		보조부문	
	제조1	제조2	보조1(X)	보조2(Y)
부문별 원가(원)	1,000,000	800,000	300,000	400,000
보조1(X)	40%	35%		25%
보조2(Y)	50%	30%	20%	

X = 300,000 + 0.2Y, Y = 400,000 + 0.25X
X = 300,000 + 0.2(400,000 + 0.25X)
X = 300,000 + 80,000 + 0.05X
X − 0.05X = 380,000
∴ X = 400,000, Y = 500,000
㉡ 제조1 = 1,000,000 + 400,000 × 40% + 500,000 × 50% = 1,410,000
㉢ 제조2 = 800,000 + 400,000 × 35% + 500,000 × 30% = 1,090,000
40. ①

직접재료

전기이월	3,000	소비	13,000
순매입	10,000	차기이월	0
	13,000		13,000

제11회 기출문제 정답

〈 제1 과목 〉 재무회계

01. ①	02. ④	03. ④	04. ④	05. ②
06. ②	07. ②	08. ③	09. ③	10. ④
11. ④	12. ③	13. ①	14. ③	15. ④
16. ②	17. ②	18. ③	19. ①	20. ②

〈 제2 과목 〉 원가회계

21. ③	22. ②	23. ④	24. ②	25. ③
26. ④	27. ③	28. ④	29. ①	30. ②
31. ③	32. ④	33. ②	34. ③	35. ②
36. ③	37. ③	38. ④	39. ④	40. ①

제1과목 ➔ 재무회계

01. ① 중요성에 대한 설명이다.
02. ④ 분개절차는 계정과목결정, 금액결정, 차/대변결정 등의 순서로 이루어진다.
03. ④ 영업외손익이다.
04. ④ ㉠ (가) = 물류원가, 광고선전비가 해당된다.
　　　㉡ 기부금(기타비용), 임차료(관리비), 이자비용(금융비용)
05. ② 가계수표(350,000) + 자기앞수표(500,000) + 우편환증서(300,000) + 타인
　　　발행 당좌수표(500,000) + 취득시 만기 3개월 이내의 정기예금(100,000) =
　　　현금및현금성자산(1,750,000)
06. ② 은행측 장부를 조정해야한다.
07. ② 금융부채에 대한 설명이며 선수수익은 금융부채에 해당되지 않는다.
08. ③ ㉠ (차) 대손충당금 1,000 (대) 외상매출금 1,500
　　　　　　 대손상각비 500
　　　㉡ 매출채권(100,000) × 대손율(2%) - 기말대손충당금잔액(0) = 2,000
　　　　　(차) 대손상각비 2,000 (대) 대손충당금 2,000
　　　㉢ 10/15 대손상각비(500) + 12/31 대손상각비(2,000) = 2,500
09. ③ ㉠ 원가모형을 적용할 경우 감가상각한다.
　　　㉡ 취득원가 400,000 ÷ 내용연수 10년 = 감가상각비 40,000
10. ④ ㉠ 공정가치모형은 감가상각을 하지 않고 평가손익을 계산한다.
　　　㉡ 공정가치(4,200,000) - 취득원가(4,000,000) = 평가이익(200,000)
11. ④ ㉠ 만기금액 = 5,000,000 + 5,000,000 × 10% × $\frac{3}{12}$ = 5,125,000
　　　㉡ 할인율 = 만기금액(5,125,000) × 15% × $\frac{남은개월수(2)}{12}$ = 128,125
　　　㉢ 받을금액 = 만기금액(5,125,000) - 할인료(128,125) = 4,996,875
12. ③ 수익적지출로 수선비로 처리한다.
13. ① ㉠ 매출채권(40,000,000) × 1% - 대손충당금잔액(100,000) = 설정액
　　　　　(300,000)
　　　㉡ (차) 대손상각비 300,000 (대) 대손충당금 300,000
14. ③ (차) 여비교통비 50,000 (대) 현 금 50,000
15. ④ ㉠ 순매출액(2,000,000) × 매출원가율(1-매출총이익률(30%) = 매출원가
　　　　　(1,400,000)
　　　㉡ 기초재고(300,000) + 순매입(1,500,000 - 20,000) - 기말(380,000) =
　　　　　매출원가(1,400,000)
16. ② 선급금은 자산이다.
17. ② 무형자산에 대한 설명이며 영업권이 해당된다.
18. ③ ㉠ (차) 현금 395,000　　　　　 (대) 자본금 500,000
　　　　　 주식할인발행차금 105,000
　　　㉡ ① 신주발행비 ₩5,000은 주식할인발행차금에 가산한다.
　　　　 ② (주)강동의 자본금계정은 ₩500,000이 증가되었다.
　　　　 ④ (주)강동은 ₩105,000의 주식할인발행차금이 발생하였다.

19. ① 수탁자가 위탁품을 고객에게 판매하면, 위탁자는 관련 수익을 인식할 수 있다.
20. ② 2단계로 수행할 절차는 기업이 고객에게 수행할 의무를 식별 하는 것이다.
　　　하나의 계약은 고객에게 재화나 용역을 이전하는 여러 약속을 포함한다.

제2과목 ➔ 원가회계

21. ③ 기업의 잠재적 투자가치평가 및 기업실제가치 측정에 필요한 정보제공은 원가회계의 목적이 아니다.
22. ② 조업도가 0인 상태에서도 일정한 원가가 발생하며, 조업도가 증가하면 총원가가 증가하는 행태를 보인다.
23. ④ 계산의 정확성은 상호배부법, 단계배부법, 직접배부법 순으로 높게 나타난다.
24. ② ㉠ 제조간접원가 = 제조간접원가배부율(10) × 직접노무시간(125시간) =
　　　　　1,250
　　　㉡ 직접재료원가(10,000) + 직접노무원가(2,500) + 제조간접원가(1,250)
　　　　　= A제품의 제조원가(13,750)
25. ③ ㉠ #101기초재공품원가(10,000) + #101당기발생원가(135,000) = 143,000
　　　㉡ #101(145,000) + #102(143,000) = 완성품원가(288,000)
26. ④ 제조간접원가(260,000) × $\frac{NO.107직접재료비\ 20,000}{직접재료비총액\ 800,000}$ = 6,500
27. ③ 개별원가계산에서 표준원가계산을 적용할 수 있다.
28. ④ ㉠

	판매가치 - 2차 가공비 = 순실현가치
A	₩20,000(₩500×40) - ₩10,000 = ₩10,000
B	₩25,000(₩1,000×25) - ₩5,000 = ₩20,000
C	₩28,000(₩800×35) - ₩18,000 = ₩10,000

　　　㉡ B의 결합원가 = 원료(₩10,000) × $\frac{B순실현가치(20,000)}{총\ 순실현가치(40,000)}$ = ₩5,000
　　　㉢ B의 결합원가(₩5,000) + B의 2차가공비(₩5,000) = B의 총 생산원가
　　　　　(₩10,000)
　　　㉣ B의 총 생산원가(₩10,000) ÷ 생산량(25Kg) = ₩400
29. ① ㉠

	제조부문		보조부문	
	A부문	B부문	전력부	공장관리부
공장관리부	20%	60%	20%	-

　　　㉡ 공장관리부의 고정원가 1,000,000원은 전력부를 폐쇄하고 외부에 구입을 하더라도 발생되는 원가이므로 그대로 1,000,000원 계산한다.
　　　㉢ 공장관리부의 변동원가 500,000원은 전력부를 폐쇄하기 때문에 제조부문에만 사용된다. 그러므로 500,000원 중 전력부를 제외한 제조부문(80%)의 원가만 발생된다.
　　　㉣ 전력부 폐쇄시 공장관리부는 고정비(1,000,000) + 변동비(500,000×80%)
　　　　　= 1,400,000 원가가 발생
　　　㉤ 공장관리부(1,400,000) × $\frac{B제조부문(60)}{제조부문(80)}$ = B제조부문(1,050,000)
30. ② 외주가공비는 그 성격에 따라 재료비 또는 경비에 포함하여 계상할 수 있으며, 그 금액이 중요한 경우에는 별도의 과목으로 기재할 수 있다.
31. ③ ㉠ 재료비 : 200 × $\frac{200,000+400,000}{400+200}$ = 200,000
　　　㉡ 가공비 : 100 × $\frac{150,000+100,000}{400+100}$ = 50,000
　　　㉢ 기말재공품원가 : 200,000 + 50,000 = 250,000
32. ④ 재무회계는 기업회계기준서에 의하여 작성하여 외부정보 이용자의 의사결정에 유용한 정보를 제공하는 회계이다.
33. ② ① 연산품은 분리점에서 상대적으로 판매가치가 높다.
　　　③ 연산품이 판매가치가 변하면 부산물로 바뀔 수 있다.
　　　④ 결합원가를 배분하는 목적은 단지 이익을 증가시키기 위해 서 만은 아니다.

34. ③ 선박업은 개별원가에 적절한 업종이다.
35. ② ㉠ 재료원가(100%) : 완성수량(2,400) + 기말재공품환산량(600×100%) − 기초재공품환산량(400×100%) = 재료비 완성환산량(2,600)
    ㉡ 가공비(%) : 완성수량(2,400) + 기말재공품환산량(600×40%) − 기초재공품환산량(400×30%) = 가공비완성품환산량(2,520)
36. ③ ㉠

	판매가치 − 추가가공원가 = 순실현가치
A	₩20,000(₩500×40) − ₩10,000 = ₩10,000
B	₩25,000(₩1,000×25) − ₩5,000 = ₩20,000
C	₩28,000(₩800×35) − ₩18,000 = ₩10,000

   ㉡ B의 결합원가 = 원료(₩10,000) × $\frac{B순실현가치(20,000)}{총\ 순실현가치(40,000)}$ = ₩5,000
   ㉢ B의 결합원가(₩5,000) + B의 2차가공비(₩5,000) = B의 총 생산원가 (₩10,000)
37. ③ 개별원가계산 : 성격, 규격 등이 서로 다른 제품을 주문에 의해 생산하는 기업에서 사용
38. ④ ㉠ 재료비 완성품환산량 : 350,000 + 200,000 −100,000 = 450,000
    ㉡ 가공비완성품환산량 : 350,000 + 80,000 − 30,000 = 400,000
39. ④ 일정구간에서 총원가가 증가하므로 준고정원가이다.

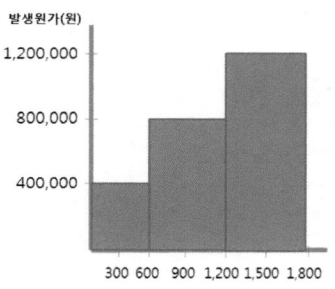

40. ① ㉠ 임차료(240,000) ÷ 6개월 = 1개월 임차료(40,000)
    40,000 × 공장(50%) = 당월 임차료(20,000)
    ㉡ 당월발생액(150,000) × 공장(60%) = 당월 전력비(90,000)
    ㉢

복리후생비

전월선급액	10,000	전월미지급액	
지급액	50,000	소비	(40,000)
당월미지급액		당월선급액	20,000
	60,000		60,000

    ㉣ 임차료(20,000) + 전력비(90,000) + 복리후생비(40,000) = 당월 제조경비(150,000)

제12회 기출문제 정답

〈 제 1 과목 〉 재무회계

01. ②	02. ③	03. ②	04. ②	05 ①
06. ②	07. ①	08. ①	09. ④	10. ②
11. ①	12. ③	13. ②	14. ④	15. ③
16. ④	17. ①	18. ④	19. ③	20. ①

〈 제 2 과목 〉 원가회계

21. ②	22. ④	23. ④	24. ③	25. ③
26. ④	27. ④	28. ①	29. ③	30. ④
31. ④	32. ④	33. ③	34. ②	35. ③
36. ②	37. ①	38. ④	39. ④	40. ②

01. ② ㉠ 20X1
       기말자산(1,000,000) − 기말부채(300,000) = 기말자본(700,000)
    ㉡ 20X2
       기초자본(700,000) − 당기순이익(200,000) = 기말자본(900,000)
    ㉢ 20X3
       기초자본(900,000) − 당기순손실(100,000) = 기말자본(800,000)
02. ③ 원장 기입의 정확성 여부를 검사하기 위하여 작성한다.
03. ② 자본변동표에 대한 설명이다.
04. ② ㉠ 기중 (차) 현금과부족 50,000 (대) 현금 50,000
    ㉡ 기말 (차) 잡손실 50,000 (대) 현금과부족 50,000
05. ① ②③④유동자산이다.
06. ② ㉠ 3/1 (차) 당좌예금 1,000,000 (대) 현금 1,000,000
       3/10 (차) 당좌예금 500,000 (대) 외상매출금 500,000
    ㉡ 3/30 (차) 지급어음 2,000,000 (대) 당좌예금 1,500,000
                                    단기차입금 500,000
07. ① 나. 금융상품을 수취, 인도 또는 교환하는 계약상 권리 또는 계약상 의무는 그 자체로 금융상품이다.
    다. 실물자산(예: 재고자산, 유형자산), 리스자산과 무형자산 (예: 특허권, 상표권)은 금융자산아니다.
    라. 미래경제적효익이 현금 등 금융자산을 수취할 권리가 아니라 재화나 용역의 수취인 자산(예: 선급비용)은 금융자산아니다.
08. ① ②③④ 유형자산의 원가가 아닌 예이다.
09. ④ ㉠ 공정가치 모형은 감가상각을 하지 않으므로 투자부동산평가손익만 계산한다.
    ㉡ 공정가치(11,000) − 취득원가(10,000) = 투자부동산평가이익(1,000)
10. ② ㉠ 6/5 (차) 매입 155,000 (대) 외상매입금 150,000
                                    현금 5,000
       6/10 (차) 매입 200,000   (대) 외상매입금 200,000
            외상매입금 10,000   현금 10,000
       6/13 (차) 매입 105,000 (대) 외상매입금 105,000
    ㉡ 6/5 매입(155,000) + 6/10 매입(200,000) + 6/13 매입(105,000) = 순매입액(460,000)
    ㉢ 6/5 외상매입금(150,000) + 6/10 외상매입금(190,000) + 6/13(외상매입금(105,000) = 외상매입금(445,000)
11. ① A상점 차기이월(200,000) + B상점 차기이월(300,000) = 외상매출금 잔액(500,000)
12. ③ 가. (차) 선급금 20,000 (대) 현금 20,000
    라. (차) 가지급금 200,000 (대) 현금 200,000
13. ② ㉠ 손익계산서에 표시되는 기타비용(재고자산감모손실)은 비정상 감모손실를 의미한다.
    ㉡ 원가성없는 감모(4) × @ 5,000 = 20,000
14. ④ 탐사평가자산에 대한 설명이다.
15. ③ 선수금은 금융부채가 아니다.
16. ④ 기본주당이익과 희석주당이익은 제시되는 모든 기간에 대하여 동등한 비중으로 제시하며, 기본주당이익과 희석주당이익이 부(−)의 금액(즉 주당손실)의 경우에는 표시한다.
17. ① ㉠ (차) 당좌예금 700,000 (대) 자본금 500,000
                                    주식발행초과금 200,000
    ㉡ 납입자본에는 자본금과 주식발행초과금이 포함된다.
18. ④
19. ③ 기초상품 + 순매입 − 기말(20,000과소) = 매출원가(20,000과대)
    순매출 − 매출원가(20,000과대) = 매출총이익(20,000과소)
20. ① 3/1~8/31까지 임대료를 받았으며 9/1~12/31는 임대료를 받지 못했으므로 결산시 (차) 미수수익 400,000 (대) 임대료 400,000 분개한다.

제2과목 → 원가회계

21. ② 생산직 근로자의 임금은 제품원가이다.

22. ④ ①②③ 내부거래이다.

23. ④ 원가계산준칙 제22조【등급별원가계산】

① 등급별원가계산은 동일 종류의 제품이 동일 공정에서 연속적으로 생산되나 그 제품의 품질 등이 다른 경우에 적용한다.

② 등급품별단위당원가는 각 등급품에 대하여 합리적인 배부기준을 정하고, 당해 기간의 완성품총원가를 동 배부기준에 따라 안분하여 계산한다.

③ 등급품별로 직접 원가를 구분하는 것이 가능할 경우 직접 원가는 당해 제품에 직접 부과하고 간접 원가는 제2항의 배부기준에 따라 배부할 수 있다.

24. ③ ㉠ #1001 : 직접노무비(3,000) × 50% = 제조간접비(1,500)

#1002 : 직접노무비(4,600) × 50% = 제조간접비(2,300)

㉡ #1001(5,000 + 8,200 + 3,000 + 1,500) + #1002(4,500 + 4,600 + 2,300) = 29,100

25. ③ ㉠ 제조간접비(100,000) × $\frac{NO.47(38,000)}{총직접원가(125,000)}$ = NO.47 제조간접비 (30,400)

㉡ NO.47(미완성) = 13,000 + 10,000 + 28,000 + 30,400 = 81,400

26. ④ 제조간접원가를 보다 더 정확하게 배부하기 위하여 부문별 원가계산을 한다.

27. ② 직접원가, 간접원가

28. ① 제조2 : 수선(15,600 × $\frac{30}{90}$ = 5,200) + 전력(20,000 × $\frac{40}{160}$ = 5,000) = 10,200

29. ③ (가) 가공원가이다. ③은 기본원가에 대한 설명이다.

30. ③ 생우유에서 생산되는 버터, 크림, 탈지유 등은 연산품이라할 수 있다.

31. ④ 전공정에서 발생한 가공비는 전공정원가에 포함될 수 있다.

32. ④ ㉠ ① 제조간접원가는 ₩30,000만큼 과대배부되었다.

예정배부액 : 500,000 ÷ 10,000 × 9,000 = 450,000

예정 : (차) 재공품 450,000 (대) 제조간접비 450,000

실제 : (차) 제조간접비 420,000 (대) 재료비 등 420,000

차이 : (차) 제조간접비 30,000 (대) 제조간접비배부차이 30,000

조정 : (차) 제조간접비배부차이 30,000 (대) 매출원가 30,000

㉡ ② 제조간접비가 배부되므로 기말재공품원가는 알 수가 있다.

㉢ ③ 제조간접원가 실제배부율은 예정배부율보다 낮다.

실제배부율 : 420,000 ÷ 9,000 = 46.66

예정배부율 : 500,000 ÷ 10,000 = 50

33. ③ 재료비(100%) : 500 × $\frac{1,800,000}{1,000 + 500 - 300}$ = 750,000

34. ②

소비액(1,000개)	10/1 300개 × 500 = 150,000	
	10/13 300개 × 520 = 156,000	
	10/31 400개 × 510 = 204,000	
재고액(100개)	10/31 100개 × 510 = 51,000	

35. ③ ㉠ 부문별배부 : 제1부문(225) + 제2부문(750) = 975

제1부문 : 3,000 × $\frac{15}{200}$ = 225

제2부문 : 9,000 × $\frac{25}{300}$ = 750

㉡ 공장전체 : 12,000 × $\frac{40}{500}$ = 960

36. ② ㉠ 제조간접비(1,200,000) ÷ 직접노무원가(800,000) = 1.5

㉡ 직접노무원가의 150%

37. ① ㉠

제1공정 재공품(수량)			
기초	60,000	완성	120,000
투입	120,000	기말	60,000

㉡ 60,000 × $\frac{260,000 + 1,000,000}{120,000 + 60,000}$ = 420,000

38. ④ 종업원임금(1,000,000) + 기계장치 수선비(200,000) + 공장건물 임차료 (500,000) + 수도요금과 전기요금(1,300,000) = 제조원가(3,000,000)

39. ④ 월말에 완성된 제조지시서의 제조원가는 완성품원가가 되며, 미완성된 제조지시서의 제조원가는 월말재공품원가가 된다.

40. ② 매몰원가란 미래에 발생할 원가이기 때문에 의사결정과 관련이 없는 원가이다.

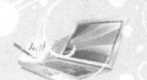
제1회 모의고사 정답

〈제1과목〉 재무회계

1. ②	2. ②	3. ③	4. ③	5. ②
6. ④	7. ④	8. ①	9. ①	10. ②
11. ①	12. ②	13. ④	14. ③	15. ④
16. ①	17. ①	18. ②	19. ①	20. ②

〈제2과목〉 원가회계

21. ④	22. ①	23. ②	24. ③	25. ①
26. ④	27. ③	28. ②	29. ③	30. ④
31. ③	32. ①	33. ③	34. ②	35. ②
36. ②	37. ①	38. ③	39. ④	40. ④

제1과목 ➡ 재무회계

1. ② 타인발행 당좌수표 + 당좌예금 + 국고송금통지서 + 송금환증서
   + 여행자수표 = 현금및현금성자산(480,000)
2. 일반매출과 할부매출에서 상품(제품)은 인도한날 수익(매출)을 인식한다.
3. ① 금융자산은 보고기간말 공정가치로 평가해야 한다.
   ② 유동/비유동의 구분은 보고기간 말을 기준으로 한다.
   ④ 지분법 적용시 피투자기업으로부터 배당금을 수령하면 관계기업투자계정에
   서 차감하여 표시한다.
4. ③ 연구비는 판매비(물류원가)와관리비이다.
5. ② 재무제표 작성에 대한 책임은 경영진에게 있다.
6. (가)의 매출총이익제거 130,000 × 0.3 = 39,000
   (나)의 선적지기준의 상품은 매입자소유이므로 포함된 것이 맞다.
   (다)의 도착지기준의 상품은 매출자소유이므로 제거한다.
   그러므로 750,000 − (39,000 + 70,000) = 641,000이다.
7. ④ 금융부채란 현금 또는 자기지분상품 등의 금융자산으로 결제되는 부채로 매
   입채무, 미지급금, 차입금, 사채 등을 말한다.
   ①번은 비금융부채, ②③번은 금융자산이다.
8. ① 지급어음이 아니고 단기차입금이다.
9. 예를 들어 상품권₩100,000을 10% 할인판매 하는 경우
   (차) 상품권할인액 10,000   (대) 상품권선수금 100,000
        현   금 90,000
   으로 처리해야한다. 그러나 보기 ①은
   (차) 현   금 90,000   (대) 상품권선수금 90,000
   으로 해야한다는 설명이므로 틀린 것이다.
10. 매입아래 부가가치세대급금, 매출아래 부가가치세예수금이다.
11. ①의 단기차입금 지급은 재무활동이다.
12.

매 출 채 권			
전기이월	40,000	회수액	(85,000)
외상매출액	105,000	차기이월	60,000

   기초상품(40,000) + 매입액(80,000) − 기말상품(50,000) = 매출원가(70,000)

매출원가	70,000	매출액	(105,000)
매출총이익	35,000		

13. ④ 금융자산 중 보고기간말로부터 1년 이내에 만기가 도래하는 기타유동금융자
    산은 유동자산으로 분류하고, 1년 이후에 만기가 도래하는 기타비유동금융자
    산은 비유동자산으로 분류한다.
14. 근본적 질적 특성에는 목적적합성(예측가치, 확인가치, 중요성)과 충실한 표현
    (완전한 서술, 중립적 서술, 오류가 없는 서술)등이 있다.
15. (차) 토   지 1,050,000   (대) 미지급금 1,000,000
                              현   금 50,000
16. ㉠ 처분원가 : 100주 × 700 = 70,000 × 50 / 100 = 35,000

㉡ 매입시 수수료는 당기비용으로 처리하고, 처분시 수수료는 처분대가에서 처
   분손익에 반영된다.
17. ① 수익과 비용은 각각 총액으로 기재함을 원칙으로 한다.
18. 장부재고 500개 × @₩ 100 = 50,000
    실제재고 450개 × @₩ 100 = 45,000 → 감모손실 5,000
    시   가 450개 × @₩ 80 = 36,000 → 평가손실 9,000
19. ①은 후입선출법 설명이다.
20. ②금융자산에는 현금 및 현금성자산, 매출채권 및 기타채권, 기타금융자산이 있
    다. 선급금, 선급비용 등은 비금융자산이다.

제2과목 ➡ 원가회계

21. ④ 단위당 고정비는 생산량에 반비례한다.
25. ① 기초재공품의 진척도가 반드시 필요한 방법은 선입선출법이다.
26. ④ 원가형태에 따라 고정비, 변동비로 분류하고, 제품관련성에 따라 직접원가와
    간접원가로 분류한다.
27. ㉠ 완성품수량계산

월초재공품수량	70개	완성품수량	(230개)
당월착수수량	200개	월말재공품수량	40개

   ㉡ 월말재공품 원가

   $$20 \times \frac{(500,000+1,500,000)}{(230 + 00)} = 160,000$$

   ㉢

재 공 품			
전월이월	500,000	제 품	(1,840,000)
당월투입원가	1,500,000	차 월 이 월	160,000

30. ④ 전공정에서 발생한 가공비는 전공정원가에 포함된다.
31. [예정배부분개] (차) 재 공 품 145,000 (대) 제 조 간 접 비 145,000
    [실제발생분개] (차) 제 조 간 접 비 143,000 (대) 재 료 비 45,000
                                                  노 무 비 61,000
                                                  경   비 37,000
    [차이발생분개] (차) 제 조 간 접 비 2,000 (대) 제조간접비배부차이 2,000
32. $35,000 \times \dfrac{45}{1,000} = 1,575$
33. $600,000 \div 10,000시간 = 60$
34. ①은 측정조조경비가 아니고 월할제조경비 설명이고, ③은 월할제조경비가 아니
    고 지급제조경비설명이며 ④은 지급제조경비가 아니고 측정제조경비 설명이다.
35. $350,000 \div 500개 = 700$
36. $110,000 \times \dfrac{100,000}{220,000} = 50,000 \div 100개 = 500$
38. ③에서 등급품이 아니고 연산품이라 할 수 있다.
39. A제품(특정제품)임금은 직접비이고 공장전체(여러제품)수선공임금은 간접비이다.
40.

재 공 품			
전 월 이 월	12,000	제 품	151,000
재 료 비	40,000	차 월 이 월	(31,000)
노 무 비	60,000		
제 조 간 접 비	70,000		
	182,000		182,000

제2회 모의고사 정답

〈 제 1 과목 〉 재무회계

1. ①	2. ①	3. ②	4. ④	5. ①
6. ①	7. ③	8. ①	9. ②	10. ③
11. ②	12. ①	13. ③	14. ①	15. ①
16. ②	17. ②	18. ③	19. ④	20. ①

〈 제 2 과목 〉 원가회계

21. ①	22. ②	23. ④	24. ④	25. ①
26. ④	27. ②	28. ④	29. ③	30. ①
31. ②	32. ④	33. ③	34. ④	35. ②
36. ④	37. ①	38. ②	39. ③	40. ④

제1과목 ➜ 재무회계

1. ① 금융원가(이자비용)는 판매비와관리비가 아니고 별도로 표시된다.
2. 부가가치세 제1기 과세기간은 1/1 ~ 6/30까지이다.
3. ② 근본적 질적 특성 : 목적적합성, 충실한 표현
   보강적 질적 특성 : 비교가능성, 검증가능성, 적시성, 이해가능성
4. ④ 매출채권처분손실은 기타(영업외)비용이다.
5. (500개 − 450개) × 100(기말재고 단위당원가) = 5,000(재고자산감모손실)
6. ① 기능별 포괄손익계산서에서만 매출원가를 구분하고, 성결별 포괄손익계산서에서는 별도로 표시 하지 않는다.
7. 기초재고(30,000) + 매입액(110,000) − 기말재고(40,000) = 매출원가(100,000)

매출원가(100%)	100,000	순매출액 (120%)	120,000
매출총이익(20%)	20,000		

8. ① 명목가치증가액이 아니고, 실질가치 증가액을 말한다.
9. $100,000 × 0.01 − 1,400 = − 400$
   (+) (차) 대손상각비 ×× (대) 대손충당금 ××
   (−) (차) 대손충당금 ×× (대) 대손충당금환입 ××
10. ③ 어음을 추심의뢰 하는 경우 수수료 지급분만 하면 된다.
11. ② 토지와 건물을 동시에 구입하여 건물을 철거하면 건물과 철거비용은 모두 토지의 취득원가에 가산한다.
12. ㉠ 200,000 − (13,000 + 4,000 + 2,000) = 181,000
   ㉡ 440,000 − 8,000 = 432,000
   ㉢ 0 + 181,000 − 0 = 181,000
   ㉣ 432,000 − 181,000 = 251,000
13. ③은 유동자산이고 ①, ②, ④은 비유동자산 중 무형자산이다.
14. 상각방법에는 정액법, 체감잔액법과 생산량비례법이 있고 자산의 경제적 효익이 소비되는 형태를 반영한 방법이어야 한다. 다만, 소비되는 형태를 신뢰성 있게 결정할 수 없는 경우에는 정액법을 사용한다.
15. 기말재고자산을 과대평가하면 매출원가는 과소평가되고 당기순이익은 과대평가된다.
16. ①, ③, ④은 비용적지출 이다.
17. 결손금처리순서 : 임의적립금(별도적립금) → 법정적립금(이익준비금) → 주식발행초과금
19. 물가상승시에 이익크기
   선입선출법 〉 이동평균법 〉 총평균법 〉 후입선출법
   즉 물가상승시에만 후입선출법의 이익이 적게 나오는 것이다.
20. ① 액면가액이 아니고 발행가액으로 기재한다.

제2과목 ➜ 원가회계

21. ① 원가회계(관리회계)는 내부용이다.
23.
재공품			
전월이월	20,000	제 품	390,000
당월총제조비용	400,000	차월이월	30,000

제 품			
전월이월	45,000	매출원가	(402,000)
재공품	390,000	차월이월	33,000

24. ④ 개별원가계산은 제조간접비 배부가 중요하고 종합원가계산은 기말재공품평가가 중요하다.
25. ① 공장부지재산세는 제조간접비이다.
26. ④ 원가계산의 신속성을 기할 수 있는 것은 예정원가계산 설명이다.
27. $20,000 × \dfrac{40}{500} = 1,600$
28.
재 공 품			
월초재공품수량	(130)개	완성품수량	780개
당월착수수량	650개	월말재공품수량	0개

제 품			
월초제품수량	200개	매출수량	950개
완성품수량	(780)개	월말제품수량	30개

29. ③ 단위당 고정비는 생산량과 반비례한다.
30. 전공정비 완성품환산량은 100%로 계산한다. 420 + 100 − 120 = 400단위
32. ④ 각 작업지시서 단위로 원가를 계산하는 것은 개별원가계산이다.
33. ③ 공장장 임금은 직접노무비가 아니고 간접노무비이다.
34. 당기제품제조원가는 재공품계정 대변에 기록된다.
35. ② 조선업, 가구제조업, 건설공사업은 개별원가계산이고, 연산품 원가계산은 정유업, 정육업 등이다.
36.
재 공 품			
전 월 이 월	12,000	제 품	151,000
재 료 비	40,000	차 월 이 월	(31,000)
노 무 비	60,000		
제 조 간 접 비	70,000		
	182,000		182,000

37. 직접노무비(375,000) ÷ 직접노무비 임율(7,500) = 노무시간(50)
   $100 × 50 = 5,000$
38. [예정배부분개] (차) 재 공 품 35,000 (대) 제 조 간 접 비 35,000
   [실제발생분개] (차) 제 조 간 접 비 40,000 (대) 재 료 비 ××
   노 무 비 ××
   제 조 경 비 ××
   [차이발생분개] (차) 제조간접비배부차이 5,000 (대) 제 조 간 접 비 5,000
39. 미소멸원가는 자산 이고 매출원가는 비용으로 소멸원가이다.
40. ㉠
수 선 비			
전월선급액	0	전월미지급액	20,000
지 급 액	40,000	소 비 액	(60,000)
당월미지급액	40,000	당월선급액	0

㉡ 보험료 360,000 ÷ 12 = 30,000
㉢ 제조경비발생액 : 60,000 + 30,000 = 90,000

제3회 모의고사 정답

〈 제1과목 〉 재무회계

1. ②	2. ③	3. ③	4. ④	5. ①
6. ①	7. ②	8. ③	9. ②	10. ②
11. ②	12. ①	13. ③	14. ④	15. ②
16. ④	17. ③	18. ④	19. ④	20. ②

〈 제2과목 〉 원가회계

21. ④	22. ④	23. ②	24. ①	25. ①
26. ①	27. ③	28. ④	29. ②	30. ④
31. ②	32. ③	33. ④	34. ③	35. ①
36. ②	37. ①	38. ④	39. ④	40. ④

제1과목 ➡ 재무회계

1. ② 근본적 질적 특성은 목적적합성(예측가치, 확인가치, 중요성)과 충실한 표현(완전한 서술, 중립적 서술, 오류가 없는 서술)이 있다.
2. ③ 자기주식처분이익은 자본잉여금이다.
3. ③ 유가증권의 양도에 따른 실현손익을 인식하기 위해 양도한 유가증권의 원가를 결정할 때에는 개별법, 총평균법, 이동평균법 또는 합리적인 방법을 사용하되, 동일한 방법을 매기 계속 적용한다.
4. $250,000 - 70,000 = 180,000 \div 3년 = 60,000 \times 5년 = 300,000$
5. ① 소지어음 배서양도시 (차) 매입(외상매입금) ×× (대) 받을어음 ××
6. $200,000 + 20,000 - 15,000 - 10,000 + 10,000 - 33,000 = 172,000$
7. ㉠ 기초재고(140,000)+매입액(745,000)−기말재고(149,250)=매출원가(735,750)

   ㉡

매출원가(75%)	(735,750)	순매출액(100%)	981,000
매출총이익(25%)	(245,250)		

   ㉢ 장부재고(149,250) − 실제재고(110,000) = 감모손실(39,250)
8. ③ 지분상품은 현금성자산에서 제외한다. 다만 상환일이 정해져 있고 취득일로부터 상환일까지의 기간이 단기인 우선주와 같이 실질적인 현금성자산인 경우에는 예외로 한다.
9.

은 행 계 정 조 정 표

은 행 예 금 잔 액	45,000	회 사 예 금 잔 액	(38,000)
기발행미인출수표	(−) 12,600	은 행 수 수 료	(−) 2,400
은행 미기록예금	(+) 9,000	거래처은행입금액	(+) 5,800
(조 정 후 잔 액)	41,100	(조 정 후 잔 액)	41,100

10. (차) 현 금 90,000 (대) 건 물 100,000
    유형자산처분손실 10,000

    비용의 발생은 자본의 감소, 수익의 발생은 자본의 증가원인이다.
11. ② 상품이 과일과 채소이므로 사과, 오이, 포도는 상품이나 자동차는 차량운반구이다.
12. 장부재고 30,000

    실제재고 27,000 → 감모손실 3,000 시 가 25,000 → 평가손실 2,000
13. 건물의 화재보험료는 보험료이다.
14. ④ 자본항목 중 기타포괄손익누계액은 차후에 포괄손익계산서에 영향을 준다. 기타포괄손익누계액 계정에는 기타포괄손익-공정가치측정금융자산평가손익, 해외사업환산손익, 현금흐름위험회피 파생상품평가손익등이 있다.
15. ② 양도성예금증서는 단기예금이다.
17. 전기이월미처분이익잉여금(200,000) + 당기순이익(50,000) = 250,000
18. ④ 차변총액과 대변총액은 차이가 날수 없다.
20.

매 출 채 권

전기이월	40,000	회수액	(85,000)
외상매출액	105,000	차기이월	60,000

기초상품(40,000) + 매입액(80,000) − 기말상품(50,000) = 매출원가(70,000)

매출원가	70,000	매출액	(105,000)
매출총이익	35,000		

제2과목 ➡ 원가회계

21. No 115의 제조간접비 $123,000 \times \dfrac{85}{600} = 17,425$이고

    No 115의 제품제조원가는 $35,000 + 25,000 + 17,425 = 77,425$이다.
22.

재 공 품

전 월 이 월	16,000	제 품	(72,000)
재 료 비	50,000	차 월 이 월	24,000
노 무 비	12,000		
제 조 간 접 비	18,000		
	96,000		96,000

23.

기본원가	직접재료비	
	직접노무비	가공비(전환원가)
	제조간접비	

25. ① 정유업 및 제련업 − 연산품 원가계산
26. ㉠ 기계감가상각비(2,400) + 공장건물감가상각비(1,500) + 공장 감독자급여(2,000) + 공장건물 화재보험료(1,800) = 제조간접비(7,700)

    ㉡ 직접재료비(2,000) + 직접노무비(3,000) + 제조간접비(7,700) = 당기총제조비용(12,700)
27.

재 공 품

전월이월	0	제 품	10,500
재료비	(3,000)	차월이월	0
노무비	3,500		
제조간접비	4,000		

28. ㉠ 분리점에서 판매가치가 불명확하고 추가가공이 필요한 연산품의 경우에 상대적 판매가치란 판매가격에서 분리점이후 추가원가를 차감한 것이다.

    ㉡ 분리점에서 판매가치가 명확하고 알 수 있는경우의 상대적판매가치는 분리점에서의 단위당 판매가격에 생산수량을 곱한 것이므로 정답은 ④번이다.
29. ② 벽돌생산기업은 단일종합원가계산이다.
30.

비 목	제조 부문		보조 부문	
	P1	P2	S1	S2
발생원가	₩220,000	₩180,000	₩80,000	₩100,000
S2	50%(50,000)	40%(40,000)	10%(10,000)	−
S1	40%(45,000)	40%(45,000)	−	20%

31. $350,000 \div 500 = 700$
32.

재 료

전월이월	140,000	출고 = 소비	390,000
매입액	400,000	차월이월	150,000

재 공 품

전월이월	150,000	제 품	1,840,000
재료비	390,000	차월이월	200,000
노무비	800,000		
제조간접비	700,000		

제 품

전월이월	250,000	매출원가	1,740,000
재공품	1,840,000	차월이월	350,000

33. ④ 임차료, 보험료, 재산세, 감가상각비는 고정비다.
34. ③번은 상호배부법 설명이다.
35. $50 \times \dfrac{340,000}{900+50-100} = 20,000$
36. No 116의 제조간접비 $420,000 \times \dfrac{26,000}{280,000} = 39,000$이고

    No 116의 제품제조원가는 $11,000 + 26,000 + 39,000 = 76,000$이다.
37.

제 품

36,000	(239,000)	매출원가	239,000	매출액	300,000
230,000	27,000	매출총이익	(61,000)		

38. $200 \times 700 = 140,000$ 제1제조부문, $150 \times 400 = 60,000$ 제2제조부문

39.

재 공 품			
월초재공품수량	(130)개	완성품수량	780개
당월착수수량	650개	월말재공품수량	0개

제 품			
월초제품수량	200개	매출수량	950개
완성품수량	(780)개	월말제품수량	30개

40. 관리회계는 내부용, 재무회계는 외부용이다.

제4회 모의고사 정답

〈제1과목〉 재무회계

1. ②	2. ②	3. ③	4. ④	5. ③
6. ③	7. ②	8. ②	9. ③	10. ①
11. ①	12. ③	13. ③	14. ①	15. ①
16. ①	17. ③	18. ②	19. ③	20. ④

〈제2과목〉 원가회계

21. ④	22. ④	23. ④	24. ②	25. ②
26. ②	27. ④	28. ④	29. ④	30. ④
31. ④	32. ④	33. ①	34. ④	35. ③
36. ①	37. ③	38. ④	39. ①	40. ③

제1과목 ➔ 재무회계

1. $200,000 + 50,000 - 10,000 - 12,000 = 228,000$

2. ② 금융자산에는 현금 및 현금성자산, 매출채권 및 기타채권, 기타금융자산 등이 있다. 선급금과 선급비용은 비금융자산이다.

3. $800,000 × 0.01 - 12,000 = -4,000$

4. 기초재고(0) + 매입액(600,000) - 기말재고(100,000) = 매출원가(500,000)

외상매출금			
전기이월	0	회 수 액	400,000
외상매출	600,000	차기이월	(200,000)

포괄손익계산서			
매출원가(100%)	500,000	순매출액 (120%)	600,000
매출총이익(20%)	100,000		

6. ③ 매입자는 도착지기준이 유리하고, 할인율은 크면 유리하며, 할인일수는 길면 유리하다.

7. $300,000 - 20,000 + 80,000 = 360,000$

8. ② 매입아래 부가가치세대급금, 매출아래 부가가치세예수금이다.

9. ③ 가지급금은 임시로 설정하는 내부목적의 계정과목이기 때문에 결산까지는 그 내역을 조사하여 확정된 계정과목으로 대체시켜 주어야 한다.

11. (차) 보험료 ×× (대) 선급보험료 ××의 분개를 기장하지 않았다는 것이다.

12.

비 용			
전월선급액	40,000	전월미지급액	80,000
지 급 액	120,000	손 익	(110,000)
당월미지급액	50,000	당월선급액	20,000

13. 장부재고 50개 × @₩100 = 5,000
실제재고 45개 × @₩100 = 4,500 → 감모손실 500
시 가 45개 × @₩ 90 = 4,050 → 평가손실 450

14. ① 금융자산 중 보고기간말로부터 1년 이내에 만기가 도래하는 기타유동금융자산은 유동자산으로 분류하고, 1년 이후에 만기가 도래하는 기타비유동금융자산은 비유동자산으로 분류한다.

15. ㉠ 처분원가 : 100주 × 700 = 70,000 × 50/100 = 35,000
㉡ 매입시 수수료는 당기비용으로 처리하고, 처분시 수수료는 처분대가에서 처분손익에 반영된다.

16. $\frac{(1,200,000-200,000)}{5} = 200,000 × 2년 = 400,000(감가상각누계액)$

17. ③ 미래경제적 효익을 얻기 위해 지출이 발생하더라도 무형자산이나 다른 자산이 획득 또는 창출되지 않는다면, 그 지출은 발생시점에 비용으로 인식한다.

18. ① 할증발행, ② 할인발행, ③ 평가발행, ④ 사채는 일반적으로 액면가보다 낮은 금액으로 거래된다.

19.

[취득원가]	[추정판매가치]
A 1,000 × 3,000 = 3,000,000	1,000 × (4,000 - 900) = 3,100,000
B 1,500 × 3,500 = 5,250,000	1,500 × (3,200 - 200) = 4,500,000
C 800 × 2,300 = 1,840,000	800 × (2,200 - 100) = 1,680,000

상품 A는 평가이익 이므로 계산하지 않는다. 상품 B는 손실 750,000이고 상품 C는 손실이 160,000이다.

20. 20일 후에 회수 하였으므로 할인을 해주지 않는다.

제2과목 ➔ 원가회계

21. No56(23,000)과 No57(33,000)이 완성된 분개를 하면 된다.

22.

재공품			
기초재공품원가(작다)		당기제품제조원가(작다)	
당월총제조비용(크다)		기말재공품원가(크다)	

23. 가공비는 직접노무비와 제조간접비를 말한다.

24. 재료소비액을 600개 이므로
$(200 × 200) + (300 × 200) + (100 × 220) = 122,000$

25. ①번은 선입선출법, ②번은 평균법

26.

	제조부문1	제조부문2	보조부문1	보조부문2
부문직접비			₩15,600	₩20,000
전력사용량	120Kwh(12,000)	40Kwh(4,000)	40Kwh(4,000)	-
수선시간	60시간(13,066)	30시간(6,533)	-	10시간

27. ③ 광고선전비는 판매비와 관리비이다.

28. ① 선입선출법, 평균법모두 완성품환산량으로 배분한다.
③ 선입선출법은 완성품환산량계산에 기초재공품의 고려하지만 평균법은 고려하지 않는다.
④ 다른 재고자산 평가방식에 관계없이 모두 채택가능하다.

29. 가액법에는 직접재료비법, 직접노무비법, 직접원가법이 있다.

30. 보조부문비를 배부하는 방법에는 직접배부법, 단계배부법, 상호배부법 등이 있다.

33. $420 + 100 - 120 = 400$단위(전공정비의 완성도는 항상 100%이다.)

34. ④번에서 부문의 간접노무비는 부분직접비이다.

35. $100 × \frac{10,600,000}{(1,200+100-240)} = 1,000,000$

36.

재공품			
전월이월	0	제 품	100,000
당기총제조비용	100,000	차월이월	0

제 품			
전 월 이 월	5,000	매 출 원 가	98,000
재 공 품	100,000	차 월 이 월	7,000
[판매가능액]	105,000		105,000

37. ③ 결합원가는 분리점 이전까지의 원가이다.

38. ④ 당기제품제조원가는 대변에 기록된다.

39. $(40,000) × \frac{140,000}{200,000} = 28,000$

40. ㉠ 완성품수량계산

월초재공품수량	70개	완성품수량	(230개)
당월착수수량	200개	월말재공품수량	40개

㉡ 월말재공품 원가
$20 × \frac{(500,000+1,500,000)}{(230+20)} = 1600,000$

㉢

재 공 품			
전월이월	500,000	제 품	(1,840,000)
당월투입원가	1,500,000	차월이월	160,000

제5회 모의고사 정답

〈 제 1 과목 〉 재무회계

1. ②	2. ④	3. ③	4. ④	5. ②
6. ②	7. ④	8. ④	9. ②	10. ①
11. ③	12. ④	13. ④	14. ④	15. ①
16. ①	17. ④	18. ③	19. ②	20. ③

〈 제 2 과목 〉 원가회계

21. ④	22. ②	23. ②	24. ①	25. ④
26. ④	27. ③	28. ③	29. ③	30. ②
31. ②	32. ①	33. ③	34. ③	35. ②
36. ①	37. ④	38. ③	39. ②	40. ②

제1과목 ➡ 재무회계

1. ② 대부분의 자산은 물리적 형태를 가지고 있지만 자산의 존재를 판단하기 위해서 물리적 형태가 필수적인 것은 아니다.

2. ④ 자기주식 40주 × 5,700 = 228,000을 40주 × 6,000 = 240,000에 현금으로 처분한 것이다.

3.
수 익			
전기미수액	0	전기선수액	600
손 익	48,000	수 입 액	(48,500)
당기선수액	1,100	당기미수액	0

4. ④ 내용연수가 비한정인 무형자산은 상각하지 않고 매년 손상평가를 수행한다.

5.
[취득원가]			[추정판매가치]	
A	1,000 × 3,000 = 3,000,000		1,000 × (4,000 − 900) = 3,100,000	
B	1,500 × 3,500 = 5,250,000		1,500 × (3,200 − 200) = 4,500,000	
C	800 × 2,300 = 1,840,000		800 × (2,200 − 100) = 1,680,000	

상품 A에 이익은 계산하지 않는다. 상품 B는 손실 750,000이고 상품 C는 손실이 160,000으로 평가손실이 910,000이다.
기초재고(7,500,000) + 매입액(45,000,000) − 기말재고(10,090,000) = 매출원가(42,410,000)인데 평가손실 910,000을 매출원가에 산입 시켜야 한다. 그래서 42,410,000 + 910,000 = 43,320,000이다.

6. ② 성격별 표시방법에 의할 경우 매출원가는 당기상품매입액에 당기상품의 변동을 가감한 방법으로 표시하며, 수익(매출액)에서 매출원가를 차감한 금액을 매출총이익으로 구분하여 표시하는 방법은 기능별 표시방법이다.

7. ④번은 비금융부채로 한다.

8. ① ② ③은 영업활동이고 ④은 투자활동이다.

9. (230,000) − 10,000 = 220,000
50,000 + (220,000) − 70,000 = 200,000

10. ① 초기감가상각은 정액법보다 정률법의 금액이 크다.

11. [20×1년] 기초재고 + 순매입액 − 기말재고(과소) = 매출원가(과대)
[20×1년] 순매출액 − 매출원가(과대) = 매출총이익(과소)
[20×2년] 기초재고(과소) + 순매입액 − 기말재고 = 매출원가(과소)
[20×2년] 순매출액 − 매출원가(과소) = 매출총이익(과대)

12. 60,000 ÷ 100주 = 600

13. [매입시] (차) 매 입 ×× (대) 외 상 매 입 금 ××
　　　　　 부가가치세대급금 45,000
[매출시] (차) 외 상 매 출 금 ×× (대) 매 출 ××
　　　　　　　　　　　　　　　　 부가가치세예수금 60,000
[납부시] (차) 부가가치세예수금 60,000 (대) 부가가치세대급금 45,000
　　　　　　　　　　　　　　　　　　 현 금 15,000

14. ④ 수익은 지분참여자(수유주)에 의한 출연을 제외한 특정 회계기간 동안에 발생한 자본의 증가를 의미한다.

15. ① 연수합계법, 이중체감법, 정률법은 감가상각비가 내용연수가 후기로 갈수록 감소하는 체감감액법이고, 정액법은 직선법이다.

16. 400,000 × 0.2 = 80,000

17. 예를 들어 상품권₩100,000을 10% 할인판매 하는 경우
(차) 상품권할인액 10,000 (대) 상품권선수금 100,000
　　 현 금 90,000
으로 처리해야한다. 그러나 보기 ①은
(차) 현 금 90,000 (대) 상품권선수금 90,000
으로 해야한다는 설명이므로 틀린 것이다.

18. ㉠ 60,000 − (500 + 700) = 58,800 ㉡ 100,000 − 0 = 100,000
㉢ 5,000 + 58,800 − 4,000 = 59,800 ㉣ 100,000 − 59,800 = 40,200

19. ㉠ $\frac{(100,000 - 10,000)}{5}$ = 18,000
㉡ 취득원가(100,000) − 감가상각누계액(18,000) = 장부가액(82,000)

20.
외상매출금			
전기이월	600,000	회수액	800,000
외상매출	2,800,000	차기이월	(2,600,000)

㉠ 500,000 + 1,700,000 − 200,000 = 2,000,000

매출원가	2,200,000	매출액	2,800,000
㉡ 매출총이익	800,000		

제2과목 ➡ 원가회계

23. 600 + 200 × 0.25 = 650

24. 직접재료비(4,200,000) + 직접노무비(300 × 8,000 = 2,400,000) + 제조간접비(200 × 15,000 = 3,000,000) = 9,600,000

25. 판매이익은 판매가격에 포함된다.

26. 광고선전비와 사장에게 지급되는 급여는 판매비와관리비이다.

27. 100 × 3,100,000/(3,300 + 100 − 300) = 100,000

29.
재공품			
전월이월	(1,600,000)	제 품	7,200,000
재 료 비	2,880,000	차월이월	1,472,000
노 무 비	1,792,000		
제조간접비	2,400,000		

31.
재공품			
전월이월	0	제 품	130,000
당기총제조비용	130,000	차월이월	0

제 품			
전 월 이 월	20,000	제 품	124,000
재 공 품	130,000	차 월 이 월	26,000
[판매가능액]	150,000		150,000

32. 기말재공품의 완성도가 과소평가되면 완성품환산량은 작아지고 완성품환산단위당원가는 커지고 기말재공품원가는 작아지고 완성품원가는 커진다.

34. ③ 직접노무비와 제조간접비의 합계를 가공비라 한다.

35.
재 료			
전월이월	0	출고 = 소비	190,000
매 입 액	200,000	차월이월	10,000

재 공 품			
전월이월	20,000	제 품	(925,000)
재 료 비	190,000	차월이월	15,000
노 무 비	300,000		
경 비	430,000		

36. 60,000 ÷ 0.5 = 120,000(A부문 직접노무비)
80,000 × 2 = 160,000(B부문 제조간접비)
(100,000 + 120,000 + 60,000) + (150,000 + 80,000 + 160,000) = 670,000

37. 당기완성량은 제1공정의 착수량과 동일하지 않다.

38. 300,000 × $\frac{240,000}{1,200,000}$ = 60,000

39. 가스수도비, 전력비는 측정경비, 수선비는 지급경비, 보험료, 세금과공과는 월할경비이다.

40. [예정배부] (차) 재 공 품 123,000 (대) 제조 간접비 123,000
[실제발생] (차) 제조간접비 125,000 (대) 재 료 비 ××
　　　　　　　　　　　　　　　　　　 노 무 비 ××
　　　　　　　　　　　　　　　　　　 제 조 경 비 ××
[차이발생] (차) 매 출 원 가 2,000 (대) 제조간접비 2,000

제6회 모의고사 정답

〈제1과목〉 재 무 회 계

1. ③	2. ④	3. ①	4. ①	5. ②
6. ①	7. ③	8. ③	9. ①	10. ①
11. ③	12. ④	13. ③	14. ①	15. ①
16. ④	17. ①	18. ④	19. ①	20. ④

〈제2과목〉 원 가 회 계

21. ①	22. ③	23. ②	24. ④	25. ②
26. ③	27. ①	28. ③	29. ③	30. ②
31. ①	32. ①	33. ④	34. ②	35. ③
36. ④	37. ②	38. ②	39. ①	40. ①

제1과목 ➡ 재무회계

1. ③ 상품을 인도한 시점에서 수익을 인식(자본의 증가)한다.

2. ④ ㉠ $(500,000 - 50,000) \times \dfrac{(40+50+60)}{200} = 337,500$(감가상각누계액)

   ㉡ $500,000 - 337500 = 162,500$(장부금액)

3. ① 기업의 현금흐름에 관한 정보는 주로 현금흐름표를 통해 제공된다.

4. ① 무형자산의 실제 잔존가치가 해당 자산의 장부금액보다 적은 경우, 전년도와 동일한 방법으로 계속 상각해야 한다.

5. ② $658,000 + 4,000 + 23,000 = 685,000$

6. ① (차) 매   입 1,000,000 (대) 지 급 어 음 1,100,000
      부가가치세대급금   100,000

7. ③ (나) 단기대여금, (다) 단기금융상품, (마) 받을어음, (아) 받을어음

8. ③ ㉠ 기중회수불능채권금액 (차) 대손충당금 1,100 (대) 외상매출금 5,000
                  대손상각비 3,900

   ㉡ 기말대손설정분개 70,000 × 0.02 - 0 = 1,400
                  (차) 대손상각비 1,400 (대) 대손충당금 1,400

   ㉢ 3,900 + 1,400 = 5,300(대손상각비)

9. ①

은행계정조정표

은행잔액증명서 잔액	( )	회사 당좌예금계정 잔액	500,000
은행이 미기입한 예금	(+)120,000	미통지된 외상매출금 입금	(+) 50,000
기발행미결제 당좌수표	(-) 70,000	미통지된 은행 수수료	(-) 10,000
		미통지된 어음추심 입금액	(+) 80,000
	620,000		(620,000)

10. ① $(1,000,000 - 100,000) / 5 = 180,000 \times 3 = 540,000$

    (차) 감가상각누계액 540,000   (대) 기 계 장 치 1,000,000
    현   금 500,000   유형자산처분이익   40,000

11. ③ $60,000 - (50,000 - 3,000) = 13,000$(평가손실)이다.

12. ④ $850,000 - 715,000 = 135,000$(평가손실)

13. ③ 보기 ③번은 재무활동이고, 보기 ①②④번은 영업활동이다.

14. ① 목적적합한 재무정보는 정보이용자의 의사결정에 차이가 나도록 할 수 있다. 재무정보에 예측가치, 확인가치 또는 이 둘 모두가 있다면 의사결정에 차이가 나도록 할 수 있다.

15. ① (P : 100개 × (35-7) = 2,800 + Q : 50개 × 40 = 2,000) = 4,800

16. ④ 장기할부판매의 경우 매출액도 현재가치로 환산하고, 매출채권 금액도 현재가치로 환산 한다.

17. ① 누적적 우선주 설명이다.

18. ④ 무형자산은 손상검사를 할 수 있다.

19. ① 재화나 용역의 생산 또는 공급, 관리목적이나 일상적인 거래에서 일어나는 판매목적의 자산은 재고자산에 포함한다.

20. ④ ㉠ $(28,120 + 108,000 + 7,880) \div (42,000 + 150,000) = 0.75$(원가율)

    ㉡ $164,100 \times 0.75 = 123,075$(매출원가)

제2과목 ➡ 원가회계

21. ① 예정 ÷ 예정 × 실제 = 예정 배부액 ⇒ $60,000 \div 150 \times 13 = 5,200$

22. ③ 평균법 : 완성품환산량 = 완성품수량 + 월말재공품 환산량

    ㉠ 재료비 : $320 + 80 \times 100\% = 400$

    ㉡ 가공비 : $320 + 80 \times 50\% = 360$

23. ② 제조원가명세서 = 재공품

재 공 품

전 기 이 월	250,000	제 품	700,000
재 료 비	200,000	차 기 이 월	200,000
노 무 비	300,000		
경 비	150,000		
	900,000		900,000

24. ④ 개별원가계산은 제조지시서별로 종합원가계산은 원가계산기간별로 원가를 집계한다.

25. ② 예정배부액 → 실제배부액 → 배부차이계산 → 차이액 조정

26. ③

노 무 비

전 기 선 급 액	-	전 기 미 지 급 액	200,000
지 급 액	2,000,000	소 비 액	(2,400,000)
당 기 미 지 급 액	600,000	당 기 선 급 액	-
	2,600,000		2,600,000

27. ① $35,000 \times 45 / 1,000 = 1,757$

28. ③ 원가회계의 특징은 계정의 수가 많다, 집합계정 수가 많다. 계정간 대체기입이 많다. 원가계산기간은 보통1개월로 한다. 제조과정에서 발생한 가치의 소비액을 원가로 한다.

29. ③ 변동원가계산 설명이다.

30. ② 보조부문은 제조부문과 보조부문 상호간에도 용역을 제공한다.

31. ③ 연산품 종합원가계산 설명이다.

32. ① 혼합원가는 직접원가와 간접원가가 혼합 된게 아니고 고정비와 변동비가 혼합된 것이다.

33. ④ 발생주의 기준은 정상적인 문제이다.

34. ② 실제 원가계산 설명이다.

35. ③ 출고 개수 : 1/17 400개 + 1/25 300개 = 700개
    선입선출법으로 재료소비액을 계산하면
    1/ 1 200개 × 200 = 40,000
    1/14 300개 × 210 = 63,000
    1/19 200개 × 220 = 44,000 ⇒ 147,000

36. ④ ㉠ [예정배부분개] (차) 재 공 품 250,000 (대) 제조간접비 250,000
    [실제발생분개] (차) 제조간접비 (325,000) (대) 재·노·경 ××
    [차이발생분개] (차) 매 출 원 가 30,000 (대) 제조간접비 75,000
                제 품 22,500
                재 공 품 22,500

    ㉡ 조정 전 매출원가 250,000에서 조정 후 매출원가 280,000(증가 30,000)

    ㉢ $(75,000) \times \dfrac{250,000}{(250,000+187,500+187,500)} = 30,000$

    ㉣ $250,000 + 75,000 = 325,000$(실제 제조간접비)

37. ㉠ $120,000 \times \dfrac{4,000}{(4,000+5,000+6,000)} = 32,000$

    ㉡ $32,000 \div 4,000kg = 8$

38. ② ㉠ $200 \times \dfrac{(20,000+180,000)}{(800+200)} = 40,000$(재료비 기말재공품)

    ㉡ $100 \times \dfrac{(25,000+200,000)}{(800+100)} = 25,000$(가공비 기말재공품)

    ㉢ $40,000 + 25,000 = 65,000$(기말재공품 원가)

    ㉣ $45,000 + (180,000 + 200,000) - 65,000 = 360,000$(완성품 원가)

39. ① 공정별이란 2개이상의 공정을 말하고 종합원가계산은 연속대량생산을 뜻한다.

40. ①

재 공 품

월 초 재 고	20,000	(제 품)	90,000
당월총제조비용	(100,000)	월 말 재 고	30,000
	120,000		(120,000)

제 품(수량)

월 초 제 품 수 량	120개	당월제품판매수량	620개
당 월 완 성 수 량	(600개)	월 말 제 품 수 량	100개

완성품원가 (90,000) ÷ 완성품수량 (600개) = @₩150

제7회 모의고사 정답

〈 제1과목 〉 재무회계

1. ①	02. ④	3. ③	4. ②	5. ③
06. ③	07. ②	8. ④	9. ②	10. ③
11. ①	12. ④	13. ④	14. ④	15. ①
16. ③	17. ④	18. ②	19. ③	20. ①

〈 제2과목 〉 원가회계

21. ①	22. ②	23. ③	24. ①	25. ④
26. ①	27. ③	28. ④	29. ③	30. ②
31. ④	32. ③	33. ①	34. ④	35. ②
36. ②	37. ①	38. ②	39. ③	40. ①

제1과목 ➔ 재무회계

1. ① ㉠ $100,000 \times 0.15 \times 4 / 12 = 5,000$(할인료)
   ㉡ $100,000 - 5,000 = 95,000$(현금수령액)
2. ④ 수익은 수익금액을 신뢰성 있게 측정할 수 있고, 경제적 효익의 유입가능성이 매우 높을 때 인식 한다.
3. ③ $100,000 + (10,000 + 40,000) - 30,000 = 120,000$
4. ② 100주 × @₩7,000 = 700,000이며, 장기투자목적이므로 기타포괄손익-공정가치측정금융자산이다.
5. ③ 분개 → 전기 → 기말수정분개 → 재무제표의 작성
6. ③ ㉠ 비용처리법
   10/01 (차) 보 험 료 120,000 (대) 현   금 120,000
   12/31 (차) 선급보험료 90,000 (대) 보 험 료 90,000
   ㉡ 자산처리법
   10/01 (차) 선급보험료 120,000 (대) 보 험 료 120,000
   12/31 (차) 보 험 료 30,000 (대) 선급보험료 30,000
7. ② 유동성장기부채는 유동부채계정이다.
8. ④ ㉠ 우편환증서(현금), 환매채(현금성자산)
   ㉡ 정기예금(단기금융상품), 양도성예금증서(단기금융상품)
   ㉢ 선일자수표(받을어음)
   ㉣ 당좌개설보증금(장기예금)
9. ② 당기손익-공정가치측정금융자산으로 분류되려면 최초인식시 당기손익-공정가치측정금융자산으로 지정되어야 하고 이는 기타금융자산을 통합하여 적용한다.
10. ③ ㉠ 2013.04.01
    (차) 기타포괄손익-공정가치측정금융자산 900,000
    (대) 현   금 900,000
    ㉡ 2013.12.31
    (차) 기타포괄손익-공정가치측정금융자산평가손실 50,000
    (대) 기타포괄손익-공정가치측정금융자산 50,000
    ㉢ 2014.12.31
    (차) 기타포괄손익-공정가치측정금융자산 120,000
    (대) 기타포괄손익-공정가치측정금융자산평가손실 50,000
    기타포괄손익-공정가치측정금융자산평가이익 70,000
11. ① 예수금은 그 성격상 부채에 해당한다.
12. ④ ㉠ 매입시 : (차) 매   입 ×× (대) 현   금 ××
    부가가치세대급금 45,000
    ㉡ 매출시 : (차) 현   금 ×× (대) 매   출 ××
    부가가치세예수금 60,000
    ㉢ 납부시 : (차) 부가가치세예수금 60,000 (대) 부가가치세대급금 45,000
    현   금 15,000
13. ④ 보기 ③번은 차입거래인 경우이고, 보기 ④번은 매각거래인 경우이다.

14. ④ 무형자산의 상각액은 일반적으로 당기손익으로 인식한다. 그러나 자산에 내재된 미래경제적효익이 다른 자산의 생산에 소모되는 경우 상각액은 다른 자산의 원가를 구성하여 장부금액에 포함한다. 그 예로서 제조과정에서 사용된 무형자산의 상각액을 재고자산의 장부금액에 포함하는 경우를 들 수 있다.
15. ① 임차보증금은 비유동자산 중 기타자산이다.
16. ③ 이익잉여금은 자본 중 이익잉여금으로 분류된다.
17. ④ 주식발행초과금은 자본잉여금이고, 주식할인발행차금은 차감적 자본조정계정이다.
18. ② 매입아래 부가가치세대급금 매출아래 부가가치세예수금이다.
19. ③ ㉠ 총매입액(60,000) − 환출및매입에누리·매입할인(500+700) = 순매입액 (58,800)
    ㉡ 총매출액(100,000) − 환입 및 매출에누리·매출할인(0) = 순매출액 (100,000)
    ㉢ 기초상품재고액(5,000)+순매입액(58,800)−기말상품재고액(4,000) = 매출원가 (59,800)
    ㉣ 순매출액(100,000) − 매출원가(59,800) = 매출총이익(40,200)
20. ① 액면금액의 현재가치 + 이자 지급액의 현재가치

제2과목 ➔ 원가회계

21. ① 제조원가는 공장에서 제품 제조를 위해 정상적으로 소비된 경제적 가치를 말한다. 파업, 천재지변, 기계고장, 도난 등은 비정상적 현상이므로 비제조원가이다.
22. ② $(100 \times 0.5) \times \dfrac{250,000+1,400,000}{500+(100\times0.5)} = 150,000$
23. ③

임 금

전월선급액	0	전월미지급액	(30,000)
지 급 액	90,000	소비(발생)액	80,000
당월미지급액	20,000	당월선급액	0

24. ① 기회원가란 의사결정시 특정대안(최선의 대안)을 선택함에 따라 포기된 대안 중에서 가장 바람직한 대안(차선의 대안)이 가져다주는 효익(순현금유입액)을 말한다. 즉 비현금지출원가로 회계장부에 기록되지 않는다.
25. ④

			이익	
		판매비와관리비		
	제조간접비			판매가격 750,000
직접재료비	기초원가 (400,000)	제조원가 500,000	판매원가 625,000	
직접노무비				
직접제조경비				

㉠ $750,000 \times \dfrac{100}{120} = 625,000$(판매원가)

㉡ $625,000 \times \dfrac{100}{125} = 500,000$(제조원가)

㉢ $500,000 \times 80\% = 400,000$(기초원가)

26. ①

재 공 품

기초재공품	0	당기제품제조원가	100,000
당기총제조비용	100,000	기말재공품	0

제 품

기초제품	5,000	매출원가	100,000
당기제품제조원가	100,000	기말제품	7,000
판매(매출)가능제품 (105,000)			

27. ③ 생산직 종업원의 임금은 직접노무비이다.
28. ④ 완성품수량(550) + 월말재공품환산량(0) − 월초재공품환산량(200)
    기말재공품완성도는 40%이고 재료는 공정의 50%시점에서 투입 되므로 기말

재공품에 투입된 재료는 없다.

29. ② 직접공임금은 직접노무비이다. 기본원가(직접재료비, 직접노무비), 전환원가(직접노무비, 제조간접비), 제조원가(직접재료비, 직접노무비, 제조간접비)

30. ② 기계감가상각비의 배부기준은 각 부문의 기계 사용시간이다.

31. ④ 공정별종합원가계산에서 제조간접비의 구분파악이 곤란하다.

32. ③ 매출원가조정법은 정상적 사건에 의하여 발생한 경우에 사용된다. 기타손익조정법이 비정상적 사건에 의하여 발생한 것으로 가정하는 것이다.

33. ① 평균법 구하는 공식은 다음과 같다.
　㉠ 완성품 환산량 = 완성품수량 + 월말재공품환산수량
　㉡ 완성품 환산량 단위당 원가 = (월초재공품원가 + 당월투입원가) ÷ 완성품 환산량
　㉢ 월말재공품원가 = 월말재공품환산수량 × 완성품환산량단위당원가
　▣ 월말재공품 환산수량 = 수량 × 진척도(완성도)

$$월말재공품환산수량 \times \frac{(월초재공품원가 + 당월투입원가)}{(완성품수량 + 월말재공품환산수량)} = \times \times$$

34. ④ 대량생산하면 종합원가계산으로 한다.

35. ② 직접배부법은 보조부문을 제조부문에 직접배부하는 것이다.

36. ②

재 공 품(수량)

월초재공품수량	500개	완성품수량	1,500개
제조착수수량	2,000개	월말재공품수량	(1,000개)

완성품수량(1,500) + 월말재공품환산량(1,000 × 80%) − 월초재공품환산량(500 × 50%) = (2,050개)

37. ① 연산품 종합원가계산에 대한 설명이다.

38. ② ㉠ 공장전체 배부율사용 : 28,000 × 100 / 1,000 = 2,800
　㉡ 부문별배부율사용(제1부문) : 12,000 × 45 / 600 = 900
　　부문별배부율사용(제2부문) : 16,000 × 55 / 400 = 2,200
　　900 + 2,200 = 3,100

39. ③ 변동비는 조업도가 증가하면 총원가는 증가하지만 단위당원가는 일정하다.

40. ① 선입선출법과 평균법에서 산출되는 공손수량은 같다.

제8회 모의고사 정답

〈 제 1 과목 〉 재무회계

1. ①	2. ④	3. ③	4. ①	5. ③
6. ④	7. ④	8. ①	9. ①	10. ①
11. ②	12. ①	13. ④	14. ②	15. ②
16. ③	17. ④	18. ④	19. ④	20. ③

〈 제 2 과목 〉 원가회계

21. ③	22. ②	23. ④	24. ②	25. ④
26. ①	27. ④	28. ①	29. ①	30. ①
31. ④	32. ④	33. ①	34. ①	35. ②
36. ①	37. ①	38. ④	39. ①	40. ④

제1과목 ➔ 재무회계

1. ① (20,000,000 − 10,000,000) − 7,000,000 = 3,000,000

2. ④ 재무제표에는 기업의 재무상태와 재무성과 및 현금흐름에 대한 정보가 요약되어 있으며, 재무성과에 대한 세부내용은 포괄손익계산서를 보면 알 수 있다.

3. ③ ① 발생기준에 따라 기록된 것과 관련이 없다.
　② 개략적인 재무상태와 재무성과를 알아본다.
　④ 자산 + 비용 = 부채 + 자본 + 수익

4. ① 은행계정조정표는 회사와 은행이 당좌예금잔액의 불일치 원인을 규명하기위해 작성한다.

---

5. ③ 통화(100) + 배당금통지표(50) + 보통예금(250) + 양도성예금증서(150) = 현금 및 현금성자산(550)

6. ④ ㉠ 선적지인도조건으로 매입한 ₩30,000은 매입자(당점)의 재고자산이다.
　㉡ 도착지인도조건으로 판매한 ₩20,000(원가)은 매출자(당점)의 재고자산이다.
　㉢ 시용판매조건으로 판매한 ₩15,000(원가)은 구입 의사표시가 없으므로 판매자(당점)의 재고자산이다.
　㉣ 250,000 + 30,000 + 20,000 + 15,000 = 315,000

07. ④ 공정가치모형을 적용한 경우 발생하는 공정가치변동손익은 당기손익으로 인식한다.

08. ① 10월 1일 (차) 당기손익금융자산 2,000,000 (대) 현 금 2,000,000
　　　　 200주 × @₩10,000 = 2,000,000
　11월 1일 (차) 현 금 900,000 (대) 당기손익금융자산 1,000,000
　　 당기손익금융자산처분손실 100,000
　　　 100주 × @₩10,000 = 1,000,000
　　　 100주 × @₩9,000 = 900,000
　12월 31일 (차) 당기손익금융자산200,000 (대) 당기손익금융자산평가이익 200,000
　　　 100주 × @₩10,000 = 1,000,000
　　　 100주 × @₩12,000 = 1,200,000

09. ① 제1기 부가가치세 과세기간은 1/1 ~ 6/30까지이며 7/25일 까지 신고 납부하는 것이다.
　(차) 부가가치세예수금 1,300,000 (대) 부가가치세대급금 1,000,000
　　　　　　　　　　　　　　　　　 (현 금) 300,000

10. ① 어음이 부도나면 부도어음계정으로 하고 재무상태표에는 매출채권(또는 장기매출채권)이라는 자산에 포함 한다.

11. ② 200,000 + 50,000 − 10,000 − 12,000 = 228,000

12. ① (차) 상품권할인액 ×× (대) 상품권선수금 ××
　　 현 금 ××
　즉, 선수금은 할인액을 차감하기 전 금액이다.

13. ④ 기말재고조사에는 포함되었기에 기말자산에는 영향이 없고, 외상매입금의 기장이 누락되어 부채가 과소계상 되므로 당기순이익은 과대 계상된다.

14. ② 시산표에서는 한변 금액 오류를 찾을 수 있다.

15. ② ㉠ 100주 × @₩5,000 = 500,000(자본금)
　㉡ 100주 × @₩4,000 = 400,000(당좌예금)
　㉢ (차) 자 본 금 500,000 (대) 당좌예금 400,000
　　　　　　　　　　　　　　 감자차익 100,000

16. ③

임 대 료

전기미수액		전기선수액	600
손익(당기분)	48,000	수입액	(48,500)
당기선수액	1,100	당기미수액	

17. ④ 영업권은 무형자산이다.

18. ④ 할부매출은 회수시점이 아니고 판매시점에 수익을 인식한다.

19. ④ 재무제표에 보고기간종료일 또는 회계기간은 생략할 수 없다.

20. ③ 자기주식을 취득한 경우 자기주식 계정의 차변에 기록한다.

제2과목 ➔ 원가회계

21. ③ 특정제품을 생산하기 위하여 당기에 제조과정에 투입된 원재료 소비액은 기초재고액에서 당기매입액을 가산하고 기말재고액을 차감하여 계산한다.

22. ② ① 전력비 - 전력소비량 ③ 복리후생비 - 종업원수
　　④ 운반비 - 운반물품의 무게 또는 운반거리

23. ④ 대량생산하면 종합원가계산으로 한다.

24. ② 공손 - 감손

25. ④ 수혜기준 : 원가배부대상이 제공받는 수혜정도(경제적 효용)에 따라 원가가 배부되어야 한다는 개념으로 물량기준법에 의한 결합원가배분이 대표적인 예이다.

26. ① 계속기록법에서 장부재고를 실지재고조사법에서 실지 재고를 파악하여 그 차액이 감모수량이다.

27. ④ 광고선전비는 제조간접비가 아니고 판매비와 관리비이다.

28. ①

100	800	80,000	40	
100	830	83,000	80	
50	850	42,500	80	
			50	822 41,100(월말재고)
250	(822)	205,500	250	

29. ① 공장부지의 재산세는 제조간접비이다.

30. ① ② 종합원가계산에서는 기말재공품의 평가문제가 추가로 발생한다.
    ③ 종합원가계산에서는 제조직접비와 제조간접비의 구분이 중요하지 않다.
    ④ 종합원가계산을 사용하는 업종은 정유업, 화학공업 등이 주로 적용된다.

31. ④ 월말재공품은 재공품계정 대변에 기입된다.

32. ④ 완성품환산량과 당월투입량과 일치 하지 않는다.

33. ③

	제 조 부 문		보 조 부 문	
	절단부문	조립부문	동력부문	수선부문
자기발생원가	₩20,000	₩7,500	₩3,500	₩5,000
수선부문(횟수)	60(3,000)	30(1,500)	10(500)	–
동력부문(kWh)	400(2,000)	400(2,000)	–	200

34. ① (200 × 40%) × (160,000+120,000+720,000+232,000) / 800 + (200 × 40%) = 112,000

35. ② 20,000 × 40 / 500 = 1,600

36. ①

재 공 품	
기초재공품원가 20,000	제 품 (99,000)
당기총제조비용 100,000	기말재공품원가 21,000

제 품	
기초제품재고액 30,000	매 출 원 가 (104,000)
재 공 품 99,000	기말제품재고액 25,000

37. ① 화학공업, 제지업, 제당업은 공정별종합원가계산으로 한다.

38. ④ 주산물과 부산물은 상대적판매가치로 구별되며 이는 등급별원가계산과 관련이 있다.

39. ① 조업도에 관계없이 총원가가 일정하게 나타나면 고정비이다.

40. ④ 전공정비의 환산량은 언제나 100%이다.

제9회 모의고사 정답

〈 제1과목 〉 재무회계

1. ④	2. ③	3. ②	4. ②	5. ④
6. ①	7. ③	8. ①	9. ③	10. ③
11. ①	12. ④	13. ①	14. ②	15. ②
16. ②	17. ①	18. ④	19. ④	20. ③

〈 제2과목 〉 원가회계

21. ③	22. ②	23. ②	24. ④	25. ②
26. ③	27. ①	28. ②	29. ①	30. ③
31. ④	32. ②	33. ④	34. ②	35. ②
36. ②	37. ③	38. ②	39. ①	40. ④

제1과목 ➡ 재무회계

1. ④ 라 거래 : 자본의 감소, 자산의 감소

---

2. ③ 위탁매출의 경우 수탁자가 위탁품을 판매한날 수익을 인식한다.

3. ② ㉠ (600,000 + 19,000) – (2,000 + 15,000) = 602,000(순매입액)
   ㉡ 80,000 + 602,000 – 85,000 = 597,000(매출원가)

4. ② 내용연수가 비한정인 무형자산은 상각하지 않고 매년 손상징후가 있을 때마다 손상검사를 한다.

5. ④ 대체전표는 현금의 수입이나 지출이 발생하지 않는 거래에 사용한다.

6. ① 2012년 1,000,000 × 0.4 = 400,000
   2013년 (1,000,000 – 400,000) × 0.4 = 240,000
   2014년 (1,000,000 – 640,000) × 0.4 = 144,000

7. ③ 보기 ①②④번은 자산적지출로 기계장치의 취득원가가 되고, ③은 비용적지출로 수선비로 당기손익에 반영한다.

8. ① 매각거래은 보기 ①번, 차입거래는 보기 ③번이 정답이다.

9. ③ 기말자산 + 총비용 = 기말부채 + 기초자본 + 총수익

10. ③ 회계공준(회계의 기본가정)
    계속기업 : 재무제표는 일반적으로 기업이 장기간 존속하며, 예상 가능한 기간 동안 영업을 계속할 것이라는 가정 하에 작성한다.

11. ① 실지재고조사법에서 이동평균법은 사용불가이며, 물가상승시 이익이 가장적게 나오는 방법이 후입선출법이다.

12. ④ 2/10은 10일내에 회수하면 2%할인조건이고 n/30은 외상대금 상환기간이 매출일부터 30일 이내란 뜻인데 대금을 20일 후에 회수하였으므로 할인은 없다. 10일 이내에 회수하면 보기 ②번이 정답이 된다.

13. ① 매출액(350,000) – 매출원가(250,000) = 매출총이익(100,000)
    매출총이익(100,000) – 판매비(물류원가)와 관리비(20,000) + 기타(영업외)수익(4,000) – 기타(영업외)비용(5,000) = 법인세비용차감전순이익(79,000)

14. ② 당기순이익(20,000) + 감가상각비(3,000) + 무형자산상각비(2,000) – 사채상환이익(1,500) = 23,500

15. ② (차) 현   금 90   (대) 건   물 100
    유형자산처분손실 10
    즉, 비용의 발행은 자본의 감소요인이다.

16. ② [매 입 시] (차) 매   입 220,000 (대) 외 상 매 입 금 242,000
    부가가치세대급금 22,000
    [매 출 시] (차) 외 상 매 출 금 220,000 (대) 매   출 200,000
    부가가치세예수금 20,000
    [납부환급시] (차) 부가가치세예수금 20,000 (대) 부가가치세대급금 22,000
    현   금 2,000

17. ①

월일		적요	인 수			인 도			잔 액		
			수량	단가	금액	수량	단가	금액	수량	단가	금액
5	1	전 월 이 월	1,200	25	30,000				1,200	25	30,000
	3	매 출				500	25	12,500	700	25	17,500
	12	매 입	800	30	24,000				700	25	17,500
									800	30	24,000
	17	매 출				300	25	7,500	400	25	10,000
									800	30	24,000
	20	매 입	1,000	35	35,000				400	25	10,000
									800	30	24,000
									1,000	35	35,000
	31	매 출				400	25	10,000	900	35	31,500
						800	30	24,000			
						100	35	3,500			
	31	차 월 이 월				900	35	31,500			
			3,000		89,000	3,000		89,000			

상 품 재 고 장 (선입선출법)

18. ④ 재무제표에는 재무상태표, 포괄손익계산서, 현금흐름표, 자본변동표에 주석을 포함한다.

19. ④ 유동성 배열법이란 현금화 속도가 빠른 순서를 말한다.

20. ③ ① 주식회사의 설립 규정은 상법에 규정되어 있다.
    ② 수권주식의 일부를 발행하면 회사가 설립되는 제도가 수권자본제도이다.
    ④ 미발행주식은 회사의 설립 후 이사회의 결의에 의해서 추가로 발행할 수 있다.

제2과목 → 원가회계

21. ③ 원가 중에서 미소멸 부분을 자산(assets)이라고 한다.

22. ② $(100 \times 0.5) \times \dfrac{250,000+1,400,000}{500+(100\times0.5)} = 150,000$

23. ② 직접배부법은 보조부문을 제조부문에 직접배부하는 것이다.

24. ④ 보기 ④의 내용은 계속기록법을 설명한 것이다.

25. ② 예정배부율(₩32) × 실제조업도(1,800시간) = 예정배부액(₩57,600)
    예정배부액(₩57,600) − 실제배부액(₩56,400) = 과대배부(₩1,200)

26. ③ (차) 제조간접비 1,000 (대) 매출원가 1,000의 분개로 보아 제조간접비 예정
    배부 (대변) 보다 실제배부 (차변) ₩1,000이 적은 것으로 예정배부가 크다는
    것이고 이는 과대배부차액을 매출원가에 대체한 것이다.

27. ① 조별종합원가계산에 대한 설명이다.

28. ② 240,000 × 10,000 / 30,000 = 80,000

29. ① 발생주의기준으로 인식하는 것은 정상적 상황이다.
    ㉡ $(10,000\times100\%)\times\dfrac{(48,000+180,000)}{50,000+(10,000\times100\%)} = 38,000$(월말재공품재료비)

30. ③ ㉠ 월초수량(15,000)+착수수량(45,000)−월말수량(10,000)=완성품수량(50,000)
    ㉡ $(10,000\times100\%)\times\dfrac{(48,000+180,000)}{50,000+(10,000\times100\%)} = 38,000$(월말재공품재료비)
    ㉢ $(10,000\times40\%)\times\dfrac{(12,600+306,000)}{50,000+(10,000\times40\%)} = 23,600$(월말재공품가공비)
    ㉣ 38,000 + 23,600 = 61,600(월말재공품원가)

31. ④ 임차료, 보험료, 재산세, 감가상각비등은 고정비이다.

32. ② 완성품 환산량 단위당 원가 = (월초재공품원가 + 당월투입원가) ÷ 완성품
    환산량

33. ④ 이중배부율법에서 변동비는 실제조업도를 기준으로 배부한다. 고정비는 최대
    조업도를 기준으로 배부한다.

34. ② 직접노무비는 각 개별작업별로 추적한다.

35. ④ 재무회계는 외부용, 관리회계(원가회계)는 내부용이다.

36. ② ㉠ 180,000 × 18,000 / 108,000 = 30,000(제조지시서 #1의 제조간접비)
    ㉡ 20,000 + 18,000 + 30,000 = 68,000(제조지시서 #1의 제조원가)

37. ③ 등급품은 주로 동종제품이나, 연산품은 주로 유사제품이다.

38. ② ㉠ 판매가치 : 500×200=100,000(1등) 400×250=100,000(2등)
    250×200=50,000(3등)
    ㉡ 2등급 제품의 원가 : 400,000 × 100,000 / 250,000 = 160,000

39. ① $(40 \times 60\%) \times 5,550 / 210 + (40 \times 60\%) - (30 \times 40\%) = 600$

40. ④

	제조부문		보조부문	
	조립부문	선반부문	동력부문	수선부문
자기발생액	1,500,000	1,200,000	380,000	300,000
동력부문(KW)	150,000(0.3)	10,000(0.5)	–	4,000(0.2)
수선부문(횟수)	160,000(0.4)	120,000(0.3)	120,000(0.3)	–

㉠ 동력부문(x)
    x = 380,000 + 0.3y
    x = 380,000 + 0.3(300,000 + 0.2x)
    x = 380,000 + 90,000 + 0.06x
    x − 0.06x = 470,000
    0.94x = 470,000
    x = 470,000 ÷ 0.94
    x = 500,000
㉡ 수선부문(y)
    y = 300,000 + 0.2x
    y = 300,000 × 0.2 × 500,000
    y = 300,000 + 100,000
    y = 400,000
㉢ 1,500,000 + 150,000 + 160,000 = 1,810,000(조립부문비 합계)

Memo